PLATON

Politeia

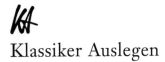
Klassiker Auslegen

Herausgegeben von
Otfried Höffe
Band 7

Otfried Höffe ist o. Professor für Philosophie
an der Universität Tübingen.

Platon

Politeia

Herausgegeben
von Otfried Höffe

Akademie Verlag

Titelbild: Platon. Kopie einer Büste aus der Zeit des Kaisers Tiberius nach einer um die Mitte des 4. Jh. v. Chr. entstandenen Bildnisstatue. Staatliche Antikensammlung und Glyptothek München

Die Deutsche Bibliothek – CIP-Einheitsaufnahme

Platon, Politeia / hrsg. von Otfried Höffe –
Berlin : Akad. Verl., 1997
   (KLASSIKER AUSLEGEN ; Bd. 7)
   ISBN 3-05-002869-6
NE: Höffe, Otfried [Hrsg.]; Politeia; GT

© Akademie Verlag GmbH, Berlin 1997
Der Akademie Verlag ist ein Unternehmen der VCH-Verlagsgruppe.

Alle Rechte, insbesondere die der Übersetzung in andere Sprachen, vorbehalten. Kein Teil dieses Buches darf ohne schriftliche Genehmigung des Verlages in irgendeiner Form – durch Photokopie, Mikroverfilmung oder irgendein anderes Verfahren – reproduziert oder in eine von Maschinen, insbesondere von Datenverarbeitungsmaschinen, verwendbare Sprache übertragen oder übersetzt werden.
All rights reserved (including those of translation into other languages). No part of this book may be reproduced in any form – by photoprinting, microfilm, or any other means – nor transmitted or translated into a machine language without written permission from the publishers.

Gesamtgestaltung: K. Groß, J. Metze, Chamäleon Design Agentur, Berlin
Satz: Akademie Verlag, Hans Herschelmann
Druck: GAM Media GmbH, Berlin
Bindung: Verlagsbuchbinderei Mikolai GmbH, Berlin
Gesetzt aus Janson Antiqua
Gedruckt auf alterungsbeständigem Papier.

Printed in the Federal Republic of Germany

Inhalt

Hinweise zur Benutzung VII

Vorwort 1

1.
Einführung in Platons *Politeia*
Otfried Höffe 3

2.
**Konventionelle Vorstellungen über Gerechtigkeit.
Die Perspektive des Thrasymachos und die
Erwartungen an eine philosophische Entgegnung
(Buch I)**
Eckart Schütrumpf 29

3.
**Plato against the Immoralist
(Book II 357a–367e)**
Bernard Williams 55

4.
**Zur Analogie von Individuum und Polis
(Buch II 367e–374d)**
Otfried Höffe 69

5.
**Zur sozialen Gliederung der Polis
(Buch II 372d–IV 427c)**
Monique Canto-Sperber / Luc Brisson 95

6.
**The Parts of the Soul and the Cardinal Virtues
(Book IV 427d–448e)**
Terence H. Irwin 119

7.
**Politics and Ethics in Plato's *Republic*
(Book V 449a–471c)**
Julia Annas 141

8.
Die Philosophenkönige (Buch V 473b–VI 504a)
Robert Spaemann 161

9.
Die Idee des Guten. Sonnen- und Liniengleichnis (Buch VI 504a–511e)
Hans Krämer 179

10.
Das Höhlengleichnis (Buch VII 514a–521b und 539d–541b)
Thomas A. Szlezák 205

11.
Die Dialektik und ihre wissenschaftlichen Vorübungen (Buch VI 510b–511e und Buch VII 521c–539d)
Jürgen Mittelstraß 229

12.
Die ungerechten Verfassungen und die ihnen entsprechenden Menschen (Buch VIII 543a–IX 576b)
Dorothea Frede 251

13.
Plato's Comparison of Just and Unjust Lives (Book IX 576b–592b)
Richard Kraut 271

14.
Platons *epistêmê-doxa*-Unterscheidung und die Ideentheorie (Buch V 474b–480a und Buch X 595c–597e)
Christoph Horn 291

15.
The *Republic's* Two Critiques of Poetry (Book II 376c–398b, Book X 595a–608b)
Stephen Halliwell 313

16.
Vier Kapitel einer Wirkungsgeschichte der *Politeia*
Otfried Höffe 333

Auswahlbibliographie 363

Personenregister 371

Sachregister 375

Hinweise zu den Autoren 381

Hinweise zur Benutzung

Griechische Begriffe und Zitate werden in lateinischer Umschrift wiedergegeben; dabei bezeichnet ê den griechischen Buchstaben Eta, ô den griechischen Buchstaben Omega.

Stellenangaben zu den Werken Platons beziehen sich stets auf die übliche Stephanus-Paginierung sowie deren Abschnitts- und Zeileneinteilung (z. B. Rep. VI 509b9 = Politeia, Buch VI, Seite 509, Abschnitt b, Zeile 9). Für die Werke Platons werden folgende Abkürzungen verwendet:

Apol.	Apologie	Men.	Menon
Charm.	Charmides	Mx.	Menexenos
Euthd.	Euthydemos	Parm.	Parmenides
Euthphr.	Euthyphron	Phd.	Phaidon
Gorg.	Gorgias	Phdr.	Phaidros
Hp. mai.	Hippias maior	Phil.	Philebos
Hp. min.	Hippias minor	Pol.	Politikos
Kr.	Kritias	Prot.	Protagoras
Krat.	Kratylos	Rep.	Politeia, Republik
Krit.	Kriton	Soph.	Sophistes
La.	Laches	Symp.	Symposion
Leg.	Nomoi, Leges	Tht.	Theaitetos
Ly.	Lysis	Tim.	Timaios

Auf Literatur wird stets durch eine Abkürzung aus Autorennamen, Erscheinungsjahr und gegebenenfalls Seitenzahl hingewiesen (z. B. Müller 1990, 256). Am Ende der Beiträge wird die zitierte Literatur aufgeschlüsselt; häufiger genannte und besonders wichtige Werke finden sich in der Bibliographie am Schluß des Bandes.

Vorwort

Die *Politeia* gehört zu den bekanntesten Werken nicht nur der Philosophie, sondern sogar der Weltliteratur. Was Hegel von Platons Werk generell sagt, gilt für diesen Dialog in einem besonderen Maß: Er ist einer der welthistorischen Texte, die „von ihrer Entstehung an auf alle folgenden Zeiten für die Bildung und Entwicklung des Geistes den bedeutendsten Einfluß gehabt haben". Wegen dieser Bedeutsamkeit wird sich niemand über eine schier unübersehbare Fülle von Abhandlungen und Monographien wundern. Erstaunlicherweise fehlt aber im Deutschen eine Kommentierungsarbeit, deren Dichte sich mit der zu Werken von Aristoteles, Kant oder Hegel vergleichen ließe. Die Autoren dieses Bandes lassen sich in Form eines kooperativen Kommentars auf die Arbeit ein.

Vier Wege bieten sich an. Eine philologische Erläuterung klärt den Gehalt der Aussage; historische und entwicklungsgeschichtliche Überlegungen befassen sich mit dem Verhältnis zu philosophischen Vorgängern und mit Platons Nachwirkung; eine ideologiekritische Betrachtung sucht sowohl die politischen Ideale und Hoffnungen Platons als auch seine politischen Vorurteile auf; schließlich rekonstruiert eine Sachdiskussion die Fragen, Argumente und Thesen, prüft ihre Reichweite und Schlüssigkeit und stellt sie in den Zusammenhang einer fortlaufenden, bis heute noch nicht abgeschlossenen systematischen Debatte. An den unterschiedlichen Akzenten, die die Autoren dieses Bandes setzen, zeigt sich, daß die verschiedenen Methoden sich durchaus ergänzen und daß ein möglichst umfassendes Verständnis keine von ihnen absolut setzen darf. Weil die *Politeia* ein philosophischer Text ist, spielt jedoch die Sachdiskussion eine besondere Rolle.

Der Band ist aus zwei Platon-Tagen hervorgegangen, die im Frühling 1996 an der Universität Tübingen stattgefunden haben. Ich danke den Referenten und Autoren, ferner meinen Mitarbeitern, besonders Dr. Christoph Horn, und für die finanzielle Unterstützung der Fritz Thyssen Stiftung sowie dem Tübinger Universitätsbund.

Tübingen, im August 1996   Otfried Höffe

1

Otfried Höffe

Einführung in Platons *Politeia*

1.1 Fünf Thesen

Hätte Platon allein die *Politeia* geschrieben oder von seinem Œuvre nur sie hinterlassen, wäre er trotzdem zu einem Klassiker fast aller philosophischen Disziplinen geworden. Der Text kündigt sich im Titel zwar bloß als Beitrag zur politischen Philosophie oder Staatsphilosophie an und im (wahrscheinlich späteren) Untertitel zusätzlich als Abhandlung „Über das Gerechte" (*peri tou dikaiou*). Tatsächlich handelt er aber nicht nur von Politik und Ethik. Er befaßt sich zusätzlich mit einer Erziehungslehre (Pädagogik), vertritt (in gewissem Umfang) die Gleichberechtigung von Mann und Frau, entfaltet innerhalb der Erziehungslehre eine philosophische Theologie und eine Kritik der Dichtung sowie eine Theorie der Musik (normative Ästhetik). Dazu kommen eine Theorie der menschlichen Antriebskräfte, eine Seelenlehre oder rationale Psychologie, ferner eine Theorie von Wissen, Wissenschaft und Philosophie, außerdem mit der Ideenlehre eine Erkenntnistheorie, eine Ontologie und eine Metaphysik. Nicht zuletzt ist deren Höhepunkt, die Idee des Guten, auch von handlungstheoretischer und als Ursache von allem (VII 516b–c) sogar von naturphilosophischer Bedeutung; außerdem hat auch der Schlußmythos des Er einen astronomischen, mithin naturphilosophischen Anteil (X 616b–617d).

Die *Politeia* erscheint also als eine Enzyklopädie der philosophischen Wissenschaften. Platon legt freilich kein Handbuch vor, das die Wissensbereiche einer Epoche lediglich nebeneinander darstellt. Die Teile bilden vielmehr einen inneren Zusammenhang, der sich allerdings nicht schon zu dem fügt, was im Deutschen Idealismus ein „System" der Philosophie heißen wird.

Nach Kant vereinigt sich alles Interesse der Vernunft in drei Fragen: 1. Was kann ich wissen? 2. Was soll ich tun? 3. Was darf ich hoffen? (*Kritik der reinen Vernunft*, „Des Kanons der reinen Vernunft zweiter Abschnitt", B 833). Obwohl alle drei Fragen auf eine einzige Frage hinauslaufen – 4. Was ist der Mensch? (*Logik*, Einleitung, III) –, geht Kant ihnen in gesonderten Abhandlungen nach. Platon wirft in etwa dieselben drei Fragen auf, handelt sie aber innerhalb eines einzigen Textes ab und hält sie thematisch durch die Frage nach der Gerechtigkeit, systematisch durch eine oberste Idee, die Idee des Guten, zusammen. Gemäß der vierten Frage stellt sich die Philosophie bei Kant letztlich als Anthropologie, in Platons *Politeia* dagegen als Theorie der sowohl personalen als auch politischen Gerechtigkeit dar.

Daß Platon so gut wie die gesamte Philosophie unter dem Titel „Staat" bzw. „Gerechtigkeit" aufarbeitet, ist keine Äußerlichkeit, drückt vielmehr mehrere, mindestens fünf Thesen aus:

(1) Statt mit dem Titelthema zu beginnen, wendet sich ihm die *Politeia* erst in der Mitte des zweiten Buches zu. Der Dialog setzt auch nicht beim Untertitel, der Gerechtigkeit, selbst an, sondern bei ihrer Verbindung mit der Frage nach dem eigenen Wohlergehen, der Eudaimonie, dem Glück. Darin deutet sich nun eine *erste*, für die Ethik der Antike unbestritten anerkannte, für die Neuzeit aber äußerst provokative *These* an, die der Einheit des moralisch guten oder gerechten Lebens mit dem eigenen Glück. Platon verlangt nicht, im Konfliktfall das Eigenwohl für die Gerechtigkeit zu opfern, glaubt vielmehr an deren Eintracht.

Deutlich tritt die These dort zutage, wo er die Gerechtigkeit zu jener höchsten Klasse von Gütern (*megista agatha:* II 367a) rechnet, die man – wie sonst etwa das Sehen, Hören, Vernünftigsein und das Gesundsein – sowohl um ihrer selbst als auch um ihrer Folgen willen erstrebt (II 357c–358c; zum Nutzen der Gerechtigkeit vgl. I 352d; vgl. auch IV 427d; VIII 544a und 545a). Hier wird die Eudaimonie an außereudaimonistische Bedingungen, vor allem an die Gerechtigkeit, gebunden, die wiederum der Eudaimonie „dient", ohne deshalb instrumentalisiert oder relativiert zu werden. Auf keinen Fall soll die Gerechtigkeit nur soweit anerkannt werden, wie sie zu den üblichen Gütern Eigenwohl, Reichtum, Macht und Ansehen verhilft.

Die heutige Ethik unterscheidet Theorien des glücklichen oder guten Lebens von Theorien des moralisch Guten oder Gerechten und spricht, kürzer, von Theorien des Guten und von Theorien des Gerechten. Dabei versteht sie das Gute in Begriffen des eigenen, freilich nicht bloß egoistischen Wohls, das Gerechte dagegen als Inbegriff von Verbindlichkeiten gegen andere und behauptet dann meist den Vorrang des Gerechten vor dem Guten. Im Anschluß an Kant plädiert sie mehrheitlich für deontologische Pflichtethiken und gegen eudaimonistische Glücksethiken. Platon diskutiert zwar die Umkehrung des Vorrangs – nach Thrasymachos kommt es nur auf das eigene Wohl an (I 343b f.) –, weist sie aber zurück, ohne sich für den entgegengesetzten Vorrang auszusprechen. Im Unterschied zur heute üblichen Alternative behauptet er zwischen dem Guten und dem Gerechten einen unmittelbaren Zusammenhang, wobei er fünf Optionen erörtert:

(a) Nach Kephalos, einem ehrbaren Bürger, ist die Gerechtigkeit nützlich, vor allem für den, der in der Nähe des Todes die Hades-Mythen ernstnimmt (I 330d ff.). (b) Nach Ansicht der Menge ist sie nützlich – sie bringt nämlich einen guten Ruf ein, ferner Macht und häusliche Verbindungen –, aber auch beschwerlich (II 358a, 363a, 364a, 366e). (c) Nach Thrasymachos, einem Sophisten, ist sie nicht einmal nützlich, da es dem Gerechten schlechter, dem Prototyp des Ungerechten, dem Tyrannen, aber am besten ergehe (I 344a). (d) Während Sokrates' Schüler Glaukon den Lohn- und Folgenaspekt beiseite setzen und die Gerechtigkeit an und für sich gepriesen hören will (II 358d), ist (e) nach Sokrates die Gerechtigkeit sowohl um ihrer selbst als auch um ihrer Folgen willen wünschenswert (II 358a).

Auf die Frage: „Was nützt die Gerechtigkeit?" antwortet Platon nicht: „Sie dient nur dem anderen", sondern wie bereits im *Menon* (87d ff.): „Sie dient auch mir selbst." Schon im *Gorgias* zeigt das Gespräch mit Polos (468c–481b), daß sich der Ungerechte selbst am meisten schadet. Die Antwort hat allerdings die Schwierigkeit, auch vom wichtigsten Gegenspieler, von Thrasymachos, anerkannt zu werden, freilich mit der Einschränkung, das Gerechte sei lediglich für den Stärkeren vorteilhaft (I 338c).

Man sieht in Thrasymachos gern einen Amoralisten. In Wahrheit nimmt er im Unterschied zum Kallikles des *Gorgias* (482c ff.) keine zynische Umdeutung der Gerechtigkeit vor, um sie in einer petitio principii eudaimonistisch, vom Wohl des Stärkeren her, zu definieren. Thrasymachos erkennt die übliche Gerechtigkeitsdefinition an, hält aber die Folgen, die sich für den Gerechten ergeben, für äußerst nachteilig. Während der Gerechte stets die anderen berücksichtige, sei es besser, nur seine eigenen Interessen zu verfolgen. Dem entgegnet Sokrates, daß nur gerechte Menschen in wechselseitigem Vertrauen miteinander leben (I 351d, ausführlicher: IX 575c–576a), überdies – da sie Unrecht lieber erleiden als verüben (z. B. *Gorgias* 469c; 473a u. ö.) – sowohl in Selbstachtung als auch in Achtung derer, an denen ihnen liegt. Ungerechte hingegen befinden sich nicht bloß in Zwietracht mit anderen, sondern auch, als Sklaven ihrer Begierden, in Zwietracht mit sich selbst. Statt den, der nur an seine Vorteile denkt, ungerecht zu nennen, entlarvt Sokrates dessen Glückserwartung als Illusion. Dem extrem Ungerechten, dem Tyrannen, ergeht es allein hinsichtlich der Lust $(3^2)^3$, sprich: drei hoch zwei hoch drei, also 729mal schlechter als dem Gerechten (IX 587e) und „unendlich viel mehr hinsichtlich moralischer Lebensführung, Schönheit und Tugend" (588a). Er führt ein Leben ohne Freundschaft, ohne Weltvertrauen, ohne Selbstachtung, kurz: eine elende Existenz. Positiv formuliert: Erst die Gerechtigkeit macht das eigene Leben lebenswert.

(2) In der Zwietracht des Ungerechten mit sich selbst klingt eine weitere Bedingung des Glücks an, die *zweite These*: Außer der Gerechtigkeit (*dikaiosynê*) braucht es für das Glück weitere Tugenden: zum Zweck der Wohlberatenheit (*euboulia*) die Weisheit (*sophia*), angesichts von Gefahren die Tapferkeit (*andreia*) und hinsichtlich der Lust und Begierden der Besonnenheit (*sôphrosynê*). Und daraus ergibt sich das seitdem bekannte Quartett der Kardinaltugenden (IV 427e ff.; vgl. schon *Phaidon* 69b f.). In anderen Dialogen gibt es freilich längere Tugendlisten, im *Menon* zusätzlich den Großmut (*megaloprepeia*: 74a) und im *Protagoras* (330b und 349b) zusätzlich die Frömmigkeit (*hosiotês*). Da Platon unter der Frömmigkeit nicht so sehr die religiöse Praxis, sondern die richtigen Ansichten über die Götter versteht, ist diese Tugend auch in der *Politeia* anwesend, in ihrer Kritik an der falschen Theologie der Dichter.

(3) Die *Politeia* beginnt mit der Gerechtigkeit als Eigenschaft einer Person, der personalen Gerechtigkeit, wechselt von ihr zur Gerechtigkeit als Eigenschaft eines Gemeinwesens, zur politischen Gerechtigkeit, über und kehrt am Ende zur personalen Gerechtigkeit zurück. Eine solche Komposition – der Beginn bei der Ethik, der Übergang zur Staatstheorie oder politischen Philosophie und die Rückkehr zur Ethik – läßt auf eine *dritte These* schließen, auf einen Zusammenhang von personaler und politischer Gerechtigkeit bzw. von Ethik und politischer Philosophie. Das Ideal der Frühdialoge, das einer gerechten Lebensführung, verbindet sich in der *Politeia* mit der gerechten Organisation eines Gemeinwesens.

Aristoteles wird Ethik und politische Philosophie trotz mannigfaltiger Querverbindungen als eigenständige Disziplinen abhandeln und genau damit, mit der Verselbständigung – so glaubt man in der Regel –, einen Fortschritt herbeiführen. In Platons Gegenthese, einer Verknüpfung beider Disziplinen, könnte sich aber eine bleibende Einsicht aussprechen. Platon erklärt nicht den gerechten Staat zur Voraussetzung gerechter Individuen. Er behauptet auch nicht, nur der gerechte Staat erlaube die Harmonie von persönlicher Gerechtigkeit und Eigenwohl, wohl aber, ein gerechter Staat setze bei seinen Bürgern, freilich nur einem Teil, den Herrschern, personale Gerechtigkeit voraus. Dazu kommt eine genaue Entsprechung, eine Isomorphie, von Individuum und Gemeinwesen: Wie ein Individuum nur dadurch gerecht wird, daß in ihm die Vernunft herrscht, so ist eine Polis nur dadurch gerecht, daß in ihr die von der Vernunft beherrschten Menschen herrschen. Deshalb wiederholt sich der berühmte Gedanke der Philosophenherrschaft (V 473c–d) auf der personalen Ebene: „Der trefflichste, gerechteste und zugleich glückseligste Mensch ist der, der am meisten königlich gesinnt ist und sich selbst königlich beherrscht" (IX 580b–c).

In der *Politeia* interessiert sich Platon nicht für das Funktionieren politischer Ämter und Institutionen, sondern für die Bindung der Gerechtigkeit oder der Ungerechtigkeit eines Gemeinwesens an das *êthos*, den im Fall der Philosophen gerechten, im Fall der Tyrannen aber ungerechten Charakter der Herrscher (vgl. VIII 544d–e). Auf diese Weise macht er bereits auf eine Schwierigkeit aufmerksam, auf die neuerdings Theoretiker des modernen Verfassungsstaates verweisen: daß ein institutionell gerechter Staat aus Voraussetzungen lebt, die dieser Staat selbst – allein durch seine Institutionen – nicht garantieren kann. Für den Zusammenhang von Ethik und politischer Philosophie gibt es übrigens einen zweiten, prinzipientheoretischen Grund. Platons höchstes Prinzip, die Idee des Guten, ist für beides, für die eigenen und für die öffentlichen Angelegenheiten, zugleich zuständig (VII 517c).

(4) Die Erörterung von pädagogischen und theologischen, von ästhetischen, wissenstheoretischen und anderen Fragen führt in extenso aus, was das Stichwort „Besonnenheit" erst andeutet: die *vierte These*: Wie die Eudaimonie an voreudaimonistische Bedingungen gebunden ist, so die Politik an vorpolitische Bedingungen. Dazu gehören Elemente, die damals wie heute höchst anstößig klingen, nach Platon aber für die Gerechtigkeit unverzichtbar sind: bezogen auf die Wächter das Verbot von Privateigentum und das Gebot einer Frauen- und Kindergemeinschaft, ferner das generelle Verbot der überlieferten Dichtung und das jeder „verweichlichenden" oder „enthemmenden" Musik sowie die damals provokative Forderung nach Gleichberechtigung von Mann und Frau innerhalb des Wächterstands.

(5) Die *Politeia* bietet ein weiteres Ärgernis: in Gestalt der Ideenlehre greift sie auf eine inzwischen vielfach verfemte Metaphysik zurück, den sogenannten Zwei-Welten-Platonismus. Platon unterscheidet ein rein intelligibles Wissen, die *noêsis*, von einem an Wahrnehmung (*aisthêsis*) gebundenen Wissen, und einen rein intelligiblen Gegenstand, das *noêton*, die Ideen, von einem wahrnehmbaren Gegenstand (*horaton*), den Abbildern der Ideen (z. B. VII 524c ff.; vgl. auch V 476c–480a; IX 584d ff.; X 595c–597e). (Skeptisch gegen die traditionelle Ansicht, Platon vertrete einen Zwei-Welten-Platonismus, sind allerdings z. B. Ebert 1974, Annas 1981 und Wieland 1982). Während sich die heute wirkungsmächtige Gerechtigkeitstheorie von John Rawls ausdrücklich als „politische, nicht metaphysische" Theorie versteht (*Political Liberalism*, 1993) und schon Patzig 1971 für eine „Ethik ohne Metaphysik" plädiert, vertritt Platon nicht etwa das konträre Gegenteil zu Rawls, eine metaphysische *statt* einer politischen Theorie, vielmehr befindet er sich jenseits dieser Alternative und entwickelt ein Sowohl-als-Auch.

Rawls folgt einem Ökonomieprinzip, der Verzichtstrategie, die da fordert, ohne eine umfassende Lehre auszukommen und sich statt dessen mit möglichst wenigen, überdies anspruchslosen Prinzipien zu begnügen. Platon erkennt diese Strategie wie selbstverständlich an, führt er doch die Ideenlehre weder aus dem enzyklopädischen Interesse ein, in der Gerechtigkeitstheorie möglichst viele seiner philosophischen Lehren unterzubringen, noch aus dem spekulativen Interesse, möglichst anspruchsvolle Gedanken zu entwickeln. Im Gegenteil bleibt der größte Teil der *Politeia* frei von einer voraussetzungsreichen Metaphysik; im Rahmen der dreistufigen Polisgenese kommen die erste und die zweite Stufe sowie der erste Teil der dritten Stufe ganz ohne metaphysische Elemente aus. Die Ideenlehre taucht nicht nur spät, gegen Ende von Buch V (476a), und selbst dann lediglich an wenigen, überdies kurzen Stellen (vgl. u. a. 479a; X 595c–597e) auf. Sie wird auch nur deshalb eingeführt, weil ohne sie das politische Interesse an einer wahren und zuverlässigen Gerechtigkeit kein theoretisches Fundament besäße. Im zweiten Teil der dritten Polisstufe entfaltet Platon die drei berühmten Gleichnisse von Sonne, Linie und Höhle. Ihnen liegt die inzwischen *fünfte*, die metaphysische *These* zugrunde, mehr als nur ein Abglanz (*eidôlon*: IV 443c) der Gerechtigkeit werde den Menschen, sowohl den Individuen als auch dem Gemeinwesen, erst durch eine intelligible Instanz, die Idee des Guten, möglich. Zugleich behauptet Platon eine zweite Analogie. Nicht nur die Mikroebene des Individuums und die Makroebene der Polis entsprechen einander, sondern die Gerechtigkeit beider Ebenen entspricht auch der Harmonie, die im Reich der Ideen waltet; dabei gebührt die größere Dignität den Ideen. Übrigens versteht man erst nach Einführung der Ideenlehre, warum die im ersten Buch geführte Gerechtigkeitsdebatte scheitern mußte. Ohne die Ideenlehre läßt sich nämlich – so Platon – weder die Vorfrage, was das Gerechte sei, noch die Hauptfrage, ob der Gerechte nicht glücklich oder glücklich sei (I 354c), beantworten; dort braucht man die Idee der Gerechtigkeit, hier die Idee des Guten.

Platon könnte in beiden Hinsichten Unrecht haben; er hätte es aber nicht schon, weil er sich überhaupt metaphysischer Argumente bedient, sondern weil sie überflüssig oder nicht stichhaltig sind. Nun entscheidet darüber erst eine philosophische Diskussion, nicht ein vorab beschlossener Verzicht. Folglich darf man gegen das heutige Verdikt gegenüber der Metaphysik ein wenig skeptisch bleiben.

1.2 Zum Aufbau

Der Grundaufbau des Textes, seine Gliederung in fünf Teile, scheint relativ klar (ich halte allerdings auch eine Vierteilung für erwägenswert; vgl. S. 15). Dabei stellt sich das erste Buch als Einführung, Proömium (vgl. II 357a) dar, das zusammen mit dem ersten Teil des zweiten Buches den „kritischen" Vorspann ausmacht; auf ihn folgen die drei konstruktiven Hauptteile und das letzte Buch als eine Art Ausklang. Die Einteilung in zehn Bücher stammt nicht von Platon selbst, sondern wohl von dem Herausgeber Thrasyllos (1. Jh. n. Chr.), hat also keine maßgebliche Bedeutung. Mit Ausnahme von Buch VI–VII stimmt sie aber mit Sinneinschnitten überein. In den ihrerseits exakt komponierten Teilen folgt die Argumentation häufig der aufsteigenden Linie (*anabasis*) des Höhlengleichnisses, führt also vom für uns Bekannten zum an sich Bekannten, so etwa vom Staat in Buch II zur Idee des Guten in Buch VI–VII oder beim Los des (Un-)Gerechten vom Diesseits zum Jenseits: Buch IX–X.

(1) Buch I, nach dem Hauptunterredner gelegentlich „Thrasymachos" genannt, führt in drei Schritten ins Thema „Gerechtigkeit und Glück" ein. Platon setzt bei einem äußeren Vorteil der Gerechtigkeit an. Nach Kephalos, einem ehrbaren Bürger ohne philosophische Ambitionen, hilft Reichtum insofern zur Gerechtigkeit, als er es leichter macht, niemanden zu übervorteilen oder zu hintergehen und die schuldigen Opfergaben darzubringen (I 329d ff.). Nicht mehr so äußerlich ist der Umstand, daß man nach Kephalos dank der Gerechtigkeit hoffnungsfroh aufs Leben nach dem Tode schauen kann. Seinem Sohn Polemarchos zufolge soll man jedem das Seine zukommen lassen und den Freunden Gutes, den Feinden Böses tun (331d ff.). Danach kommt der Sophist Thrasymachos zu Wort (336b ff.) und lobt in bewußter Provokation bürgerlicher Ehrbarkeit die vollkommenste Ungerechtigkeit des Tyrannen.

Buch I weicht in vieler Hinsicht von den anderen Büchern ab und gleicht mehr Platons frühen Dialogen, für sein Thema, die Gerechtigkeit, etwa dem *Gorgias*. Ansehen kann man es daher als ein eigenständiges, aus der Frühzeit stammendes Werk, das zur Einleitung der *Politeia* nachträglich und nur geringfügig überarbeitet worden ist. In der Tat gibt es mit den Frühdialogen zahlreiche Übereinstimmungen. Sie beginnen mit einer offeneren

Dialogform, zu der der Wechsel der Dialogpartner gehört, die jeweils für eine andere Stufe der Diskussion einstehen. Sie setzen sich in der Frage nach dem Wesen (*ti estin*) einer Tugend, eben der Gerechtigkeit, und dem Verständnis der Tugend nach dem Muster einer *technê*, einer lernbaren Fertigkeit, fort. Außerdem wird die Debatte „elenktisch", als Widerlegungsgespräch, geführt, geht wie die Frühdialoge aporetisch aus und endet dabei mit der Behauptung, nichts gelernt zu haben.

In diesen sechs Elementen – und zusätzlich in sprachlicher Hinsicht – unterscheiden sich die Bücher II–X der *Politeia* von ihrem Einleitungsbuch: (1) Die Gesprächspartner treten jetzt im wesentlichen nur noch als Stichwortgeber auf oder als Personen, die belehrt werden wollen. (2) Die Thematik ist komplexer, und (3) sie wird in einem konstruktiven Entwurf abgehandelt. (4) Sokrates läßt durchblicken, daß er mehr weiß, als er sagt; (5) er lobt einsichtige Schüler und (6) macht von einem weitläufigen Wissen Gebrauch.

Zugunsten einer relativen Selbständigkeit des „Thrasymachos" scheint auch zu sprechen, daß Buch II neu ansetzt und der „Rest" der *Politeia* sich genau daran anschließt. (Die Rückverweise des Schlußbuches der *Politeia* auf den Anfang dürften sich – vielleicht mit Ausnahme von X 612e, das auf I 352b verweist – ausschließlich auf die erste Hälfte von Buch II beziehen; deutlich X 612a–b, das sich auf 363a–c und auf 359c ff. bezieht.) Der erste Teil von Buch II böte sich dann als ein eigenes Proömium zu der in II 367 beginnenden konstruktiven Polisgenese an: Platon beginnt mit seiner Grundthese, die Gerechtigkeit sei in sich gut, überdies vorteilhaft (357a–358a), konfrontiert sie mit einer Neudarstellung von Thrasymachos' Gegenthese, das Leben des Ungerechten sei weit besser (358c), erweitert sie um die These, Gerechtigkeit werde nur aus Unvermögen zum Unrechttun, mithin aus Not, geübt (360c), und erreicht einen Höhepunkt an Provokation in der Aufforderung: „So laß uns Unrecht tun und dann vom Erlös unserer Ungerechtigkeiten [den Göttern: O. H.] opfern" (365e). Die folgenden achteinhalb Bücher suchen diese Provokation zu widerlegen.

Trotzdem kann die These von der Selbständigkeit des „Thrasymachos", die erstmals von K. F. Hermann 1839 vertreten wurde, nicht überzeugen. Buch I ist nämlich allzu deutlich als ein Proömium angelegt, wie der aufmerksame Leser am Auftreten der folgenden Denkmotive feststellen kann: Der Text antizipiert die Gerechtigkeitsdefinition und das Prinzip der Spezialisierung; er bringt den Zusammenhang der personalen mit der politischen Gerechtigkeit und mit der Lehre der drei Seelenteile zur Sprache, ferner einen Zusammenhang von diesseitigem und jenseitigem Leben, eine Dichterkritik und die Bindung der Gerechtigkeit an ein (irrtumsfreies) Wissen. Außerdem gibt es später manchen Rückverweis; beispielsweise bleibt der Hauptgesprächspartner Thrasymachos mit seinen Ansichten in Buch II gegenwärtig; er, der in Buch I als aggressiver Gegner auftritt, erscheint in Buch VI (498c f.) als Sokrates' neugewonnener Freund; und in Buch X (590d) wird eine These des Thrasymachos zurückgewiesen. Kurz: Selbst wenn Buch I teilweise schon früher entstanden sein sollte, ist es zum Zweck einer Einführung in die *Politeia* gründlich umgearbeitet und erweitert worden. Thematisch gesehen ist der Zusammenhang mit den Hauptteilen eng, und argumentationsstrategisch folgt auf die elenktische Entlarvung falscher Ansichten in Buch I die Entfaltung des Wahren in den Büchern II–X. Die offenkundige Ähnlichkeit von Buch I mit den „sokratischen" Frühdialogen läßt sich leicht so erklären, daß Platon durch die äußere Form auf die Lösung einiger früher Aporien in Buch II–X hinweisen will (vgl. Kahn 1993).

(2) Buch II–V 471c realisiert, was schon im „Thrasymachos" anklingt. Nach der Unterscheidung dreier Arten des Guten und dem provokativen Gedankenexperiment mit dem „Ring des Gyges" verläßt Platon in II 367a–b das Proömium. Der Übergang zu den konstruktiven Überlegungen wird durch die feierliche Anrede „ihr Söhne jenes Mannes" (368a) markiert. Mit der methodischen Veränderung – von der Kritik zur Konstruktion – verbindet sich ein Themenwechsel, begründet mit dem Bild der kleinen und großen Buchstaben. Weil sich die Verhältnisse im Individuum analog zu denen im Staat verhalten und letztere wegen ihrer Größe besser erkennbar seien, befaßt sich Platon zunächst mit der politischen statt mit der personalen Gerechtigkeit. Manche Interpreten (z. B. Neu 1971) halten die Analogie von Individuum und Staat wegen ihres angeblich organologischen Staatsverständnisses für problematisch. Während nämlich der eudaimonistische Zweck der Gerechtigkeit, das Glück, beim Individuum nur vom Ganzen, nicht aber von den Teilen, den Organen und Zellen, ausgesagt werden könne, seien beim Staat

die Teile, die Individuen, im primären Sinn glücklich, und das Ganze könne nur in einem abgeleiteten Sinn glücklich genannt werden. Platon entgeht aber dem organologischen Mißverständnis des Staates. Er behauptet nicht, lediglich der ganze Staat könne glücklich sein, sondern – und hier trifft er das übliche Verständnis von Gemeinwohl – jede Gruppe könne nur gemeinsam mit allen anderen glücklich werden (vgl. z. B. V 466a; VII 519e f.).

Wegen des von der Analogie motivierten Themenwechsels befaßt sich Platon ab der Mitte von Buch II mit dem Staat. In einem längeren Gedankenexperiment (*logô*: 369a) wirft er zunächst die sozialtheoretische Vorfrage auf, weshalb sich Menschen überhaupt zu einem Gemeinwesen zusammenschließen, wendet sich sodann der gerechtigkeitstheoretischen Hauptfrage zu, unter welchen Bedingungen ein Gemeinwesen gerecht ist, und schließt die gerechtigkeitstheoretische Zusatzfrage, die sozialeudämonistische Frage an, inwiefern das gerechte Gemeinwesen dem Wohlergehen aller dient.

Platons Polisgenese erfolgt in mehreren Stufen. Sie beginnt mit der gesunden Polis (369b–372c) und führt über die üppige („zivilisierte") Polis (II 372d–376d) zu jener *katharsis*, Reinigung, die den Übelständen der Zivilisation wehrt (II 376d–IV 445e). Im Rahmen der Erziehung der „Wächter" (der inneren und äußeren Sicherheitskräfte) kritisiert Platon die überlieferten Mythen und setzt ihnen eine „wahre", monotheistische Theologie entgegen. Ferner befaßt er sich mit Dichtung, Musik, Gymnastik und Ernährung. Und innerhalb der Lehre der vier Kardinaltugenden greift er auf die Analogie Individuum–Staat zurück und behauptet, ein Staat sei weise, wenn seine Herrscher weise, und tapfer, wenn seine Wächter tapfer seien; besonnen sei er allerdings nicht nur, wenn die Menge, die Bauern, Handwerker und Kaufleute, sondern auch ihre Herrscher es seien (IV 431e).

Innerhalb des zweiten Hauptteils bringt IV 427d eine Zäsur; sie ist wieder durch eine feierliche Anrede – „Sohn des Ariston" – markiert. Vorher wird die Konstruktion der idealen Polis vorgenommen, jetzt erinnert sich Sokrates, warum er die Konstruktion überhaupt durchführt, und wirft ausdrücklich die Gerechtigkeitsfrage auf.

(3) Eingeleitet mit der Frage nach der Möglichkeit eines solchen Staates, wird mit der Herrschaft der Philosophenkönige

(vgl. schon II 376b–c) in den Büchern V–VII (ab 471c) die Vollendung erreicht. Sie besteht in jener *kallipolis*, schönen Polis (VII 527c), die die harmonische Einheit des moralisch Guten mit dem persönlich Guten, dem glücklichen Leben ermöglicht. Denn „wenn nicht entweder die Philosophen Könige werden in den Staaten oder die jetzt so genannten Könige und Machthaber wahrhaft und gründlich philosophieren und also beides zusammenfällt, politische Macht und Philosophie, [...] dann hat es kein Ende mit dem Unheil in den Staaten" (V 473c–d). Die zweiteilige Argumentation bestimmt zunächst die Gerechtigkeit nach Art einer Gleichung mit einer Unbekannten, also in Anlehnung an eine mathematische Methode (vgl. IV 427e–428a). Entscheidend ist hier das Bild der dreifachen Woge (*trikymia*: V 457b; c; 472a ff.), also der drei zunehmend größeren Wellen von (zu erwartendem) Hohngelächter. Mit ihnen benennt Platon die Bedingungen, die den Idealstaat ermöglichen, wegen ihrer Ungewöhnlichkeit aber starken Widerstand provozieren: die Gleichberechtigung von Mann und Frau, die vielgescholtene, aber nur für die Wächter geforderte Frauen-, Kinder- und Gütergemeinschaft und den Gedanken der Philosophenherrschaft. In den ersten Teil gehört auch das fein ausgefeilte Gleichnis vom Staatsschiff (VI 487e–489d), das die Schwierigkeiten erläutert, mit denen der zum Kapitän Ausgebildete, sprich: der Philosophenkönig, rechnen muß, wenn er gegenüber dem Schiffseigner, sprich: dem Volk von Athen, die Staatsgeschäfte übernehmen will.

Weil der erste Teil nicht zum tragenden Grund vorstoße – und es insofern an wünschenswerter Genauigkeit fehlen lasse (vgl. IV 435d; VI 504b) –, nimmt Platon gegen Ende von Buch VI einen Neuansatz vor. Er schlägt den schon in IV 435d angesprochenen größeren und längeren Weg ein, den der Dialektik. In den Gleichnissen von Sonne, Linie und Höhle führt er über die Gerechtigkeit, die selber schon eine Metatugend ist, noch einen Schritt weiter zur Idee des Guten. Erst dieser längere und systematisch genauere Weg läuft auf eine „metaphysische" Grundlegung der Gerechtigkeit hinaus. Die Grundlegung besteht in einer Einsicht besonderer Art, in einem Erkennen des Guten, das sich eo ipso mit seiner Anerkennung verbindet.

(4) Der dritten Stufe, der schönen und gerechten Polis, entspricht auf der negativen Seite Buch VIII–IX, die wohlkomponierte Schilderung der vier ungerechten Verfassungen und der

dazu gehörenden Menschen. Üblicherweise hält man die Polisgenese mit der Darstellung der gerechten Polis für den Höhepunkt der *Politeia* und sieht in den Überlegungen zu den ungerechten Verfassungen nur ein ergänzendes Gegenstück. Dieses wird aber schon am Ende von Buch IV (444a–445e) angekündigt, dort auch in groben Umrissen skizziert, jedoch erst drei Bücher später im einzelnen ausgeführt. Dabei darf man den Spannungsbogen in der *Politeia* nicht übersehen: daß zu Beginn, bei Thrasymachos, der Prototyp des Ungerechten, der Tyrann, als der dasteht, dem es am besten ergeht (I 344a ff.), während im Buch IX nach dem Muster eines sportlichen Wettkampfs eine Auseinandersetzung in mehreren Gängen inszeniert wird (vgl. IX 583b), in denen jedes Mal der Gerechte über den Ungerechten siegt. So steht gegen Ende der tyrannisch gesinnte Herrscher am „schlechtesten und unglückseligsten" da (IX 587e f.), womit Thrasymachos in aller Klarheit, freilich erst jetzt, widerlegt ist.

(5) Ähnlich wie Buch I Themen behandelt, die in II 357a–366e erneut zur Sprache kommen, greift Buch X, der „Ausklang", Themen der vorangehenden Bücher auf. Platon befaßt sich noch einmal (a) mit der Idee und ihren Abbildern (595c–597e), setzt (b) die Dichterkritik fort (595a–608b; vgl. II 376c–403c; die erste Kritik erfolgt ohne, die zweite mit der Metaphysik der Bücher V–VII) und endet (c) mit Überlegungen zum Los der Gerechten und der Ungerechten (608c–621d; vgl. IX 576b–592b). Zugleich nimmt Platon zwei Gesichtspunkte des Einleitungsbuches auf, sowohl Kephalos' zweiten Gedanken – die Gerechtigkeit verhelfe zu einem glücklichen Leben nach dem Tode – als auch Thrasymachos' Lob des Tyrannen. Indem er der Sache nach erneut Thrasymachos widerspricht, Kephalos aber zustimmt, rehabilitiert er ein verbreitetes Gerechtigkeitsverständnis.

Ganz zwingend ist die Gliederung in fünf Hauptteile nicht. Sofern man die konstruktive Polisgenese als Einheit ansieht, läßt sich auch eine Vierteilung vertreten:

(1') Buch I–II 367 enthält den zweiteiligen, kritischen Vorspann mit Buch I als dem ersten und Buch II bis 367 als dem zweiten Teil;

(2') Buch II 367–VII bildet den positiven Hauptteil, die zur gerechten Polis führende konstruktive Polisgenese, die ihrerseits in zwei Teile zerfällt, in den kürzeren, prinzipientheoretisch nicht hinreichend genauen und den längeren, genaueren Weg;

(3') Buch VIII–IX stellt das „negative Gegenstück" dar; es befaßt sich mit den ungerechten Verfassungen und den ihnen entsprechenden Menschen;
(4') Buch X ist ein „Ausklang" mit den genannten Themen.

1.3 Zur Dramaturgie

Der Inhalt Platonischer Texte steht in enger Verbindung mit ihrer Form, dem Dialog. Die Dialogform, auf deren Eigenart besonders Friedrich Schleiermacher (1804/1996, 10 ff.), der große Platon-Übersetzer, seine Interpretationen stützt, spielt eine mindestens vierfache Rolle. Nicht an Philosophen vom Fach, sondern an gebildete Laien gerichtet, hat der Dialog als erstes eine didaktische Funktion; die dramatische Gestalt erleichtert die Einführung ins Thema und weckt höhere Aufmerksamkeit. Als zweites bringt der Dialog eine Entlastung des Autors, erlaubt er doch, gelegentlich Ansichten ohne eine argumentative Stellungnahme vorzutragen und sie indirekt, über die Charakterisierung des jeweiligen Dialogpartners, in einem bestimmten Licht erscheinen zu lassen. Eine weitere Entlastung: Man kann systematische Fragen, die sich noch nicht zufriedenstellend beantworten lassen, trotzdem schon in die Debatte einwerfen. Außerdem lassen sich Elemente einstreuen, die wie der Anruf der Musen (VIII 545d–e) den Leser auffordern, den literarischen Charakter der Passage zu beachten und das Folgende nicht für bare Münze zu nehmen. Die Dialogform enthält drittens eine komplexe philosophietheoretische Aussage. Weil sich der Dialog mit vorfindlichen Ansichten auseinandersetzt, beansprucht er nicht, das Thema zum ersten Mal, wohl aber, es genauer, umfassender oder sonstwie sachgerechter zu behandeln. Ein Denken, das sich im Dialog darstellt, will außerdem nicht einfach rechthaben, sondern in Auseinandersetzung mit Gegenargumenten überzeugen. Nicht zuletzt, so die vierte Funktion, erlaubt ein Dialog, mehr als die ausdrücklich entwickelten Einsichten zu vermitteln; er leitet zum Selberdenken an, hat somit eine propädeutisch-protreptische Funktion.

Innerhalb der *Politeia* spielt die Dialogform vor allem im ersten Buch und hier noch einmal besonders in der einleitenden Szene eine Rolle. Sokrates, den man auf dem Rückweg vom

Piräus nach Athen gewaltsam am Weggehen hindern will, gehorcht nicht einfach, sondern bringt eine neue Option ein: Überzeugen statt Gewalt (I 327c). Dieser Szene kommt trotz ihrer Kürze eine große Bedeutung zu. Erstens zählt von Anfang an der Logos, das Argument, und nicht, wofür sich Thrasymachos einsetzen würde und noch deutlicher Kallikles im *Gorgias*, die überlegene Macht. Zweitens wird Sokrates zwar von außen ins Gespräch verwickelt (oder später zur Fortführung veranlaßt: z. B. II 358d, V 449b–c; u. ö.); er wird aber stets nur so viel von seinen Gedanken preisgeben, wie er selber will. Schließlich klingt noch etwas Drittes an. Das erste Wort, *katebên* (ich ging hinab), dürfte auf jenen Abstieg (*katabasis*) anspielen, der aus der Welt der wahren Dinge in die für die Menge zwar reale Welt, in Wahrheit aber nur Schattenwelt führt und nach dem zweiten Teil des Höhlengleichnisses für das Wohlergehen des Gemeinwesens unverzichtbar ist. Für diesen Abstieg braucht es aber, was mit Sokrates, indem man ihn festhält, tatsächlich geschieht: einen gewissen Zwang. Denn wie die Philosophen lieber philosophieren als herrschen (VII 521b), so kommt Sokrates, wie Kephalos klagt, von allein „nicht fleißig zu uns herunter in den Piräus" (328c).

Was und wie Sokrates diskutiert, hängt von den Gesprächspartnern ab. In einer wohlüberlegten Komposition beginnt die *Politeia* mit dem biederen Common sense von Kephalos und Polemarchos, zwei ehrbaren Bürgern und weitläufigen Freunden des Sokrates. Mit Thrasymachos folgt ein kritischer Intellektueller, der sich als überheblicher Aufklärer und direkter Gegenspieler des Sokrates einführt. Im anschließenden Gespräch mit Glaukon und Adeimantos, Platons älteren Brüdern und engeren Freunden des Sokrates, findet eine Kritik der Kritik bzw. eine Aufklärung über Aufklärung statt, die jedoch insofern an der Aufklärung festhält, als sie weder die überlieferte Volksmoral noch deren Sprachrohr, die Dichter, wieder ins Recht setzt.

Nach Platons Seelenlehre in Buch IV wirken im Menschen drei Fähigkeiten oder Antriebskräfte, die hierarchisch aufeinander aufbauen. Von unten nach oben betrachtet beginnt sie mit dem Begehren (*epithymêtikon*) und führt über die Tatkraft (*thymoeides*) zur Vernunft (*logistikon*). Zumindest die Grundidee der Seelenteilung leuchtet ein: Nur wenn man mehrere Antriebskräfte annimmt, läßt sich die Wirklichkeit innerer Konflikte erklären; und erst mit der Annahme einer übergeordneten, „schlichtenden" Kraft wird die Lösung der Konflikte verständlich.

Stellt man Kephalos und Polemarchos in den Hintergrund – sie stehen für die noch unreflektierte, vor- und außerphilosophische Einstellung –, so verbleiben ebenso viele Gesprächspartner, wie es Seelenteile gibt. Aus diesem Grund könnte man eine allegorische Lesart versuchen und die drei Seelenteile jeweils einem Gesprächspartner zuordnen. Dann steht Thrasymachos, der für sein Auftreten Geld verlangt (I 337d) und sich im übrigen wie ein wildes Tier (*thêrion*) einführt (I 336b), für den begehrlichen, animalischen Teil. Der höchst eifrige, tapfere (*andreiotatos*: II 357a) Glaukon vertritt den mittleren, „menschlichen" Seelenteil, den Mut bzw. die Tatkraft. Dieser schließt übrigens die musische Bildung mit ein; das Wichtigste in der Erziehung beruht nämlich auf Musik, da Zeitmaß und Wohlklang am meisten in das Innere der Seele eindringen (III 401d); Sokrates' Ausführungen über Tonarten und Instrumente erfolgen daher im Gespräch mit Glaukon (III 398c ff.). Schließlich hat Adeimantos, insofern ihm „etwas Göttliches (*theion*) begegnet ist" (II 368a), schon Anteil an jenem göttlichen, vernünftigen Seelenteil, den aber vor allem Sokrates selbst repräsentiert. Eine derartige allegorische Lesart stößt freilich bei der Gleichsetzung des Thrasymachos mit dem untersten Seelenteil auf den Einwand, daß in der ersten Polisstufe dem Begehren noch alle Maßlosigkeit und Wildheit fehlt. Thrasymachos repräsentiert nicht das Begehren als solches, sondern bereits das ausgreifende, luxurierende Begehren, das Mehrwollen (*pleonexia*) der zweiten Polisstufe.

Am Anfang wird das Gespräch halböffentlich geführt, in einem größeren Kreis von mindestens zehn Personen, von denen einige bloße Zuhörer sind. Im Fortgang treten die jeweiligen Gesprächspartner entweder ganz, so Kephalos, oder zumindest als Gesprächspartner, so Polemarchos und Thrasymachos, ab. Getreu der These, daß die Menge unmöglich philosophisch sein könne (VI 495e f.), unterhält sich Sokrates, sobald es philosophisch ernst wird, nur noch mit Personen, die – „weder verstockt noch zweifelsüchtig noch übelwollend" (V 450d) – sowohl in theoretischer als auch in praktischer Hinsicht aufnahmebereit sind. Nur sie, die philosophischen Freunde, erfüllen die Bedingung, wißbegierig zu sein und von Jugend an nach aller Wahrheit zu streben (VI 485d). Außerdem sind sie als „Gefolgsleute" des Sokrates von seinen Grundintentionen schon mehr oder weniger überzeugt.

Bemerkenswerterweise taucht nicht nur Polemarchos später wieder auf (V 449b), sondern auch Sokrates' aggressiver Gegenspieler, Thrasymachos, dann freilich als neugewonnener Freund (vgl. VI 498d; erwähnt wird er auch in II 357a, 358b, 358c, 367a; VI 498c, 545a–b, 590d; nur in V 450a–b greift er noch einmal ins Gespräch ein). Der Kreis, der zur wahren Einsicht ebenso fähig wie würdig ist, wird also nicht hermetisch eng gezogen. Wer sich einem Nachdenken über die Tradition versperrt, schließt sich – wie Kephalos und Polemarchos – selber aus; wer sich darauf einläßt, bleibt auch dann für die Einsicht offen, wenn er sich – wie Thrasymachos – zunächst mit voller Kraft verrennt.

Innerhalb des Gesprächs mit den aufnahmebereiten Freunden dürfte ein „esoterisches" Element im Sinn der Tübinger Schule klar greifbar sein. Denn zum einen wird die metaphysische Grundlegung nur in Form von Gleichnissen – von Sonne, Linie und Höhle – vorgetragen, zum anderen tritt die Sonne als bloßer „Abkömmling" (*ekgonos*) an die Stelle des Guten selbst (VI 506e). Offenkundig haben wir es statt des dialogischen Logos mit einer in Gleichnissen verschlüsselten monologischen Botschaft zu tun. Statt seiner Argumentation mit *timiôtera* (*Phaidros* 278d), mit „wertvolleren Einsichten", zu Hilfe zu kommen, statt also die „größte Einsicht" (*megiston mathêma*: VI 505a) explizit zu entwickeln, „spart" Platon die Idee des Guten aus seiner Darstellung „aus" und behält sie, wie die Tübinger Schule sagt, dem mündlichen Unterricht in der Akademie vor (vgl. Krämer 1959, Gaiser 1963, Szlezák 1985 und Reale 1987). Diese These und die Frage, in welchem Sinn Platon über „ungeschriebene Lehren" (*agrapha dogmata*) verfügte, sind allerdings umstritten (kritisch dazu etwa Heitsch 1987 und Ferber 1991).

Für die politische Philosophie besagt Platons Inszenierung zunehmender Esoterik unter anderem, daß keine politische Aktion, sondern deren prinzipientheoretische Grundlegung gesucht ist. Vielleicht hat Platon sogar an reale Politik überhaupt nicht gedacht. Denn wie sollen Gedanken politisch mächtig werden, die – der Menge verschlossen – nur einem Kreis von Eingeweihten bekannt werden?

1.4 Wie politisch ist die *Politeia*?

Um die anstößigen Teile der *Politeia* abzumildern, etwa die Einführung von „Propagandalügen" (III 389b), die Verweigerung ärztlicher Hilfe für „seelisch Boshafte und Unheilbare" (III 409e f.), die Erlaubnis zur Kindstötung (V 459d ff.) und die Ausweisung aller über zehn Jahre alten Personen (VII 540e ff.), ferner die Frauen-, Kinder- und Gütergemeinschaft, außerdem eine weithin mangelnde Liberalität, vielleicht sogar eine Tendenz zum Totalitarismus (vgl. Abschnitt 4 in Beitrag 16 dieses Bandes), könnte man den politischen Charakter der *Politeia* ganz in Abrede stellen wollen und behaupten, ihre Darstellung der Polis diene nur dem Verständnis der personalen Gerechtigkeit. Eine politische Philosophie habe Platon erst in den „wirklich politischen" Texten, den späteren Dialogen *Politikos* (*Staatsmann*) und *Nomoi* (*Gesetze*), vorgestellt; und in ihnen fehlten die genannten anstößigen Elemente ganz.

In der Tat ist die *Politeia* nicht so eindeutig eine staatstheoretische Schrift, wie viele Interpreten glauben. Von der Komposition her bilden die Ausführungen über den Staat nur einen (freilich sehr langen) Exkurs. Weiterhin wird zwar die Erziehung der Wächter bis ins einzelne beschrieben, ebenso die Frauen-, Kinder- und Gütergemeinschaft; wie aber deren Zweck, die Philosophenherrschaft, des näheren aussieht, wird nicht annähernd klar. Platon scheint es auf Institutionen, Ämter und Gesetze wenig anzukommen (vgl. IV 425a und 427a). Über die Regeln hinsichtlich Wirtschaft und Handel, über ein Strafrecht oder die Außenpolitik erfährt man in der *Politeia* denkbar wenig.

Manche Interpreten nehmen aufgrund derartiger Beobachtungen nur eine personale oder individualethische Lektüre vor. Danach dienen die staatstheoretischen Ausführungen, selbst die drei Gleichnisse, lediglich einer Klärung der personalen Gerechtigkeit (z. B. Waterfield 1993). Nach der planen Gegenposition, der nur politischen bzw. staatstheoretischen Lektüre, haben die Ausführungen zur personalen Gerechtigkeit kein Eigengewicht, sondern dienen ausschließlich der Staatstheorie. Hier ist das Höhlengleichnis lediglich eine politische Parabel; das Leben in der Höhle symbolisiert etwa die verderbte Welt der Politik.

Bei einer nur personalen Lektüre bleibt zunächst der Titel des Dialoges unverständlich. Wenn Platon im Fall der *Politeia* ein

Thema, nicht wie in der Regel einen Gesprächspartner im Titel nennt, so gibt er ihm, der Staatsverfassung, ein besonderes Gewicht, was unverständlich bliebe, wenn es ihm auf den Staat nicht primär ankäme. Außerdem würde die Dramaturgie ihren Sinn verlieren: daß Platon zwar bei der personalen Gerechtigkeit ansetzt und zu ihr zurückkehrt, dazwischen aber einen überlangen, staatstheoretischen „Exkurs" plaziert. Bei einer bloß personalen Lektüre verstände man weder die Ausführlichkeit der staatsbezogenen Überlegungen, noch warum Platon mit den „drei Wogen" politische Elemente einführt, die nach eigenem Bekunden Ärgernis erregen, gleichwohl für ein gerechtes Gemeinwesen unverzichtbar sind; zur Erläuterung der personalen Gerechtigkeit tragen sie kaum bei. Das dritte Ärgernis, die Philosophenherrschaft, läßt sich zwar auf die personale Ebene leicht übertragen, wird aber ausdrücklich mit dem Ziel eingeführt, die ideale Polis als realisierbar auszuweisen (V 473c ff.).

Diese Realisierbarkeit darf man aber nicht zu realistisch-programmatisch verstehen. Platon stellt ausdrücklich ein *paradeigma*, ein ideales Vorbild, auf (V 472e), das in dieser Form lediglich „im Himmel" bestehe (IX 592b) und dem man sich keineswegs mehr und mehr annähern kann; denn entweder herrschen die Philosophen oder nicht. Daß ein Philosoph einmal tatsächlich im Staat zur Herrschaft gelangt, gilt zwar nicht als unmöglich, aber doch als schwierig (VI 499d) und hänge von der Hilfe eines göttlichen Geschicks (*theou moira*: VI 493a; vgl. *VII. Brief* 326b), einer göttlichen Eingebung (*theia epipnoia*: 499c) oder eines göttlichen Zufalls (*theia tychê*: IX 592a) ab.

Gegen eine nur personale Lektüre spricht auch das entwicklungsgeschichtliche Argument, daß weder der *Politikos* noch die *Nomoi* den Grundgedanken der *Politeia*, die ideale Polis sei nur bei einer Herrschaft der Philosophie möglich, revidieren (siehe Abschnitt 1 in Beitrag 16 dieses Bandes). Weiterhin taucht ein rezeptionsgeschichtliches Bedenken auf. Hätte Platon mit der *Politeia* eine nur personale Interpretation intendiert und seine Staatsphilosophie den späteren Dialogen überlassen, so dürfte man von einem Philosophen, der in Platons Akademie zwanzig Jahre lang studierte, von Aristoteles, erwarten, daß er es in seiner entsprechenden Kritik berücksichtigte und sich mehr mit den späteren Dialogen als mit der *Politeia* befaßte. Tatsächlich interessiert sich Aristoteles an der betreffenden Stelle, in der ersten

Hälfte von Buch II der *Politik*, mehr für die *Politeia* als für die *Nomoi*.

Vor allem fragt sich, wie die Gerechtigkeit einer Polis, die politische Gerechtigkeit, zur Gerechtigkeit eines Individuums, der personalen Gerechtigkeit, analog und darüber hinaus noch besser erkennbar sein soll (II 368c ff.), wenn die Analogie, die Darstellung der (idealen) Polis, nicht auch selbständig lesbar wäre.

Wer die verschiedenen Gesichtspunkte berücksichtigt, sieht in der *Politeia* weder ein Buch allein über den gerechten Staat noch lediglich über die gerechte Seele, vielmehr gibt es für das Leitthema, die Gerechtigkeit, zwei gleichberechtigte „Anwendungsbereiche", die einzelne Person und das Gemeinwesen. Infolgedessen empfiehlt sich eine dreifache Lektüre: (1) Die individualethische Lektüre beruft sich darauf, daß die *Politeia* mit der personalen Gerechtigkeit beginnt, am Ende zu ihr zurückkehrt und selbst im staatstheoretischen „Exkurs" die personalen Verhältnisse als solche thematisiert. (2) Die staatstheoretische Lektüre erkennt das Eigenrecht und Eigengewicht des Exkurses an. (3) Eine analogieorientierte Lektüre achtet auf die Gemeinsamkeiten, die im Bild der kleinen und großen Buchstaben angesprochen sind und sich etwa darin zeigen, daß sich die Gerechtigkeit sowohl auf der Mikroebene, beim Individuum, als auch der Makroebene, beim Staat, als innere Harmonie, als Einheit und Eintracht, darstellt; daß es ferner sowohl für die Seele als auch die Staatsverfassungen eine gute und vier schlechte Gestalten gibt (IV 445c–d; vgl. VIII–IX) und daß Platon immer wieder, beispielsweise bei der Dichterkritik (X 607d), beide, sowohl den Staat als auch den einzelnen, im Blick hat. Im Sinne der Analogie kann man beim Einzelmenschen von einer inneren Polis (IX 592a; X 608b) und einer inneren schlechten Regierung (IX 579c) sprechen.

1.5 Weitere Fragen

Daß die *Politeia* eine Fülle von philologischen und vor allem philosophischen Einzelfragen aufwirft, wird sich in den einzelnen Kommentierungen zeigen. Zur Einführung sei bereits auf einige dieser Fragen aufmerksam gemacht:

1. Der Sophist Thrasymachos lebt mindestens eine Generation vor Platon. Weil zu Platons Zeit nicht nur er schon verstor-

ben, sondern die ganze Bewegung der Sophisten im Niedergang ist, drängt sich die Frage auf, warum die *Politeia* eine so heftige, überdies nicht ganz unparteiliche Auseinandersetzung mit Konkurrenten führt, die keine ernsthafte Konkurrenz mehr bieten.

2. Wir nennen ein Individuum gerecht, das weder tötet noch stiehlt noch betrügt. Platon führt dagegen ein Gesetz der Spezialisierung an und leitet aus ihm, aus der Idiopragieformel, seine Gerechtigkeitsdefinition her (vgl. IV 433a). Danach muß jeder Teil, sei es der Seele, sei es des Gemeinwesens, die ihm eigentümliche Aufgabe erfüllen (vgl. IV 433a ff. und 435b), ohne sich in die Aufgaben der anderen Teile einzumischen. (Die Idiopragieformel widerspricht z. B. auch der künstlerischen Nachahmung verschiedenartiger Charaktere durch die Wächter: vgl. III 395c–e; zur Idiopragie der Seele und der Gerechtigkeit gegen sich: IX 586e f.) Bei einem derartigen Gerechtigkeitsverständnis fragt es sich nun, ob unser übliches Verständnis von Gerechtigkeit nur über sich aufgeklärt oder aber ein anderes, „revisionäres" Verständnis eingeführt wird. Wegen des Ergebnisses, der Idiopragieformel, könnte man ein revisionäres Verständnis annehmen. Platon setzt aber beim traditionellen Grundsatz „Jedem das Seine" an (Kephalos: I 331c, Simonides: 331e) und nimmt bei ihm „nur" eine seines Erachtens sachgebotene Bedeutungserweiterung vor. Die unausgesprochene Grundthese lautet: Um das gewöhnliche Verständnis von Gerechtigkeit (Jedem das Seine; Gutes belohnen, Schlechtes bestrafen; Lasten und Vorteile fair verteilen) angemessen begreifen zu können, muß man eine partielle Revision vornehmen und die Gerechtigkeit als Harmonie verstehen, als eine Eintracht sowohl im Individuum als auch im Staat (zur Diskussion vgl. Sachs 1963, Demos 1964, Vlastos 1981a und 1995).

3. Gemäß seiner eudaimonistischen Grundthese will Platon zeigen, daß Gerechtsein im eigenen Vorteil liege. Hier stellt sich nun die Frage, ob die als Harmonie verstandene Gerechtigkeit ein rechtschaffenes Handeln zustande bringen, sogar garantieren kann, oder ob sie nicht jene Ergänzung braucht, die sich im Ausblick der *Politeia* zeigt, im Blick ins Jenseits? Anders gefragt: Ist der Mythos vom Totengericht, das dem Tyrannen die schwersten Strafen bringt (vgl. schon *Gorgias* 523a ff., *Phaidon* 107d ff. und *Phaidros* 246a ff.), ein entscheidendes Argument oder nur eine wichtige Ergänzung zum Blick ins Diesseits, der da zeigt, wieviel schlechter es dem Tyrannen als dem Gerechten ergeht?

4. Das neben dem Höhlengleichnis markanteste Theoriestück der *Politeia*, die Philosophenherrschaft (V 473c–e; ähnlich VI 487e ff., 499b–c, 503b; *VII. Brief* 326a–b), dient nicht dem Privatinteresse einer akademischen Zunft, sondern dem Allgemeinwohl. Platon übernimmt Sokrates' Ansicht, so wie es Fachleute für den Schiffsbau oder die Gesundheit gebe, müsse es auch Experten für das Wichtigste einer Polis, ihr Gemeinwohl, geben, und diese Experten seien die Philosophen (vgl. Apol. 22d ff., Prot. 319b ff.). Dank ihres Wissens vom Ganzen seien sie auch für das Wohl des Ganzen, das Gemeinwohl, kompetent. In dieser Ansicht könnte man zwei unzulässige Gleichsetzungen sehen. Zum einen verwechsle Sokrates-Platon das genuin philosophische Wissen vom Ganzen, ein bloßes Prinzipienwissen, letztlich die durch Dialektik vermittelte Einsicht in die Idee des Guten, mit einem substantielleren Wissen vom Ganzen, im Bereich des Sozialen mit der Einsicht in elementare Bedingungen gerechten Zusammenlebens. Zum anderen scheine er ein Wissen um Bedingungen gleichzusetzen mit jener Kompetenz, das Wissen in historischer Situation zu konkretisieren und anzuwenden, bei der es auf Urteilsfähigkeit, Erfahrung und Überzeugungskraft ankommt, nicht zuletzt auch auf ein Gefühl für Macht (vgl. Abschnitt 3 in Beitrag 16 dieses Bandes).

Diese naheliegende Kritik übersieht allerdings die Vielfalt von Kompetenzen, die die *Politeia* von den Herrschern verlangt. Sie beginnt mit jenen Vorbedingungen, die schon die Wächter erfüllen, als da sind Tapferkeit, Scharfblick, gutes Gedächtnis, Wißbegier, Rechtschaffenheit (II 375a ff.); überdies wird von den Herrschern gefordert, sich im Krieg als die Besten gezeigt zu haben (543a). Außerdem werden sie im Rahmen von Vorübungen „musisch und gymnastisch" ausgebildet (zusammenfassend: III 410a ff.). Und das vierte Buch fordert von ihnen eine Wohlberatenheit (*euboulia*), also jenen gemeinwohlbezogenen Sachverstand (IV 428b), der dem gewöhnlichen Verständnis von Herrscherkompetenz nahekommt; zudem wird Erfahrung (*empeiria*: III 484d; auch IX 582a–e) verlangt. Erst zusätzlich und nicht etwa statt dessen braucht es ein genuin philosophisches Wissen, die Einsicht in die Idee des Guten. Und diese Einsicht zählt nur deshalb, weil sich in ihr die Erkenntnis des Guten mit seiner Anerkennung verbindet. (Vgl. X 618c–d, wo von einem Wissen die Rede ist, das immer die beste Lebensform auszuwählen versteht und sich dabei fragt, was sie zur Tugend beitrage.)

Bei Platon stellen sich die Philosophenherrscher als moralische Individuen dar, denen wegen der Frauen-, Kinder- und Gütergemeinschaft die üblichen partikularen Interessen, die Sorge für die Familie und das Streben nach Reichtum, abgehen und die dank einer ebenso theoretischen wie praktischen Einsicht in die Idee des Guten lediglich nach dem Allgemeinwohl streben. Dagegen drängt sich der Einwand auf, die übliche Ausbildung eines akademischen Philosophen erbringe ein derartiges Resultat nicht. Weder findet sie nach einem institutionellen Rahmen statt, der von vornherein partikulare Interessen ausschließt, noch verhelfen analytische Schulung oder philosophiegeschichtliche Bildung als solche zur Wohlberatenheit. Und für eine durch Dialektik vermittelte Einsicht in die Idee des Guten interessiert sich nur der kleinste Teil akademischer Philosophie. Allerdings hat Platon nicht die akademische Philosophie von heute im Blick. Als Muster eines Philosophen in seinem Verständnis stellt er uns eine Person vor, der man die Verbindung von Philosophie mit einem unerbittlichen Gerechtigkeitsverlangen nicht absprechen kann: Sokrates. Hier liegt vielleicht Platons Grundintention für den Gedanken der Philosophenherrschaft: Sokrates' moralische Integrität hat mit seiner Philosophie zu tun. Die von Platon gemeinten Philosophen regieren nicht aus Machthunger (I 347b ff.; VI 499b–c; VII 521b; VIII 539e), sondern aus Verantwortung für das Gemeinwohl. Schließlich ist ihre Herrschaft nicht schlechthin notwendig, sondern nur dort, wo man die entsprechende Einsicht nicht selbst hat (IX 590d). Mit anderen Worten: Falls einmal alle Menschen im Platonischen Sinn Philosophen geworden sind, braucht man die Herrschaft von Menschen über Menschen nicht mehr.

Der Frage, wie die verschiedenen Kompetenzen, wie insbesondere die Wohlberatenheit und die Einsicht in die Idee des Guten, sich zueinander verhalten, geht Platon nicht nach. Insofern die Idee des Guten gegenüber den Kardinaltugenden eine Steigerung und Fundierung darstellt, dürfte dasselbe vom Wissen der Philosophenherrscher gelten; es handelt sich um aufeinander aufbauende Kompetenzen. Der Herrscher muß erstens über Wohlberatenheit verfügen und zweitens die Idee des Guten kennen. Weil er nur ihretwegen weiß, daß die Gerechtigkeit, nicht die Ungerechtigkeit zum Wohlergehen führt und er deshalb fähig ist, die beste Lebensform auszuwählen (vgl. X 618b–d), verliert er erst jetzt ein gewisses Schwanken zwischen Gerechtigkeit und Ungerechtigkeit und fixiert sich auf die Gerechtigkeit. Moderne Gemeinwesen dürften übrigens ein gewisses Äquivalent kennen. Sie erwarten von Regierung und Parlament einen gemeinwohlorientierten Sachverstand und geben ihnen trotzdem gemeinwohlverbürgende, nämlich unumstößliche Verfassungsprinzipien von der Art der Menschenrechte vor. Der wesentliche Unterschied: die *Politeia* setzt auf Einsicht und Charakter – Philosophen sind für sie eine intellektuelle und zugleich moralische Elite – die Moderne setzt vor allem auf institutionelle Vorkehrungen.

5. Ein anderes Problem wirft der Umstand auf, daß die drei Gleichnisse zwar personale und politische Verhältnisse fundieren sollen, aber mehr in erkenntnistheoretischer und ontologischer als in praktischer Hinsicht vorgestellt werden. Weil die Philosophen nicht als Lehrer der Erkenntnistheorie, sondern als politische Herrscher eingesetzt werden sollen, hätte es nahegelegen, die Gleichnisse von vornherein in einer praktischen und politischen Hinsicht zu erzählen, also nicht von Schatten, Gegenständen und Urbildern, sondern von Begierden und Leidenschaften zu reden und von der Aufgabe, sie um des Allgemeinwohls willen zu verändern.

6. Weil manche Elemente des gerechten Staates schwer realisierbar sind, fragt sich, ob Platon die Realisierbarkeit überhaupt annimmt oder nicht eher eine Utopie im wörtlichen Sinn, ein Nirgendwo, entwirft. Zwar behauptet er gelegentlich die Realisierbarkeit; diese Behauptung könnte man aber als ironisch ansehen; außerdem finden sich skeptische Äußerungen (V 472b–473b; für Platons Skepsis ließen sich auch die scheinbar absurden Ausführungen zur Hochzeitszahl in Anspruch nehmen: VIII 546a–547a). Dagegen spricht aber, daß die Frage nach der Möglichkeit eines solchen Staates als eigenes Thema eingeführt wird (V 471c), ferner daß es heißt, die im Gemeinwesen erforderliche Veränderung sei zwar weder klein noch leicht, aber möglich (V 473c; vgl. VI 499c; VII 540d), „zumindest nicht unmöglich" (VI 502b). Im übrigen bemüht er sich um so viel Realitätsnähe, wie sein Thema zuläßt. Er glaubt nicht, die Menschen könnten auf Arbeit verzichten (siehe erste Polisstufe), auch nicht, es gäbe auf Dauer ein konfliktfreies

Zusammenleben (siehe zweite Polisstufe). Auch führt er die Möglichkeit an, daß alle Menschen rundum rechtschaffen seien, so daß man ihnen keine Gesetze geben müßte (IV 425d–e); er geht aber nur auf die realistischere Situation ein, daß weder jeder noch keiner, wohl aber einige rechtschaffen sind. Schließlich rechnet er selbst beim idealen Staat mit Krieg (VIII 543a–b).

7. Eine letzte Frage läßt sich nur in Detailüberlegungen beantworten: Liegt den im Abschnitt 1.1 angedeuteten Thesen der *Politeia* nicht eine philosophisch zu anspruchsvolle, außerdem zu harmonische Weltsicht zugrunde? Zu harmonisch könnte die Annahme sein, Gerechtigkeit sei auch zum Vorteil der Betroffenen, und zu anspruchsvoll die Annahme, die Idee des Guten sei sowohl in praktisch-politischer als auch in theoretischer, nicht zuletzt sogar in produktiver bzw. schöpferischer (poietischer) Hinsicht das höchste Prinzip. Nach ihrer praktischen Funktion sorge die Idee des Guten dafür, daß das Gerechte nützlich und heilsam sei (VI 505a; vgl. VII 518e); ihre schöpferische Funktion: sie erzeuge, wie es im Höhlengleichnis von der Sonne heißt, alle Zeiten und Jahre und sei die Ursache von allem, was wir sehen (VII 516b–c); ihre theoretische Funktion: sie ordne alles (ebd.). Liegt dieserart „Multifunktionalität" eine besondere Einsicht zugrunde, oder handelt es sich eher um eine Aufgabenverquickung, die eine nähere Überlegung auszudifferenzieren verlangt?

Literatur

v. Arnim, H. 1912: Sprachliche Forschungen zur Chronologie der platonischen Dialoge, in: Sitzungsberichte der Kaiserlichen Akademie der Wissenschaften in Wien 169.1, 1–210.

Brandwood, L. 1990: The Chronology of Plato's Dialogues, Cambridge.

Ebert, Th. 1974: Meinung und Wissen in der Philosophie Platons, Berlin.

Ferber, R. 1991: Die Unwissenheit des Philosophen oder Warum hat Platon die „ungeschriebene Lehre" nicht geschrieben?, Sankt Augustin.

Heitsch, E. 1987: Platon über die rechte Art zu reden und zu schreiben, Mainz – Stuttgart.

Hermann, K. F. 1839: Geschichte und System der Platonischen Philosophie, Heidelberg.

Kahn, Ch. 1993: Proleptic Composition in the *Republic*, or Why Book 1 was never a Separate Dialogue, in: Classical Quarterly 43, 131–142.

Schleiermacher, F. 1804/1996: Über die Philosophie Platons. Die Einleitungen zur Übersetzung des Platon, Hamburg.

Waterfield, R. 1993: Introduction, in: Plato, Republic, translated with an Introduction and Notes, Oxford, XI–LXII.

2

Eckart Schütrumpf

Konventionelle Vorstellungen über Gerechtigkeit

Die Perspektive des Thrasymachos und die Erwartungen an eine philosophische Entgegnung

Einige griechische Handschriften des Textes des Platonischen „Staates" geben als Untertitel „oder über das Gerechte" (*ê peri tou dikaiou*)[1] an, womit die Absicht dieses Dialoges passend ausgedrückt wird. Der Staat soll ja, wie es Platon darstellt, nicht der eigentliche Gegenstand dieses Werkes sein, er diene vielmehr als das heuristische Mittel, um in der Großschreibung politischer Verhältnisse besser erkennen zu können, welche Wirkung Gerechtigkeit und Ungerechtigkeit in der Seele haben (Rep. II 366e ff.). Die Bedingungen von Gerechtigkeit sind ja die gleichen, einerlei ob sie sich im Staat oder in der Seele vorfinden. Dieses Axiom wird schon in Buch I (351c ff.) vorausgesetzt, wenn Platon die gleiche Wirkung von Ungerechtigkeit, nämlich Streit und Haß zu bewirken, wo immer sie sich findet: bei einer Polis, einem Heer, Dieben, unter zwei Personen und schließlich bei oder in einem einzigen (*en heni*: e6; 352a), aufzeigt. Bei der Gegenüberstellung von Staat–Seele in Buch VIII weist Platon dann genau diese Bedingungen nach (554d, 560a u. ö.).[2]

---

[1] Für eine Deutung, daß diese Untertitel auf das 4. Jh. v. Chr., vielleicht auf Platon selber, zurückgehen könnten, vgl. R. G. Hoerber, Thrasylos' Platonic Canon and the Double Titles, Phronesis 2, 1956, 10–20.
[2] In Platons politischer Theorie werden solche isomorphe Strukturen später im *Politikos* vorausgesetzt: die Bedingungen für die richtige Herrschaft sind überall gleich. Es macht daher keinen Unterschied, ob diese jemand im Haus als Haushalter oder im Staat als politischer Leiter oder König ausübt: 258e ff.

Platons Argumentation, die zur Entwicklung des eigenen Verständnisses von Gerechtigkeit führt, beginnt erst mit der Behandlung des Ursprungs staatlicher Organisation, der Gründung des ersten Staates, in der Mitte des II. Buches der *Politeia* (369b ff.), alles andere ist Vorbereitung. In gewisser Weise distanziert sich Sokrates selber von dem Inhalt des ersten Buches, indem er sich selber am Ende von Buch I eines Fehlers bezichtigt: Er habe schon über die Qualität von Gerechtigkeit gesprochen, bevor er ihr Wesen (*hoti ... estin*) bestimmt habe.[3]

Buch I wird von Sokrates als Prooemium charakterisiert (II 357a), es enthält in Gesprächen mit Kephalos, Polemarchos und Thrasymachos verschiedene Anläufe zu einer Bestimmung von Gerechtigkeit (*horos dikaiosynês*: I 331d), ist aber in der Hauptsache negativ – Thrasymachos beschreibt dies als die Unwilligkeit des Sokrates, Antworten zu geben (337a, e; 338b). Platon zeigt hier die Unzulänglichkeit der vorgetragenen Vorstellungen auf (vgl. den Abschluß des Gespräches mit Polemarchos: 336a). Die erste Hälfte von Buch II dient zwar ebenfalls noch der Vorbereitung der eigentlichen Untersuchung von Gerechtigkeit, aber in ganz anderer Form als Buch I, da jetzt Sokrates beinahe nur stummer Teilnehmer der Unterhaltung ist. Er überprüft nicht selber die Gültigkeit der von anderen vertretenen Vorstellungen oder widerlegt sie gar, sondern muß sich von Glaukon und Adeimantos anhören, wie er Gerechtigkeit in überzeugenderer Weise behandeln muß, als er dies zuvor getan hat. Diese beiden Brüder Platons führen jetzt gängige Meinungen, die sie aber selber nicht teilen, auf einige Grundmuster (*eidê logôn*, vgl. 363e5) zurück. Platon hat also spezifische Arten von Argumentationsweisen unterschieden und von verschiedenen Dialogpartnern teils als deren eigene Auffassungen (Buch I) vortragen, teils als fremde (erste Hälfte Buch II) wiedergeben lassen. Der Mitunterredner Glaukon ist sich bewußt, daß Thrasymachos, mit dessen Konzeption von Gerechtigkeit sich Sokrates so eingehend und kritisch in Buch I auseinandersetzt, mit seiner Grundauffassung nicht allein steht, diese werde vielmehr von unzähligen anderen geteilt (II 358c). *Jeder* Mann glaube,

---

[3] I 354b. Dies ist die Dialogsituation wie in Gorg. 463c3; Men. 71b3; 86d; La. 190b7.

daß Ungerechtigkeit eher von Nutzen sei (360c; vgl. 362c, 366b–c). *Niemand* habe je richtig den Wert von Gerechtigkeit oder Ungerechtigkeit dargestellt (366e ff.). Selbst diejenigen, die Gerechtigkeit zu preisen oder Ungerechtigkeit zu tadeln scheinen, beziehen sich nicht auf diese Qualitäten selber, sondern nur auf ihre Folgen (367d ff.). Die Menge (*tois pollois*) rechnet Gerechtigkeit der falschen Gruppe von Gütern zu (358a). Die Vielfalt und Widersprüchlichkeit der Auffassungen, die die fähigsten jungen Männer, die Entscheidungen über ihr Leben treffen wollen (365a ff.), verwirrt, macht die Klärung durch Platon um so dringlicher. Der erste Teil der Platonischen *Politeia*, genauer die Bücher I und die erste Hälfte von II (bis 367c), haben damit auch die Funktion, die Differenz zwischen eigener und traditioneller Position zu beleuchten, sie dienen als Folie (vgl. II 367b) der eigenen Konzeption.

Der fast rein negative Charakter von Buch I ist im Aufbau des ganzen sinnvoll: Da Platons eigene Konzeption von Gerechtigkeit in eine ganz andere Richtung geht als bei den verbreiteten Vorstellungen, war ein Eingehen auf sie außerhalb der späteren Argumentation, die zu seiner eigenen Definition führt (II 368e ff.), wenigstens wünschenswert. Buch I und die erste Hälfte von Buch II nehmen das Vorgehen in *Metaphysik* A oder *Politik* II vorweg, wo Aristoteles die Leistungen der Vorgänger und ihre Unzulänglichkeiten analysiert. Wenn Buch I einmal ein selbständiger Dialog gewesen ist,[4] so ist doch beachtenswert, wie viele seiner Themen die späteren Bücher vorwegnehmen (siehe unten).

Man würde der Platonischen Argumentation nicht gerecht werden, wenn man die Erörterungen in Buch I lediglich als Vorbereitung, deren sich Platon dann im Fortgang des Gespräches entledigte, ansehen würde. Die Verhaltensnormen, die hier als traditionelle Inhalte von Gerechtigkeit bzw. Ungerechtigkeit vorgetragen werden, sind für Platon mit dem Begriff, den er später entwickelt, vereinbar.

---

4 Die auf die Sprachstatistik gestützten Argumente für die frühere Abfassungszeit von Buch I hat K. Vretska, Platonica III, WSt 71(1958), 30–54, in Zweifel gezogen.

Als Grundzug von *Ungerechtigkeit* erscheint das Merkmal, sich einen Vorteil auf Kosten anderer zu sichern[5]; das gilt zunächst in materiellem Sinne, bezogen auf Besitzverhältnisse: Der Ungerechte gewinnt Vorteil über Feinde und wird so reich (II 362b). In der Nutzanwendung der Parabel vom Ring des Gyges heißt es abschließend, es sei rational nicht verständlich, daß jemand, der die Macht zu solchem Handeln besitzt, sie nicht für Unrechttun und Angriff auf fremdes Eigentum nutzt (360d ff.). Sokrates ist sich mit Thrasymachos darin einig, daß der Ungerechte mehr als der Gerechte haben wolle (I 349c). Dieser materielle Aspekt herrscht entsprechend auch bei Gerechtigkeit vor: In der Sicht des Thrasymachos *hat* der gerechte Mann überall weniger als der ungerechte (343d). Gerechtigkeit ist für Geschäftsvereinbarungen von Nutzen (333a–c). Aber auch nichtmaterielle Sachverhalte lassen sich der Verletzung des Respektierens dessen, was jemandem *gehört*, zuordnen. Die Ermordung des Königs durch Gyges ist nur das Mittel, sich dessen Macht anzueignen; und wenn er die Königin verführt, so dringt er in die ehelichen Beziehungen ein, er „gewinnt" etwas, was ihm nicht zusteht. Ungerechtigkeit ist zunächst Gewinn auf Kosten anderer, die Ausweitung dieser Vorstellung läßt sich dann – mehr oder weniger einfach – aus diesem Grundverständnis der traditionell als ungerecht bezeichneten Handlungen ableiten.

Besonders in Buch II werden Erwartungen an die folgende Erörterung durch Sokrates gestellt (366c), z. B. daß Gerechtigkeit der Ungerechtigkeit vorzuziehen ist (366c, e; 367b). Damit wird zumindest ein Vorverständnis über das, was als gerechtes Handeln zu gelten hat, vorausgesetzt (z. B. 361b), welches im Verlauf der Ausführungen noch bestätigt, aber nicht überwunden wird. Das Bewußtsein, daß die eigene Konzeption von Gerechtigkeit nicht den ehrenhaften[6] landläufigen Vorstellungen über den Inhalt von Gerechtigkeit widersprechen darf, bindet die Erörterung des Eingangsbuches in die spätere ein. Dies ist besonders evident in Buch IV: Im gleichen Zusammenhang, in

---

[5] 349c. Der Ungerechte hat Vorteil: 343e ff.; vgl. II 362b: *ôpheleisthai kerdainonta*; vgl. 365c; vgl. d; vgl. 366a: *ta ex adikias kerdê… adikoi de kerdanoumen*. Dagegen will der Gerechte nicht mehr haben als ein anderer Gerechter (I 348b).
[6] Dies im Unterschied zu den traditionelle Werte radikal in Frage stellenden bzw. umstoßenden Auffassungen, wie der des Thrasymachos.

dem Platon die eigene Definition von Gerechtigkeit gegeben hat, erklärt er den Maßstab, nach dem die Richter seines Staates Urteile sprechen werden, dies ist: „daß niemand besitzt, was einem anderen gehört, noch dessen beraubt ist, was sein eigen ist" (433e). Wenn er dort Gerechtigkeit bestimmt als das zu besitzen und zu tun, was sein eigen ist und ihm gehört (*hê tou oikeiou te kai heautou hexis te kai praxis*), dann verbindet er das traditionelle Verständnis von Gerechtigkeit als Sicherung von Besitz mit dem von ihm gerade hergeleiteten.

2.1 Sokrates im Gespräch mit Kephalos und Polemarchos

In Buch I werden zwei Vorstellungen von Gerechtigkeit behandelt: die des Polemarchos, die aus der des Kephalos entwickelt wurde, und die des Thrasymachos, die der Sache nach gar nicht so verschieden ist (siehe unten).[7] Die Gespräche in Buch I sind durch ein „nicht von der Stelle kommen" charakterisiert. Trotz aller Versuche des Sokrates, die Unhaltbarkeit einer Position nachzuweisen, fallen deren Anhänger doch, hartnäckig oder unbelehrbar, wieder darauf zurück – das gilt sowohl für Polemarchos (334b ff.) wie für Thrasymachos (343b ff.). Damit will Platon wohl angeben, wie festverwurzelt diese Auffassungen sind. Auf der anderen Seite weicht er ihnen nicht aus oder versucht, sie so schnell wie möglich aus dem Wege zu schaffen, vielmehr erlaubt er den Gesprächspartnern, ihre Auffassung noch einmal zu artikulieren und damit Sokrates erneut zu einer Widerlegung herauszufordern. Nicht genug damit: In Buch II breiten Glaukon und Adeimantos in systematischer Form diese doch unakzeptierbaren Vorstellungen über Gerechtigkeit in allem Detail noch einmal aus. Glaukon kündigt an, mit besonderem Engagement den Preis des ungerechten Lebens vorzutragen (358d); auf diese Weise hofft er, von Sokrates eine überzeugendere Entgegnung, als dieser sie bisher geliefert hatte, zu hören (367b). Den

---

7 Ich sehe ab von Kleitophon, der nur einmal in das Gespräch eingreift und mit seinem Vermittlungsvorschlag nicht erfolgreich ist (340a ff.).

Auffassungen von Gerechtigkeit, die überwunden werden sollen, müssen sich Sokrates – und der Leser – erneut stellen.

Kephalos wird als alter, frommer Mann eingeführt, der gerade ein Opfer dargebracht hatte. Statt über die Beschwerden des Alters zu klagen, sieht Kephalos darin den Vorzug, daß man die Tyrannei körperlicher Begierden überwunden habe (328d, 329c), er weist damit auf die Beschreibung der tyrannischen Seele in Buch IX voraus.[8] Er spricht von seiner Furcht, daß man im Jenseits Strafe für Unrecht zahlen muß; man lebe mit schlimmer Erwartung; wer gerecht lebe, d. h., nicht jemand betrogen hat oder einem etwas schuldet, habe dagegen gute Hoffnung (330e ff.). Damit teilt er wenigstens im Alter das wohl wichtigste Anliegen des Sokrates: die richtige Entscheidung über die Lebensführung (vgl. dazu I 344e; IX 578c6; Gorg. 472c6, 500c; La. 187e). Die Erörterung von Gerechtigkeit, die hier beginnt, nimmt also ihren Ausgangspunkt mit einer praktischen Fragestellung, mit der der vorbereitende Teil auch endet, wenn Adeimantos die Frage aufwirft, wie man jemanden, der geistige, körperliche und finanzielle Macht besitzt und zusätzlich auf den Einfluß seiner Familie bauen kann, dazu bringen kann, Gerechtigkeit zu ehren (II 366c). Der praktisch-ethische Charakter dieses einleitenden Gesprächs scheint auch in anderen Zusammenhängen durch, etwa wenn Platon in den verbreiteten Meinungen über den Wert von ethischer Vorzüglichkeit oder Laster verhängnisvolle Auswirkungen auf die fähigsten jungen Männer, die Entscheidungen über ihr Leben treffen wollen (365a ff.), sieht. Es ist dieses praktische Interesse, das Sokrates hier so überwältigt, daß er sich dazu hinreißen läßt, die Qualität von Gerechtigkeit, d. h. hier in der Hauptsache die Frage, ob sie nützt, zu untersuchen, bevor er ihr Wesen bestimmt hat (I 354b).

Sokrates, der Kephalos' Äußerungen so aufnimmt, als könne man daraus sein Verständnis von Gerechtigkeit entnehmen, zielt in seiner Entgegnung darauf, daß dieser bestimmte Handlungen, nämlich die Wahrheit zu sagen und das zurückzugeben, was man von einem anderen erhalten hat, *unqualifiziert* als Gerech-

---

[8] Für sexuellen Trieb als wahnsinnigen Despot: 329c; vgl. IX 586c; Freiheit davon bedeutet Frieden: 329c; vgl. IX 577c ff.

tigkeit ausgebe, während man diese Handlungen doch sowohl gerecht wie ungerecht begehen könne (damit wäre der erst zu bestimmende Begriff in der Bestimmung selber enthalten: „gerecht ist, in gerechter Weise anvertrautes Gut zurückzugeben" – ein Zirkel). Es sei nicht gerecht, einem Freunde, der von Sinnen ist und ausgeliehene Waffen zurückfordert, sie auch zu geben. Darin ist implizit, daß es nicht gerecht sein kann, jemandem die Möglichkeit, Schaden anzustiften, zu erleichtern – die folgende Unterhaltung mit Polemarchos zielt genau auf dieses Ergebnis (334d, 335d). Im Gesamtzusammenhang des Vorgespräches illustriert Kephalos, bei all seiner Frömmigkeit, doch die in Buch II näher beschriebene falsche Vorstellung von Gerechtigkeit, bei der man sie nur praktiziert, weil man den nachteiligen Folgen von Ungerechtigkeit, z. B. aus Furcht vor den Göttern, entgehen will (siehe unten). An der kritischen Auseinandersetzung um diese Position nimmt Kephalos aber nicht mehr teil, da er sich wieder seinen Opfern zuwendet (331d).

Sein Sohn Polemarchos übernimmt das väterliche „Erbe" (331d) und zitiert zur Bestätigung der These seines Vaters den Dichter Simonides, nach dem gerecht sei, jedem zu erstatten, was man schulde. Sokrates wiederholt den früheren Einwand, daß es nicht gerecht sei, jemandem, der von Sinnen ist und etwas zurückfordert, dies auch zu geben. Dies führt dazu, den Begriff „schulden" inhaltlich näher zu bestimmen: Man schulde, Freunden Gutes zu tun und Feinden zu schaden,[9] was Sokrates auf die universalere Formel bringt: „das jedem Zukommende zuteil werden lassen" (332c).

Sokrates zieht hier die Analogie u. a. zur Medizin, die den Körpern das Zuträgliche gibt, und fragt: Wem teilt eine technê was zu, um Gerechtigkeit genannt zu werden (332d)? Er zwingt so Polemarchos, unter einer Voraussetzung weiter zu argumentieren, die dieser gar nicht gemacht hatte, aber auch nicht zurückweist: Daß Gerechtigkeit eine Spezialtechnik mit einem deutlich abgrenzbaren Tätigkeitsfeld ist, und nicht eine Qualität, die die Ausübung aller oder der meisten Handlungen qualifiziert, wie Platon dies doch gelegentlich sonst voraussetzt.[10] Je-

---

9 332d ff. M. W. Blundell, Helping friends and harming enemies. A Study in Sophocles and Greek Ethics, Cambridge 1989.
10 Vgl. 331c ff.; 353b ff. über *aretê*, d. h. dann (e7) Gerechtigkeit; II 371e; Gorg. 460d; Men. 73b ff., 78d3 ff.

denfalls führt die Analogie mit Bedingungen der technê z. T. zu absurden Folgerungen: in Fachkenntnissen ist man zu Entgegengesetztem befähigt (333e), weshalb der Gerechte auch der beste Dieb ist – eine Folgerung, die Polemarchos an dem zweifeln läßt, was er sagte (334b), aber an der früheren Bestimmung von Gerechtigkeit: Freunden Gutes zu tun und Feinden zu schaden, hält er fest. Damit gibt Polemarchos, wie schon vor ihm Kephalos, einen Einzelfall gerechten Handelns an, der sich entweder in bestimmten Situationen so nicht aufrechterhalten läßt oder gegen die Einordnung in universale Bestimmungen, wie sie Sokrates beabsichtigt, sperrt, Polemarchos' Scheitern im Gespräch mit Sokrates ist damit unvermeidbar.

Die Kritik des Sokrates an der Position des Polemarchos zielt im wesentlichen auf zwei Elemente, 1. Wer ist Freund? und 2. Kann es gerecht sein, jemandem zu schaden?

Ad 1: Sokrates setzt zunächst Freunde mit Guten gleich und qualifiziert dies dann mit der Alternative: „diejenigen, die so *scheinen* oder die es *sind*, ohne zu scheinen?" Damit verwendet er einmal eine Argumentationsform früher Dialoge (Gorg. 466d; 468b, d; 470a; Men. 77c ff.), wonach man sich über den wirklichen Charakter eines Elements der Handlung täuschen kann und deswegen unter Umständen genau das Gegenteil des Beabsichtigten tut oder erreicht – auch der erste Einwand gegen die These des Thrasymachos beruht auf dieser Argumentationsfigur[11] –, im Falle des Polemarchos könnte es damit gerecht sein, den Guten zu schaden (334c). Wichtiger ist wohl, daß Sokrates hier die später in Rep. II 360e ff. vorgenommene Gegenüberstellung von wirklich Gerechten bzw. Ungerechten, die *nicht* auch so *scheinen*, vorwegnimmt – es ist bezeichnend, daß Polemarchos von dem später erreichten Bewußtseinsstand über Gerechtigkeit noch weit entfernt ist, wenn er sich zunächst mit dem zufrieden gibt, was scheint (334c–d, bes. e6–8), und sich erst später zu der Modifikation, die neben dem Schein auch wirkliches Sein verlangt, durchringt. In Buch II (360e ff.; 367b, d) wird für den gerechten oder ungerechten Mann der Schein oder Eindruck dieser Qualität völlig eliminiert werden.

---

11 339c: Wenn die Regierenden den Vorteil falsch bestimmen, ist bisweilen der Nachteil des Stärkeren gerecht, das Gegenteil von Thrasymachos' These habe sich ergeben (e5 ff.); vgl. in ähnlichem Zusammenhang Hipp mai. 284d ff., Phdr. 260c.

Ad 2: Sokrates tritt eindrücklich dafür ein, daß es niemals gerecht sein kann, jemandem zu schaden. Wer einem Feind schadet, kann sich nicht darauf berufen, er handle gerecht – in II 362c ist es einer der Züge des *Ungerechten*, der lediglich gerecht erscheinen will, Freunden Gutes zu tun und Feinden zu schaden (vgl. 364c). Die Schritte, die in Buch I zu diesem Ergebnis führen, sind wegen der Ambiguität der benutzten Begriffe eher fragwürdig, aber das Ergebnis bedeutet im Bruch mit vergangenen Vorstellungen einen ungeheuren Fortschritt in der Entwicklung ethischer Prinzipien. J. Adam (I, 21, zu 335b10) nannte den Grundsatz, daß es niemals gerecht sein kann, jemandem zu schaden, eine „noble anticipation of Christian ethical theory" (Matth. 5,44). Das muß jedoch eingeschränkt werden, da Platon selber bei der Beschreibung der Natur der Wächter eine Differenzierung verlangt, die mit der von ihm bei der Bestimmung von Gerechtigkeit zurückgewiesenen identisch ist: Sie müssen gegenüber den eigenen Leuten gutartig, dagegen aggressiv gegenüber den Feinden sein (II 375c ff.). Das reflektiert noch die traditionelle Ethik, aber nicht sein neues Verständnis von Gerechtigkeit. Erst Aristoteles ist dem Platonischen Geist von Rep. I treu, wenn er in *Politik* VII 7 (1328a8) Platons Beschreibung der Natur der Wächter zurückweist: „Es ist aber unzutreffend zu sagen, daß man gegen Unbekannte aggressiv sein solle; denn niemandem gegenüber darf man eine solche Haltung einnehmen." Das Prinzip Platonischer Gerechtigkeit aus Rep. I hat sich erst bei dem Schüler ganz durchgesetzt.

Von dem späteren Verständnis von Gerechtigkeit her sind die von Kephalos und Polemarchos vertretenen konventionellen Vorstellungen für Platon grundsätzlich unzulänglich, da sie Gerechtigkeit als eine Verpflichtung gegenüber anderen definieren und nicht als Wirksamkeit der eigenen Natur oder Fähigkeiten, wie Platon sie deutet (IV 443c ff.). Sie enthalten die Forderung, nach ein paar Regeln zu handeln, aber ignorieren jegliche ethische Dimension, die durch die Qualität der Seele des Handelnden determiniert ist.[12]

---

12 Vgl. schon 353d ff. Annas 1981, 20 f.; 157 ff., bes. 160 f.; 167 hat diesen Gesichtspunkt besonders betont.

2.2 Sokrates im Gespräch mit Thrasymachos

Thrasymachos, der nur mit Ungeduld zugehört hatte, greift nun in die Unterhaltung ein. Platon legt ihm die Gleichsetzung von Gerechtigkeit mit dem Vorteil des Stärkeren (Rep. I 338c) in den Mund.[13] Thrasymachos präzisiert dies dann, indem er ausführt, daß jedes Regime – er nennt Tyrannis, Demokratie und Aristokratie – Gesetze gibt, die ihm nützen; die Regierungen erklären den Beherrschten, daß der Vorteil der Regierenden gerecht ist. Im Aufbau des Werkes wird hier in radikaler Form der Aspekt des Nutzens von Gerechtigkeit, zu dem Platon die Wahrheit herausfinden will (II 368c ff.; vgl. X 612b), artikuliert.

In seinem ersten Einwand verwendet Sokrates eine Technê-Analogie: wie ein Arzt den Kranken hilft, so hilft jede *technê* einem Mangel dessen, wovon sie Sachkenntnis ist, ab; entsprechend dient jede Herrschaft, wenn sie nur richtig ausgeübt ist, dem Vorteil der Regierten (I 342c ff.). Thrasymachos entgegnet mit anderen Technê-Analogien, z. B. der Tätigkeit von Hirten, die nicht das Wohl der Herden, sondern ihrer Herren oder ihr eigenes im Auge haben. Er weitet dies aus zu der These, daß der gerechte Mann überall weniger als der ungerechte hat (343d), während dieser überall einen Vorteil davonträgt, und belegt dies mit der Erfahrung, daß schlimmstes Unrecht, das ist das des Tyrannen, am glücklichsten macht (344a–c).

Bei Thrasymachos' erstem Auftreten (338e) erläuterte Tyrannis seine Auffassung von *Gerechtigkeit*, während sie hier gerade Beispiel für *Ungerechtigkeit* ist. Thrasymachos verwendet jetzt diese Begriffe in ihrem traditionellen Sinne. Ein Grund, weshalb er sich genötigt sah, auch im Rahmen überkommener Wertvorstellungen zu argumentieren, mag darin zu suchen sein, daß die zuerst eingeführte Theorie (338e), die die Verpflichtung der Untertanen gegenüber den Machthabern anspricht, Beziehungen zwischen Individuen nicht berücksichtigte. Aber Thrasymachos selbst weiß, daß es auch (Un-)Gerechtigkeit zwischen Geschäftspartnern bei ihren Vereinbarungen oder unter Bürgern bei ihren Steuerabgaben (343d ff.) gibt, wobei an ein Machtge-

---

13 In Leg. IV 714c ist diese Konzeption ungenannten „sie sagen" zugeschrieben.

fälle, das *durch Gesetzgebung* den einen Vorrechte sichert und den anderen Verpflichtungen auferlegt, nicht gedacht ist.[14] Der Tyrann ist hier derjenige, der kleinliche Versuche von Unrecht in diesen Dingen durch grausame Aktionen großen Stils gegen die Bürger überbietet (344a–c), wie er denn auch die sprichwörtliche Verkörperung von *Unrecht* darstellt.

Das Verhältnis der beiden Äußerungen des Thrasymachos ist in der Literatur ausführlich und kontrovers diskutiert worden. Ein Widerspruch zwischen den beiden Positionen, die 347d, e deutlich unterschieden werden, existiert insofern, als Gerechtigkeit nach der ersten Äußerung des Thrasymachos den Vorteil des Stärkeren sicherte, nach seiner zweiten Darstellung dagegen den des anderen, der Stärkere würde danach in seinen gerechten Aktionen gerade den Vorteil des Schwächeren fördern, was dem eingangs entwickelten Verständnis von Gerechtigkeit zuwiderläuft. Jetzt geht Thrasymachos nicht mehr von einer gesellschaftlichen Spaltung aus, in der Gerechtigkeit materiell für die Untertanen andere Auswirkungen als für die Herrschenden, die Gesetze erlassen, hat. Jetzt gibt es ein einziges Verhaltensmuster, das den kleinen Ganoven oder Steuerhinterzieher (343d) und den Tyrannen vereint, nur das Ausmaß ihres Handelns und damit die Evidenz des Prinzips unterscheiden sich.

Trotz dieses Unterschiedes zur ersten Äußerung des Thrasymachos besteht eine Gemeinsamkeit[15] in der Gerechtigkeitskonzeption: Im konventionellen Begriffsrahmen seiner zweiten Rede (343b ff.) ist Gerechtigkeit nicht die wünschenswerteste Qualität, da man damit das Wohl der anderen fördert, aber sich des eigenen Vorteils, den Unrechttun bringt, beraubt. Das gleiche gilt auch nach der ersten Konzeption, allerdings auf die Beziehungen Herrscher–Beherrschte eingeengt und nur aus der Perspektive der Untertanen: Sie üben nur widerwillig Gerechtigkeit, da sie damit ja nur das Wohl der Herrscher, der anderen, fördern; wenn sie ihre eigenen Interessen verfolgen, tun sie Unrecht. Es gibt eine Zwischenstufe zwischen diesen beiden Positionen: nach 343c „regiert" Ungerechtigkeit über die wahr-

---

14 „We have moved from a political to a moral context" (Maguire 1971, 149).
15 Insgesamt vergleiche Kerferd 1947/48, bes. 558 f. Stark betont die Inkompatibilität dagegen Maguire 1971, er weist die zweite Position Platon zu.

haftig Einfältigen und Gerechten. Hier verwendet Thrasymachos das Herrschaftsgefälle als Metapher, bei der – unzweifelhaft außerhalb politischer Abhängigkeit – der Gerechte als beherrscht, unterworfen, als „Verlierer" bezeichnet wird, während der Ungerechte „herrscht", d. h. sich behauptet, sich durchsetzt. In diesem Sinne ist Ungerechtigkeit „stärker ... und dominierender" (344c). Das später besonders von Adeimantos wiederholt verwandte Motiv, daß man stärker sein muß, um sich ungerechtes Handeln leisten zu können (siehe unten), wird hier vorweggenommen.

Es erklärt sich sicherlich aus der Gesprächssituation, daß Thrasymachos Gerechtigkeit zuerst in der auf die Beziehungen Herrscher–Beherrschte eingeschränkten Form einführte. Er trat mit seiner ersten Stellungnahme der These des Sokrates, mit der dieser auf Polemarchos antwortete, entgegen. Thrasymachos' Verständnis von Gerechtigkeit ist in meiner Deutung die radikalere, auf die staatlichen Verhältnisse bezogene Version gegenüber derjenigen des Polemarchos, wonach es gerecht sei, den Freunden Gutes zu tun und Feinden zu schaden. Bei Thrasymachos einigen sich die Herrschenden untereinander durch Gesetzgebung darüber, ihren Vorteil den Untertanen vorzuschreiben; die Herrschenden, als Freunde, verhalten sich zueinander anders als zu den Untertanen, zu denen sie in einer Art Gegnerschaft stehen.[16] Akzeptierte man Sokrates' gegen Polemarchos errungene Auffassung, dann würden sich übliche politische Verhaltensweisen verbieten. Dies erklärt, daß Thrasymachos sich der Widerlegung der Position des Polemarchos durch Sokrates so leidenschaftlich widersetzt. Er will mit der Rechtfertigung des Grundsatzes, andere zum eigenen Vorteil zu benutzen, d. h. ihnen zu schaden (343c), die von Sokrates zurückgewiesene Verhaltensweise, daß es gerecht sei, jemandem zu schaden, wieder einführen und retten, und er tut dies zuerst für den politischen Bereich.

Ausnutzung der Macht zum eigenen Vorteil wird sonst dem Recht entgegengestellt.[17] Wenn Thrasymachos bei seinem er-

---

16 Aristoteles zitiert *Politik* V 9, 1310a6 ff. einen in Oligarchien geschworenen Eid: „Ich werde dem Demos *feindlich* gesinnt sein und planen, ihm zu *schaden*, wie immer ich kann." Der von Polemarchos angeführte Grundsatz gibt das Operationsprinzip der politischen Klubs, der Hetairien, wieder.
17 Ps.-Xen. Ath. Pol. 1,13. Die Athener bei Thuk. V 89 stellen die Möglichkei-

sten Auftreten das Verfolgen des eigenen Vorteils als Gerechtigkeit ausgibt, dann macht auch er die Umwertung traditioneller Werte mit (vgl. auch 348e), wie sie zuerst Thukydides (III 82,4) dargestellt und Kallikles bei Platon (Gorg. 491e ff.) auf die Spitze getrieben hatte. Diese Umwertung findet sich nur bei dem ersten Auftreten des Thrasymachos – mit gutem Grund, denn in dem dort vorgegebenen politischen Zusammenhang war die Gleichsetzung von „gerecht" mit „gesetzlich vorgeschrieben" leicht möglich und in der Tat gebräuchlich (z. B. Xen. Mem. IV 4,13; vgl. I 2,41 ff.).

Selbst wenn diese erste These des Thrasymachos nur eine Einengung seiner Gerechtigkeitskonzeption darstellt,[18] so verdient sie doch, genauer betrachtet zu werden. Er eröffnete ja damit die politische Dimension, die bei seinen Vorrednern völlig fehlte, die aber dann die Platonische für den Rest des Werkes wird: Platon antwortet darauf schon mit der Gründung des ersten Staates, in dem es keine Herrscher gibt, die Unterlegene ausbeuten könnten, der vielmehr eine Gemeinschaft ist, in der jeder mit seiner Arbeit dazu beiträgt, daß die anderen Mitglieder der Gemeinschaft überleben können (II 369b ff.). Später stellt der beste Staat Beziehungen innerhalb seiner Mitglieder her (V 463), die den von Thrasymachos beschriebenen völlig entgegengesetzt sind.

Thrasymachos erweckt wenigstens den Eindruck, von sokratisch-platonischer Dialektik gelernt zu haben: Er beruft sich 340e für das Verständnis vom Herrscher im strengsten Sinne, der nicht irrt, auf Sokrates, der so argumentiere. Er scheint in der universalen Geltung seines Gerechtigkeitsverständnisses die Kenntnis Platonischen Vorgehens zu verraten, das fragmentarische Einzelbeobachtungen meistens sophistischer Mitunterredner, denen die Erkenntnis des ihnen gemeinsamen *eidos* entging, überwindet. Wie Platon im *Menon* (72c ff.) gegen Menons Angabe von Einzeltugenden, zwischen denen ein Zusammenhang

---

ten, die die Mächtigen *nutzen*, dem *Gerechten* gegenüber, und die Melier verstehen dies: ihr fordert, gegen das Recht vom Nutzen zu reden (90, vgl. 98).
18 Hypothesen darüber, welche der ihm zugeschriebenen Auffassungen ursprünglich sind und welche nur durch den Gang des Gespräches erfordert wurden, müssen unsicher bleiben, wie die Reaktionen auf Kerferds Erklärungsversuch zeigen.

nicht erkennbar war, ein *gleiches eidos* angab, das *alle* besitzen, so bestimmt jetzt Thrasymachos eine spezifische Tugend, Gerechtigkeit: In *allen* Staaten sei das *Gleiche* gerecht,[19] der Vorteil der jeweiligen Machthaber. Anders als im *Menon* setzt Platon in Rep. I den Gesprächspartner, hier Thrasymachos, nicht noch der Kritik wegen unzulänglicher Formulierung seiner Position aus.

Es ist diese Universalität der Bestimmung von Gerechtigkeit, in der Thrasymachos andere in der Tradition vorgegebene Beschreibungen des gleichen Sachverhaltes überbietet. Der anonyme Autor der unter Xenophons Schriften überlieferten *Verfassung der Athener* stellt gegenüber, wie die Besseren in der Volksversammlung plädieren würden und wie die Mitglieder des Demos es tatsächlich tun: Jene würden ausführen, was für ihresgleichen gut und die Mitglieder des Demos nachteilig wäre, während in der demokratischen Wirklichkeit jeder beliebige, ein schlechter Mann, auftritt und herausfindet, was für ihn selber und seinesgleichen vorteilhaft ist (1,6). Die bei Thrasymachos vorausgesetzte Parteilichkeit politischer Aktionen der Anhänger unterschiedlicher Verfassungen zum jeweiligen eigenen Vorteil wird hier vorausgesetzt, wobei aber noch entsprechend der subjektiven Bewertung der politischen Verhältnisse durch den Autor eine als gut der anderen, schlechten, *gegenübergestellt* wird, sie sind somit noch nicht in der *Gemeinsamkeit* selbstsüchtigen Strebens auf einen einzigen Nenner: Gerechtigkeit gebracht. Jedenfalls besteht bei Pseudo-Xenophon der Vorteil, den die Anhänger des Demos verfolgen, darin, für alle möglichen Tätigkeiten Geld zu empfangen und die Reichen in Armut zu stürzen (1,13) – darin liegt der Zusammenhang zwischen dem bei Thrasymachos vorausgesetzten Vorteil der Regierenden mit der der Platonischen Behandlung von Gerechtigkeit auf der hier erreichten Ebene, d. h. in dem Verständnis als Sicherung von Besitz.

---

19 Vgl. Men. 72c7: *hen ge ti eidos tauton hapasai echousin* ... mit Rep. I 338e6: *en hapasais tais polesin tauton einai dikaion* ...; vgl. *pantachou*: 343d. Der Zusammenhang mit *Menon* ist auch thematisch gegeben: Menon versucht, der sokratischen Forderung gerecht zu werden und eine einzige Bestimmung anzugeben, die überall gilt (*hen ge ti ... kata pantôn*); danach ist *aretê* die Eigenschaft, über Menschen herrschen zu können (73c). Thrasymachos definiert eine bestimmte *aretê*, Gerechtigkeit, die er als eine bestimmte Form von Herrschaft identifiziert.

Während der Autor der pseudo-xenophontischen *Verfassung der Athener* den Vorteil des Demos als die einzige Richtschnur aller *Handlungen* demokratischer Politiker angibt, kommt Kallikles im Platonischen *Gorgias* Thrasymachos darin näher, daß er den Vorteil der Menge als den Inhalt der vom Demos verabschiedeten *Gesetze* macht (483b), worin er mit der Angabe des demokratischen Gerechtigkeitsverständnisses bei Thrasymachos völlig übereinstimmt (Rep. I 338e). Es war aber Kallikles verwehrt, eine so umfassende, für alle politischen Systeme zutreffende Vorstellung vom Inhalt der Gesetze zu entwickeln, da er den *Gesetzen* der Menge das Recht der *Natur* der Stärkeren gegenüberstellte. Bei Thrasymachos gibt es dagegen nicht unterschiedliche Gerechtigkeitsbegriffe, den einen mit einer höheren, den anderen mit einer schwächeren und fragwürdigeren Legitimität. Die Gegenüberstellung unterschiedlicher Maßstäbe, die mit der Nomos-Physis-Debatte verknüpft war, ist bei Thrasymachos in dem Nachweis eines einzigen Zieles aller Gesetzgebung überwunden.[20] Er ist zunächst Rechtspositivist, wenn er die von den jeweiligen Regierungen erlassenen Gesetze als gerecht ausgibt.

Thrasymachos' Konzeption von Gerechtigkeit macht es damit auch unmöglich, einen Rangunterschied der Verfassungen, wie ihn Platon in Rep. VIII–IX entwickeln wird, zu behaupten: Gerechtigkeit in der Aristokratie (I 338d) unterscheidet sich ja bei Thrasymachos in nichts von der in den anderen hier genannten Verfassungen, Demokratie und Tyrannis. Gerechtigkeit ist eine ganz relative Norm. So betrachtet, gibt es keinen Grund, der einen Verfassung vor der anderen den Vorzug zu geben. Der Historiker Herodot hatte andere Beobachtungen gemacht: Unter der Tyrannis hatten die Athener das Gefühl, sich nur für den Tyrannen abzumühen, und waren daher nicht einmal bereit, tapfer zu kämpfen; nach der Befreiung von der Tyrannis zeigte dagegen jedermann Eifer, für den eigenen Vorteil zu arbeiten

---

20 Dies gilt auch für die zweite Darstellung des Thrasymachos, wo er den kleinen Ganoven (343d) und den Tyrannen zur Illustration des gleichen, nur dem Ausmaß und Grad nach unterschiedenen Prinzips anführt. Thrasymachos führt nicht Stärke oder Schwäche auf die *Natur* zurück, um daraus ein Recht der Natur nach zu begründen. Dies spricht gegen den Versuch Kerferds 562 f., Thrasymachos als Anhänger einer Naturrechtstheorie auszugeben.

(V 78). Daß unter der Tyrannis die Herrschaft dem Vorteil des Machthabers dient, war schon hier anerkannt, aber Herodot verallgemeinert diese Erfahrung nicht in der Weise, daß er sie für jede Verfassungsform als verbindlich bezeichnet.

Alles dies zeigt, daß Thrasymachos mit jedem Element seiner Gerechtigkeitskonzeption wohl traditionellen Vorstellungen verpflichtet ist, aber jeweils auf die Differenzierungen, die zwischen einer erstrebenswerten und schlimmen Erscheinungsform unterschieden, verzichtet; er gibt nur die eine ihm zusagende Seite wieder und propagiert sie als die ganze Wahrheit.

Thrasymachos erklärt, die Richtigkeit seiner zweiten These, daß Gerechtigkeit immer Nachteile bringt, während der Ungerechte überall einen Vorteil davonträgt (343d ff.), ließe sich am besten zeigen, wenn man Ungerechtigkeit in ihrer höchsten Vollendung (*teleôtatên adikian*) betrachte (344a; vgl. 348d). Indem er dies als den besonders eindrücklichen Fall auswählt, zeichnet er den Weg vor, den Sokrates bei seiner Argumentation tatsächlich wählen wird: man müsse Ungerechtigkeit in ihrer Vollendung (*telean adikian*) – er zitiert den Ausdruck des Thrasymachos – der vollendeten Gerechtigkeit gegenüberstellen und bestimmen, welche nützlicher ist (348a ff., bes. b9). In Rep. II 360e schlägt dann auch Glaukon ein solches Vorgehen vor. Die Behandlung der Charaktertypen, die den einzelnen Verfassungen entsprechen, soll diese Gegenüberstellung zwischen gerechtestem und ungerechtestem Mann vor Augen führen (VIII 545a); sie wird in der Behandlung des Tyrannen in Rep. VIII/IX abgeschlossen, der 729mal unglücklicher als der glücklichste Mann (587e; vgl. X 612b) ist. Die allgemeine Bewunderung für einen Tyrannen (I 344a–b; vgl. II 364a ff.), ungeachtet der Tatsache, daß er Unrecht schlimmsten Ausmaßes anrichtet,[21] ist eines der Motive, das wie eine Klammer die Erörterung von Gerechtigkeit zusammenhält.[22]

Anders etwa als Kephalos und Polemarchos, die mit weniger zentralen, fast harmlosen Aspekten von Gerechtigkeit einsetzten, hat Thrasymachos mit der Einführung eines allmächtigen

---

21 Euripides (Phoen. 549) nennt Tyrannis glückliches Unrecht (*adikia eudaimôn*).
22 Vgl. die Kritik an Euripides: VIII 568a; vgl. X 619a. Generell so über Dichter: III 392a.

Herrschers, der eine unbegrenzte Fähigkeit hat, schlimmstes Unrecht zu begehen, und dem zum Trotz – oder gerade deswegen – als göttergleich angesehen wird, das Problem der Bewertung von Gerechtigkeit und Ungerechtigkeit zugespitzt. Sokrates formuliert denn auch klar seinen Widerspruch gegen die Position des Thrasymachos und fordert ihn auf, ihn vom Gegenteil zu überzeugen (345a, b). Später verdeutlicht die berühmte Parabel vom Ring des Gyges, der ihm erlaubt, ungestraft jedes Verbrechen zu begehen (II 359c ff.), die Dringlichkeit der Klärung der Frage vom Nutzen von (Un-)Gerechtigkeit, besonders wenn man die Macht hat, alles, was man nur will, auch zu tun.

Thrasymachos hält Sokrates „Fakten" entgegen, etwa den überall gültigen Inhalt von Gesetzen. Aber für welche Folgerungen benutzt er diese Fakten? Spricht hier jemand, der selber das Ideal einer der Allgemeinheit dienenden politischen Herrschaft hegt, aber voller Bitterkeit als desillusionierter Moralist feststellen muß, daß niemand danach handelt, sondern alle nur ihren Vorteil wahrnehmen – eine empirische Feststellung, die aber nicht die Billigung dessen, der sie artikuliert, findet?[23] Wenn Platon später behauptet, dem Thrasymachos Glauben zu schenken bedeute, Ungerechtigkeit anzustreben (VIII 545a), so könnte das heißen, daß die Wirkung der These des Thrasymachos für das Befolgen von Gerechtigkeit verhängnisvoll ist, einerlei ob dieser selber einem solchen Immoralismus das Wort redete oder nicht. Platon charakterisiert jedoch die Position des Thrasymachos auch in der Weise, daß dieser (konventionelle) Gerechtigkeit tadele und Ungerechtigkeit preise[24] – über diese Einschätzung durch den Autor, bei dem sich allein diese Äußerungen des Thrasymachos finden, kann man nicht hinauskommen, und damit muß man ihn den Gegnern konventioneller Gerechtigkeit zuordnen. Die Reihe von Argumenten, mit denen Thrasymachos belegt, daß der gerechte Mann überall weniger als der ungerechte hat (I 343d ff.), liefert also nicht Beispiele einer beklagenswerten Wirklichkeit. Das gilt auch für seine Erklärung,

---

23 So Guthrie 1969, 92 ff., bes. 95 und 297.
24 Rep. II 358a ff. Thrasymachos' Charakterisierung von Ungerechtigkeit als mächtig und eher eines Freien würdig (I 344c5; vgl. 348e10; 351a) enthält einen solchen Preis. In 347e faßt Sokrates die Auffassung des Thrasymachos zusammen: das Leben des Ungerechten sei besser, überlegen (*kreittô*).

daß die Bürger eines Staates sogar einen Tyrannen, der das schlimmste Unrecht anrichtete, als *glücklich* preisen; ihr hat Thrasymachos nichts entgegenzusetzen, er distanziert sich nicht davon, er ist das Gegenstück zu den Tragödiendichtern, die das Glück der Tyrannis preisen (siehe oben). Die Erfahrungen, auf die er verweist, und die allgemeine Einschätzung, auf die er sich beruft, sind vielmehr allgemeingültige (*pantachou:* 343d) Fakten, die die Norm des Verhaltens, wie er es herleitete, ausdrücklich in Erwiderung auf die von Sokrates vertretene These, daß alle Herrschaft das Wohl der Regierten zu verfolgen habe, bestätigen sollen. Eine damit in Widerspruch stehende Tatsache notiert er nur, wenn er bemerkt, daß Männer Unrecht verdammen – aus Angst vor Unrechtleiden, nicht vor Unrechttun (344c). Auch diese Ausnahme bestätigt, daß Gerechtigkeit nicht eigentlich wählenswert ist. Und im System des Thrasymachos, wonach die Mächtigen bestimmen, was Gerechtigkeit ist, liefert nicht Schwäche die Normen des Handelns.

Der Aufwand, den Platon unternimmt, um Thrasymachos' These, daß Ungerechtigkeit nützt, zu widerlegen und statt dessen zu begründen, daß in Wahrheit Gerechtigkeit nützt, ist nur unter der stillschweigenden – auch sokratischen (z. B. Gorg. 468b; 499e u. ö.) – Voraussetzung verständlich, daß jedermann das, was ihm nützt, auch tut oder tun möchte, da niemand sich selber freiwillig schadet. Der Nachweis, welches Verhalten nützt, ist mehr als eine empirische Bestandsaufnahme von Verhaltensweisen, er hat eminent praktische Bedeutung, wie dies schon oben über den gesamten Eingangsteil bemerkt wurde; die Entscheidung, ob Gerechtigkeit bzw. Ungerechtigkeit nützen, impliziert zugleich schon, welche von beiden erstrebenswert ist und praktiziert werden sollte – Thrasymachos verdeutlicht dies, wenn er Gerechtigkeit Einfalt[25] und Ungerechtigkeit gute Planung nennt, die Ungerechten sind klardenkend und gut (348c, d).

---

25 Nach Thrasymachos 85 fr. B 8 (Diels/Kranz II, 319 ff.) ignorieren die Götter das größte Gut unter den Menschen, Gerechtigkeit, „denn wir beobachten, daß die Menschen sie nicht befolgen". Thrasymachos hat sich danach auf die Empirie bezogen, aber nicht wie bei Platon, um Gerechtigkeit als Torheit zu verwerfen, sondern um ihre Verletzung zu beklagen. Bei Guthrie 1969, 92 und 96 liefert offensichtlich fr. B 8 die Grundlage der Deutung der Äußerung des Thrasymachos bei Platon: sie sei ein Paradox, etwa: Gerechtigkeit wird ignoriert, denn heutzutage gilt die Macht des Stärkeren als „gerecht".

Der erste Einwand des Sokrates gegen Thrasymachos ist grundlegend und basiert wieder auf einer Technê-Analogie: ein Arzt hilft den Kranken, ist aber nicht Geschäftsmann, d. h., er verfolgt nicht sein materielles Wohl (341c ff.). Jede *technê* hilft einem Mangel ab, nicht dem der *technê*, sondern dessen, wovon sie Sachkenntnis ist; jede Herrschaft, wenn sie nur richtig ausgeübt ist, dient damit dem Vorteil der Regierten (342c ff.; erweitert: 345d–347a). Später zwingt Sokrates Thrasymachos zu dem Zugeständnis, daß eine ungerechte Stadt, die z. B. andere Städte unterwirft, sich im Inneren keine Ungerechtigkeit leisten kann, da sie sonst unfähig wäre, irgend etwas zu tun (351b ff.).

2.3 Die Erwartungen des Glaukon und des Adeimantos

In der ersten Hälfte des II. Buches der *Politeia* ist Sokrates nur stummer Teilnehmer der Unterhaltung. Er überprüft nicht die Gültigkeit der von anderen vertretenen Vorstellungen oder widerlegt sie gar, sondern muß sich anhören, wie er Gerechtigkeit in überzeugenderer Weise behandeln sollte. Zunächst führt Glaukon das Gespräch, danach (II 362d) tritt Adeimantos seinem Bruder zur Seite. Beide erklären sich von Sokrates' Widerlegung des Verständnisses von Gerechtigkeit durch Thrasymachos noch nicht überzeugt (357a, 358b, 368b) und formulieren die Erwartungen an eine Bestimmung von Gerechtigkeit, die Sokrates erfüllen muß, wenn er erfolgreicher die falschen Vorstellungen, besonders diejenige des Thrasymachos, zurückweisen will. Sie geben sozusagen eine Bestandsaufnahme der vorherrschenden Auffassungen, die sie auf ihre zugrundeliegenden Annahmen zurückführen. Glaukon übernimmt – gegen seine Überzeugung – den Part des Thrasymachos, weil die Sache selber noch nicht in der gebührenden Weise geklärt wurde. Das Problem wird ernst genommen, es erledigt sich nicht schon, weil die Vertreter dieser Auffassung nach ihrem dialektischen Vermögen bzw. persönlichen Gesprächsstil einer ernsthaften Erörterung nicht gewachsen sind. Die weitverbreiteten Auffassungen über Gerechtigkeit werden durch Glaukon und Adeimantos sozusagen gefiltert, aber sie büßen damit nichts von ihrer Unmittelbarkeit ein, Glaukon kündigt vielmehr an, mit allem Nachdruck den Preis des ungerechten Lebens vorzutragen (358d, 366b). „Verloren geht" nur die Aggressivität (I 336b ff.) oder persönliche Eitelkeit (338c) der Vertreter dieser Auffassungen, diese selber werden vielmehr in Ruhe und damit in einem Klima, das der Wahrheitsfindung besser förderlich ist, behandelt.

Glaukon setzt ein mit einer Unterscheidung von drei Arten von Gütern (II 358b ff.; vgl. 367c): (1) solchen, die man um ihrer selbst willen und nicht der Folgen willen wünscht, (2) die man um ihrer selbst und der Folgen willen wünscht, (3) die zwar selber beschwerlich sind, die man aber wegen der Folgen wünscht. Gerechtigkeit gehört zu (2),[26] während sie von den meisten (3) zugeordnet wird – Sokrates rechnet auch Thrasymachos' Konzeption von Gerechtigkeit dieser Position zu, er nennt ihn hier dreimal. Glaukon verlangt von Sokrates zweierlei zu hören: einmal eine Erörterung von Gerechtigkeit und Ungerechtigkeit, die den von Sokrates selber am Ende von Buch I entdeckten Mangel überkommt: Er soll das Wesen (*ti estin*) beider angeben. Zweitens soll er die Wirkung beider in einer Weise darstellen, bei der die falsche Einordnung zu den Klassen von Gütern, wie sie die meisten vornehmen, vermieden wird: Er muß von äußeren Wirkungen, wie Belohnungen für gerechtes Handeln, absehen, und statt dessen die Auswirkungen auf die Seele betrachten. Bevor Sokrates dazu Gelegenheit bekommt, muß er sich noch einmal die konventionellen Auffassungen anhören.

In seiner Wiederbelebung des Arguments des Thrasymachos will Glaukon zunächst Wesen und Ursprung von Gerechtigkeit, wie sie allgemein vertreten werden, darlegen (358c ff.), er nimmt damit eine Tradition auf, die wir in unterschiedlichen Ausbildungen bei Kritias B 25 (Diels/Kranz II, 386) oder Protagoras bei Platon Prot. 320c ff. fassen können. Die hier wiedergegebene Erklärung des Ursprungs von Gerechtigkeit (Rep. II 358e ff.), auf die Platon später in seiner Darstellung des Ursprungs des Staates (369a ff.) antwortet, bildet kompositorisch eine Einheit mit der unmittelbar folgenden Parabel vom Ring des Gyges; deren „Moral" läßt keine Gerechtigkeit mehr übrig, wie es der

---

26 Zu damit verbundenen Problemen siehe Ch. Kirwan, Glaucon's Challenge, Phronesis 10 (1965), 162–173.

Ausgangspunkt dieser Darstellung des Ursprungs von Gerechtigkeit ist. Danach ist Gerechtigkeit keine von Natur gegebene Norm.[27] Konventionelles Urteil bestätigt vielmehr die These, die auch der Auffassung des Thrasymachos zugerechnet werden kann, daß Ungerechtigkeit besser ist (358c). Aber dem stellen die Vertreter dieser Ursprungstheorie nicht das Schicksal des Gerechten gegenüber, der entsprechend der verbreiteten Auffassung immer den kürzeren zieht, sondern Unrecht wird in seine beiden Seiten, Tun und Erleiden, zerlegt. Naturgemäß sei, den Vorteil von Unrecht-Begehen zu suchen und den Nachteil des Erleidens zu vermeiden. Andererseits wird hier die von Thrasymachos gemachte Grundvoraussetzung in Frage gestellt, wenn diese Denker bestreiten, daß jemand die Macht besitzt, einseitig andere ungerecht behandeln zu können, ohne Unrecht erleiden zu müssen. Mangels eines starken Mannes, der Unrecht begehen könnte, ohne es erleiden zu müssen,[28] stellt sich damit eine Wahl zwischen Unrecht-Begehen und -Erleiden nicht, da mit dem Begehen von Unrecht immer das Risiko, Unrecht zu erleiden, gegeben sei. Nachdem Unrecht erleiden als das schlimmere Übel identifiziert wurde, führt die utilitaristische Kalkulation, die den Grundzug dieser Argumentation darstellt, folgerichtig zu einem Verbot auch von Unrechttun. Man einigt sich durch einen Vertrag,[29] weder Unrecht zu begehen noch zu erleiden, und dies ist der Inhalt der Gesetze, d. h. ist gerecht. Dieser Ansatz geht also nicht von Gerechtigkeit und Ungerechtigkeit als entgegengesetzten Prinzipien aus, sondern führt Gerechtigkeit erst als eine nachträgliche, künstliche Schöpfung ein.

Die Entscheidung, mittels *Satzungen* Gerechtigkeit einzuführen, ging auf Abwägungen des größeren Vorteils zurück, war aber nicht eine ethischer Art.[30] Man praktiziert Gerechtigkeit unfreiwillig (359b; vgl. 358c, 360c, 366d), sie ist nicht der wün-

---

27 Daß Gerechtigkeit nicht von Natur sein soll, läuft der Platonischen Position zuwider, wonach Gerechtigkeit vielmehr dann vorliegt, wenn der Seelenteil, der *von Natur* zum Dienst als Sklave bestimmt ist, entsprechend untergeordnet ist: IV 444b, d; vgl. 433a, 441a; vgl. auch I 367d.
28 Vgl. Anon. Jambl. 6, 3 f. (Diels/Kranz II, 403).
29 Vgl. Ch. Kahn, The Origins of Social Contract Theory, in: G. B. Kerferd (Hg.), The Sophists and their Legacy, Hermes Einzelschr. 44 (1981), 92–108.
30 Diese Dimension wird erst 364a eingeführt: *kalon*, vorausgesetzt I 348e; vgl. E. Schwartz, Ethik der Griechen, hg. von W. Richter, Stuttgart 1951, 25 f.

schenswerteste Zustand (359a, 360c) und enthält das Eingeständnis von Schwäche (vgl. 366d). So hängt es nicht von dem Charakter eines Menschen ab, wie er handelt, sondern allein von seiner Macht, ob man sich dem Gesellschaftsvertrag beugen muß (360c; vgl. 359b–c) oder tun kann, was die Natur naturgemäß als gut verfolgt, den Vorteil (359c f.); denn wer Macht hat, wird auch Unrecht üben (366d; vgl. 360c) – die Naturgemäßheit dieser Art von Begierden wird betont und dem Zwang der Rechtsordnung (*nomos*) entgegengestellt. Daß dagegen jemand, der die Macht zu solchem Handeln besitzt, sie nicht für Unrechttun und Angriff auf fremdes Eigentum nutzt, sei rational nicht verständlich, er wäre am unglücklichsten (360d). Wenn ein gerechter und ungerechter Mann diese Macht hätten, dann würden beide in gleicher Weise ihre Macht wegen *pleonexia* auch benutzen (359c; vgl. 362b, 366d). Die Vertreter dieser Rechtstheorie argumentieren damit auf zwei Ebenen: der realistischen, nach der die Machtbedingungen unter Menschen eine Rechtsordnung fordern, und einer hypothetischen, bei der man darüber phantasiert, daß jemand seiner Natur folgen könnte.

Es ist nun bezeichnend, daß Glaukon die Parabel von Gyges einführt (II 359c ff.), um diese zweite Möglichkeit zu illustrieren. Die ganz phantastische Annahme eines magischen Ringes, der Gyges erlaubt, unerkannt zu bleiben und so ungestraft jedes Verbrechen zu begehen, soll verdeutlichen, daß unter günstigen Bedingungen sich niemand bereit finden würde, gerecht zu handeln. Über diese natürlichen Präferenzen kann es keinen Zweifel geben, es sind wieder nur die Machtverhältnisse, die darüber entscheiden, ob man gerecht handelt, d. h., ob man es sich erlauben kann, seiner Natur zu folgen. Eine Gegenüberstellung von gerechtem und ungerechtem Mann ließe sich nicht aufrechterhalten, wenn beide den Ring des Gyges besitzen, denn den gerechten gäbe es nicht. Diese Parabel endet bei der Situation, mit der die Erklärung des Ursprungs von Gerechtigkeit begann: naturgemäß existiert nur Unrechttun und -leiden, aber keine Gerechtigkeit.

Für Glaukon hat diese Parabel jedoch eine andere Funktion: Er stellt höhere Anforderungen an einen Gerechtigkeitsbegriff, da Gerechtigkeit nicht lediglich als Erfordernis der Realität begründet sein darf, in der man Unrecht nicht straflos begehen kann, wie es die Grundlage der Vertragstheorie war; er fordert vielmehr eine Begründung, die jemanden, der Gyges' Ring besitzt, dazu bringen sollte, ihn wegzuwerfen. Dazu muß er überzeugt werden, daß Gerechtigkeit einmal in sich einen Wert hat (357b), außerdem daß sie für den Gerechten, d. h. seine Seele, mehr von Nutzen ist als Ungerechtigkeit (360c, 367d), selbst wenn man sie ungestraft vollziehen könnte, wie dies Gyges' Ring erlaubt. Es gilt, den Wert von Gerechtigkeit gegenüber Ungerechtigkeit unabhängig von dem Eindruck, den sie erwekken, oder von Belohnungen bzw. Strafen zu untersuchen. Dies sei das Neue, was alle Früheren verkannt oder ignoriert haben (367d ff.). Beim Gerechten bedeutet der Verzicht auf gerechten Schein, daß er den Eindruck von Ungerechtigkeit erweckt. „Er wird ausgepeitscht, in Fesseln geworfen werden, beide Augen werden ausgebrannt und nach all diesen Leiden wird er gekreuzigt werden" (361e).[31]

Eindrucksvoll zeigt Adeimantos zum Schluß (365b), daß keiner der Vernunftgründe, die gegen Ungerechtigkeit oder Gerechtigkeit, die nur dem Scheine nach besteht, angeführt werden, ernst zu nehmen ist: Man kann sich dagegen schützen, daß die Ungerechtigkeit bekannt wird, oder sich gegen Widersacher wehren; vor den Göttern könne man sich verborgen halten, oder sie könnten durch Opfer umgestimmt werden,[32] das Jenseits sei nicht zu fürchten usw. Nur Schwäche, d. h. Unfähigkeit, Unrecht zu begehen (vgl. 359b; Gorg. 483b ff., 492a ff.), verleite jemanden dazu, Gerechtigkeit zu preisen (Rep. II 366d).

Die seit dem ersten Auftritt des Thrasymachos artikulierte und danach in vielen Variationen aufgegriffene Position, die (Un-)Gerechtigkeit als Funktion von (Ohn-)Macht deutet, ist hier noch einmal zusammenfassend als der *reale* Hintergrund des Verhaltens der Menschen aufgezeigt. Als der *gedankliche* Hintergrund erscheint die Tatsache, daß alle nur die mit Gerechtigkeit verbundenen Einschätzungen bzw. Folgen (Lohn oder Strafe) beschrieben, aber nicht Gerechtigkeit als größtes

---

31 Dies erinnert an die Leiden, die nach Kallikles Sokrates erwarten, von Erniedrigung bis zum Todesurteil (Gorg. 486a ff.); der Gerechte in Rep. II, ein einfacher Mann (*haplous*) (361b6), bildet den Gegensatz zu dem Ungerechten, der unterschiedliche Mittel hat, sich zur Wehr zu setzen (b1 ff.), er besitzt (365d ff.), was Kallikles bei Sokrates vermißt.
32 In Leg. X 885d ff. argumentiert Platon gegen diesen Irrglauben.

Gut und Ungerechtigkeit als größtes Übel aufgezeigt und ihre Wirkung in der Seele dargestellt haben. Würde man darlegen, daß Gerechtigkeit in sich, d. h. unabhängig davon, ob Menschen oder Götter davon wissen,[33] das Beste ist, dann brauchte man keine äußeren Kontrollen zur Durchsetzung von Gerechtigkeit (366e), jeder wäre sein bester Wächter, da er sich vor der Verschlechterung der Bedingungen der Seele fürchtet (367a).[34]

Platon läßt Adeimantos betonen, wie stark der Bruch zwischen der traditionellen Redeweise über Gerechtigkeit und der jetzt zu verfolgenden ist. Einen Ansatz zu der von Platon intendierten Sicht findet man schon bei Demokrit 68 B 264 (Diels/Kranz II, 199), wonach man sich nicht vor anderen Menschen scheuen soll, sondern vor sich selbst, und der Seele das Gesetz geben müsse, nichts Unschickliches zu tun. Das völlige Absehen von der Meinung oder den Sanktionen anderer und die Rückführung auf die Seele als Instanz richtigen Verhaltens sind hier vorgegeben.

Allein schon der unerschütterliche Glaube von Glaukon und Adeimantos an den Wert von Gerechtigkeit, der auch durch Thrasymachos nicht irre gemacht werden konnte, überträgt sich auf den Leser und nimmt ihn für diese Position ein – kraft eines Überzeugungsmittels, das Aristoteles als ethisch bezeichnen würde. Und mit den Erwartungen, die besonders Glaukon an Sokrates stellt, ist ein neuer Maßstab für eine philosophische Erörterung von Gerechtigkeit formuliert, hinter den man nicht mehr zurückgehen kann. Die Berechtigung, eine überzeugendere Behandlung von Gerechtigkeit nach den neuen Kriterien zu verlangen, liefert die Unterscheidung der wichtigsten Einstellungen zur Gerechtigkeit im II. Buch der *Politeia*, wobei die ihnen zugrundeliegenden Beweggründe im einzelnen schonungslos offengelegt werden. Dabei tritt schon die Fragwürdig-

---

33 In der Tat, wenn man die Wirkung von Gerechtigkeit und Ungerechtigkeit in der Seele darstellt, soll man davon absehen, ob Menschen oder Götter davon wissen (366e ff.; vgl. IV 445a); aber in X 612e ff. weist Sokrates nach, daß menschliches Handeln den Göttern nicht verborgen bleibt, vgl. schon I 352a; Kephalos' Argument (330e ff.) ist in einer Weise stichhaltig, wie er es selber nicht geahnt hatte.

34 367a; vgl. IV 444b ff. Adeimantos endet damit bei der Position des Gorg. 476a ff., wonach es vorzuziehen ist, für Unrecht zur Rechenschaft gezogen zu werden, weil man dadurch in der Seele besser werde, vgl. Rep. IV 445a.

keit der jeweils beschriebenen Denkweisen zutage („die schönste Belohnung für *aretê* sei dauernde Trunkenheit": 363d), und es wird nicht nur die Position derjenigen, die Gerechtigkeit ablehnen, sondern selbst derer, die sie aus den falschen Gründen empfehlen, erschüttert. Die in diesem Programm von Glaukon und Adeimantos entwickelten Grundsätze bestimmen das neue Verständnis von Gerechtigkeit, das Platon in der *Politeia* eröffnet.

Literatur

Annas, J. 1981: An Introduction to Plato's *Republic*, Oxford.
Diels, H./Kranz, W. ¹¹1961: Die Fragmente der Vorsokratiker, 3 Bde., Berlin.
Guthrie, W. K. C. 1969: The Sophists (= A History of Greek Philosophy III), Cambridge.
Kerferd, G. B. 1947/48: The Doctrine of Thrasymachus in Plato's 'Republic', Durham Univ. Journal 9 (1947/48), 19–27; zitiert nach: C. J. Classen, Sophistik, Darmstadt 1976, 545–563.
Maguire, J. P. 1971: Thrasymachus – or Plato?, in: Phronesis 16, 142–163.

3

Bernard Williams

Plato against the Immoralist

(Book II 357a–367e)

Plato continually confronted ethical sceptics of various kinds; in their most radical form they may perhaps be called, if rather anachronistically, "immoralists". Such characters typically offer a theoretical position in favour of thinking that self-interested and exploitative strategies are rational and that an attachment to ethical values such as justice is not, except perhaps for some instrumental or second-best reason.

In Athens at the end of the 5th century BC, in the time of Plato's youth, there was a current of thought to the effect that the values of the older generation had not been transmitted to its children, who had lost confidence in their fathers', and perhaps any, ethical code. It is a familiar theme in Aristophanes, and it is explicit, in relation to that time, in more than one Platonic dialogue, notably in the observation central to the argument of the *Meno*, that worthy men such as Thucydides son of Melesias has sons who turned out badly (Men. 92 seq.). Similar ideas, in relation to public morality, came from the reflection that whatever the aspirations of Periclean democracy at home, it kept the empire together by ruthless and unprincipled means.[1]

---

1 The display of this idea in the Melian Dialogue (Thuc. 5, 84–111) has to be read in parallel with the account of Athens in the Funeral Speech (2, 35–46): neither need undermine the other. Plato, of course, believed that democracy was essentially unprincipled, in all its operations. One might read the startlingly vicious attack on Pericles (the most admired democrat) in the *Gorgias* (515d ff.),

Whatever the historical sources of his concern, it is true that Plato considers such theories with a seriousness and urgency which have few parallels in the history of philosophy besides Machiavelli and Nietzsche. The seriousness with which Plato regards the immoralists comes out, revealingly, in the fact that he is prepared to regard a remarkably wide range of positions as immoralist. Correspondingly, he makes very exacting demands on any account of ethics that can hope to answer those positions. In reacting to the challenge of the immoralists, he is not satisfied with an account of ethics which merely meets, more or less, our everyday demands on the ethical life, and provides some motive for people, under normal conditions, to live that life. That is what Glaukon and Adeimantus offer in Book II of the *Republic*, and Plato finds it as unsatisfactory as Thrasymachus' manifestly immoralist view. It is important to ask exactly why he does so. In particular, it is important to answer this question if we are to understand what Plato is seeking when he moves the search for justice from the individual to the city.

Thrasymachus had said in Book I that justice was "the advantage of the stronger" (338c). This was not offered as a *logos* or definition of justice: if it were, it would lead to the conclusion that since the stronger certainly pursues his own advantage, he must pursue justice, which Thrasymachus of course denies. Closer to what he principally wants to say is his later statement (343c) that justice is an *allotrion agathon*, something that always does somebody else some good. Thrasymachus' own account operates at the very primitive level of dividing agents (whether they be individual people or cities) into two types, the strong and the weak, and identifying justice simply as a device used by the strong to exploit the weak. This immediately raises the question of what makes one agent stronger than another. In particular, what makes a collective agent, such as a city or a group of bandits, strong? Indeed, what makes it a collective agent at all? The answer, as Socrates points out at 351 ff. must be, to a significant degree, the practice of justice between the individuals who

---

as implying that the distinction offered by Thucydides cannot be sustained. (Notably, the charge against Pericles is that like other democrats he flattered the crowd, something explicitly denied by Thucydides, 2, 64.8.)

form the collective agent. So Thrasymachus' primitive model must be wrong.

This implies, further, that we cannot going on saying simply that justice "always does someone else some good". Thrasymachus himself, when he said this, did not mean that the only benefits secured by any just act were benefits to someone other than the agent. He did not deny that when the weaker party acts in accordance with justice, he secures a benefit for himself; he claimed that when this is so, it is only because of power possessed by someone else who is stronger and who also gains a benefit. Justice is always in someone else's interest, because when an agent has an interest in doing some just act, it is always (leaving aside errors, which are discussed at 339 seq.) because it is in someone else's interest that this itself should be so.

However, not even this much will be true, once we accept that justice helps to make collective agents strong. In place of Thrasymachus' view, that justice is a device used by the strong to exploit the weak, we have the idea put forward by Glaukon in Book II, that it is a device of the (individually) weak to make themselves (collectively) strong – to make themselves stronger, in fact, than those who, before this association, were individually strong. On this account, Thrasymachus' first formulation, that justice is the interest of the stronger, might be replaced with an equally crude slogan to the effect that it is the interest of the weaker. When the association of the (previously) weak is formed, and the collective agent comes into being, justice does each of the participants some good in a way that does not depend on its doing some other, exploiting, party some good.

Expressed in these terms, Thrasymachus' and Glaukon's accounts seem to be opposed to one another. It is not simply that they can easily be formulated in terms that are contrary to one another: the opposition may seem to us to extend to their ethical value. The Thrasymachean account, to the extent that it can be made coherent at all, is fiercely reductive and "unmasks" justice as an exploitative device. Glaukon's theory, on the other hand, is the ancestor of honourable contractualist accounts which show why justice is the basis of collective endeavours and the division of labour, and why it is of great value to human beings.

Granted these differences, it is significant that every party to the discussion in the *Republic* treats Glaukon's position (and its elaboration by Adeimantus) as essentially a somewhat refined version of Thrasymachus'. "I shall renew Thrasymachus' argument", Glaukon says (358b–c); and Adeimantus, who, like his brother, does not accept this outlook himself but wants to hear it refuted by Socrates, says that he has put as strongly as he can the view of Thrasymachus and others who agree with him (367b). The reason for this is, at one level, obvious. There is an opinion about justice that Thrasymachus on the one hand, and Glaukon and Adeimantus on the other, certainly share, despite their other differences: that the life of justice[2] is in some sense *a second best*. This is the issue that is picked out at the beginning of Book II, when the distinction is made between things that are valued in themselves, things that are valued for their consequences, and things that are valued for both (357–358).[3] What Socrates is encouraged to show, contrary to the common opinion which has been expressed in different ways by Thrasymachus and by Glaukon, is that justice falls into the first class. It is obvious that this is the issue, but there is another question to which the answer is rather less obvious: Why should the discussion take this form? Why are the standards for the value of justice raised so high? This is the question I shall take up in the rest of this paper.

The first point to emphasise is how radically individualistic the issue is taken to be. Glaukon's account might be said to show that we have an interest in pursuing justice, and if we assume that "we" is taken collectively, this is straightforwardly true. Indeed, as we have already seen, granted the collective "we", justice does not even come out as a second best – without justice there will be no collective "we". But the collective "we" has a tendency to unravel, and in the discussion with the immoralist, we are not allowed to assume it. The question whether *we* have reason to pursue justice is taken, by Socrates as it is by the immoralist, to refer to each of us. The question each of us must ask is: "What

---

2 Granted the wide range of the term *dikaiosynê* in the *Republic*, the issue under discussion can be taken to be the value of the ethical life as a whole. "Justice" is the only appropriate translation of the term, and I shall stay with it, but the broad scope of the issue must be kept in mind.

3 "Consequences" translates more than one expression: *ta apobainonta* 357b6; *hosa gignetai ap'autôn* d1, 358b6. There are also, of course, various references to specific consequences of justice, or rather of the reputation for it.

reason do I have to be just?"; "What does justice do for me?". This is the force of Socrates' earlier remark (352d): our discussion is not about a trivial matter, but about how one should live.[4]

The question, then, is about the best life for the individual, and already at 347e Socrates has said that he regards it as an issue "bigger" than Thrasymachus' first formulations, whether he was right in thinking that the life of the unjust person was better (*kreittô*; *ameinon* 358c) than that of the just. A closely related idea is that no-one would choose to be just if he had an alternative ("no-one is willingly just", 360c.) The force of this is supposedly given to us by the thought-experiment which Glaukon presents. It is helpful, I suggest, to see Glaukon as presenting two different thought-experiments. The first is that of the ring of invisibility (359d–360)[5]; the second (360e–361d), that of the contrast between two men, one of whom has all the social rewards of justice without being really just, while the other has genuine justice and none of its conventional rewards.

Glaukon claims (on behalf of Thrasymachus and his associates) that someone armed with Gyges' ring would act unjustly, as (effectively) an exploitative and self-seeking bandit. An immediate objection to this is that, with regard to many people, it is not very plausible. Even if justice is in some abstract sense a second-best, a contractually acceptable mid-point (359a) between the best option (unpunished self-seeking) and the worst (being the victim of others' injustice), it is likely, if an ethical system is to work at all, that the motivations of justice will be sufficiently internalized not to evaporate instantaneously if the agent discovers invisibility. Moreover, it is not clear in any case how much such a thought-experiment tells one about justice in real life. What is the precise relation between the two questions: "How

---

4 ... *chrê zên*: for the force of *chrê*, cf. B. Williams, *Shame and Necessity*, Berkeley 1993, 184 n 57, and materials cited there. By the time of Plato, the term bears a certain contrast with *dei*, which introduces rather a notion of (relatively) external necessity. So in the *Republic*, the idea that the just life is a life one "should" (*chrê*) live is contrasted with the idea that one "has to", is "forced to", live it: cf. 358c, people pursue justice as necessary, not as good.

5 Often called, as I shall call it, "Gyges' ring", though the reference is explicitly to an ancestor of Gyges.

would you live if you could become invisible at will?" and "What is the value of justice to you as things actually are?" To try to answer the second of these questions by answering the first, as Glaukon suggests by introducing Gyges' ring, is to compare reality with fantasy, and that hardly seems a helpful way to address the question of whether and why one wants the life of justice. It is rather like assessing one's actual sexual happiness by comparing one's sexual life with pornography.

The second thought-experiment is at least nearer to reality. It is not entirely clear, in fact, what the situation is supposed to be with one of the figures in the contrast, the misunderstood or mistreated man of justice,[6] but the general idea is clear enough, and the contrasted figure, the unjust man who enjoys a reputation of justice, is certainly familiar. One is invited to consider which of these figures one would prefer to be, and to consider this in the light of what one currently thinks about the value of justice. This gives a sharper sense than is given by the story of Gyges' ring to the question "Do you pursue justice for its own sake or for the sake of the rewards and the reputation that conventionally go with it?"

The question gains in force when we take into account Adeimantus' contribution. The general effect of that contribution is to reinforce Glaukon's insistence that we should "take away reputation" (367b), and we may wonder why, at the start of his remarks, Adeimantus says that the argument has not been adequately expressed by Glaukon, and that "what most needed saying has not been said" (362d). His point is that as Glaukon has put it, it is the enemies of justice such as Thrasymachus who emphasise the idea that people pursue justice for the sake of the conventional rewards. On the contrary, Adeimantus says, the real problem is that the friends of justice, people who are trying

---

6 It is not clear, in particular, whether the genuinely just man "appears" unjust because he has an unconventional notion of justice, so that the world judges unfavourably the character he really has; or, rather, the world factually misunderstands what his character is. The latter makes a neater parallel with the contrasting case, but the former presents a more relevant challenge, and is also of course closer to the case of Socrates. I have discussed the passage (and considered the ideal of ethical autonomy which it expresses) in: *Shame and Necessity*, 98 seq. with n 46; and see n 47 for the point that the reference to Aeschylus does not help.

to encourage the young to be just, themselves emphasise those rewards, and so sell justice short; and he cites passages from the poets to this effect (prefiguring some of the objections that will be brought against them later in the dialogue).

All this, then, gives some sense to the idea of pursuing, and praising, justice "for its own sake". But now we must ask why Plato thinks it so important that we should value justice in this way. What is the point of insisting that one does not value justice properly unless one values it, in this sense, for its own sake? A modern reader may easily be misled at this point, and take the answer to this question to be more familiar than it is. He or she may take Plato to be thinking of a pure, self-sufficient moral motivation, in terms of which the agent does good or right actions simply because that is what they are, and for no other reason. (The starkest version of such an idea is to be found in Kant, but it takes more forms, and is more generally familiar, than its strictly Kantian expression.) This implies that if one reflects on the value of a moral life, one will insist simply on its moral value: this is what counts as "intrinsic" value, as being concerned with justice and other moral values for their own sake, and it is contrasted with measuring those values against anything else at all, such as one's own welfare. But this, certainly, is not Plato's concern. The argument with the immoralist can be formulated only because there is one, univocal, kind of question in practical reason, "How should I live?", "What is the best life?", "How shall I do best?", to which Thrasymachus and his friends give the wrong answer, and Socrates, on behalf of justice, will give the right answer. It is not that the pursuit of justice "for its own sake" has a quite special, moral, value which vindicates itself and cannot in principle be measured by any other sorts of consideration. The question of its value, rather, is the question of what makes a life worth living, a question to which other "non-moral" goods might in principle, as the immoralist suggests, provide the answer.

Another way of putting the point is that the idea of "pursuing justice for its own sake" occurs in Socrates' answer to the question, not in the question itself. The question is not "What is the value of justice pursued for its own sake, as opposed to the sake of its consequences?" – a question to which the answer is, virtually by definition, "moral value". The question is: "What is the value of justice?", and Socrates' answer is: "It has no value (really), unless it has value when it is pursued for its own sake." So the question remains: Why does Plato's Socrates think this? Why does he raise the standards for the vindication of justice so high? Why must it pass the test of being desirable "for its own sake", in isolation from all social rewards and encouragements?

The answer to this question has an ethical aspect and a political aspect, and in virtue of the analogy between the individual and the city, which plays such an important part in the *Republic*, they are closely tied to each other. Before we come to the political aspect and to the analogy, however, it will be helpful in understanding the ethical aspect if we look outside the *Republic*, to the *Gorgias*.[7] This dialogue presents conversations that Socrates has with three speakers, Gorgias, Polus, and Callicles, who take in succession increasingly radical positions. The discussions are structured by the use that is made of three distinct value-oppositions, all of them important to Greek ethical life. One is the contrast between *dikaion* and *adikon*, the just and the unjust: this relates, as in the *Republic*, to values that concern fair dealing with others, respect for their persons and their property, and generally a prohibition on exploiting them.

The terms of the second distinction, *kalon* and *aischron*, are harder to translate, and the contrast between them harder to summarize. They can have a purely aesthetic sense, but in their connection with action and character, they relate centrally to dimensions of honour and shame. This is often in Greek thought understood in an external and conventional sense, so that it is a matter of one's reputation, how one is seen or spoken of, but the values can be more deeply internalized, and the distinction becomes one between things that agents can be proud of, and think well of themselves for having done or been, as opposed to things for which they despise themselves, feel ashamed or embarrassed or contemptible.[8]

The contrast, lastly, between *agathon* and *kakon*, good and bad, is often, in the course of the discussion, interpreted in terms of

---

7 It is generally supposed that the *Gorgias* is earlier than Books II to X (at least) of the *Republic*, but nothing turns on this for the present discussion.
8 For the role of shame in Greek (and, indeed, our own) ethical experience, see: *Shame and Necessity*, in particular chapter IV and endnote 1.

self-interest: one seeks the *agathon* in seeking what is best for oneself. The basic idea, however, is something rather more general and abstract, the idea of what an agent has good reason to pursue or not. These are the terms which are, throughout these conversations, unquestionably tied to the conclusions of practical reason, and it makes no sense, in this discussion, to say that an agent knows that something is (on balance) *kakon*, and that he has decided that this is what (on balance) he has reason to pursue.

Gorgias, the first speaker, accepts the conventional idea that all these values go together, so that what is *dikaion* is also *kalon* and *agathon*: we have reason to pursue the just and should think well of ourselves and others for doing so. It is in these terms that he defends his practice of rhetoric. Polus enters the discussion to offer a more radical position, which separates *dikaion* and *agathon*: we should stop thinking that the *dikaion* is what we have reason to do. However, he takes a less radical line with the dimension of *kalon* and *aischron*, and is manoeuvred by Socrates into claiming both that to behave unjustly is *aischron*, and that what is *aischron* is *kakon* – that is to say, that we have reason to avoid it.[9] This is inconsistent with his attempt to hold that injustice is not *kakon*.

Polus' mistake is to sustain at once a conventional link between *dikaion* and *kalon* (just behaviour is admired, injustice is something to be ashamed of), and a natural link between *kalon* and *agathon* (we have reason to do what will make us admired, no reason to do what will make us ashamed of ourselves). The last speaker, Callicles, sees Polus' mistake, and takes the further step of denying the conventional link between *dikaion* and *kalon*. In doing this, he wants to keep the link between *kalon* and *agathon*: the rational person will want to be admired and envied, to think well of himself, and not to be an object of contempt, but he will bring this about, Callicles urges, through power and the exploitation of others, having no concern for considerations of justice.[10]

---

9 Gorg. 474c seq. *Kakon* and *aischron* mostly appear in this discussion in their comparative forms.

10 My very bare summary follows what I take to be the points in the dialogue that are most significant for the present question. Needless to say, other impor-

Callicles is the most brilliantly represented and intimidating of Plato's immoralists, and it will be disappointing for the friends of the ethical life if Socrates fails to refute him. He is, supposedly, refuted, but it is very easy to feel that Plato, in constructing the discussion, has deliberately dealt Callicles a hand of losing cards. Although there are several complexities in the argument, Callicles effectively ends up (from about Gorg. 491 onwards) defending a crudely gluttonous form of hedonistic activity, which very few are likely to envy. But this was not supposed to be the idea. The immoralist was supposed to be a rather grand, powerful, stylish figure – the aesthetic echoes of *kalos* are relevant here – whom others, if they were honest, could admire and envy; but he has ended up, in Socrates' refutation, as a low addict or at best a heartlessly boring *bon viveur*, whom anyone with any taste would despise. It is easy to think that Socrates wins the argument only by changing the subject.

However, there is more to the strategy than this suggests. Callicles (491b) wants to say that the successful unjust man will be *kalos*, and admirable in recognizable ways: he will, for instance, be intelligent and brave. But the direction of Socrates' argument, which brings it close to the concerns of the *Republic*, is to suggest that Callicles has no right to suppose that, on the assumptions he and his unjust man are left with, there could be a basis either for admiring virtues such as intelligence and courage, or for thinking that the unjust man could actually sustain them. How does the immoralist explain the values of courage and intelligence? He may do so in terms of political power: but quite early in their discussion (488–489), Socrates shows that there is a conflict between such a political conception and Callicles' ideal of an individual person who is "better", since political power is a collective enterprise, in which the individuals are not going to be in his sense "better", above all in a democracy.[11] The alternative is that the immoralist explains the value of these

---

tant patterns can be extracted from what is a very rich set of arguments (which also raise some specially acute questions about Plato's use of fallacy).

11 In connection with the later discussion of Pericles, Socrates is in effect presenting Callicles with a dilemma for the aristocratic or oligarchic immoralist: the Athenian empire, which was run in ways he should admire, was run by a democracy. Cf. n 2, above.

human qualities simply in terms of the satisfaction of desire – that is to say, as Plato puts it, in terms of pleasure. But that is not convincing, since someone can think of himself as *kalos* only if he can admire himself, and that implies grounds on which others can admire him, which implies more generally that one person can admire another.[12] The criterion which consists merely in the individual's desires being satisfied provides no basis for admiration at all. The immoralist is left only with hedonism.

Socrates in the *Gorgias* argues that any basis of admiration implies *taxis* and *kosmos* (503d seq), order and discipline, and these, applied to the soul, constitute justice. This implies, in effect, the Socratic idea of the unity of the virtues, and the immoralist may well say that this is to go too fast. Even if Callicles was not very good at showing it, perhaps the immoralist can have his own disciplines, not including justice.

Now we are precisely at the point that we had reached in the *Republic*. We are asking what is *agathon*, what makes a life worth living. The immoralist would like this to include some things that are not merely pleasant, but worthy of admiration: he wants there to be, as we might say, a basis for value. He would hope that these might include courage and intelligence, say, but not justice. Socrates wants to say, first, that if we think solely in terms of desire-satisfaction, there will be no basis for value, nothing to admire at all, and, moreover, life will not be worth living, since it will be a mess. Some discipline is necessary for there to be any stability, and that requires there to be a product of thought, something that can be better or worse, which indeed implies that there are some characters to be admired, others to be despised (the dimension of the *kalon*). So far the *Gorgias*, and the same point is of course repeatedly made in the *Republic*. But Socrates in the *Republic* will offer further arguments to bind justice more closely into these thoughts, and he addresses them to two different parties. To the immoralists he says: You need some structure and discipline if life is not to be a mess, and (as this itself implies) there is something to be admired, some basis of value. I shall

---

12 It is a Calliclean idea, obvious in his opening speech about nature and convention (482e seq.), that the respectable secretly admire the ruthless, unless they have been intimidated into not doing so. This is very close to the inspiration of the Gyges' ring story.

show you that the structure and discipline which you must accept if you are to admire and value anything (say, courage and intelligence) are such that you must also admire and value justice; and "admire and value" means, admire and value for its own sake. To the friends of justice, Glaukon and Adeimantus, he adds: I am not going merely to show the immoralists that they cannot do without justice; I am going to show them that they cannot do without valuing it for its own sake, which is what you wanted in the first place.

There is a political aspect, as I said earlier, to the same argument. The "analogy" between the individual and the city which is introduced at Rep. 368d is officially put forward to help us understand justice in the individual: it is as though the same message were written in larger letters. (In fact, the whole development of the *Republic* shows that the matter of justice in the city is pursued, not only to help with the original question, but for its own sake.) The basis of the supposed analogy is in fact dubious, and I have argued elsewhere[13] that Plato moves between two different principles which pull in different directions: that the account of a given character in a city and in an individual is the same, and that a city has a certain character if all, most, or a leading section of its citizens have that character. Plato's political conclusions, I suggested, exploit this ambiguity. In particular, he implies both that in the just city all the citizens are just (which is what one might hope), and also that citizens of the lower classes are no more just than the lower sections of the soul are rational, which is why they need to be dominated by the Guardians.

However this may be, it is certainly true that the lower classes in the city, like the lower sections of the soul, cannot look after themselves: they have no inherent principles of order and discipline. The order and discipline that they need come from elsewhere: in the political case, from the Guardians. This means that the Guardians must be ethically self-sufficient, and this means that they must be able to see that justice is worth pursuing for its own sake. If justice were, as Glaukon explains, valuable only as a

---

13 "The Analogy of City and Soul in Plato's *Republic*", in: Lee, Mourelatos and Rorty (eds.), Exegesis and Argument: Studies in Greek Philosophy presented to Gregory Vlastos, Assen 1973.

second-best, there would be no motive for the Guardians to be just, since they are not in anyone else's power. The constitution of Plato's city essentially depends on justice being good in itself, or for its own sake.

Plato could not use this conclusion, of course, to *demonstrate* that justice was good in itself. Those who accept Glaukon's account will reasonably not trust Plato's constitution. For them, a just city will reject ethical aristocracy and will consist of imperfect citizens keeping an eye on each other. This is why the ethical and the political parts of Plato's enterprise help each other. The ethical argument we have already followed suggests that people's lives will be incoherent if they are the sort of people who (the political analogy suggests) form the lower two classes of the city, and if, in addition, they try to be ethically self-sufficient. Democracy, in particular, is the project of such people trying to be ethically self-sufficient as a collective, and that is a doomed venture which ends in tyranny, just as the immoralist (Plato claims), though he would like to be a free spirit who admires and is admired by some other free spirits, can in the end be nothing but a sordid slave of desire.

We need not accept Plato's outlook, and not many people do. But one needs to go on a long ethical journey to find what exactly it is that one rejects, and it will be important, for each person, to decide what this will be. Certainly, the claim that justice has to be valued in itself, or for its own sake, is not a mere moralistic assumption of Plato's, and he has not simply set himself a gratuitously difficult task of demonstrating it. It is deeply rooted in the whole enterprise. One important question we are left with now, reading the *Republic* in a very different, and differently democratic, time, is not so much whether we agree with Socrates or with Glaukon, but how far they might both be right. What is it to admire and practice justice "for its own sake"? Perhaps the lesson of Glaukon's argument is just this, that precisely because we need justice as an instrument we need to admire it for its own sake; and that what we need to do is to learn how to do this, while not forgetting why we are doing so.

Otfried Höffe

Zur Analogie von Individuum und Polis

(Buch II 367a–374d)

4.1 Ein Gedankenexperiment

In der Mitte des zweiten Buches, ab II 369b, findet ein doppelter Perspektivenwechsel statt. Methodisch geht Platon von einer kritischen zu einer konstruktiven Überlegung über und thematisch von der Gerechtigkeit als Eigenschaft einer Person, der personalen Gerechtigkeit, zur Gerechtigkeit als Eigenschaft eines Gemeinwesens, der politischen Gerechtigkeit. Motiviert sind beide Veränderungen durch das Scheitern des bisherigen Vorgehens. Trotz mehrerer Anläufe mit wechselnden Gesprächspartnern ist es nämlich nicht gelungen, die beiden Leitfragen zur Gerechtigkeit zu beantworten, weder die Vorfrage, was die Gerechtigkeit sei, noch die Hauptfrage, inwiefern man die Gerechtigkeit der Ungerechtigkeit vorziehen solle (vgl. I 354b f.). Im Rahmen einer von Glaukon eingeführten Dreiteilung der Güter (II 357a–d) zählt Sokrates die Gerechtigkeit zu jenen größten Gütern (*megista agatha*), die man sowohl um ihrer selbst als auch um ihres Vorteils willen liebt (II 357d f.). Er erwartet also, daß Gerechtigkeit sich auszahle. Die von Thrasymachos eingebrachte und von Adeimantos, um Sokrates zu provozieren, noch zugespitzte Position besagt aber das genaue Gegenteil: „So laß uns Unrecht tun und dann" – es könnte ja Götter geben – „von der Frucht unserer Ungerechtigkeit opfern" (365e f.).

Glaukon und Adeimantos machen für das Scheitern ihren verehrten Lehrer Sokrates verantwortlich, seine Rolle als nur kritischer Gesprächspartner. Dazu kommt die bisherige thematische Hinsicht auf den Gegenstand. Nach der berühmten, aber auch umstrittenen Analogie (dazu: Neu 1971) hält Sokrates die bisher erörterte Gerechtigkeit, die eines einzelnen, für schwieriger erkennbar, weil in sehr kleinen Buchstaben geschrieben, als die großgeschriebene Gerechtigkeit eines Gemeinwesens (II 368d–369a; vgl. IV 434d f.). Vom doppelten Perspektivenwechsel wird der erste, Sokrates' Rollenwechsel vom kritischen zum konstruktiven Gesprächspartner auf Dauer vorgenommen, der zweite, thematische Wechsel dagegen nur vorübergehend. Gemäß der Analogie tritt die politische nicht an die Stelle der personalen Gerechtigkeit, vielmehr werden beide Seiten untersucht. Weil das Politische aus Buchstaben besteht, also einen in sich lesbaren Text bietet, ist es entgegen Reeve (1988) nicht erst vom Individuellen her, sondern in sich zu interpretieren. Und weil beim Politischen die Buchstaben größer sind, beginne man mit der nur-politischen Lektüre und schließe jene analoge Lektüre an, die sich die strukturellen Isomorphien von Polis und Individuum zunutze macht (vgl. IV 434d ff.; IX 576c ff. u. ö.). In der nur-politischen Lektüre können freilich individuelle Aspekte eine Rolle spielen; mehr noch: die Verschränkung der politischen mit der personalen Gerechtigkeit kann einen Teil der politischen Aussage bilden.

Platons politischen bzw. staatstheoretischen Überlegungen geht es um dreierlei: (1) um die sozialtheoretische Vorfrage, warum sich Menschen überhaupt zu einer Polis zusammenschließen; (2) um die gerechtigkeitstheoretische Hauptfrage, unter welchen Bedingungen ihr Zusammenleben gerecht ist; und (3) um die sozialeudaimonistische Anschlußfrage, inwiefern die gerechte Polis dem Wohlergehen aller dient. Weil die politischen Verhältnisse die Erkenntnis der personalen Gerechtigkeit erleichtern sollen, kommt (4) die nicht mehr politische Frage dazu, was sich daraus für die personale Gerechtigkeit ergibt. Platon verbindet diese Frage mit der Lehre von den drei Seelenteilen, so daß die analoge Lektüre sich mit Entsprechungen zu befassen hat; die drei Seelenteile spiegeln sich, sofern sie großgeschrieben werden, sowohl in drei Ständen als auch in drei Polisstufen wider. Außerdem kann es (5) zwischen der politischen und der personalen Perspektive Verschränkungen geben, die eine Grundthese der *Politeia*, die Einheit von politischer und personaler Ethik, bekräftigen.

Sokrates entfaltet seine konstruktiven Überlegungen in Form einer Polisgenese, durchgeführt als mehrteiliges Gedankenexperiment. Bei den Teilen könnte es sich um verschiedene Momente handeln, die für sich unselbständig sind und nur zusammen ein Gemeinwesen bilden. Obwohl sich Platon darüber nicht ausspricht, scheint er aber von der ersten Stufe an eine fertige Polis vorzulegen, so daß die Teile nicht Momente, sondern Stadien einer Entwicklung sind. Platons Abfolge verschiedener Polisformen beginnt (1) mit der Elementarstufe, der „wahren" (*alêthinê*), gleichsam gesunden Polis (*hôsper hygiês*: II 372e). Diese konstituiert sich aus menschlichen Grundbedürfnissen (II 369b–372d) und kennt als Bürger nur Bauern, Handwerker und Kaufleute, die innerhalb der vollentwickelten Polis den dritten Stand bilden. (2) Es folgt als klare Antithese eine Polis mit den Annehmlichkeiten eines zivilisierten Lebens (II 372d–376d). Platon nennt sie nicht positiv die angenehme oder bequeme, sondern negativ die „üppige" (*tryphôsa*) und „aufgeschwemmte" (*phlegmainousa*: II 372e) Polis, was einen zivilisationskritischen Unterton hereinbringt. (Daß Reeve 1988, 170, diese Polis nicht eigens anführt, sondern lediglich als Verfallsform der ersten Polis auffaßt, überzeugt nicht.) Die üppige Polis bedarf einer neuen Bürgergruppe, der (nichtregierenden) Wächter (*phylakes*) oder Gehilfen (*epikouroi* bzw. *boêthoi*: III 414b), die den zweiten Stand, den der Krieger (*stratiôtai*: III 414d), bilden. (3) Um den Übelständen der Zivilisation zu wehren, schließt sich eine Reinigung (*katharsis*) der Polis an (II 376d–V 471c). (4) Die Genese gipfelt in der Herrschaft der regierenden Wächter (*archontes*: III 414d), der Philosophenkönige, die in der Kallipolis, der „schönen Stadt" (VII 527c), mittels der harmonischen Einheit der Stände eine Einheit von (sittlich) gutem und glücklichem Leben zustande bringen (V 471c–VII 541b). In dieser Einheit zeigt sich für die politische Gerechtigkeit, was später (IX 576b–592b und X 608c–621d) auch für die personale Gerechtigkeit zutage tritt, die Zugehörigkeit zur Klasse jener höchsten Güter.

Die Frage, ob vier oder lediglich drei Polisstufen vorliegen, entscheidet sich daran, ob man die Philosophenherrschaft für eine eigene Stufe hält oder nur für die eigens hervorgehobene Vollendung (vgl. IV 427d, 434e) des Reinigungsvorgangs. Der Umstand, daß sie den letzten Teil einer zusammenhängenden Argumentation, der dreifachen Woge (*trikymia*: V 472a), bildet, daß sie außerdem aus Gründen der Realisierbarkeit eingeführt wird (vgl. 473c–e), spricht für die zweite Deutung. Ihr zufolge gibt es also einen Dreischritt von These: ursprüngliche Harmonie, Antithese: „Abfall" von der Harmonie, und Synthese: wiedergewonnene Harmonie.

Den genauen Status seiner Polisgenese klärt Platon nicht. Daß von *logos*, Gedanke, Argument (II 369a; VI 487c u. ö.), nicht von *mythos*, Erzählung, die Rede ist, spricht gegen ein geschichtliches Verständnis. Die erste Stufe steht kaum für eine glücklichere Vergangenheit, auf die sukzessive der gegenwärtige Niedergang und in der Zukunft ein neuer Aufstieg folgen. Platon nimmt vielmehr eine gedankliche Konstruktion vor, die sich allerdings von einer bloßen Reißbrettkonstruktion dadurch unterscheidet, daß die Stufen 1 und 2 möglichst realitätsnah konstruiert werden, während die Stufe 3 zwar als der große Neuentwurf der Politik von der politischen Realität weit entfernt ist, sich aber, wie Platon betont (V 473a f.; VII 540d), durch Realisierbarkeit auszeichnet (vgl. Burnyeat 1992).

Den Leitfaden der Konstruktion gibt die Aufgabe, der Entwurf einer gerechten Gesellschaft, ab. Weil in den Vorüberlegungen der Wert der Gerechtigkeit umstritten war, stellt die mittlere Stufe die reale Gesellschaft vor, aber unter Abstraktion vom Umstrittenen, also ohne Elemente von Gerechtigkeit und Ungerechtigkeit. Diese wirklichkeitsnahe, jedoch gerechtigkeitsindifferente Gesellschaft konfrontiert Platon in der ersten und dritten Stufe mit zwei unterschiedlichen Gegenbildern, mit zwei grundverschieden konstruierten Idealen politischer Gerechtigkeit. Die gesunde Polis steht für jenes noch unschuldige Gemeinwesen, das die dekadenzverursachenden Faktoren, die Versuchung der Ungerechtigkeit, nicht kennt. In der ersten Stufe, einer Art Paradies, stellt sich die Gerechtigkeit von allein, hinter dem Rücken der Menschen, ein. Nach der zweiten Stufe ist eine derart spontane Gerechtigkeit unrealistisch; im Namen größerer Wirklichkeitsnähe führt die üppige Polis den Verlust der ursprünglichen Gerechtigkeit vor. Ihm hält die gereinigte Polis ein zweites Ideal entgegen, ein Gemeinwesen, das der Verfallsfaktoren durch entsprechende Vorkehrungen Herr geworden ist. Dort, in der gesunden Polis, zeichnet Platon das Ideal einer ursprünglichen, sowohl vorpersonalen als auch vorpolitischen, hier, in der gereinigten Polis, das Ideal jener genuinen Gerechtigkeit, die in der Verantwortung von Menschen liegt; die politische Gerechtigkeit ist an die personale Gerechtigkeit der Herrscher, der Philosophenkönige, gebunden.

Eine derartige Konstruktion erinnert an Hegelsche Dialektik: eine unschuldige Unmittelbarkeit, eine konfliktfreie, aber nicht realisierbare Gesellschaft, geht in eine wirklichkeitsnahe, aber konflikttächtige Gesellschaft über, auf die wiederum eine vermittelte Unmittelbarkeit folgt, eine konfliktfreie, zwar noch nicht reale, aber im Prinzip realisierbare Gesellschaft.

Die Aussagen zu den beiden ersten Polisstufen fallen äußerst knapp, sogar mager aus. Platon erschwert damit die Interpretation (in der *Politeia*-Kommentierung fehlt auch so gut wie jede nähere Analyse); er gibt allerdings zu verstehen, daß es ihm weit mehr auf die dritte Stufe, die Reinigung der Polis und ihre Vollendung in der Philosophenherrschaft, ankommt. Wir beginnen mit der nur-politischen Lektüre (Abschnitte 2–4) und überlegen dann (Abschnitt 5), ob sie nach einem Blick auf die Analogie Individuum–Polis gewisser Korrekturen bedarf.

4.2 Spontane Gerechtigkeit

Obwohl beim ersten Ideal ein Hinweis auf die Realisierbarkeit fehlt, legt Platon keine pure Fiktion vor, vielmehr eine Konstruktion mit einem Erkenntnisgewinn. Interessiert an den sozialen Bedingungen einer politischen Gerechtigkeit, die nicht verantwortet werden muß, entwirft er ein zwar fiktives, gleichwohl wirklichkeitsnahes Gemeinwesen, dessen unausgesprochene Beweisaufgabe heißt: Unter welchen Bedingungen kommt die Gerechtigkeit spontan, d. h. ohne eine gerechtigkeitsintendierende Leistung, zustande, im Fall der Polis ohne gerechte Institutionen und gerechte Gesetze und im Fall der Individuen ohne gerechte Bürger oder Herrscher?

Weil es ihm auf Aussagen mit Allgemeinheitsanspruch ankommt, setzt Platon alle partikularen Interessen und geschichtlichen Besonderheiten beiseite. Er beruft sich auf ein anthropologisches Grunddatum, das übrigens der heutigen Skepsis gegen Anthropologie standhalten dürfte: Menschen sind unselbständig („niemand ist autark"), folglich hilfsbedürftig („jeder bedarf vieler": II 369b) und in diesem Sinn – von Natur aus – sozial. Weil die Konstruktion bei einer erfahrungsgesättigten Prämisse ansetzt, entgeht sie dem Vorwurf des bloßen Sollens. Und weil sie sich nicht nur auf ein empirisches Phänomen, sondern zusätzlich auf einen normativen Aspekt beruft, setzt sie sich im Unterschied zu einer naturalistischen Anthropologie nicht dem entgegengesetzten Sein-Sollens-Fehler aus. Wie schon die anthropologische, so dürfte auch die normative Prämisse überepochal gültig sein.

In der gesunden Polis herrscht nämlich kein hohes Ideal, sondern das (aufgeklärte) Selbstinteresse, näherhin das schon animalische Interesse am (Über-)Leben (369d: *tou zên heneka*), ergänzt um das Interesse an Lebenserleichterung (vgl. 369c: *ameinon*, besser). Anders als Aristoteles (vgl. *Politik* I 2, 1252a25–34) hält Platon das Alleinsein nicht für anthropologisch unmöglich; wohl aber im Rahmen der lebensnotwendigen Arbeit für unbequem. Das Zusammenwohnen (*synoikia*: 369c), das aus Gründen der Kooperation stattfindet, kann einer bewußten Planung zu verdanken sein oder aber instinktähnlichen Antrieben bzw. einem Mechanismus der „unsichtbaren Hand". Weil Platon für die Lebenserleichterung keine rationale Antriebskraft einführt – sie deutet sich allenfalls in einem schmalen Bereich, der Geburtenplanung (II 372b f.), an – und weil er außerdem rückblickend von einer Gunst Gottes spricht (IV 443b f.), erscheint die zweite Deutung als plausibler. Wenn Platons generelles Kriterium für Gerechtigkeit, die Idiopragieformel, nach der jeder das Seine tun soll (*ta heautou prattein*: IV 433a–435d), beachtet wird und jeder gemäß seiner Naturanlage arbeitet, ergibt sich, weil alles reichlicher, schöner und leichter zustande kommt (II 370c), ein Höchstmaß an Lebenserleichterung.

Da die Lebenserleichterung jedem zugute kommt, ist sie nicht nur kollektiv, sondern auch distributiv, für jeden einzelnen, von Vorteil und hat aus diesem Grund den Rang von Gerechtigkeit, näherhin, da der Vorteil durch Tausch der Arbeitsprodukte entsteht, den der Tauschgerechtigkeit. Platon gibt also, wenn auch nur mittelbar, auf seine zwei Leitfragen eine einzige Antwort. Unter den Bedingungen der gesunden Polis ist das Zusammenleben sowohl gerecht als auch für jeden vorteilhaft. Zugleich verfügt schon die Elementarpolis über eine Eigenschaft, die erst bei der schönen Polis ausgesprochen wird (IV 422e–423d). Während ungerecht verfaßte Staaten aus mehreren Staaten, das heißt: heterogenen Teilen, bestehen, eine Oligarchie beispielsweise aus einem reichen und einem armen Teil (vgl. VIII 551d), bildet die Bürgerschaft der gesunden Polis eine Einheit. Ihre Harmonie von Eigenwohl und Gemeinwohl erreicht eine Vollkommenheit, die selbst der idealen Polis abgeht. Denn zumindest die Philosophen müssen dort für einige Zeit auf ihr Glück verzichten; statt philosophieren zu dürfen, müssen sie herrschen (VII 540a f.; auch VII 519b ff.).

Das entscheidende Konstruktionselement der Elementarpolis, die Hilfsbedürftigkeit, ist nicht bloß in seinem normativen, sondern auch seinem deskriptiven Anteil unstritig. Die angeführten Bedürfnisse sind allesamt in höchstem Maß lebensnotwendig (*anankaiotatê*: 369d). Trotzdem führt der Weg nicht vom „nackten Leben" zum angenehmen und guten Leben. In einer stillschweigenden Selektion konzentriert Platon sich auf die biologischen Bedürfnisse, die sich nur mittels Arbeit befriedigen lassen. Weder das Hilfsbedürfnis von Kindern, Kranken und Gebrechlichen noch Sexualität und Fortpflanzung spielen eine konstitutive Rolle, ebensowenig psychologische („emotionale") und gesellschaftliche Bedürfnisse, etwa nach Anerkennung, Liebe und Freundschaft, oder ein Bedürfnis nach Bildung. Selbst biologische, aber nicht durch Arbeit vermittelte Bedürfnisse, etwa nach Wasser und Luft, tauchen nicht eigens auf. Weil er sie alle selbst auf der nächsten Polisstufe nicht ausdrücklich einführt, sieht Platon wie ein Marxist avant la lettre aus, orientiert er sich doch nicht am Lebensnotwendigen als solchem, sondern lediglich an seinem ökonomischen Anteil. Erst in ihrem Rahmen, also sekundär, schreitet er vom Notwendigen zum Nichtnotwendigen voran. Konstruiert wird die Elementarpolis als eine kooperative Arbeits- und Berufswelt.

Platon bestreitet nicht, daß man verschiedenen Berufen nachgehen, daß man sich den Lebensunterhalt sogar als einsamer Robinson erarbeiten kann (369e ff.). Zugunsten einer Kooperation sprechen aber drei sich ergänzende Sachverhalte (vgl. auch 374b–c): (1) der Vorteil eines geregelten Verfahrens, einer Kunstfertigkeit (*technê*: „Technik"; vgl. 374c), ein Prinzip Technik; (2) das Bestehen von natürlichen Begabungsunterschieden (370a–b, vgl. III 415a–c), ein Prinzip Begabung; und (3) der Produktivitätsgewinn durch Spezialisierung (370c ff.), ein Prinzip Spezialisierung im engeren Sinn.

Im Unterschied zu Aristoteles' Beginn der Polisgenese (*Politik* I 2, 1252a26–34), dem Aufbau der Hausgemeinschaft aus den Beziehungen von Mann und Frau, Herr und Knecht sowie von Eltern und Kindern, überspringt Platon die Hausgemeinschaft. Er setzt also nicht bei einer absoluten, sondern bloß einer relativen Hilfsbedürftigkeit an; zusammen kommen relativ selbständige Erwachsene, zudem zählen nur die Männer. Weil diese trotz ihrer Begabungsunterschiede einander nicht über- und untergeordnet sind (eine Ausnahme bilden die en passant eingeführten Dienstleute), verwendet Platon unausgesprochen ein weiteres Konstruktionselement, die Gleichheitsprämisse, daß die Menschen in etwa die gleiche Begabungshöhe haben. – Nur in Parenthese: Daß Platon etwas so Umstrittenes wie die Frauen- und Kindergemeinschaft mit wenigen Vorbehalten, also relativ bedenkenlos einführt, allerdings nur für die oberen „Stände", hat vielleicht hier seinen systematischen Grund. Da schon in der Elementarpolis die Familienbeziehungen keine systematische Rolle spielen, treten sie auch im folgenden nicht mit ihrem anthropologischen Gewicht in den Blick.

Reeve (1988, 172 ff.) interpretiert das mittlere der drei Prinzipien als „unique aptitude doctrine", als Lehre von der einzigen Begabung. Selbst bei einer so gering spezialisierten Arbeitswelt wie der Elementarpolis ist aber eine derart genaue Zuordnung, nach der jeder ausschließlich und zugleich eindeutig für einen wohlbestimmten Beruf begabt ist, wenig realistisch. Platons Bemerkung – jeder einzelne ist von Natur verschieden und zu einem anderen Geschäft (*ergon*: Werk) geeignet (370a–b) – läßt jedoch eine vorsichtigere Interpretation zu. Ihr zufolge ist nur eine Begabungsrichtung vorgegeben, bei der sich etwa zeigt, daß man für manuelle Arbeit, dann aber sowohl zum Schustern als auch zum Weben oder Schreinern, geeignet ist oder daß man, für körperliche Arbeit zu schwach, Kaufmann werden muß (II 371c f.).

Die genannten drei Prinzipien begründen zusammen das Prinzip der Spezialisierung im weiteren Sinn: daß eine Person, „mit allem anderen unbefaßt" (370c), „nur seine Aufgabe übernehmen" soll (vgl. 374b–c). Hier klingt bereits die Idiopragieformel an, die das gemeingriechische Gerechtigkeitsprinzip „Jedem das, was man ihm schuldet" (*ta opheilomena hekastô*: I 331e) aufnimmt. Nach Platon soll jeder Stand die ihm gemäße Aufgabe erfüllen – Philosophen sollen herrschen, Wächter wachen und innerhalb des dritten Standes soll jeder nur seinen Beruf ausüben, beispielsweise als Zimmermann nicht auch Schusterei betreiben. Das Idiopragie-Prinzip ist in zwei Richtungen zu lesen: Indem jeder „seinen Job", seine Aufgabe und Rolle, erfüllt, tut er einerseits das, wofür er begabt ist, und trägt andererseits dank seiner Begabung zum gemeinsamen Wohl bei. Auf diese Weise wird man beiden Seiten, dem Individuum und dem Gemeinwesen, zugleich gerecht, so daß von einem organologischen Staatsverständnis, wie oft behauptet, in der *Politeia* keine Rede sein kann.

Platon läßt die berufliche Differenzierung weit fortschreiten. Am Ende ist schon die Elementarpolis mehr als ein Dorf, eher eine Kleinstadt, in der die Kooperation von Bauern, Hirten und Handwerkern, von Kaufleuten, Tagelöhnern und Seeleuten zu jenem idyllischen Leben führt, das Rousseau im *Ersten Diskurs* wieder aufleben läßt: Frei von Neid, Eifersucht und anderen „asozialen Leidenschaften" leben die Bürger in Eintracht und sterben nach einem Leben in voller Gesundheit erst in hohem Alter (II 372a–d).

Die Elementarpolis kennt weder soziale Normen noch öffentliche Gewalten. Mangels Gesetzen und politischer Ämter, auch vorrechtlicher und vorpolitischer Formen sozialen Zwangs, ist sie im strengsten Sinn herrschaftsfrei (vgl. Höffe 1987, Kap. 7.3), so daß ihre Harmonie von Privat- und Allgemeinwohl vollständig von allein zustande kommt. Obwohl es auf die rationale Befriedigung arbeitsvermittelter Bedürfnisse ankommt (vgl. 372a f.), liegt keine bürgerliche Gesellschaft im Sinne Hegels vor (*Rechtsphilosophie*, §§ 182–256). Die Elementarpolis isoliert nicht nur die Arbeits- und Berufswelt von ihrem Hintergrund, der Familie, und von ihrer Ergänzung um öffentliche Gewalten. Innerhalb der bürgerlichen Gesellschaft beschränkt sie sich auch auf ihr erstes Moment, das System der (ökonomischen) Bedürfnisse und ihrer Befriedigung. Man achtet zwar auf seinen Besitz (II 371a ff.), trotzdem tauchen „bürgerliche" Rechtsansprüche ebensowenig auf wie deren öffentlicher Schutz durch die Rechtspflege und die ‚polizeiliche Strafgerechtigkeit'. Rein innerökonomisch, durch Arbeitsteilung und Spezialisierung organisiert, ist Platons Kleinstadtidylle lediglich ein „freier Markt", der die strengsten Maßstäbe des neuzeitlichen Anarchismus erfüllt.

4.3 Friede durch Zufriedenheit?

Während die zweite Polis von Konflikten durchwirkt ist, leben die Bürger der ersten Polis in einem umfassenden Frieden: im Frieden sowohl untereinander als auch mit den Nachbarn (entsprechende Konflikte fehlen) und mit den Göttern (vgl. 372b). Nun unterscheiden sich die beiden Poleis durch das Verhältnis des Menschen zu seinen Bedürfnissen, womit ein psychologischer Sachverhalt Einfluß aufs Politische gewinnt. Während ein innerer Unfrieden, das Mehrwollen in der Begehrlichkeit (*pleonexia*), einen äußeren Unfrieden stifte, regiere unter zufriedenen Menschen der soziale Friede, zugespitzt: Friede durch Zufriedenheit. Auf diese Weise besteht zwischen dem Politischen und dem Psychologischen nicht bloß eine Analogie, sondern sogar eine Interdependenz, und zwar unter Vorrang des Psychologischen und nicht – wie nach Lear 1992 – bei Gleichrangigkeit. Nicht physische Bedingungen, etwa Gesundheit, oder ökonomische Bedingungen, etwa materieller Wohlstand, entscheiden über den äußeren, sozialen Frieden, vielmehr kommt es auf den Charakter des Menschen, seinen inneren Frieden, an.

In vielen Utopien eines ursprünglichen Friedens, im Paradies, dem Schlaraffenland oder den Erzählungen von einem Goldenen Zeitalter, braucht der Mensch nicht zu arbeiten. Realistischerweise verzichtet Platon auf diese Voraussetzung; er folgt dem andernorts (II 377e f.) kritisierten Hesiod (*Erga kai hêmerai* V. 119) und läßt die Bürger ihren Lebensbedarf selbst beschaffen. Nun leuchtet ein, daß man bei einem bescheidenen Lebensbedarf nicht nur wenig arbeiten muß, sondern auch wenig Anlaß hat, sich mit seinen Mitmenschen zu streiten. Würde Platon die Elementarpolis nur als relativ konfliktarm hinstellen, so könnte man ihm daher zustimmen. Mit der stärkeren Behauptung, der strengen Konfliktlosigkeit, gerät er jedoch in Beweisnot. Er setzt nämlich eine Harmonie von Arbeitsertrag und Lebensbedarf voraus, an der es nicht nur aus innerer Unzufriedenheit fehlen kann:

Als erstes findet sich ein *vorökonomischer* Grund; ungünstige Naturbedingungen, etwa Mißernten durch Unwetter, können das Güterangebot so drastisch verringern, daß es selbst genügsamen Menschen nicht reicht. Ferner gibt es das *innerökonomische* Problem, daß die Ausbildung der Berufsfertigkeit, überdies ihre

Ausübung Mühen kostet, derentwegen die erforderliche Arbeit nicht immer „von allein" zustande kommt. Weiterhin verfügen viele Bürger – Kinder, Kranke, Gebrechliche und Behinderte – über eine zu geringe Arbeitsproduktivität. Wer nun ihretwegen eine familien- oder sippeninterne Solidarität verlangt, führt eine Zusatzbedingung ein, die der sonst herrschenden „Moral", dem aufgeklärten Selbstinteresse, widerspricht. Außerdem müßte er die psychologische Gesetzmäßigkeit annehmen, daß man dort, wo Behinderte, Kranke und Gebrechliche in Vielzahl auftreten, „automatisch" entweder die Ansprüche herabsetzt oder aber die Arbeitsleistung erhöht. Weil die Arbeit Mühe macht, taucht schließlich die *metaökonomische* Gefahr auf, daß physisch Überlegene ihren Lebensbedarf lieber mittels Gewalt, intellektuell Überlegene lieber durch Betrug als durch Arbeit zu decken suchen. Darüber hinaus ist schon in der Elementarpolis die Wirtschaft so differenziert, daß sie nicht ohne Verträge und diese wiederum nicht ohne Formvorschriften und Strafzwang auskommen. Selbst bei einem Blick auf die Tierwelt erweist sich Platons These „Friede durch Zufriedenheit" als kontraintuitiv. Obwohl Tiere nur eine relativ eng umgrenzte Menge von Grundbedürfnissen haben, leben sie weder in der Gruppe noch innerhalb einer Art noch zwischen den Arten rundum friedlich.

Zum Zweck der Konfliktlosigkeit braucht es also weit mehr als eine Bürgerschaft mit bescheidenen Bedürfnissen und einer kooperativen Arbeitswelt. Wenn erstens vorökonomisch die Natur hinreichend fruchtbar und in ihrer Fruchtbarkeit verläßlich ist, wenn zweitens innerökonomisch die Arbeitsproduktivität für den eigenen Lebensbedarf und den der Familie reicht, wenn schließlich metaökonomisch weder Gewalt noch Betrug die Tauschgerechtigkeit beeinträchtigen, außerdem die Welt der Verträge konfliktfrei funktioniert, dann, aber auch nur dann lebt man rundum in Frieden. Am Ende ist Platons These nur als analytische Aussage triftig: Ein reines Miteinander schließt vom Begriff her jedes Gegeneinander aus. Die synthetische Aussage, unter bescheidenen Menschen herrsche Friede, überzeugt dagegen nicht.

4.4 Die Geburt der Herrschaft aus dem Mehrwollen

Der Übergang von der gesunden zur üppigen Polis zeigt unmittelbar zweierlei, zum einen, unter welcher Bedingung die spontane Gerechtigkeit verlorengeht, zum anderen, warum mit diesem Verlust zu rechnen ist und es zur Herrschaft mit einer gewissen Notwendigkeit kommt. Ein drittes, jetzt mittelbares Beweisziel ergibt sich aus der Analogie von Polis und Individuum: Die Herrschaft, die es zwischen Menschen braucht, ist auch innerhalb des Menschen, in seiner Seele, vonnöten.

Zumindest für seine Zeitgenossen hält Platon die relative Genügsamkeit für unrealistisch. Mit Glaukon ist das beschriebene Leben der Elementarpolis keine Idylle, sondern eine Existenz, mit der nur Tiere („Schweine") zufrieden sind (372d). Obwohl man dort weder karg noch freudlos lebt, läßt Platon den Einwand gelten. In der Beschreibung der ersten Polis als wahr und gesund, der zweiten als üppig und aufgedunsen klingt aber eine Abwertung an. Mag die neue Polis auch realitätsnäher sein – in normativer Hinsicht erbringt sie einen Rückschritt. Das neue Verhältnis zu den Bedürfnissen, das Mehrwollen, erscheint als Denaturierung und Entfremdung und die entsprechende Polis als Entartung, als Dekadenz und Degeneration. In einer Umkehr der Beweislast mit rhetorischen Mitteln könnte Platon positiv von einer urbanen Zivilisation oder neutral von einer entwickelten Gesellschaft sprechen und ihr, etwa mit Kant, die Entwicklung aller Fähigkeiten des Menschen zugutehalten (*Idee zu einer Geschichte in weltbürgerlicher Absicht*, 4. Satz). Tatsächlich hebt Platon auf der ersten Stufe nur das Positive, bei der zweiten Stufe vornehmlich das Negative hervor, die physische (Krankheiten) und besonders die soziale Pathologie (Konflikte). Zur sozialen Pathologie gehört das Auftreten von Künstlern: von Musikern, Dichtern, Rhapsoden, Schauspielern und Tänzern (II 373b). Sie bringen aber nicht, wie Lear (1992, 210) annimmt, das pathogene Element in den vorher gesunden Organismus, bilden vielmehr den integralen Teil eines aus Unzufriedenheit krank gewordenen Organismus.

Erneut besteht zwischen der politischen und der psychologischen Seite eine Interdependenz unter Vorrang des Psychologischen. Während die physische und die soziale Pathologie parallel auftreten, werden sie beide von einer dritten, psychischen Pathologie verursacht. Diese besteht aber nicht im einfachen Selbstinteresse. Platon ist kein Moralist, der gegen Egoismus zu Felde zieht und an seiner Stelle Altruismus einfordert; er richtet sich lediglich gegen ein kontraproduktives Selbstinteresse, das Mehrwollen, die Pleonexie. Auch deren Erklärung erfolgt nicht moralistisch. Zurückgeführt wird die Pleonexie weder auf den Eingriff äußerer verderblicher Mächte noch auf eine innere Verderbnis, einen Sündenfall, auch nicht auf einen sozialen Sündenfall wie etwa bei Rousseau und später Marx, die das Privateigentum für viele Konflikte verantwortlich machen. Indem Platon die Unzufriedenheit ohne jeden moralischen Unterton schlicht als Tatsache einführt, erklärt er das Mehrwollen zu einem Teil der Conditio humana, nämlich zu einer Gefahr, der der Mensch auf Dauer nicht entkommt.

Da die Zufriedenheit, wie gesagt, entgegen Platons Ansicht nicht vor allen Konflikten schützt, stellt sich die Gegenfrage, ob die Unzufriedenheit notwendig zu Konflikten führt. Es liegt nahe, aus dem Mehrwollen auf eine Güterknappheit und aus ihr auf einen Verteilungsstreit innerhalb der Polis zu schließen. Platon argumentiert anders. Bei ihm entstehen die Konflikte zunächst nicht aus der Innen-, sondern nur aus der Außenperspektive der Polis, und auch dabei hebt er nicht unmittelbar auf das Mehrwollen ab. Nach dem generellen Prinzip der Arbeitsteilung machen die neuen, die Kultur- und Luxusbedürfnisse entsprechende Kultur- und Luxusberufe notwendig. Der Luxus selbst ist aber noch nicht für die Konflikte verantwortlich, sondern erst eine Nebenfolge, die Zunahme der Einwohnerschaft, deretwegen das Agrarland zu knapp wird und ein Krieg gegen die Nachbarn droht (373e).

Ob offensiv zum Erwerb fremden oder defensiv zur Verteidigung des eigenen Landes – in beiden Fällen braucht es eine neuartige, bei Platon den anderen nicht mehr neben-, sondern übergeordnete Berufsgruppe. Mit ihr tritt eine bisher unbekannte Sozialstruktur, die Herrschaft, in die Polis ein. Die drei Prinzipien (siehe S. 75) bleiben hierbei erhalten: Wegen des Prinzips Spezialisierung bildet sich keine Miliz, sondern ein eigener Stand aus, die „Wächter"; denn zur voll ausgebildeten Polis gehören sowohl die Wächter nach innen, die Polizei und Verwaltung, als auch die Wächter nach außen, das Militär im eigentlichen Sinn.

Und nach den Prinzipien der Technik und der Begabung definiert sich die Zugehörigkeit zu diesem Stand letztlich nicht von der Geburt (den Eltern), sondern von den eigenen Fähigkeiten her (vgl. III 415b ff.; IV 423c ff.). Infolgedessen hat die Platonische Republik trotz ihrer ständischen Gliederung einen demokratischen Charakter; die Mitgliedschaft in der Führungselite steht nämlich jedem entsprechend Begabten offen. Darüber hinaus zeichnet sich der Wächterstand durch eine Eigenschaft aus, die Platon allerdings nicht eigens hervorhebt: Die Einführung von Wächtern ist insofern gerecht, als sie allen einen Vorteil erbringt. Sie erlaubt nämlich der begehrlichen Bürgerschaft den (angeblich notwendigen) Angriff auf fremde Territorien; zugleich schützt sie die eigene Polis vor Übergriffen der anderen.

Wie Platon schon in der Elementarpolis nicht die „humanen" Kosten einer Spezialisierung gegenüber dem „Renaissance-Ideal" einer allseitigen Ausbildung menschlicher Fähigkeiten diskutiert, so überlegt er auch hier weder die Nachteile einer Berufsverwaltung und eines Berufsheeres, noch wirft er die Nutzen-Kosten-Frage auf, ob die Begehrlichkeit ihren doppelten Preis wert sei, sozial die Unterordnung unter einen Herrschaftsstand und finanziell die Steuern, um diesen Stand zu bezahlen. Wird die Frage negativ beantwortet, so müßte man die Begehrlichkeit einschränken und einen „neuen Menschen" schaffen. Dieser nichtpolitische „Ausweg" spielt bei Platon eine gewisse Rolle, so daß er nicht nur zwei, sondern insgesamt drei Beziehungen zu den Bedürfnissen kennt:

Auf der ersten, noch vorreflexiven, rein natürlichen Stufe, der Urzufriedenheit, ruht der Mensch selbstgenügsam in sich. Von einem Tier nicht weit entfernt, hat er eine relativ fest umgrenzte Menge von (Grund-)Bedürfnissen (vgl. auch VIII 558d ff. und IX 581e), nach deren Befriedigung er spontan und mit einem Gefühl des Wohlbehagens zur Ruhe kommt. Auf der zweiten Stufe, der Begehrlichkeit, fallen die natürlichen Bedürfnisgrenzen, und es öffnet sich ein tendenziell unbegrenzter Bedürfnisraum. Auf der dritten Stufe nimmt man zu den sinnlichen Antrieben und zur Begehrlichkeit ein Verhältnis der Distanz und Kritik ein. Obwohl die Urzufriedenheit unwiederbringlich verloren ist, muß sich der Mensch nicht in das unglückliche Schicksal einer „denaturierten Natur" ergeben. Die grenzenlose und zugleich konfliktträchtige Begehrlichkeit wird durch eine vernünftige Zügelung der sinnlichen Antriebe und Bedürfnisse, durch eine sittliche Tüchtigkeit (Tugend: *aretê*), die Besonnenheit (*sôphrosynê*: IV 430c–432b), überwunden. Dabei bestätigt sich der zwar realitätsnahe, aber doch fiktive Charakter der ersten, gesunden Polis: Die Denaturierung des Menschen wird nicht regressiv, durch ein „Zurück zur Natur", zur Elementarpolis, sondern progressiv, durch sittliche Kultur, aufgehoben.

Für die Herrschaft schließt sich die Frage an, ob sie durch die sittliche Kultur nicht überflüssig werde: Entsteht mit dem „neuen Menschen" nicht auch eine „neue Gesellschaft", die mit der Überwindung der Wurzel von Herrschaft, der Begehrlichkeit, die Herrschaft selbst überwindet? Hier gäbe es eine zweite, nicht mehr natürliche Anarchie: die Herrschaftsfreiheit unter sittlich gebildeten Menschen. Die *Politeia* zieht eine derartige, auf allseits verbreiteter Tugend gegründete Anarchie nicht in Erwägung. Die darin implizierte These, auch durch sittliche Erziehung werde die Herrschaft nicht überflüssig, könnte sich auf die Notwendigkeit von Erziehern berufen, die gegenüber den zu Erziehenden eine übergeordnete Stellung einnehmen, weshalb man vielleicht von politischer Herrschaft, aber nicht von jeder Herrschaft frei sein könne. Außerdem – ließe sich sagen – komme eine polisweite Erziehung nicht ohne eine gewisse Organisation aus; selbst Platons „Schule", die Akademie, habe eine hierarchische Struktur. Die *Politeia* vertritt aber einen anderen Grund: Ein so schwieriges Erziehungsziel wie die umfassende Tugend läßt sich nicht bei allen, nicht einmal bei vielen, sondern lediglich bei einer kleinen Gruppe entsprechend Begabter, bei der potentiellen Führungselite, erreichen (vgl. den Mythos über die Herkunft und Art der drei Stände: III 414b–415d).

Wie gegen die Grundthese der gesunden Polis – äußerer, sozialer Friede durch inneren Frieden –, so erhebt sich auch gegen die Grundthese der üppigen Polis – äußerer Unfrieden durch inneren Unfrieden – eine Reihe von Bedenken. Zu Recht behauptet Platon, daß die Begehrlichkeit zu mehr Ansprüchen führe, zu Unrecht, daß gestiegene Ansprüche sich nur durch Übergriffe auf fremden Besitz erfüllen lassen. Man könnte doch auch die Arbeitsproduktivität steigern. Die moderne Überflußgesellschaft ist nicht der Zufriedenheit ihrer Wirtschaftssubjekte zu verdanken, sondern deren Unzufriedenheit, verbunden mit einer explosiven Steigerung der ökonomischen Produktivität.

Die Frage, ob es diese Möglichkeit schon in der Antike gab, kann dahingestellt bleiben. Es zeigt sich jedenfalls, daß Platons Antithese „einfache oder luxurierende Bedürfnisse" vom eigentlichen Problem ablenkt. Nicht wegen der Degeneration der gesunden zur üppigen Stadt entstehen die Konflikte, sondern weil – aus welchen Gründen auch immer – der Güterbedarf das Güterangebot übersteigt und man den Fehlbedarf mit Übergriffen auf fremden Besitz decken will. Im übrigen gibt es weit mehr als nur ökonomische Konflikte; Kains Brudermord geht auf Neid und Eifersucht zurück.

Ohne Zweifel kann man bei der Frage, ob Konflikte unvermeidbar sind, zwei Platonischen Elementen folgen, einerseits der Unterscheidung konstanter und variabler Elemente in der Conditio humana, andererseits der angenommenen Konstante, der Bedürfnisnatur. Vielleicht hat Platon auch darin recht, daß eine kollektive Bedrohung, bei ihm die Kriegsgefahr, staatsbildende Kräfte freisetzt. Dagegen leuchtet nicht ein, daß sich die Konflikte aus der psychologischen Variablen „Begehrlichkeit" und deren sozialer Folge, der Kultur oder Zivilisation, ergeben. Abgesehen davon, daß es den Gegensatz, die ursprüngliche Zufriedenheit, wahrscheinlich kaum jemals gegeben hat, muß weder die Kooperation relativ bescheidener Menschen rundum friedlich noch die Begehrlichkeit als solche konfliktträchtig sein. Der zivilisationskritische Unterton der *Politeia*, nach dem die Herrschaft der Preis sei, den der Mensch für seine Kultur zu bezahlen habe, überzeugt nicht.

4.5 Zur Analogie von Individuum und Polis

Platons Analogie von Individuum und Polis scheint auf den ersten Blick klar zu sein. Da es auf seiten der Person drei Fähigkeiten oder Antriebskräfte, sogenannte Seelenteile gibt (X 604a ff. operiert freilich mit einer Zweiteilung), auf seiten der Polis aber drei Stände und drei Stufen (die gereinigte und die Philosophen-Polis zählen dabei als zwei Phasen der Stufe 3), drängt sich folgende Zuordnung auf: Der unterste Stand, die Handwerker, Bauern und Kaufleute, und die erste Polisstufe entsprechen dem *epithymêtikon*, dem begehrlichen, animalischen Teil der Seele. (In IX 580d ff. ist bei diesem Teil, differenzierter, von drei Gesichtspunkten die Rede). Der zweite Stand, jene Wächter, die nicht selber regieren, die Gehilfen der Philosophenkönige, und die zweite Polis ordnen sich dem *thymoeides*, dem tatkräftigen Seelenteil, zu. (Auch er wird im Buch IX, jetzt 581a–b, noch differenziert.) Und der oberste Stand, die Philosophenkönige, entspricht mit der von ihm beherrschten gerechten und „schönen" Polis dem *logistikon*, dem vernünftigen und göttlichen Teil.

A. Einfache Zuordnung

Seelenteile	Stände	Polisstufen
Begehren (*epithymêtikon*)	Handwerker, Bauern und Kaufleute	gesunde Polis
Tatkraft (*thymoeides*)	nichtregierende Wächter	üppige Polis
Vernunft (*logistikon*)	Philosophenkönige	Philosophen-Polis

Für die gesunde Polis kann sich diese Zuordnung auf den elementaren, sogar lebensnotwendigen Charakter der Bedürfnisse berufen. Für lediglich animalisch darf man die Bedürfnisse aber nicht halten; denn mit Tieren teilt der Mensch nur die ersten beiden, Nahrung und Wohnung; Kleidung brauchen Tiere dagegen nicht. Außerdem findet man zwar bei Ameisen und Bienen eine gewisse Arbeitsteilung, aber nicht deren ebenso methodische wie professionelle Gestalt als Kunst(-fertigkeit), als *technê*. Diese wiederum ist rein epithymethisch nicht möglich; denn zum einen bildet sie sich erst mittels Tatkraft aus, zum anderen enthält sie ein Element von Rationalität, so daß sie auch dem *thymoeides* und dem *logistikon* zuzuordnen wäre. Ebensowenig ist die Indienstnahme, sogar Beherrschung von Tieren, die schon in der gesunden Polis stattfindet, allein epithymetisch möglich. Weiterhin braucht es auch für die Geburtenplanung sowohl Tatkraft als auch Rationalität. Nicht zuletzt muß der dritte Stand einsehen, daß er für sein eigenes Wohl der Wächter und der Philosophenkönige bedarf. Schon auf der ersten Polisstufe sind also die beiden höheren Seelenteile unverzichtbar. Ähnliche Schwierigkeiten treten auf der zweiten und der dritten Stufe auf.

Auch die Wächter haben nämlich elementare Bedürfnisse, außerdem kommt ihre Tätigkeit nicht ohne Rationalität aus. Schließlich brauchen die Philosophenkönige Tatkraft; und weil sie keine reinen Vernunftwesen, keine Götter, sind, bleiben sie dem Begehren unterworfen. Das erste Verständnis der Analogie, die einfache Zuordnung der drei Triaden zueinander, stößt also rasch an Grenzen; insbesondere bedarf jede Polisstufe statt nur jeweils eines Seelenteiles aller drei Fähigkeiten.

Diese Schwierigkeiten lassen sich nicht schon dadurch beheben, daß man Platons Differenzierung berücksichtigt, die Verwendung der Analogie in zweierlei Form. In IV 434e führt er die Analogie, so Williams (1973), als Bedeutungsanalogie („analogy of meaning") ein und in IV 435e als Verhältnis von Teil und Ganzem („whole-part-rule"), verbunden mit einem Blick auf die vorherrschende Gruppe („predominant-section-rule"). Im ersten Fall lassen sich die Polis-Verhältnisse umstandslos auf den einzelnen übertragen; im zweiten Fall kann man beispielsweise die Polis dann mutig nennen, wenn es ihre maßgebliche Gruppe, also die Wächterschaft, ist.

Nach Williams fehlt bei Platon nicht nur die Angabe, welche der beiden Analogien wo zutreffe; die Analogie gerate auch in beiden Formen in ernste Schwierigkeiten. Bei einer Zuordnung der drei Seelenteile zu den drei Ständen dürften beispielsweise Vertreter des „Nährstandes", etwa Flickschuster, nur vom Begehren bestimmt sein, obwohl sie in Wahrheit mindestens insofern Vernunft brauchen, als sie die Überlegenheit der Philosophenkönige, sofern sie tatsächlich auftreten, anerkennen müssen. Und falls sie nicht auftreten sollten, wären die Flickschuster unregierbar unbeständig („unmanageably volatile").

Wegen derartiger Schwierigkeiten glaubt Williams, ein vollständiges Scheitern der Analogie konstatieren zu müssen. Dabei übergeht er aber die Vorsicht, die Platon an beiden Stellen walten läßt. Nach IV 434e f. sollen nicht alle Polis-Verhältnisse auf das Individuum übertragen werden. Vielmehr kommt es nur auf einen einzigen Vergleichspunkt, die Gerechtigkeit, an, und bei ihr muß man die beiden Seiten, also Polis und Individuum, solange „gegeneinander betrachten und reiben", bis „wie aus Feuersteinen die Gerechtigkeit" herausblickt. Platon lehnt hier nachdrücklich eine generelle und „mechanische" Übertragbarkeit ab und verlangt statt dessen eine kreative Suche nach der

Entsprechung. In 435e wiederum weist er insofern die einfache Zuordnung zurück, als „in einem jeden von uns sich dieselben drei Arten und Handlungsweisen finden", die den drei Seelenteilen entsprechen, nämlich Erwerbskunst, Mut und Wißbegier. Williams' scharfsinnige Abhandlung bekräftigt also nur, was sich schon der unbefangenen Lektüre zeigt, ein Mißlingen der einfachen Zuordnung von Polis und Individuum. (Zur Williams-Kritik siehe auch Lear 1992, 194 ff.)

Die von Platon geforderte Suche nach der Entsprechung dürfte dort erfolgreich sein, wo man sich auf die in 435d f. angedeutete strukturell kompliziertere Analogie einläßt. Sie geht von einer Differenzierung aus, die Platon zwar nicht ausspricht, aber wie selbstverständlich unterstellt: von der Unterscheidung einer dominanten, sowohl vorherrschenden als auch beherrschenden Funktion, und einer subsidiären oder instrumentellen Funktion des jeweiligen Seelenteils.

In diesem Sinn ist auf der ersten Polisstufe das Begehren dominant, während Tatkraft und Vernunft lediglich instrumentell gegenwärtig sind; sie sind nämlich nicht als solche, sondern nur hilfsweise fürs Begehren gefragt. Weil auf der ersten Stufe im emotionalen Bereich keine Gegenkraft auftritt, stellt sich das Begehren in jener ruhigen, unschuldigen oder schlichten Form dar, die weder ein absolutes Mehrbegehren, ein Mehrwollen, noch ein soziales Mehrwollen, Neid und Eifersucht, kennt. Andererseits ist das Begehren allein nicht lebensfähig, so daß es zwar vorherrschen, aber nicht exklusiv vorhanden sein kann. Das Begehren braucht zu seiner Unterstützung eine „ökonomische Tatkraft", die sich um die zur Bedürfnisbefriedigung nötige Arbeit und die ihr vorlaufende Berufsausbildung sorgt. Ferner bedarf es einer Vernunft, die für die Berufsausbildung, für die Durchführung der eigenen Arbeit und für die Kooperation mit anderen zuständig ist, kurz: einer im weiteren Sinn „ökonomischen Vernunft". Verbindet sich nun die Dominanz des Begehrens mit einer bloß instrumentellen Tatkraft und einer nur instrumentellen Vernunft, so herrscht der erste Seelenteil über die beiden anderen Seelenteile unangefochten, mithin konfliktlos. Eine derartige, durchaus erstaunliche Herrschaft, die des emotionalen Seelenteils über die Tatkraft und die Vernunft, trifft auf alle Bürger zu, so daß sie eine von der Struktur der Seelenteile her homogene Bürgerschaft bilden. Die Elementarpolis setzt sich aus einem einzigem Stand zusammen, deren Mitglieder sowohl in sich („in ihrer Seele") als auch untereinander ohne jeden Konflikt leben.

Auf der zweiten Polisstufe geht die Vorherrschaft auf die Tatkraft über. Diese wird nicht nur wichtiger als das Begehren; sie verstößt auch gegen das Nichteinmischungsprinzip in der Idiopragieformel, sie beherrscht das Begehren, wodurch dieses sein Wesen verändert. Die Folge, eine aufs Begehren bezogene Tatkraft, die „emotionale" Tatkraft oder tatkräftige Begehrlichkeit, entfremdet das Begehren seiner natürlichen Gestalt und läßt aus dem ruhigen, daher maßvollen ein aufbegehrendes, maßloses Begehren entstehen. Das schlichte Begehren wandelt sich zu einer tendenziell unbegrenzten Begehrlichkeit. Die Wandlung zum Mehrwollen, der Pleonexie, führt jedoch zu Schwierigkeiten, namentlich zum Konflikt mit anderen Staaten, dem eine zweite Erscheinungsform der Tatkraft, eine Tatkraft, sofern sie für sich steht, die Tapferkeit, entgegentritt.

Realistischerweise ordnet Platon die beiden Erscheinungsformen der Tatkraft nicht einem einzigen Menschentyp zu. Statt auf der zweiten Polisstufe eine homogene Bürgerschaft anzusetzen, die sich sowohl durch unbegrenzte Begehrlichkeit als auch durch Tapferkeit auszeichnet, verteilt er die zwei Formen auf zwei Menschentypen, auf die begehrlichen Bauern-Handwerker-Kaufleute und die mutigen Wächter. Beide Stände bedürfen je auf ihre Weise der instrumentellen Vernunft. Dort bestimmt sie die Mittel und Wege für die Pleonexie, hier für die Tapferkeit; dort für die kooperative Arbeitswelt zuständig, stellt sie sich als ökonomische Rationalität, hier dagegen, für die Kriegsführung verantwortlich, als militärisch-strategische Rationalität dar. Und sofern die Wächter polisintern tätig werden, erweitert die Vernunft ihren Bereich um Polizei- und Administrations-, vielleicht auch Jurisdiktionsaufgaben.

Auf der dritten Stufe geht die Vorherrschaft zur Vernunft über. Die erste Polisstufe zeigt *e silentio*, daß beim schlichten Begehren die instrumentelle Vernunft ausreicht, folglich eine dominante Vernunft überflüssig ist. Nötig wird sie erst beim unbegrenzten Begehren, das auf der zweiten Stufe vorherrscht, zu Konflikten führt und den Übergang zu jener dritten Stufe erforderlich macht, auf der statt der Pleonexie die Vernunft vorherrscht. In bezug auf das Begehren stellt sie sich als eine die emotionale Tatkraft beherrschende Vernunft, als emotionale Vernunft oder Besonnenheit, dar. Für den unteren Stand nimmt sie zweierlei Gestalt an. Die Menge ist besonnen, wenn sie einerseits den Herrschenden untertan ist und andererseits selber über ihre Lust an Speise und Trank und an Liebesdingen herrscht (III 389d–e). Eine derartige Vernunft genügt freilich nicht. Selbst die Bauern-Handwerker-Kaufleute müssen zusätzlich zur (1) ökonomischen und (2) emotionalen Vernunft noch (3) über jenes Mindestmaß an genuiner Vernunft verfügen, das die Philosophenkönige als solche zu identifizieren erlaubt. Obwohl also der Vernunftbedarf, weit entfernt von Null, beträchtlich ist, erreicht er nicht jenes Niveau des in sich und uneingeschränkt Vernünftigen, durch das sich der dritte Stand, die Philosophenkönige, auszeichnet.

B. Komplexe Zuordnung

Gesunde Polis	Üppige Polis	Philosophen-Polis
DOMINANZ DES BEGEHRENS	DOMINANZ DER TATKRAFT	DOMINANZ DER VERNUNFT
schlichtes Begehren	tatkräftiges Begehren: Mehrwollen	vernünftiges Begehren: Besonnenheit
instrumentelle Tatkraft	bloße Tatkraft	vernünftige Tatkraft: Tapferkeit
instrumentelle: ökonomische Vernunft	instrumentelle: ökonomisch-militärische Vernunft	politische: gemeinwohl-verpflichtete Vernunft
„PSYCHOLOGISCH HOMOGENE BÜRGERSCHAFT"	ZWEI STÄNDE	DREI STÄNDE
Zufriedenheit durch spontane Besonnenheit	Pleonexie oder Verlust der spontanen Besonnenheit	Durchsetzung der Gerechtigkeit Besonnenheit Tapferkeit
spontane Gerechtigkeit	polisexterne und -interne Konflikte	genuine Vernunft: Einheit der Polis

Zugunsten einer derart komplexen Zuordnung spricht nicht nur der Umstand, daß es in jedem der drei Menschentypen alle drei Antriebskräfte gibt. Dazu kommt, daß sich die Erziehung vor allem aufs *thymoeides*, die Tatkraft, richtet, so daß sie es ist, die auf dem Weg von der ersten zur zweiten Polisstufe verdorben wird und dann der Erziehung bedarf. Nicht zuletzt versteht Platon unter dem *logistikon*, auf das es ihm in der *Politeia* ankommt, keine generelle Rationalität, sondern nur jene soziale, gemeinwohlverpflichtete Vernunft (vgl. IV 428a ff.), die für die dritte Polis-Stufe charakteristisch ist.

Unter Voraussetzung der Unterscheidung von dominanter und instrumenteller Funktion lautet die „Botschaft" der ersten Stufe: In der gesunden Polis kommt durchaus ökonomische, aber keine begehrliche Tatkraft vor, und ebenso: eine ökonomische, aber keine soziale bzw. politische Vernunft. Dort, wo sich die Menschen mit elementaren Bedürfnissen zufriedengeben, gibt es, da es an tatkräftiger Begehrlichkeit fehlt, keinerlei Konflikte, weder in den Menschen noch zwischen ihnen. Infolgedessen funktioniert ihr Zusammenleben mittels aufgeklärtem Selbstinteresse, also mit einer lediglich ökonomischen Vernunft. Schon in der Elementarpolis herrscht Gerechtigkeit nach dem Platonischen Prinzip „Jedem das Seine". Denn einerseits wird die Idiopragieformel erfüllt, da jeder nur „seiner" Tätigkeit nachgeht, nämlich jener, für die er begabt ist; andererseits erhält jeder im Tausch das, was ihm zusteht. Trotzdem tritt die Gerechtigkeit nicht deutlich zutage (dies erst wieder ab IV 427d f.), da die gewöhnliche Anwendungsbedingung fehlt: Absprachen, Verträge, Gesetze und die Möglichkeit, dagegen zu verstoßen. Gegenwärtig ist nur eine spontane Tauschgerechtigkeit. Während Tatkraft und Vernunft lediglich im eingeschränkten Sinne auftreten, stellt sich die soziale Ordnung von allein, hinter dem Rücken der nur am Eigenwohl interessierten Beteiligten ein.

Die Botschaft der zweiten Polisstufe lautet: Sobald die Tatkraft den bloß ökonomischen Bereich überschreitet und die Begehrlichkeit erreicht, tauchen Schwierigkeiten auf, die nach genuiner Vernunft verlangen, auf personaler Ebene nach einer vernünftigen Ordnung der inneren Antriebskräfte und auf sozialer Ebene nach einer vernunftgeleiteten Führungselite.

Im abendländischen Denken besteht die Neigung, die Begehrlichkeit des Menschen, da sie tendenziell unbegrenzt ist, außerdem konfliktgeladen, für verderblich zu halten; weder habe der Mensch angeborene Sättigungsgrenzen, noch seien die momentanen Antriebskräfte aus sich heraus, immanent, zu einer harmonischen Koexistenz fähig. Im Gegensatz zu dieser Ansicht hält Platon die Begehrlichkeit nicht grundsätzlich, sondern nur dann für verderblich, wenn ein neuer Faktor, die Tatkraft, hinzukommt. Erst durch die Verbindung mit dem *thymoeides* wird aus dem *epithymêtikon* jene tendenzielle Unersättlichkeit, die *pleonexia*, die ihrerseits eine sowohl für die Begehrlichkeit als auch für die Koexistenz verantwortliche Vernunft notwendig macht und zugleich eine nicht mehr spontane, sondern vernunftgestiftete Gerechtigkeit. Unmittelbar bringt die Vernunft die gerechte Koexistenz nicht zustande. Sie bedient sich des mittleren Seelenteiles, um den durch denselben Seelenteil verdorbenen Menschen in einem wörtlichen Sinn zur Räson, zur Vernunft zu bringen. Auf diese Weise übernimmt der mittlere Seelenteil zwei gegenläufige Leistungen. Auf der einen Seite beraubt er das Begehren seiner natürlichen Zufriedenheit und läßt es zur *pleonexia* wuchern, auf der anderen Seite dämmt er die unersättlich gewordene Begierde wieder ein.

Nach dieser neuen Lesart entfällt für die ersten zwei Polisstufen ein Großteil der Williamsschen Aporien. Wegen ihrer vom zweiten Seelenteil noch freien Begehrlichkeit sind Handwerker, Bauern und Kaufleute als solche gar nicht unbeständig. Und wegen fehlender Unbeständigkeit bedürfen sie keiner zur Begehrlichkeit externen Vernunft; eine externe Regierung wird überflüssig. Nach „Einbruch" der Tatkraft in die Begehrlichkeit brauchen sie dagegen beides: eine externe Regierung und eine eigene Vernunft. Dank ihrer emotionalen Vernunft, der Besonnenheit, sind sie einerseits den Herrschenden untertan und herrschen andererseits über ihre Lust an Speise und Trank und an Liebesdingen (III 389d).

Bleiben für die ersten zwei Polisstufen noch wichtige Schwierigkeiten zurück? Problematisch sind die wenig realistischen Annahmen einer berufsspezifischen Begabung und einer hinreichend fruchtbaren, überdies in ihrer Fruchtbarkeit verläßlichen Natur. Man kann diese Elemente aber anders verstehen, nämlich als außerhalb der Platonischen Frage liegend. Interessiert an der Gerechtigkeit im Sinne einer sozialen Vernunft in den zwei Gestalten, der personalen und der politischen Gerechtigkeit, nimmt die *Politeia* eine zweifache Abstraktion vor. Zum einen setzt sie alle von der Natur drohenden Gefahren beiseite und achtet nur auf die humanen Faktoren. Zum anderen blendet sie innerhalb des Humanen alle Naturvorgaben, beispielsweise Begabungsunterschiede, aus (hier freilich nur weitgehend, denn es gibt Minderbegabte, die sich nur für eine dienende Funktion eignen: III 415a) und befaßt sich lediglich mit dem, was in der Hand des Menschen selbst liegt, mit seinem Verantwortungsbereich. Und für diese Abstraktion sprechen gute Gründe. Gemäß seinem Thema, einer Gerechtigkeitstheorie, achtet Platon bloß auf die humanen und zugleich zurechenbaren Faktoren.

Auch für die dritte Stufe lösen sich die Williamsschen Aporien auf. In der Philosophen-Polis gilt die Ganzes-Teil-Regel nicht schlechthin, wohl aber in der durch die „predominant-section-rule" qualifizierten Weise: Das Gemeinwesen ist nicht gerecht, weil es alle Bürger, wohl aber, weil es die Regenten sind. Indem sie dafür sorgen, daß jeder Stand nur der ihm eigenen Tätigkeit nachgeht, verhelfen sie dem Idiopragie-Kriterium der Gerechtigkeit zur Anerkennung. Zugleich trifft die Bedeutungsanalogie zu; wie ein Individuum nicht dann gerecht ist, wenn jeder Seelenteil, sondern wenn der leitende Seelenteil gerecht ist, so ist auch die Polis gerecht, wenn es ihre Herrscher sind.

Platon vertritt nicht die ebenso anspruchsvolle wie bedenkliche These, im Fall des gerechten Staates sei jedes Individiuum Teil eines Ganzen, das die Struktur des Individuums wiederhole und ohne die Struktur im Teil, dem Individuum, nicht als Ganzes gerecht sein könne. Statt die Gerechtigkeit des Gemeinwesens an die Gerechtigkeit eines jeden Bürgers zu binden, begnügt er sich mit der bescheideneren Behauptung, der gerechte Staat wiederhole die Struktur eines gerechten Individuums, und ohne dieselbe Struktur, aber lediglich in einem Teil der Individuen, bei den Herrschern, könne das Ganze nicht gerecht sein. Der weit größere Bevölkerungsteil bleibt also von der Gerechtigkeitsforderung entlastet, allerdings nicht von jeder moralischen Anforderung; Besonnenheit wird von allen verlangt.

So bedenklich andere Aussagen der *Politeia* erscheinen mögen – diese politische Grundaussage dürfte bis heute aktuell sein. Zwar legt das moderne Gemeinwesen, der demokratische Rechtsstaat, mehr auf die Gerechtigkeit von Institutionen wert.

Trotzdem dürfte er ohne vor- und außerinstitutionelle Bedingungen nicht überlebensfähig sein. In den diesbezüglichen Debatten geht es um die Frage, ob es auf seiten der Bürger eine personale Moral braucht oder ob das aufgeklärte Selbstinteresse genügt. Nach Platon bedarf es der personalen Moral in zwei Stufen; für den gewöhnlichen Bürger genügt Besonnenheit, für die verantwortlichen Politiker braucht es dagegen mehr. Diese Ansicht dürfte in entsprechend veränderter Form auch heute noch diskutabel sein. Die Bürger einer Demokratie müssen nämlich insofern über Besonnenheit verfügen, als sie ihr Gemeinwesen nicht durch zu hohe Ansprüche überfordern dürfen. Und die Politiker sind zwar dank der Gesetze und Verfassungsbestimmungen von einem Gutteil persönlicher Gerechtigkeit entlastet. Diese Vorgaben reichen für eine gemeinwohlorientierte Politik aber deshalb nicht aus, weil die Gefahr der Korruption droht, außerdem die noch gravierendere Gefahr, vornehmlich an die nächste Wahl, deshalb mehr kurz- als langfristig und mehr an die eigene Klientel als an das Gemeinwesen zu denken.

Entgegenhalten könnte man der komplexen Zuordnung, sie sei zu „spekulativ". Richtig ist, daß Platon sie nicht in aller Deutlichkeit entwickelt; ihre „Scharnierstellen" lassen sich aber vom Text her stützen. Im übrigen folgt sie der anerkannten Interpretationsmaxime, dem principle of charity. Sie bittet freilich nicht um Nachsicht mit Platon, versucht aber, seinen Aussagen einen kohärenten Sinn abzugewinnen.

Literatur

Burnyeat, M. F. 1992: Utopia and Fantasy: The Practicability of Plato's Ideally Just City, in: J. Hopkins/A. Savile (Hgg.), Psychoanalysis, Mind, and Art, Cambridge, Mass. – Oxford, 175–187.

Chanteur, J. 1980: Platon, le désir et la cité, Paris, I: La fonction du désir dans les cités corrompues.

Höffe, O. 1987: Politische Gerechtigkeit. Grundlegung einer kritischen Philosophie von Recht und Staat, Frankfurt a. M., Kap. 8: Die Geburt der Herrschaft aus der Begehrlichkeit (Platon).

Lear, J. 1992: Inside and Outside the Republic, in: Phronesis 35, 184–215.

Neu, J. 1971: Plato's Analogy of State and Individual: The *Republic* and the Organic Theory of the State, in: Philosophy 46, 238–254.

Williams, B. 1973: The Analogy of City and Soul in Plato's *Republic*, in: E. N. Lee/A. P. D. Mourelatos/R. M. Rorty (Hgg.), Exegesis and Argument, Assen, 196–206.

5

Monique Canto-Sperber / Luc Brisson

Zur sozialen Gliederung der Polis

(Buch II 372d–IV 427c)

Dieser Abschnitt bildet den Wendepunkt der *Politeia*. Die von Sokrates bis dahin beschriebene Polis verfügt über alle Berufsgruppen, die für ihr gutes Funktionieren erforderlich sind (II 369b–372c). Aber diese Polis, die wesentlich eine Polis von Erwerbstätigen ist, muß darüber hinaus vergrößert und verteidigt werden; daher rührt die Notwendigkeit eines Heeres. Bis hierher enthielt die Argumentation des Sokrates nichts Revolutionäres. Das wird ganz anders, sobald die beiden folgenden Prinzipien verkündet werden: 1. „Krieg führen ist ein Beruf (*technikê*)" und 2. „Es ist für einen einzelnen Menschen unmöglich, mehrere Berufe (*technai*) kunstgerecht auszuüben" (II 374a). Auf diesen beiden Prinzipien beruht der Aufbau der Polis in der *Politeia*, was von einer radikalen Kritik am demokratischen Ideal zeugt, wie wir es besonders im Mythos des Protagoras (im gleichnamigen Dialog) formuliert finden.

Im klassischen Griechisch bezeichnet der Terminus *technê* eine Tätigkeit, die sich von der des Nicht-Spezialisten durch Stabilität unterscheidet; diese ist an die Kodifizierung von Regeln gebunden, die einer kausalen Logik folgen und deren Erzeugung Gegenstand einer rationalen Bewertung sein kann (Canto 1987, 34; Brisson 1989, 14). Aus dieser Definition ergibt sich folgende Konsequenz: Es ist für ein und dasselbe Individuum unmöglich, mehrere Berufe (*technai*) bis zur Perfektion auszuüben, denn die Summe der Kompetenzen, die für jede *technê* erforderlich sind, ist zu groß, und die Anforderungen der Ausbildung sind zu erheblich. Infolgedessen kann ein Individuum, das

Soldat ist, von Beruf nichts anderes als Soldat sein. Daher die Notwendigkeit einer Berufsarmee. Eine solche Forderung war tatsächlich revolutionär für das demokratische Athen des 5. Jahrhunderts, wo man sich für eine ausschließlich aus Bürgern zusammengesetzte Armee entschieden hatte.

Um die Gegebenheiten der athenischen Verfassung richtig zu verstehen, muß man sich an das erinnern, was Jean-Pierre Vernant schreibt: „Im Modell der Hopliten-Polis bildet das Heer nicht länger einen spezialisierten Körper mit seinen besonderen Techniken, seinen eigenen Formen von Organisation und Befehl, als ob der Krieg einen gesonderten Bereich darstellte, der andere Fähigkeiten und andere Handlungsregeln als das öffentliche Leben verlangte. Es gibt weder eine Berufsarmee noch fremde Söldner, noch gibt es Klassen von Bürgern, die besonders für den Waffendienst bestimmt sind; die militärische Organisation ergibt sich bruchlos als die Fortsetzung der zivilen Organisation. Die Strategen, die das Kommando führen, sind die obersten zivilen Beamten, gewählt wie alle anderen, ohne daß man von ihnen besondere Erfahrungen im Kriegshandwerk verlangt" (Vernant 1968, 17). Eine solche Konzeption des militärischen Einsatzes der Bürger ist eng verbunden mit der demokratischen Definition der politischen Organisation und der individuellen Persönlichkeit. Bürger ist per definitionem derjenige, der das Recht hat, Land zu besitzen, und die Pflicht, einen Beitrag zum Militär zu leisten, indem er seine Ausrüstung als Hoplit[1] bezahlt: „Das Heer ist die Volksversammlung unter Waffen, die Polis im Feld, wie auch umgekehrt die Polis eine Gemeinschaft von Kriegern ist, in der die politischen Rechte nur denjenigen in vollem Umfang zustehen, die sich auf eigene Kosten als Hopliten ausrüsten können" (Vernant 1968, 18). Individuell gesehen definiert der Krieg den jungen Mann und die Heirat die junge Frau: „Die Ehe bedeutet für das Mädchen, was der Krieg für den Jungen bedeutet: für beide bezeichnen diese die Vollendung ihrer Natur und stehen für das Verlassen eines Zustands, in dem noch jeder Merkmale des anderen trägt. Auch findet sich ein Mädchen, das sich der Heirat verweigert und damit zugleich seine ‚Weiblichkeit' zurückweist, auf der Seite des Krieges wieder, um parado-

---

[1] Schwerbewaffneter Fußsoldat. Zu allen Fragen des Krieges vgl. Hanson 1990.

xerweise einem Krieger äquivalent zu werden" (Vernant 1968, 15). Von diesem Punkt aus versteht man, wie die Spezialisierung des Waffendienstes etwas später in der *Politeia* zur Frauengemeinschaft in Beziehung gesetzt werden kann (V 457c–471c) und wie, da ja die Männlichkeit nicht mehr durch den Krieg definiert wird und die Weiblichkeit durch die Heirat, die Frauen in der Polis der *Politeia* Wächterinnen und Philosophinnen werden können.

Den Krieg als einen Beruf oder eine spezielle Funktion zu bestimmen, bringt zwei Probleme mit sich, denen sich Platon rasch stellen muß. Wie erfolgt die Auswahl und Unterscheidung derjenigen Mitglieder der Polis, die den Waffendienst ausüben müssen? Wie wird die Einheit der Polis bewahrt, wenn man gleichzeitig eine wirkliche Differenzierung nach Funktionen vornimmt und wenn die Bürger keine gemeinsame Aufgabe miteinander teilen, weder eine militärische noch eine politische? Platon antwortet auf die erste Frage, indem er beschreibt, welches das Wesen des Wächters in der Polis sein soll (II 374e–376c), und indem er erklärt, welche Art von Erziehung durch Musik (II 376e–III 403c) und durch Gymnastik (III 403c–412b) dessen Ausbildung sichern soll. Um das zweite Problem zu lösen, legt er einen Mythos dar, der alle Bürger davon überzeugen soll, daß sie eine einzige Gemeinschaft bilden (III 414b–415c); er führt gleichfalls die Gütergemeinschaft ein (III 415d–IV 427a) sowie die Vereinheitlichung der Gefühle, die darauf abzielt, jeden Konflikt einerseits unter den Wächtern und andererseits zwischen den Wächtern und dem Rest der Polis unmöglich zu machen.

5.1 Die Unterscheidung der Gruppen innerhalb der Polis (II 374e–376c)

Indem Platon aus dem Kriegswesen einen speziellen Beruf macht, nimmt er eine erste Unterscheidung zwischen den Erwerbstätigen einerseits – im wesentlichen Bauern und Handwerkern – und den Soldaten andererseits vor. Aber wie man schnell sieht, erscheint eine weitere Unterscheidung innerhalb der Gruppe der Kriegsleute zwischen denen, die Wächter bleiben, und den besten Wächtern, die Philosophen werden sollen und dazu bestimmt sind, die Polis zu regieren.

Wie Georges Dumézil (1968, 496) gezeigt hat, bedeutet die Einteilung des sozialen Körpers in drei Funktionsgruppen für das alte Griechenland, wo sie nur ganz bruchstückhaft erhalten ist, das einzige offenkundige Beispiel jener für die indoeuropäische Welt[2] so wichtigen funktionalen Dreiteilung. Wie kann man erklären, daß das Platonische Projekt uns nur dieses einzige Beispiel liefert? Vielleicht hängt dies mit dem Umstand zusammen, daß Platon die *Politeia* nach seiner Reise nach Süditalien und Sizilien geschrieben haben dürfte, wo er Pythagoreer getroffen haben will; bei diesen haben Einrichtungen überlebt, die sonst überall in Griechenland vergessen waren (aufbewahrt möglicherweise durch dorischsprachige Volksstämme, die die griechischen Kolonien in Süditalien und Sizilien gegründet hatten).[3]

5.2 Die Krieger

Nach ihrer Auswahl werden die Krieger zum Gegenstand einer Erziehung, bei der Musik und Gymnastik eine entscheidende Rolle spielen.

5.2.1 Auswahl und Ausbildung der Krieger

Bei der Auswahl der Krieger, die die „Besten" sein sollen, muß ihre Natur (*physis*) in Betracht gezogen werden. Diese Natur soll die folgenden Qualitäten aufweisen: Schnelligkeit (*tachys*) und Kraft (*ischys*), Angriffslust (*thymoeides*), aber auch die Freude daran, Philosophie zu lernen und zu betreiben (*philomathês kai philo-*

---

2 Das Epitheton „indoeuropäisch" bezeichnet eine Gemeinschaft von Sprachen, deren lexikologische, morphologische und syntaktische Elemente eine so große Ähnlichkeit aufweisen, daß sie sich auf eine Einheit zurückführen lassen; freilich ist hierfür kein direktes Zeugnis greifbar. Die Untersuchung des Vokabulars und der traditionellen Phraseologie dieser Sprachen zeigt besonders im Bereich der Religion und der Institutionen eine „Ideologie", die eine Dreigliederung von Funktionen enthält (Priesterkönig, Krieger, Erwerbstätiger); über ihre historische Realität läßt sich nichts sagen. Jede Extrapolation dieser allerdings unbestreitbaren Tatsachen ist zu vermeiden.
3 Zur geographischen Verbreitung des dorischen Dialekts vgl. Sergent 1995, 116.

sophos). Man muß nicht erst daran erinnern, daß diese Qualitäten der Einteilung der Seele in drei Teile (einen vernünftigen, einen affektiven und einen begehrlichen)[4] entspricht, die später in der *Politeia* (IV 434c–444a) ausgeführt wird. Übrigens ist zu bemerken, daß die beiden ersten den Kriegern eigen sind, während die dritte bereits auf die Philosophen Bezug nimmt, da die Philosophen ja aus den Reihen der Wächter gewählt werden.

Einmal ausgewählt, werden die Krieger zum Gegenstand eines Erziehungssystems, das sie von der funktionalen Gruppe der Erwerbstätigen (oder Handarbeiter, die nach den Regierenden und den Kriegern die dritte Klasse der Polis bilden) zu unterscheiden erlaubt. Diese letzteren haben, wie es scheint, keinerlei Zugang zur Erziehung, zumindest nicht in staatlichem Rahmen. Die Erziehung, die die Krieger erhalten, ist derjenigen sehr ähnlich, die die traditionelle *paideia* in Athen ausmachte; sie gründet auf Musik und Gymnastik (vgl. Marrou 1948, [7]1964, Kap. 4). Jedoch, bei näherer Betrachtung wird einem die starke Reformorientierung des Platonischen Projektes deutlich. Platon stellt tatsächlich die Vorstellung, die sich seine Mitbürger von der Musik und der Gymnastik machen, radikal in Frage. Er behält sozusagen nichts von der Funktion bei, die ihnen im Rahmen der traditionellen athenischen Erziehung verliehen worden war.

5.2.2 Die Erziehung durch die Musik

Der griechische Ausdruck *mousikê* bezeichnet alle künstlerischen Tätigkeiten, die auf die Musen zurückgehen, d. h. nicht nur die Rede in Versen, sondern auch die Melodie – das, was wir im eigentlichen Wortsinn „Musik" nennen – und den Tanz. Im Athen des 5. Jahrhunderts wurden tatsächlich die Werke der Dichter gesungen und von Tanz begleitet. Sokrates erinnert

---

4 Tatsächlich besteht für Platon, wie sich im folgenden zeigt, und zwar besonders, wenn vom Problem der Frauen die Rede ist, das Wesen des Menschen in seiner Seele. Die Eigenschaften, die dem Wesen der Seele entsprechen, sind beim Mann und bei der Frau identisch. Dies ist der Grund, weshalb es weibliche Wächter geben kann und weshalb der Geschlechtsunterschied zu keiner gesellschaftlichen Rollendifferenzierung führt.

auch daran, daß „die Melodie (oder der Gesang: *melos*) aus drei Elementen besteht: der Rede (*logou*), der Harmonie (oder Melodieführung: *harmonias*) und dem Rhythmus (*rhythmou*)" (III 398c–d). In der Diskussion über die musikalische Erziehung der Wächter stehen die Vorschläge Platons in Verbindung zu diesen drei Bestandteilen des Gesangs, dessen Wesen er genau schildert, und zwar in dieser Reihenfolge:

Einleitung (III 376e–400e)
1. Rede (*logos*) (376e–398b)
    a. Inhalt der Rede (376e–392c)
        1) Götter (und Dämonen) (376e–383c)
            a) Kritik der traditionellen Formen
            b) Prinzipien der neu einzuführenden dichterischen Methoden
            – Gott ist Ursache des Guten (379b–380c)
            – Gott ist vollkommen, er wandelt sich nicht (380d–382c)
        2) Der Hades (383a–387c)
        3) Die Heroen (387d–392a)
        4) Die Menschen der Vergangenheit (392a–c)
    b. Form (*lexis*) der Rede (392c–398b)
2. Melodie (und Harmonie) (398c–399e)
3. Rhythmus (399e–400e)
C. Schluß (III 401a–403c)

Nehmen wir uns der Reihe nach die Hauptpunkte dieser Gliederung vor. Platon unterwirft die Dichtkunst einer radikalen Kritik, die wesentlich auf ihrem Charakter als Nachahmung (*mimēsis*) beruht. Diese Kritik erhält erst dann ihren vollen Sinn, wenn man sie zur poetischen Praxis im Griechenland und im Athen des 5. Jahrhunderts in Beziehung setzt, wo Poesie ein Vehikel der durch Überlieferung weitergegebenen Werte war und einen Gegenstand weitreichender Übereinstimmung darstellte. Es ist in der Tat wesentlich, daran zu erinnern, daß in diesen Abschnitten der *Politeia* wie im *Ion* die Kritik, die Platon an der Poesie übt, politischer und ethischer Art und nicht ästhetischer Natur ist.

Wenn Platon die sprachlichen Aspekte der Dichterkunst untersucht, unterscheidet er zwischen dem, was ausgedrückt ist,

d. h. dem *logos*, und der Ausdrucksweise, der *lexis*, d. h. zwischen dem Inhalt und der Form der Rede. Das Wesentliche der Kritik Platons richtet sich auf den Inhalt der dichterischen Rede, d. h. auf die Mythen. Der Mythos ist charakterisiert durch den Umstand, daß er eine Rede ohne Wahrheitsgeltung, daß er nicht falsifizierbar ist. Die Gegenstände, die der Mythos behandelt, kommen aus dem Bereich der Seele und befinden sich, ganz wie die Seele selbst, auf einer mittleren Ebene zwischen dem mit den Sinnen erfaßten Spürbaren und dem durch die Vernunft begriffenen Intelligiblen; sie können weder durch die Sinne noch durch die Vernunft vollständig erfaßt werden. Doch genau auf dieses Ensemble typischer Gegenstände des Mythos verweisen die fünf Gruppen (Götter, Dämonen, Heroen, Bewohner des Hades und Menschen der Vergangenheit), die in den Büchern II und III aufgezählt werden. In der Tat berichten die Mythen unter anderem von den großen Taten, die in einer weit entfernten Vergangenheit durch die Menschen, die in der sinnlich wahrnehmbaren Welt lebten und deren Erinnerung die Überlieferung bewahrt hat, vollbracht wurden. Die Götter, die Dämonen, die Heroen und die Bewohner des Hades gehören einer mittleren Welt zwischen den Ideen und der sinnlich wahrnehmbaren Welt an. Sie weisen dieselbe Zwischennatur auf wie die Seele. Die Götter, die Dämonen und die Heroen sind entweder von vornherein unsterbliche Wesen oder aber Abkömmlinge der Unsterblichen, denen die Unsterblichkeit gewährt worden war. In derselben Weise ist die Seele des Menschen in dem, worin sie den Göttern, den Dämonen und den Helden verwandt ist, unsterblich. Deshalb muß beschrieben werden, was mit ihr geschieht, bevor sie in einen Körper gerät, und besonders nachdem sie den Körper verlassen hat, d. h., dem Volksglauben der alten Griechen entsprechend, wenn sie sich im Hades befindet.

Das Wesentliche an Platons Kritik der Mythen, die den Inhalt der poetischen Rede ausmachen, bezieht sich auf die Darstellung Gottes.[5] Platon weist jeden Anthropomorphismus[6] zurück und fordert, daß die Götter ausschließlich als Ursache des Guten

---

5 Der den Göttern gewidmete Abschnitt ist der wichtigste. Zur Bedeutung von *mythologia* und dem in 379a vorhandenen Textproblem vgl. Goldschmidt 1970, 145–148.
6 Was diesen Punkt anlangt, greift Platon die Kritik des Xenophanes auf.

dargestellt werden (II 379b–380c) sowie als vollkommen. Als Vollkommene können sie freilich keiner Wandlung unterworfen sein (II 380d–382c), weder in ihrem Verhalten noch in ihren Absichten. Damit stellt Platon die griechische Religion und die Frömmigkeit seiner Zeit in Frage. Wir wollen sehen warum.

Es ist eine völlig neue Vorstellung der Gottheit, die Platon hier entwickelt. Per definitionem soll die Gottheit gut sein: „Sokrates: Also auch Gott, weil er ja gut ist, kann nicht an allem Ursache sein, wie man insgemein sagt, sondern nur von Wenigem ist er den Menschen Ursache, an dem meisten aber unschuldig. Denn es gibt weit weniger Gutes als Böses bei uns; und das Gute zwar darf man auf keine andere Ursache zurückführen, von dem Bösen aber muß man sonst andere Ursachen aufsuchen, nur nicht Gott" (II 379c). Das Verhalten der Götter, mögen sie auch übernatürlich sein, muß der vernünftigen Moral entsprechen. Wenn man der Ansicht ist, daß es nicht zweierlei Gewicht und zweierlei Maß in der Moral geben darf, wie sollte man dann nicht außer sich sein über das Verhalten des Zeus, dessen Geliebte und Mätressen unzählbar sind? Wie sollte man nicht entsetzt sein über das Verhalten seiner Frau Hera, die Herakles aus Eifersucht seit seiner Geburt unaufhörlich verfolgt, weil er der Sohn ist, den Alkmene von Zeus empfangen hat, und die, obwohl sie den Krieg von Troja auslöste, in dem so viele Helden starben, sich einzig darüber grämt, daß sie nicht von Paris zur Schönsten gewählt wurde? Wie soll man nicht empört sein über den erbitterten Kampf des Poseidon gegen Odysseus und über die gelegentlich tödlichen Betrügereien eben dieses Odysseus?

Im übrigen kann die Gottheit ebensowenig, wie sie ihre Erscheinung oder ihr Verhalten ändern kann, irgendeinem Einfluß unterworfen sein (II 380d–382c). Die Gebete der Menschen sind demnach ohne Wirkung. Die traditionelle Frömmigkeit, die sich auf inständige Bitten und Opfer verließ, um Gott dazu zu bringen, den Lauf der Dinge zu ändern, um Begünstigungen für sich und seine Freunde zu erlangen und um Unglück auf seine Feinde zu ziehen, verliert so jede Rechtfertigung.

Mit anderen Worten, in dieser Passage der *Politeia* macht Sokrates die Götter moralisch, indem er sie vernünftig macht (Vlastos 1991, Kap. 6). Indem er anerkennt, daß die höchste Autorität der Vernunft zukommt, einschließlich in religiösen Angelegenheiten, bricht Sokrates daher radikal mit den Überzeugungen seiner Vorgänger. Wahrscheinlich ist es dies, was ihm seine Zeitgenossen vorwarfen, als sie ihn zum Tode verurteilten. Für die Mehrheit der Athener kam eine solche Umbildung des Götterbildes tatsächlich schlicht und einfach einer Abschaffung der Götter gleich und somit ihrer Ersetzung durch neue Götter: eine Unterstellung, die genau den beiden ersten Hauptanklagepunkten entspricht, die gegen Sokrates vorgebracht wurden und die seine Verurteilung zum Tode zur Folge hatten. Auf jeden Fall bedeutet die Behauptung, daß Gott nur die Ursache des Guten sein kann und demnach für das Böse nicht verantwortlich ist, jede Vorstellung von einer Konkurrenz (*agôn*) oder einem Konflikt zwischen den Absichten zweier Götter auszuschließen und jedes Flehen der Menschen, das danach trachtet, ein göttliches Eingreifen zu erreichen, gegenstandslos zu machen.

Nachdem Platon die allgemeinen Göttervorstellungen einer Kritik unterzogen hat, kritisiert er diejenigen vom Hades, die Todesfurcht hervorrufen, eine für einen Krieger katastrophale Furcht (II 386a–III 387c). Er nimmt sich ebenfalls die Vorstellung von Heroen vor (II 387d–III 392a), wie sie aus zahlreichen Gedichten ersichtlich wird, Heroen, die schluchzen, von einem ungebührlichen Lachen geschüttelt werden, maßlos und begierig sind. Er lehnt es schließlich ab, daß man sich ungerechte Menschen glücklich vorstellt oder gerechte unglücklich (III 392a–c). Diese Mythenkritik, die den Mythenhersteller, also den Dichter, dem Philosophen unterordnet, welcher allein die moralischen Prinzipien vertritt (378e–379a) und daher als einziger imstande ist, dem Dichter die Vorbilder (*typoi*) zu liefern, denen seine Gedichte zu unterwerfen sind, macht tabula rasa mit der ganzen griechischen und athenischen dichterischen Tradition. Es wäre damals schwierig gewesen, sich revolutionärer zu zeigen.

Nachdem sich die Kritik auf den „Inhalt" der poetischen Rede gerichtet hat, also auf den Mythos, findet sich die Kritik im folgenden angewandt auf die „Form" der Rede. Die wichtigste Empfehlung Platons ist, daß diese Form nicht imitierend sein darf. Die Nachahmung, von der hier die Rede ist, ist nicht diejenige, die auf dem Niveau des *logos* ins Spiel kommt: sie besteht nicht darin, ein Modell zu kopieren. Es ist vielmehr eine Nachahmung, die sich auf das Wesen der Sprache selbst bezieht: Sie kommt auf der Ebene der *lexis* ins Spiel und betrifft die

Beziehung, die ein Subjekt, in dem Fall der Dichter, zu dem Objekt, von dem er die Kopie anfertigt, unterhält. Im Fall des Vortrags oder der *lexis* ist es wohl sinnvoll, die Nachahmung (*mimêsis*) im Gegensatz zur Darstellung (*diêgêsis*) zu definieren. Wenn das Vorgetragene anzeigt, wer sein Autor ist, handelt es sich um eine Darstellung (*diêgêsis*); wenn hingegen der Autor sein Ich preisgibt zugunsten einer anderen Ausdrucksinstanz, der er den Status der Realität verleiht und hinter der er verschwindet, liegt eine Nachahmung vor (wie eine Passage der *Politeia* darlegt: III 392c–393c).[7] Indem er jemand anderen sprechen läßt, so als ob dieser selbst redete, wird der Dichter ein anderer; er gibt seine Persönlichkeit preis. Diese Redeweise ist jedoch für Platon untragbar, denn auf der Ebene des Subjekts erzeugt sie Illusion, nämlich durch die Verwirrung, die sie zwischen der Wirklichkeit und der Rede, zwischen dem Selbst und dem anderen stiftet. Die Entrüstung Platons angesichts der Kraft der Täuschung wächst, wenn er daran erinnert, daß man nicht nur die Reden böser oder für minderwertig erachteter Personen nachahmen kann, sondern auch Tierlaute und Naturgeräusche (III 395b–397e); ein Mensch fällt also tiefer als ein Tier. Kurz, Platon kann nicht zugestehen, daß man in poetischer Rede zum Mittel der Nachahmung greift, denn sonst finden sich der Dichter, seine Interpreten und ihre Adressaten entfremdet in dem Maße, in dem sie ihre wahre Persönlichkeit gegen eine fiktive austauschen.

Die speziell gegen die Nachahmung gerichtete Kritik setzt sich fort, wenn Platon sich der Frage der Melodie (III 398e–399e) und des Rhythmus annimmt (399e–400e); sie werden vom moralischen Blickwinkel aus als Instrumente betrachtet, um die Nachahmung im Bereich der Rede ins Werk zu setzen. Eine solche Nachahmung in Sprache oder Handlung setzen der Imitator und also in letzter Instanz der Dichter ein, um eine ganz bestimmte Reaktion bei denen zu erreichen, an die er sich wendet. Diese Reaktion bringt auch die Imitation ins Spiel: „Sokrates: Wenn wir also unsere erste Rede (II 374a–d) aufrechterhalten wollen, daß die Wehrmänner uns, von allen anderen Geschäften entbunden, nichts anderes schaffen sollen als nur die Freiheit des Staates

---

7 Zu diesem Thema vgl. Dupont-Roc 1976, 60 ff.

recht vollkommen und sich keines anderen befleißigen, was nicht hierzu beiträgt, so dürfen sie eben gar nichts anderes verrichten oder nachahmend darstellen; wenn aber darstellen, dann mögen sie nur, was dahin gehört, gleich von Kindheit an nachahmen, tapfere Männer, besonnene, fromme, edelmütige und anderes der Art, Unedles aber weder verrichten noch auch nachzuahmen geschickt sein, noch sonst etwas Schändliches, damit sie nicht von der Nachahmung das Sein davontragen. Oder hast du nicht bemerkt, daß die Nachahmungen, wenn man es von Jugend an stark damit treibt, in Gewöhnungen und in Natur übergehen, es betreffe nun den Leib oder die Töne oder das Gemüt?" (III 395b–d) Das oberste Ziel der Kritik des im Mythos bewirkten Nachahmungsprozesses ist es also, sich dieser Infiltration von Gewohnheiten zu widersetzen. So erklärt es sich, warum Platons Vorschriften für die musikalische Interpretation und den Tanz in der *Politeia* so zahlreich und so genau ausfallen.

Vermittels des Mythos, der eine gefühlsmäßige Verschmelzung durch Nachahmung herbeiführt, verändert der Dichter das Verhalten derjenigen, an die er sich wendet. Und sobald sie versucht, das Verhalten ihrer Adressaten zu verändern, oft sogar ohne daß es diesen bewußt wird, offenbart die Dichtkunst eine ethische und politische Dimension, denn sie erstrebt, eine Reihe neuer Werte zu vermitteln oder alte Werte beizubehalten oder zu modifizieren. Somit wird verständlich, warum Homer und Hesiod als die Erzieher Griechenlands gelten (X 606e).

5.2.3 Die Erziehung durch die Gymnastik

Die *mousikê* (die Summe der Künste der Musen, oder Musik) ist eines der Elemente der Ausbildung der Seele. Platon geht sodann zu den Regeln über, die zu einem guten Funktionieren des Körpers führen sollen. Es handelt sich hier um eine ganz und gar Platonische Umkehrung der Prioritäten zwichen Seele und Körper: „Mir nämlich schwebt nicht vor, daß, was ein brauchbarer Leib ist, durch seine Tugend (*aretê*) die Seele gut macht; sondern umgekehrt, daß die vollkommene Seele durch ihre Tugend den Leib aufs bestmögliche ausbildet" (III 403d). Eine solche Umkehrung hat eine völlig einzigartige Konzeption der Gymnastik oder der Körpererziehung zur Folge.

Die meisten Vorschriften Platons handeln nicht von körperlichen Übungen, sondern von der Ernährung (III 403e–405a): Trunkenheit ist zu meiden (403e), geröstetes Fleisch (404a–c) ohne jedes Gewürz zu empfehlen, Süßigkeiten sind untersagt (404c–e). Eine solche Diät, so gesteht Platon ausdrücklich zu, entfernt sich von der Diät der Athleten, die ihr Leben mit Schlafen verbringen und die von schweren und bedrohlichen Krankheiten befallen werden (404a). Einmal mehr stellt sich Platon an einem präzisen und fundamentalen Punkt den in Athen geltenden Praktiken entgegen. Die Gymnastik erfordert eine andere Diät, denn sie ist orientiert nicht am sportlichen Wettkampf, sondern an der Verteidigung der Polis.

Die dem Körper geltenden Bemühungen haben letztlich zum Ziel, zumindest im Fall der Krieger und Philosophen (406c), die Medizin unnötig zu machen (III 405a–410b), so wie die Pflege der Seele die Gerichtshöfe unnötig machen soll. Man findet hier ein Thema wieder, das in einer Passage des *Gorgias* entfaltet wurde (464b–465e). In diesem Abschnitt des *Gorgias* erklärt Sokrates, daß es zwei Künste (*technê*) gebe, die sich mit der Seele, und zwei, die sich mit dem Körper befaßten. Die beiden Künste, die mit der Seele zu tun haben und die zur Politik gehören, sind die Gesetzgebung und das Rechtswesen: die eine organisiert, während die andere anwendet. Die beiden Arten von Künsten, die sich mit dem Körper befassen, sind die Gymnastik und die Medizin: die erste sucht den Körper in Form zu halten und die andere, ihn zu heilen. An diese Künste schließen sich vier Formen der Schmeichelei (*kolakeia*) an. Die Formen der Schmeichelei, die sich auf die Seele richten, sind die Sophistik und die Rhetorik, die Wort für Wort der Gesetzgebung und dem Rechtswesen entsprechen. Und die beiden Arten von Schmeicheleien, die sich mit dem Körper befassen, sind die Putzkunst und die Kochkunst, die der Gymnastik und der Medizin entsprechen. So gesehen begreift man, daß die Gymnastik, die die Gesundheit des Körpers festigt, zum Ziel hat, die Medizin überflüssig zu machen, so wie die Gesetzgebung, die die Verhältnisse unter den Menschen gut regelt, zum Ziel hat, die Gerichtshöfe unnötig zu machen; verständlich wird auch, warum die Küche in diesem Abschnitt über die Gymnastik erwähnt wird.

In seiner Analyse der Medizin scheint Platon von der indoeuropäischen Tradition beeinflußt zu sein, die drei Formen der

Heilkunst unterscheidet: Die Medizin durch Medikamente (entsprechend der herstellenden Funktion), durch das Messer (entsprechend der kriegerischen Funktion) und durch Zaubersprüche (entsprechend der königlichen und priesterlichen Funktion).[8] Diese Dreiteilung der Heilkunst ist klar in der Sokratischen Warnung formuliert: „Und wie, sprach ich, ist das nicht anmutig, daß sie den für ihren ärgsten Feind halten, der ihnen die Wahrheit sagt, daß, ehe sie nicht aufhören, im Übermaß zu trinken und zu essen und der Liebe zu pflegen und faul zu sein, weder Arznei (*pharmaka*) noch Brennen (*kauseis*) noch Schneiden (*tomai*), noch auch Besprechungen (*epôdai*) und Amulette (*periapta*) oder irgenddergleichen etwas das mindeste helfen können?" (IV 426a–b)[9] Diese Passage erlaubt es, einen anderen Abschnitt besser zu verstehen, der sich in dem von uns behandelten Textstück findet: „Wenn ein Zimmermann krank ist, sprach ich, so läßt er es sich wohl gefallen, ein Mittel (*pharmakon*) vom Arzt herunterzuschlucken, um die Krankheit wegzuspeien, oder sich von unten reinigen zu lassen oder auch brennen (*kausis*) und schneiden (*tomê*), um sie loszuwerden. Wenn ihm aber einer eine kleinliche Lebensordnung verschreiben wollte, ihm Umschläge um den Kopf legen (*pilidia te peri tên kephalên perititheis*) und was dergleichen mehr ist, so sagt er gewiß bald genug, er habe keine Zeit, krank zu sein und es helfe ihm auch nicht zu leben, wenn er immer auf die Krankheit achthaben und sein vorliegendes Geschäft vernachlässigen solle;

---

8 Benveniste 1945. Georges Dumézil schreibt (1958, 21 f.): „Émile Benveniste hat einander angenähert die awestische Einteilung der Heilmethoden (*Videvdat* VII 44): Medizin mit dem Messer, mit Pflanzen und mit Zaubersprüchen, und die Analyse der Heilkräfte, die ein Hymnus des *Rigveda* im Blick auf die Götter Nasatya-Asvin unternimmt (X 39, 3), ‚Heilkundige zugleich dessen, der blind ist [geheimnisvolles, magisches Übel], dessen, der abgemagert ist [Übel der Ernährung], dessen, der einen Bruch erlitten hat [Gewalt]'; und überdies die Verfahren, die der Kentaur Chiron in Pindars III. Pythischer Ode den Asklepios lehrt, um ‚die schmerzhaften Krankheiten der Menschen' zu heilen (V 40–55: Zaubersprüche, Tränke oder Drogen, Einschnitte); und er hat im Hintergrund dieser parallelen Tatsachen der Existenz einer dreiteiligen, von den Indoeuropäern ererbten ‚medizinischen Lehre' vermutet." Dazu jetzt auch Sergent 1995, 241–246.

9 Offenkundig bezieht sich der Ausdruck *pharmaka* auf die Medizin mit dem Medikament (dritte Funktion); *kauseis* und *tomai* beziehen sich auf die Medizin mit dem Messer (zweite Funktion); *epôdai* und *periapta* auf die Medizin durch Magie (erste Funktion).

und somit sagt er einem solchen Arzt Lebewohl, begibt sich in seine gewohnte Lebensordnung zurück, und wenn er gesund wird, lebt er in seinem Geschäft weiter fort, wenn aber der Körper es nicht ertragen kann, so stirbt er eben und ist aller Händel ledig" (III 406d–e).[10] Selbst die Arbeiter, die zu keiner Übung und zu keiner Diät genötigt sind, werden die Medizin ablehnen.[11]

Übrigens soll auch die Gymnastik darauf abzielen, nicht nur die Kraft des Körpers zu entfalten, sondern auch diejenige der Seele: „Aber die Leibesübungen und Anstrengungen selbst wird er wohl mehr mit Hinsicht auf den natürlichen Mut, um diesen zu erwecken, unternehmen, als daß er eine ausgezeichnete Leibesstärke bezwecken sollte und nicht wieder wie die anderen Kunstfechter, bloß um mehr Kräfte zu bekommen, sich Speise und Übungen auflegen" (III 410b). Deshalb zieht Sokrates die Anstrengungen des Herodikos von Selymbria[12] ins Lächerliche, der aus der Gymnastik einen Zweig der Medizin zu machen suchte (III 406a–c) und sie damit auf eine rein körperliche Ausrichtung reduzierte.

Diese beiden Abschnitte, der eine der Medizin, der andere der Gymnastik gewidmet, enden mit der Empfehlung, die Musik und die Gymnastik – jeweils die eine durch die andere – zu mäßigen (III 410b–412b).

10 Man kann vermuten, daß die Wendung *pilidia te peri tên kephalên perititheis* den *periapta* aus der zuvor zitierten Passage entspricht und daß die Filzbändchen in Wahrheit Amulette sind. In jedem Fall schließt der Plural die geläufige Übersetzung „Filzmütze" aus.
11 Zur Frage der Behinderten, die nicht in den Genuß einer Behandlung kommen, vgl. Burkholder 1978.
12 Der in Megara geborene Herodikos soll Bürger von Selymbria geworden sein, einer Stadt in Thrakien an der Nordküste der Propontis. Platon erwähnt ihn im *Protagoras* 316e und im *Phaidros* 227d. Da er im *Protagoras* als „Sophist" qualifiziert wird (316e), kann man annehmen, daß er ein „Theoretiker" war. Am Beginn des *Phaidros* erwähnt Sokrates scherzhaft eine seiner Empfehlungen. Vgl. A. Jori, Platone e la „svolta dietetica" delle medicina greca. Erodico di Selimbria e le insidie delle techne, SIFC 86 (3.a serie 11), 1993, 157–195.

5.3 Die Philosophen

Die Philosophen werden aus den Reihen der besten Krieger ausgewählt. Die Prüfungen, die dazu bestimmt sind, diese Auswahl zu treffen, sind von dreierlei Art; sie fügen sich in einen Rahmen ein, der Anklänge an die funktionelle Dreiteilung aufweist. Die erste Prüfung betrifft die erste, auf das Wissen bezogene Funktion. Es handelt sich zunächst darum, die Widerstandskraft gegen die Illusion und damit auch gegen den Irrtum zu messen: „Das muß also beobachtet werden, indem man ihnen gleich von Kindheit an Geschäfte aufgibt, bei denen einer dieses am leichtesten vergessen und darum betrogen werden könnte; und wer es nun dennoch festhält und schwer zu betrügen ist, der werde ausgewählt, wer aber nicht, der ausgeschlossen" (III 413c–d). Die zweite Prüfung betrifft den Mut und die Ausdauer: „Auch Anstrengungen und Schmerzen und Wettübungen muß man ihnen veranstalten, bei denen ebendasselbe zu beachten ist" (413d). Was die dritte Prüfung anlangt, so betrifft sie die Fähigkeit, dem Vergnügen und dem Schmerz zu widerstehen, den beiden mächtigsten Gefühlen, die den begehrlichen Seelenteil bewegen. „Muß nicht auch, sprach ich, ebenfalls für die dritte Art, die der Zauberei, ein Wettstreit eröffnet und zugeschaut werden, wie bei den Füllen, die man unter Lärm und Getümmel führt, um zu sehen, ob sie scheu sind, so bei den Jünglingen, indem man sie irgendwie in Angst bringt und dann wieder in Lust versetzt, um sie weit mehr als das Gold im Feuer zu prüfen ..." (413d–e). Diese Prüfungen sind während der Kindheit, im Verlauf der Jugend und im reifen Alter zu erneuern, die Ausbildung des Philosophen beginnt erst im Alter von fünfzig Jahren.

Diese Prüfungen – drei an der Zahl – dienen dazu, die besten Krieger, die Philosophen werden sollen, auszuwählen. Die Philosophen müssen nun imstande sein, sich nicht nur am Wissen auszurichten (was indessen ihre spezifische Tätigkeit ist), sondern auch Mäßigung zu üben (die charakteristische Qualität der Erwerbstätigen) und Mut zu zeigen, der in Verbindung mit der Mäßigung an den Tag gelegt werden soll (zu diesem Thema vgl. Brisson 1993). Platon greift hier ein weiteres Thema der indoeuropäischen Tradition auf, das der drei Prüfungen, wie Georges Dumézil anmerkt: „Am Ende des III. Buchs [der *Politeia*] hatte

Platon die ‚Auswahl der Regierenden' innerhalb einer Entwicklung beschreiben, welche an die Prüfungen von Batraz (Held einer indoeuropäischen Legende) denken läßt; dabei handelt es sich darum, ihren Charakter in Sicherheit zu bringen vor dem, was Platon in einer merkwürdigen Trias ‚den Diebstahl, die Zauberei und die Gewalt' nennt (413b). Die Ausbildung besteht darin, sie gegen ein Vergessen der guten Prinzipien abzuhärten, gegen die Verführung durch die Lüste und gegen die Gewalt von Mühe und Schmerz. Jedem dieser Ziele entspricht eine Übung, deren Prüfungen den Geeignetsten, den ‚Besten' offenbaren ..." (Dumézil 1968, 495).

Wenn man den Ausführungen des Sokrates folgt, gelangt man zu einer Gesellschaft, in der die Klasse der Krieger „Wächter" der Klasse der Erwerbstätigen ist und zugleich „Hilfswächter" der Klasse der Philosophen und Herrscher. Dies charakterisiert die besondere Stellung der Klasse der Krieger in der Polis der *Politeia*.

5.4 Die Integration der Gruppen

Die in drei Funktionsgruppen geteilte Polis müßte gut „funktionieren", da jede Klasse und innerhalb jeder Klasse jede Berufsgruppe ihre Aufgabe vollkommen verwirklichen wird. Aber wie kann man für diese in drei Klassen aufgeteilte Polis die Einheit, die Kohäsion sicherstellen, die ihr fehlt? Um diese Einheit zu garantieren, greift Platon auf zweifache Weise ein: er entfaltet einen Mythos, der alle Klassen davon überzeugen soll, daß sie ein einziges Ganzes bilden (III 414b–415c), und er richtet Gütergemeinschaft ein (III 415d–IV 427a), um jeden Konflikt unmöglich zu machen.[13]

---

13 Ebenfalls mit diesem Ziel erwähnt er weiter unten im Text die Frauen- und Kindergemeinschaft.

5.4.1 Der Mythos der Erdgeburt und der Metalle

Die Einheit dieser Polis läßt sich nur auf einer symbolischen Ebene verankern, denn der soziale Körper ist faktisch zerstükkelt in drei Funktionsgruppen, von denen die ersten beiden radikal von der dritten getrennt sind und die keinerlei gemeinsame Aufgabe haben. Deshalb bringt Platon einen Mythos ins Spiel. Indem er auf den Mythos zurückgreift, widerspricht Platon nicht dem, was er in dem Büchern II und III der *Politeia* behauptet hat. Platon verwirft keineswegs schlicht und einfach den Mythos, er zensiert ihn, indem er ihn mit den von ihm entwickelten Prinzipien in Übereinstimmung bringt. Und zwar sind zwei mit den philosophischen Prinzipien in Übereinstimmung gebrachte Mythen, die Platon erzählt, um allen Bürgern zu erklären, daß sie Brüder seien, weil Söhne der gleichen Erde, und daß sie zugleich verschieden sind. Selbst wenn es sich bei dem Mythos um eine „Lüge" handelt,[14] da er keinen Wahrheitsanspruch erhebt, hat er doch große Überzeugungskraft, die alle Mitglieder einer Gesellschaft von dem Augenblick an berührt, da sie die gesprochene Sprache verstehen können (Brisson 1981, ²1994, vgl. auch Moors 1989).

Der Mythos von der Erdgeburt erzählt im wesentlichen, „daß, was wir an ihnen (allen Bürgern) erzogen haben und gebildet, dieses ihnen nur wie im Traume vorgekommen sei, als begegne es ihnen und geschähe an ihnen, sie wären aber damals eigentlich unter der Erde gewesen und dort drinnen sie selbst gebildet und aufgezogen worden und auch ihre Waffen und andere Gerätschaften gearbeitet. Nachdem sie aber vollkommen ausgearbeitet gewesen wären und die Erde sie als ihre Mutter heraufgeschickt habe, müßten nun auch sie für das Land, in welchem sie sich befinden, als für ihre Mutter und Ernährerin mit Rat und Tat sorgen, wenn jemand dasselbe bedrohe, und so auch gegen ihre Mitbürger als Brüder und gleichfalls Erderzeugte gesinnt sein" (III 414d–e). Dieser Mythos, den Platon an jenen von Kadmos annähert, wird als ein offenkundiger Irrtum in Bezug

---

14 Die Frage nach der Platons Verwendung der „edlen Lüge" in der Politik hat zu wichtigen Studien geführt: Broze 1986, Dombrowski 1981, ders. 1985, Ferguson 1981.

auf die Entstehung dargestellt;[15] nichtsdestoweniger akzeptiert Platon eine solche edle Lüge, weil sie nützlich ist (zu den Problemen, die diese Art von Mythen stellt, vgl. Loraux 1981).

Zudem muß der Umstand gerechtfertigt werden, daß diese Bürger, die doch Brüder sind, sich wiederum in drei unterschiedliche Klassen aufteilen. Das bedeutet, daß es irreduzible natürliche Unterschiede geben muß, die der Erziehung vorausgehen und der die Erziehung jeweils Rechnung tragen muß. „Aber höre doch noch auch das übrige der Sage. Ihr seid nun also freilich ... alle, die ihr in der Stadt seid, Brüder; der bildende Gott aber hat denen von euch, welche geschickt sind zu herrschen, Gold bei ihrer Geburt beigemischt, weshalb sie denn die köstlichsten sind, den Gehilfen aber Silber, Eisen hingegen und Erz den Ackerbauern und übrigen Arbeitern" (III 415a).[16] Die daran anschließende Passage ist insofern erstaunlich, als sie die Vorstellung einer gewissen sozialen Mobilität impliziert: „Weil ihr nun so alle verwandt seid, möchtet ihr meistenteils zwar wohl auch selbst ähnliche erzeugen; bisweilen aber könnte doch auch wohl aus Gold ein silberner und aus Silber ein goldener Sprößling erzeugt werden und so auch alle anderen von anderen. Den Befehlshabern also zuerst und vornehmlich gebiete der Gott, über nichts anderes so gute Obhut zu halten, noch auf irgendetwas so genau achtzuhaben wie auf die Nachkommen, was wohl hiervon ihren Seelen beigemischt sei; und wenn irgend von ihren eigenen Nachkommen einer ehern wäre oder eisenhaltig, sollen sie auf keine Weise Mitleid mit ihm haben, sondern nur die seiner Natur gebührende Stelle ihm anweisend sollen sie ihn zu den Arbeitern und Ackerbauern hinaustreiben; und so auch, wenn unter diesen einer aufwüchse, in dem sich Gold oder Silber zeigte, einen solchen sollten sie in Ehren halten und ihn unter die Herrscher erheben oder unter die Gehilfen, da ein

---

15 Der Mythos des *Politikos* bringt klar zur Geltung, daß diese Art von Hervorbringung einem früheren historischen Zyklus angehört; nunmehr reproduzieren sich die Menschen durch sexuelle Beziehungen.
16 Hartman 1988, Loraux 1987, Andrew 1989, Ham 1969, 1974, Hall 1967. Lesenswert ist der interessante Artikel Vernant (orig. 1960) 1965, 19–47, und die Polemik, zu der der Artikel Anlaß gegeben hat bei Defradas 1965 (Antwort: Vernant 1965, 47–85) sowie bei Goldschmidt 1970 (Antwort: Vernant 1965, 86–106).

Göttersspruch vorhanden sei, daß die Stadt dann untergehen werde, wenn Eisen oder Erz die Aufsicht über sie führe." Dieser Text erweckt den Anschein, als widerrufe er die Regel, die bislang fest etabliert schien, wonach es eine unüberschreitbare Schranke zwischen der ersten Gruppe und den beiden anderen gibt. Zur Not läßt sich verstehen, daß die Kinder derjenigen Wächter, die als untauglich beurteilt wurden, Krieger zu werden, in die Klasse der Erwerbstätigen zurückgestuft werden, aber es bleibt erstaunlich, daß die Kinder von Erwerbstätigen in die Wächterklasse aufgenommen werden können. Indem der Mythos die Möglichkeit zugesteht, die Funktionsgruppe durch Auf- oder Abstieg zu wechseln, erlaubt er es, den Konflikt zwischen *physis* und *nomos* zu umgehen.

5.4.2 Die Lebensweise der Krieger

Platon war sich, wie wir gesehen haben, des fiktiven Charakters des Mythos bewußt. Allerdings war es nötig, die Realität in der Weise zu organisieren, daß jeder Konflikt unter den Kriegern und zwischen den Kriegern und den Erwerbstätigen unmöglich ist.

Die Lebensweise, die Sokrates für die Wächter vorschlägt (III 415d–417b), ist auf das Prinzip gegründet „Unter Freunden ist alles gemeinsam", das zum Pythagoreischen Motto geworden ist.[17] Das angestrebte Ziel ist es, „eine einzige (*mia*) und ausreichende (*hikanê*)" (IV 423c) Polis zu erhalten, d. h. eine, die genügend groß ist, um auf allen Gebieten autonom zu sein, aber nicht so bedeutend, daß sie der Maßlosigkeit zu verfallen droht. Das ist es, was Sokrates ausführt, sobald man ihm gegenüber geltend macht, daß die Wächter nicht glücklich seien.

Um zu vermeiden, daß die Wächter ihr persönliches Interesse ihrer Aufgabe voranstellen, und um zu verhindern, daß ein Gefühl der Eifersucht oder des Neids sich ihnen gegenüber entwickelt, soll keiner der Wächter „irgend eigenes Vermögen besitze(n), wenn es irgend zu vermeiden ist" (III 416d). Tatsächlich sollen sie von den anderen Bürgern, d. h. von den Erwerbs-

---

17 Jamblich, *Leben des Pythagoras*, §§ 32, 74, 92, 168 etc.

tätigen, für ihren Wächterdienst eine Entlohnung erhalten, die so genau kalkuliert ist, daß ihnen nichts bleibt, um es für das folgende Jahr zurückzulegen, und die doch ausreicht. Sie sollen auch keine persönliche Wohnung oder Vorratskammer besitzen (416d; vgl. 415e). Mehr noch, sie sollen alle zusammen ihre Mahlzeiten einnehmen[18] und gemeinsam wie Soldaten leben, die sich im Feldlager eingerichtet haben (416e). Gold und Silber sind ihnen strikt verboten: „… ihnen allein von allen in der Stadt sei es verboten, mit Gold und Silber zu schaffen zu haben und es zu berühren, noch auch unter demselben Dach damit zu sein oder es an der Kleidung zu haben oder aus Gold und Silber zu trinken" (III 417a). Die Frauen- und Kindergemeinschaft, die an anderer Stelle entwickelt wird (V 457c–471c), wird nur en passant erwähnt (IV 424a). Ziel ist es zu erreichen, daß die Wächter die Wachhunde ihrer Bürger bleiben und sich nicht in Wölfe verwandeln, die sie wie eine Herde auf der Weide angreifen (III 416e).

5.4.3 Die Lebensweise der Wächter und das Glück[19]

Nun ergreift Adeimantos das Wort (IV 419a–420a), um die Frage nach dem Glück in dieser Gesellschaft zu stellen, in der die Privatsphäre völlig in der öffentlichen Sphäre aufgeht. Bei den Kriegern existiert das Individuum nicht mehr als solches; es ist nur ein auswechselbares Element in einem Ganzen, dessen Funktion ausschließlich die Kriegsführung ist. Die Antwort des Sokrates ist absolut kohärent: Das Glück der Polis ist zu sichern, nicht das des Bürgers oder einer Funktionsgruppe, der er angehört. Denn damit ein Bürger oder eine Funktionsgruppe glück-

---

18 Die Syssitien oder „gemeinsamen Mahlzeiten" waren traditionell verbunden mit einer dorischen und vor allem spartanischen Praxis, wurden aber auch von anderen Gemeinschaften in Griechenland hauptsächlich im Rahmen religiöser Veranstaltungen gepflegt. Die Regelung im Blick auf wertvolle Metalle ist gleichfalls spartanisch. Alles dies findet sich erneut in der pythagoreischen Lebensweise, wie Jamblich sie in *Leben des Pythagoras*, §§ 96–100, beschreibt. Was Jamblich anlangt, so stellt sich die Frage, ob die Informationen, die er zu berichten vorgibt, historisch sind oder einfach ideologisch, d. h. insbesondere von der *Politeia* inspiriert.
19 Zu diesem Thema vgl. Canto-Sperber 1983.

lich ist, ist es nötig, daß die Polis es ist. Doch das Glück einer Polis besteht in der Gerechtigkeit einer strengen Aufteilung der Kompetenzen und Funktionen, die im Rahmen der *Politeia* jeglichen Konflikt vermeiden hilft. Vor allem vermeidet sie den Konflikt zwischen Reichen und Armen (IV 421c–422a) durch das Verbot, Silber und Gold zu besitzen, aber auch den Konflikt zwischen Männern und Frauen durch den Zugang der Frauen zur Gruppe der Krieger (V 451c–457c), schließlich den Konflikt unter den Familien und zwischen den Jungen und den Alten durch die Frauen- und Kindergemeinschaft.

Diese konfliktfreie Polis könne mit jeder anderen Polis siegreich Krieg führen, denn sie sei „eine einzige", und sie werde sich konfrontiert sehen mit Poleis, die doppelt oder mehrfach, da durch Konflikte aller Art zerrissen, seien (IV 422a–423b). Insbesondere gelte es zu vermeiden, daß diese Siege zu einer Vergrößerung der Polis führten, die sie maßlos werden ließe (422b–d). Dies alles hänge von einer guten Erziehung ab (423d–424b), die ihrerseits auf jede Neuerung im Bereich der Gymnastik und im Bereich der Musik verzichten müsse; dort vor allem schleiche sich die Mißachtung der Gesetze von Jugend an ein, ohne daß man es bemerke (424b–425a). Einzig eine gute Erziehung könne eine gute Gesetzgebung garantieren, die sich allein auf wichtige Angelegenheiten erstrecken (425a–427a) und die solche religiöse Fragen nicht anschneiden solle, die dem Gott von Delphi zu überlassen seien (427a–b).

Der lange Abschnitt, den wir untersucht haben, erlaubt uns zu verstehen, in welchen Einzelheiten seiner Reform Platons Position gemessen an der politischen Praxis des ihm bekannten Athen revolutionär ist. Dabei reaktualisiert Platon eine Reihe von Themen, die auf die funktionale Dreiteilung der Indoeuropäer zurückgehen. Wie läßt sich dies erklären? Historisch gesehen ist es unmöglich. Die wahrscheinlichste Hypothese ist ein Einfluß der Pythagoreer aus Großgriechenland; diese stammten aus Städten, die von Dorern gegründet worden waren, und die Dorer stellten in Griechenland die konservativste Bevölkerung dar.[20]

---

20 Vgl. dazu die Einleitung zur Übersetzung des *Leben des Pythagoras* von Brisson und Segonds 1996.

Platons Ziel bei der Einführung der Polis in der *Politeia* besteht darin, die Macht nicht dem Geld oder der brutalen Gewalt zu überlassen, sondern dem Wissen, und zwar einem militärisch gestützten Wissen; es verfügt über eine Hilfstruppe, die ihm ermöglicht, sich gegen Angriffe von außen zu verteidigen und sich nach innen durchzusetzen. Dabei bezieht sich Platon auf das indoeuropäische Modell der funktionalen Dreiteilung, aber er modifiziert es in einem wesentlichen Punkt: Das Wissen ist hier nicht länger eines, das sich auf göttliche Angelegenheiten erstreckt, sondern es ist das Ideenwissen, zu dem die Dialektik Zugang verschafft. Im Blick auf die Krieger ist es sein Ziel, jeden Konflikt unmöglich zu machen. Darin liegt der Grund für die Einführung der Güter-, Frauen- und Kindergemeinschaft (von der weiter unten die Rede ist). Darin liegt ebenfalls der Grund, weshalb er jede Neuerung zurückweist, die dieses wohlgeformte Gleichgewicht bedrohen könnte.

Der Beitrag wurde aus dem Französischen übersetzt von Charlotte Horn und überarbeitet von Achim Russer. Die Platon-Zitate sind der Übertragung von F. Schleiermacher in der Bearbeitung von D. Kurz entnommen (Darmstadt 1971).

Literatur

Andrew, E. 1989: Equality of opportunity as the noble lie, in: History of Political Though 10, 477–595.
Benveniste, É. 1945: La doctrine médicale des Indo-européens, in: Revue de l'Histoire des Religions 130, 5–12.
Brisson, L. 1981, ²1994: Platon, les mots et les mythes, Paris.
– 1989: Platon, Phèdre, Paris.
– 1993: Les listes des vertus dans le *Protagoras* et dans la *République*, in: Problèmes de la morale antique. Sept études réunies par P. Demont, Amiens, 75–92.
Brisson, L./Segonds, A. 1996: Jamblique, Vie de Pythagore, Paris.
Broze, M. 1986: Mensonge et justice chez Platon, in: Revue Internationale de Philosophie 40, 38–48.
Canto, M. 1987: Platon, Gorgias, Paris.
Canto-Sperber, M. 1983: L'unité de l'État et les conditions du bonheur public (Platon, *République* V; Aristote, *Politique* II), in: P. Aubenque/A. Tordesillas (Hgg.), Aristote politique. Études sur la *Politique* d'Aristote, Paris, 49–71.
Defradas, J. 1965: Le mythe hésiodique des races. Essai de mise au point, in: L'Information littéraire, 4, 152–156.
Dombrowski, D. 1981: Noble lies, noble lies or noble lies, in: The Classical Bulletin 58, 4–6.

- 1985: Plato, *Republic* 414b–c again, in: Liverpool Classical Monthly 10, 36–38.
Dumézil, G. 1958: L'idéologie tripartie des Indo-européens, collection Latomus 31, Bruxelles, 1958.
- 1968: Mythe et épopée. I: L'idéologie des trois fonctions dans les épopées des peuples indo-européens, Paris.
Dupont-Roc, R. 1976: *Mimesis* et l'énonciation, in: Écriture et théorie poétique, Paris.
Ferguson, J. 1981: The ethics of the *gennaion pseudos*, in: Liverpool Classical Monthly 6, 259–267.
Goldschmidt, V. 1970: „Theologia", in: ders., Questions platoniciennes, 145–148.
Hall, R. W. 1967: On the myth of metals in the *Republic*, in: Apeiron I, 2, 28–32.
Ham, D. E. 1969: Plato's Noble Lie and Political Brotherhood, in: Classica & Mediaevalia 30, 211–227.
Hanson, V. D. 1990: The Western Way of War. Infantry Battle in Classical Greece, Oxford.
Hartman, M. 1988: The Hesiodic roots of Plato's myth of metals, in: Helios 15, 103–114.
Loraux, N. 1981: Les enfants d'Athéna. Idées athéniennes sur la citoyenneté et la division des sexes, Paris.
- 1987: Variations grecques sur l'origine. Gloire du Même, prestige de l'Autre, in: Cahiers de l'École des Sciences philosophiques et réligieuses 2, 69–94.
Marrou, H.-I. 1948, ^{7}1964: Histoire de l'éducation dans l'Antiquité, Kap. 4: L'ancienne éducation athénienne, Paris (dt.: Geschichte der Erziehung im klassischen Altertum, ^{3}1957).
Sergent, B. 1995: Les indo-européens. Histoire, langues, mythes, Paris.
Vernant, J.-P. 1965: Mythe et pensée chez les Grecs, Paris.
- 1968: Einleitung zu: Problèmes de la guerre en Grèce ancienne, Paris (wiederabgedruckt in: Mythe et société en Grèce ancienne, Paris 1974, 31–56; dt.: Mythos und Gesellschaft im alten Griechenland, 1982).
Vlastos, G. 1991: Socrates. Ironist and Moral Philosopher, Cambridge.

6

Terence H. Irwin

The Parts of the Soul and the Cardinal Virtues

(Book IV 427d–448e)

6.1 How many virtues?

In *Republic* IV Plato presents the first full description in Greek literature of four primary, central or fundamental virtues. These four virtues provide the basic structure of the Stoic division of the virtues.[1] St Thomas Aquinas recognizes them as "principal" or "cardinal" virtues, constituting the "hinge" (*cardo*) of the virtues; he cites the Book of Proverbs ("As a door turns on its hinge, so does an idler in his bed") as his Scriptural authority for the term "cardinal", and he cites St Ambrose as his patristic authority for the use of "cardinal" for the canon of four virtues.[2]

In singling out these four virtues, Plato is not necessarily claiming that these are the only virtues that can appropriately be attributed to a human being; he is claiming that they have some special status in relation to the other virtues. He does not say exactly what this status is, but it gradually becomes clearer in the argument of Book IV. After showing how the ideal city is designed to secure the happiness of the whole, not of any one individual or class to the exclusion of the others, Plato declares that the city is completely good, and infers that it must be wise, brave, temperate, and just (427e). After these virtues in the city have been described, Plato suggests that an analogous account of

---

1 See Long/Sedley 1987, 61D.
2 See Proverbs 26.14; Aquinas, De Virtutibus Cardinalibus la, corp; Summa Theologiae 1–2 q 61 al sc.

the virtues in an individual person can be given, if the individual soul can be shown to have parts analogous to the different classes in the city (434d–436b). This suggestion leads to the argument for recognizing three parts – rational, spirited, and appetitive – in the individual soul. Once this argument is accepted, Plato describes the four primary virtues as features of the individual soul and its parts (441d–444a). Since the virtues of the city are those that secure the city's happiness, as far as this is up to the city itself, the four primary virtues of the soul are those that secure the happiness of the individual, in so far as this is up to the individual.[3]

Plato's belief in the primacy of these four virtues was not universally shared. When Meno is asked to say what the virtues are, he says: "In my view, bravery is a virtue, and so are temperance and wisdom and magnificence and very many others" (Men. 74a4–6). Socrates lists "temperance, justice, bravery, ability to learn, good memory, magnificence, and all such things" (88a7–b1). In the *Rhetoric*, Aristotle gives a fuller list of recognized virtues. He mentions certain traits of character that constitute virtue (1360b23); a person who has these traits is properly called a good person, without further specification (not simply a good runner, good soldier, etc.). The traits Aristotle lists are "justice, bravery, temperance, magnificence, magnanimity, generosity, intelligence (*phronêsis*), wisdom (*sophia*)" (1366b1–3).

Meno not only compiles a long list of the virtues of a single person, but also compiles a list of the different, and potentially conflicting, virtues of different sorts of people. He describes the virtue of a man as "being well equipped for doing the city's business, and in doing so to treat his friends well and to treat his enemies badly, while taking care to suffer no bad treatment himself" (71e2–5; cf. 91a1–6). He describes the virtue of a woman with equal confidence, and claims that it is equally easy to describe the virtues of children, old men, males, females, free people, and slaves; each status and each period of life has its own virtue in relation to its own proper function (72a1–5). Since

---

[3] I add "in so far as ..." to take accont of the fact (as I believe) that in *Republic* II–IX Plato does not take virtue to be sufficient for happiness. See Irwin 1995, § 135.

there are many different social roles, there are also many virtues, and Meno accepts quite a long list of them (74a4–6).

While Meno's view is quite traditional, it is not the only view that has some traditional support. The fact that Plato takes it for granted, without argument or explanation, in *Republic* IV that the completely good city will have the four primary virtues suggests that he does not regard this list of virtues as either unfamiliar or especially controversial. And indeed some literary sources earlier than Plato suggest that some people tended to pick out some leading virtues from the longer list accepted by Meno and Aristotle. In Aeschylus' *Seven Against Thebes*, Amphiaraus is praised as "a temperate, just, good, and pious man" (Septem 610), who "does not want to seem but to be, best" (592).[4]

Pindar ascribes virtue and justice to Aeacus, and bravery, temperance, and wisdom to his sons (Pindar, Is. 8,24–28). The four primary virtues seem to have a standard place in formal encomia of individuals. They provide the structure of Xenophon's accont of the character of Agesilaus, and three of them (justice, bravery, and temperance) are mentioned in Demosthenes' description of the Thebans' encomium on an Athenian army (Dem. 18,215).[5]

The same tendency to single out four primary virtues is noticeable in the earlier Platonic dialogues. In the *Euthydemus* Socrates mentions temperance, justice, and bravery as virtues; then he adds wisdom (279b4–c2). Sometimes he mentions piety as a fifth virtue (Prot. 329c2–330a2). These are the only virtues that Socrates discusses in the earliest dialogues. He takes these primary virtues to be collectively sufficient for being a good person; for he expects his interlocutors to agree that a person who has all the primary virtues thereby has the whole of virtue (La. 197e10–198a6, 199d4–e5).

Socrates is not content, however, to identify the whole of virtue with a collection of four (or five) primary virtues. He adds some startling claims about the relations between these virtues:

1. He affirms the Reciprocity of the Virtues (RV), claiming that we have one of the primary virtues if and only if we have all of them.

---

4 I discuss these passages, with further references, in Irwin 1997.
5 Most of these examples are taken from Dover 1974, 66 f.

2. He also affirms the Unity of the Virtues (UV), claiming that each of the primary virtues is identical to each of the others.

3. He defends UV by arguing that each virtue is identical to knowledge of the good; this defence, therefore, rests on the claim that knowledge is both necessary and sufficient for virtue.

4. He denies the diversity of virtues among different people and different social roles. The same state (knowledge of the good) counts as virtue no matter whose virtue is being considered.

6.2 Plato and Socrates

In describing "Socrates'" view of the virtues, I have described the position that is apparently defended by the main speaker in the dialogues usually regarded as "early" or "Socratic" (especially the *Laches, Charmides, Protagoras*). If we call these dialogues "Socratic", we express some sympathy with the view that they present the outlook of the historical Socrates; we need not deny that they also represent Plato's own early views.[6] It is convenient to speak of "Plato", in contrast to "Socrates", in describing the views that are apparently defended by the character Socrates in the *Republic*.

Not all the dialogues, however, fit neatly into this division between "Socratic" and "Platonic" dialogues. The *Gorgias*, for instance, appears to be transitional, if it is measured by these standards of "Socratic" and "Platonic" doctrine; as we will see, its position about the nature of the primary virtues and about the connexions between them seems to agree neither with the earlier dialogues nor with the *Republic*. Similarly, the *Meno* is often taken to present a transition from "Socratic" views defended early in the dialogue to "Platonic" views defended towards the end of the dialogue. Since I will be referring to the very beginning and the very end of the *Meno*, I will use "Socrates" for the beginning and "Plato" for the end.

In marking divisions between "Socratic" and "Platonic" dialogues, I do not intend to affirm a dogmatic position about the

---

6 Two contrasting views on Socrates and Plato are presented by Vlastos 1991, chapters 2–3, and Kahn 1981.

order of Plato's dialogues, or about the relation between "early" and "middle", or about the relation between the historical Socrates, the Platonic Socrates, and the views of Plato himself. Later on, indeed, I will consider some reasons for denying that the *Republic* expresses any disagreement with the "Socratic" dialogues. To begin with, however, some of the main issues about the *Republic* can be most easily raised if we compare it with the dialogues generally regarded as Socratic.

Republic IV includes some claims that have no clear precedent in the Socratic dialogues. It is reasonable to ask whether these innovations require Plato to reject the Socratic conception of the primary virtues, and whether Plato sees any such requirement. For our purposes, the most important innovations in the *Republic* are these:

1. The primary virtues are discussed in the context of Plato's ideal city. The city is divided into classes with sharply-differentiated social roles. In the early dialogues, Socrates alludes to a political aspect of temperance (Charm. 173a–d), but relies on no specific political theory, and certainly not on the conception of an ideal city that is sketched in the *Republic*.

2. Part of Plato's concern is to describe the virtues of the city as a whole, and the virtues through which the different classes contribute to the virtues of the city. The Socratic dialogues never undertake this task of understanding the attribution of virtues to cities and classes.

3. *Republic* IV introduces the division of the soul into three parts. This division is intended to point out the analogy between the structure of the soul and the structure of the city. In distinguishing the rational part from the spirited and appetitive parts, Plato affirms a degree of complexity in motivation that is never affirmed in the Socratic dialogues. Once Socrates mentions different desires with different objects (Charm. 167e1–9), but he does not examine the relation between these objects, and he does not suggest that the desires conflict in the ways suggested in the *Republic*.

4. The description of the primary virtues depends on the tripartition of the soul, since each of the virtues of an individual is assigned to its own appropriate part or parts of the soul, just as each virtue of the city is assigned to its own appropriate class or classes.

The *Gorgias* anticipates some, but not all, of these innovations. At some places Plato seems to recognize more psychic complexity than he recognizes in the Socratic dialogues (493a–c). Moreover, temperance, rather than knowledge, seems to be the common feature of the virtues (506d–507c). The social as well as the individual aspects of the virtues are at least noticed (504e). For these reasons, we might regard the *Gorgias* as a first expression of the thoughts that eventually led Plato to the *Republic*. Alternatively, we might suppose it is a summary of an already-formed outline of the *Republic*. In either case we must turn to the *Republic* for a fuller account of the non-Socratic position.

It is by no means clear, however, what these innovations in the *Republic* imply about the treatment of the primary virtues. Does Plato use these innovations in the *Republic* to develop a radically un-Socratic, or even anti-Socratic, conception of the virtues? Or does he incorporate a basically Socratic conception of the virtues in the new political and psychological framework of the *Republic*? Or are both of these extreme views mistaken?

To clarify the issues, I will set out some arguments for a radical anti-Socratic interpretation, and then mention some replies to these arguments. My main purpose in this essay is not to answer the main questions of interpretation; I have stated my views on them elsewhere.[7] My aim is to show how different interpretations can be defended from the text, and to show what we learn from these different interpretations about the issues that they confront.

The main elements of an anti-Socratic interpretation of *Republic* IV are these:

1. Plato seems to reject the Socratic belief that knowledge is necessary for virtue. For he seems to allow that the members of the auxiliary class in the ideal city are brave because they have stable true beliefs about facing danger, even though they lack the knowledge that is confined to the ruling class.

2. Plato seems to abandon the Socratic belief that knowledge of the good is sufficient for virtue. For the rational part of the soul is not always sufficient by itself to guarantee right action; its desires may be frustrated by the desires of the other two parts. It

---

7 See Irwin 1995, especially chapter 14.

seems, then, that knowledge of the good will not ensure right action; right action, and therefore virtue, must depend on the right non-rational desires, and not just on knowledge.

3. Plato seems to abandon UV. Each of the virtues has a separate account, referring to different states of the different parts of the soul. Since Plato defends the tripartition of the soul, he does not identify each of the virtues simply with knowledge.

4. He also seems to reject RV. Each of the virtues apart from justice is identified with a condition of one of the parts of the soul; bravery belongs to the spirited part, wisdom to the rational part, and temperance to the appetitive part. It looks as though we could have any one of these conditions without having the others.

If all these claims are right, then *Republic* IV moves a long way from Socratic ethics. In the light of Plato's revised account ot the virtues, it becomes more difficult to see why we should follow Socrates in insisting that articulate rational understanding is necessary for virtue. While Plato does not suggest that this sort of rational understanding is unimportant, he must suppose that we seriously exaggerate its importance if we agree with Socrates' views.

These reasons for favouring an anti-Socratic interpretation become especially clear if we consider different aspects of Plato's description of bravery in the city (429a8–430c4): (a) The bravery of the city results from the auxiliary class (429b1–6). (b) To make the city brave the auxiliary class must have the power to preserve true belief about what is and is not to be feared (429b8–c4). (c) This right belief must agree with the view of the legislator, and must be instilled by appropriate education (429c2, 6; 430a1, b7). (d) The appropriate preservation is "political bravery" (430c3).

This passage might reasonably be taken to state or imply some anti-Socratic views: (i) If "political bravery" means "the bravery of an individual citizen", then Plato allows individuals to have one virtue (in this case, bravery) without another (wisdom), and hence rejects both the unity and the reciprocity of the virtues. (ii) Since he describes virtue not simply as true belief, but as a state that preserves true belief, he does not take any purely cognitive condition to be sufficient for bravery. Hence, apparently, he denies that true belief or knowledge is sufficient for virtue. (iii) If he allows bravery without wisdom, he does not take knowledge to be necessary for virtue.

Quite a plausible case can be made both for this interpretation of the description of bravery and for an anti-Socratic interpretation of Book IV as a whole. I will develop this case further, before considering some reasons for doubting it.

6.3 Diversity of virtues

In the *Republic*, Plato seems to agree with Meno in recognizing different virtues for different sorts of people. For the ideal city achieves happiness (*eudaimonia*) by having all the virtues, and these virtues of the city seem to result from different contributions to the city by the three classes. The bravery of the city comes from the auxiliaries, and the wisdom of the city comes from the rulers. The temperance and justice of the city comes from the cooperation between all three classes.

How are these virtues of the city related to the characters of different individuals? Plato seems to claim that the wisdom of the city comes from the wisdom in the rulers. He denies that it comes from the knowledge (*epistêmê*) of carpenters, and claims that it comes from the special knowledge that can discover the good of the city (428b10–429a3). The knowledge of carpenters is knowledge that belongs to individual carpenters; similarly, we might suppose, knowledge of the good of the city belongs to individual rulers, so that an individual ruler may rightly be called wise just as an individual carpenter may rightly be called expert in carpentry.

Equally, it seems reasonable to suppose that Plato attributes bravery to individual auxiliaries. They are responsible for the city's bravery, in so far as they face dangers in battle without fear. Ought we not to suppose that they make the city brave by being brave themselves?

Plato contrasts wisdom and bravery with temperance and justice, by suggesting that the last two virtues are not confined to a single class, but are spread throughout the city; the members of each class seem to contribute to the temperance and justice of the city by being individually temperate and just themselves.

From these remarks about the different virtues, we might conclude:

1. The rulers are wise, temperate, and just, but not (as such) brave.[8]
2. The auxiliaries are brave, temperate, and just, but not wise.
3. The producers are temperate and just, but not wise or brave.

The conclusions should be compared with Socrates' argument against Meno's claim that different virtues are proper to different sorts of people. Socrates secures Meno's agreement to the claim that (i) every virtuous person needs justice and temperance (Men. 73b5–7), but he then adds the further claim that (ii) these virtues are sufficient to make everyone good, and concludes that (iii) every virtuous person is virtuous in the same way (73b7–c3). In the *Republic*, Plato seems to accept Socrates' first point, but to reject the second and third.

This view that different virtues are appropriate for different sorts of people is strongly supported by a particular interpretation of Plato's comparison between the structure of the city and the structure of the soul. He claims that the same "kinds and characters" are found in the city and in the individual soul, and that they are present in the city because they are present in individual souls (435e1–436a7; cf. 544d6–e2). If this general claim means that a given virtue that is present in the city must also be present in the individuals who are distinctively responsible for its presence in the city, then Plato implies that individual producers are temperate and just and that individual auxiliaries are brave.[9] Since producers are neither brave nor wise, and auxiliaries are not wise, different virtues must be unequally distributed to different people.

---

[8] I add "as such" to allow for the fact that since the rulers are chosen from the auxiliary class, they will in fact be brave.

[9] I do not believe this interpretation of the analogy between soul and state is correct. See Irwin 1995, 383 n 9, for some references to relevant discussions.

6.4 Knowledge and belief

Plato cannot accept this unequal distribution of the virtues without rejecting some of Socrates' conception of a virtue; for if every virtue were identical to the same knowledge of the good, the producer in the ideal city who is temperate would have this knowledge, and hence would have every other virtue. In *Republic* IV, however, Plato seems to claim that the individual producer is temperate without knowledge. He must, therefore, deny that knowledge is necessary for virtue.

Why might Plato disagree with Socrates on this point? In the early dialogues Socrates does not ask why knowledge should be necessay for virtue, and it is not clear how he would answer the question. In the *Meno*, Plato comes closer to asking the question. He introduces an explicit distinction between knowledge and true belief, and suggests that knowledge differs from true belief because of stability produced by rational understanding (Men. 97e2–98b9). If we are to prevent true beliefs from wandering away, we must tie them down with rational understanding.

Knowledge differs from belief in two ways: (i) It is stable. (ii) Its stability comes from rational understanding. The *Meno* does not suggest that these two components of knowledge are separable, but we might suppose that they are separable, since rational understanding does not seem to be the only possible source of stability. Then we might wonder about people who have one component of knowledge without the other. What ought we to say, for instance, about a cognitive state that is stable, but acquires its stability from a source other than rational understanding? If Socrates took knowledge to be necessary for virtue only because knowledge is necessarily stable, whereas not all belief is stable, might we not identify virtue with stable true belief, rather than simply with true belief?

Such a claim about virtue seems quite plausible. We can see why we should not simply identify virtue with true belief; for we expect a virtuous person to be reliable, and someone with unstable true belief cannot be relied on to do the virtuous action on the right occasions. But if some people's true beliefs can become stable without knowledge, can they not be virtuous without knowledge?

This possibility is not considered in the *Meno*, but it appears to be considered in *Republic* IV.[10] Here the auxiliaries are said to have stable true belief dyed into them because of their early "musical" education (429c–430b). If virtue requires stable true belief, then the training of the auxiliaries seems to show that we can acquire virtue without acquiring knowledge; for their training gives them the appropriate sort of stability.

If this is Plato's view, then *Republic* IV expresses his estimate of what was right and wrong in Socrates' claims about virtue and knowledge. He seems to suggest that Socrates was right to suppose that true belief alone would not be enough for virtue, and right to suppose that the relevant sort of true belief must be stable, but wrong to suppose that knowledge is the only source of stability. Once we see that Socrates was wrong, we can look for ways of making beliefs stable without supposing that the only way to make them stable is to make them into knowledge.

Rejection of Socrates' views about knowledge and stability does not, however, require rejection of his views about the unity of the virtues. For he believes that every virtue is identical to the same knowledge of the good. If we simply speak of stable true belief rather than knowledge, but change nothing else in the Socratic position, we must agree that every virtue is identical to the same stable true belief about the good. If we agree about this, then we cannot allow that anyone has one of the virtues without having the others.

If, then, we are to explain how Plato might intelligibly reject the unity and reciprocity of the virtues, we must ask why he might reject the identification of every virtue with the same stable correct belief about the good. He might reject it because (i) he believes that the same body of stable correct belief, is necessary but insufficient for each of the virtues, or because (ii) he believes that it is not even necessary. A reasonable argument can be given for attributing this second view to Plato.

---

10 This connexion between the *Meno* and *Republic* IV is emphasized especially by Vlastos 1991, 86–90.

6.5 True belief without virtue

If we want to challenge Socrates' identification of virtue with some cognitive state – whether knowledge or true belief – we might point to some apparent facts about the insufficiency of true beliefs for right action. Apparently, someone could believe it is better to stand and face a danger, but could still be afraid to face it, so that he runs away. Again, someone might apparently believe that it would be better to avoid this pleasure, but still have disorderly appetites that make him pursue it. In the first case, we might say that the agent lacks "endurance" (*karteria*). In the second case, he seems to lack "order" (*kosmos*) or "tranquillity" (*hêsuchia*) in his appetites.

The early dialogues make it clear that Socrates is well aware of these objections to a cognitive conception of the virtues. In the *Laches* (192b–194a) he considers endurance as a possible aspect of bravery. In the *Charmides* (159b–160d) he considers tranquillity as a possible aspect of temperance. His treatment of these apparent non-cognitive aspects of the virtues is rather unsatisfactory, because he dismisses them without giving any reason that would satisfy someone who is doubtful about a purely cognitive account.

The *Protagoras* is more satisfactory; here Socrates argues at length against Protagoras' vigorous objections to the view that a cognitive condition is sufficient for bravery (350e–351b). Socrates' argument relies on his attack on the possibility of incontinence (choosing x over y while at the same time believing that y is, all things considered, better than x) (Prot. 353c–356c). Once our belief in the possibility of incontinence has been undermined, we have no reason, in Socrates' view, for believing that a virtue must include any non-cognitive elements.

These features of the early dialogues make it reasonable to expect that Plato will take the virtues to include non-cognitive elements if and only if he recognizes the possiblity of incontinence. The *Gorgias* apparently confirms these expectations. For Plato seems to recognize something like a non-rational source of motivation (493b1), and non-rational, insatiable desires seem to be those that need to be restrained by some sort of order in the soul (505b, 506de). But neither the account of motivation nor the account of virtue is fully developed in the *Gorgias*. If we find that the *Republic* discusses non-cognitive elements of the virtues, we will also expect to find some argument for the possibility of incontinence.

Non-cognitive elements in the virtues seem to be clearly recognized. They begin in elementary moral education of the sort described in Books II–III. The pleasures and pains of young people are to be formed so that they go in the direction that reason will approve when it comes along; and so, once young people acquire correct rational judgment, they will welcome and accept what it says (401e–402a). Similarly, the description of the four primary virtues seems to mention non-cognitive aspects. Bravery is not identified with knowledge or belief about good and evil; it is a condition of the spirited part, which holds tenaciously, even in the face of danger, to the rigth beliefs about what should be done (429b8–c3). Temperance is taken to be a condition of the appetitive part, which accepts the rule of the two higher parts of the soul (432c6–9). Justice is identified with each part's performance of its proper function in the whole soul.

Moreover, Plato seems to defend his recognition of these non-cognitive elements in virtue, through his argument for distinguishing the rational part from the spirited and appetitive parts (439b–d). Plato seems to describe someone who is thirsty, and therefore wants to drink, and yet at the same time does not wish to drink, because he believes that drinking would be unhealthy for him. Even if I believe that drinking would be worse all things considered, still (Plato seems to claim) my desire to drink may be stronger than my desire not to drink, so that I choose to drink despite believing that it would be better, all things considered, not to drink. If this is what Plato believes, then he rejects the Socratic argument against incontinence.

If we still doubt whether Plato actually intends us to understand the example of the thirsty person in this way, our doubts seem to be removed by the examples of Leontius (439e–440a) and Odysseus (441b–c). Leontius seems to act incontinently, since he gives in to his urge to look at corpses despite his anger with himself; his anger seems to reflect his belief that he ought not to be looking at the corpses. In Leontius, anger conflicts with appetite, and reflects beliefs about the good. In Odysseus, anger conflicts with motives that rest on beliefs about the good.

In recognizing these possibilities of incontinence, Plato seems to agree that true belief about the good is insufficient for choosing what one believes to be better, in the face of some strong non-rational desire for something that one believes to be worse. Since a virtue requires right choice, Plato's reasons for taking right belief to be insufficient for right choice are also reasons for taking right belief to be insufficient for virtue, and for taking virtue to require some non-cognitive condition. It is not surprising, then, that *Republic* IV takes endurance to be a component of bravery; Plato seems to reject the Socratic arguments against the common-sense view that some non-cognitive condition (such as endurance) is necessary for a virtue.

6.6 Non-cognitive components of virtues

If neither knowledge nor true belief is sufficient for virtue, it does not immediately follow that the virtues are separable. We could reject Socrates' view that all the virtues are identical to the same knowledge, but still claim that they are identical to the same true belief. Similarly, we could claim that one and the same non-cognitive condition is necessary for each of the virtues. Hence we might argue that all the virtues are identical to the same combination of a cognitive and a non-cognitive component. This defence of UV may be intended in the *Gorgias*, where Plato might be taken to identify all the primary virtues with temperance and psychic order (507a–c).

It is difficult to maintain such a defence, however, in the face of apparent counter-examples. It seems to be a familiar fact that some people correctly believe that (for instance) one ought to face such-and-such dangers without giving way to fear, even if they have no idea of what is required by justice or wisdom. Equally, it seems to be a familiar fact that some people can endure in the face of dangers without being good at overcoming their appetites for pleasure. In the *Politicus* Plato treats these facts as reasons for claiming that bravery and temperance are separable, and indeed opposed (306a–307c).

If we claim that knowledge is necessary for any genuine virtue, we have an answer to this apparent evidence for the separability of the virtues. For we may argue that while right beliefs about the different virtues are separable, the relevant knowledge is indivisible (La. 198d–199c).

Similarly, we may argue that while fears and appetites can overcome true beliefs, they cannot overcome knowledge; it is open to us to argue that alleged examples of incontinence are not really cases of acting against knowledge of what is best. If we appeal to knowledge, then, we can show how UV is not overturned by simple counter-examples.

If, however, Plato agrees that knowledge is relevant to virtue only because it stabilizes belief, and he also admits that belief can be stabilized without knowledge, then he cannot appeal to knowledge in order to defeat these counter-examples. We expect Plato to admit that both the cognitive and the non-cognitive aspects of one virtue are separable from those aspects of other virtues. *Republic* IV seems to fulfill this expectation. For Plato seems to recognize that auxiliaries are brave, but not wise, and that producers are temperate, but not brave. It is not surprising that he recognizes this separation of the virtues, if he allows that knowledge is neither necessary nor sufficient for virtue.

6.7 The point of the Socratic dialogues

I have now finished my outline of a radical anti-Socratic interpretation of *Republic* IV. Next, I will raise some objections to this interpretation. One line of objection accepts the account I have given of *Republic* IV, and argues that the Socratic dialogues are closer to *Republic* IV, so understood, than I have allowed. Another line of objection accepts the account I have given of the Socratic dialogues, and argues that *Republic* IV does not depart from them as far as I have claimed.

The first line of objection treats the Socratic dialogues as preparatory studies for the *Republic*. Since the *Laches* and *Charmides* mention possible non-cognitive aspects of the virtues, may not Plato himself have in mind something like the account of these virtues that he offers in the *Republic*? Even if the Socratic dialogues themselves do not endorse this account, Plato may still accept it when he writes the dialogues. For each of the dialogues ends with some acknowledgment of difficulties. Perhaps Plato writes the dialogues in order to suggest that these difficulties arise from acceptance of a purely cognitive conception of the virtues.

If this view of the Socratic dialogues is reasonable, then it is easy to explain why the *Republic* takes up suggestions that they ignore or dismiss. Plato has not, on this view, changed his mind; in the *Republic* he expounds the answer that resolves the difficulties raised in the earlier dialogues.

This view of the Socratic dialogues as preparatory studies, written from the standpoint of the *Republic*, raises many complex questions about the historical Socrates, about Plato's relation to Socrates, and about the difference between Plato's "early" and "middle" dialogues. It warns us, quite reasonably, that we ought not to be misled by apparent evidence of a development in Plato's view, if this apparent evidence simply reflects Plato's decision to present a one-sided cognitive view before he introduces the reader to the views of the *Republic*. We are right, on this view, to suppose that the *Republic* corrects the Socratic dialogues, but wrong to infer that his own view must have changed.

This "preparatory" view certainly deserves discussion.[11] If we are to accept it, we must convince ourselves that both the positive claims and the omissions in the discussions of the virtues in the Socratic dialogues are best understood as part of Plato's preparatory design for the *Republic*. I cannot convince myself of this. To explain this judgment, it would be necessary to examine issues about the Socratic dialogues that I cannot examine here. I will, therefore, leave the preparatory view to one side.

I turn to consider some reasons for believing that Plato's disagreement with the Socratic position (as I have described it) is less sharp than I have so far suggested. To make these reasons clearer, I will point out some difficulties in the account of Book IV that has seemed plausible so far.

---

11 Different versions of a preparatory view are defended by Shorey 1903, 14; O'Brien 1967, 122–127, 144–148; Kahn 1981; Devereux 1992.

6.8 Socratic elements in the *Republic*

In expounding the radical anti-Socratic interpretation, I have not disputed the claims that (i) in the *Republic* Plato really rejects both UV and RV, and that (ii) he denies the necessity and sufficiency of knowledge for virtue. These claims, however, are open to dispute, and I will mention some reasons for disputing them.

First, we cannot simply assume that the sort of stability that is ensured by right belief is the only sort that is relevant to virtue. According to the *Meno*, knowledge requires the sort of stability that results from "reasoning about the explanation" (Men. 98a); we may gloss this by saying that if A knows that p, then A not only truly believes p, but also believes it because A understands why p is true. If we apply this point to moral beliefs, then we can say that A knows that it is right to do F because A understands that F is right because F is G (where G is the appropriate right-making property). It is not at all unreasonable to insist that a virtuous person must not only do the right action, but also understand why it is right, and do it because of the feature that makes it right.

Aristotle seems to insist that a virtuous person must meet such a condition; for he argues that a virtuous person does not simply do virtuous actions, but decides on them because they are virtuous and fine (EN 1105a32, 1122b6–7). It would not be surprising if Plato had the same condition in mind.

These points about the moral importance of knowledge show why it would be a mistake to argue: (1) Plato takes the auxiliaries to have stable true belief. (2) He believes that stability is the only aspect of knowledge that is relevant to virtue. (3) Therefore he takes auxiliaries to have everything needed for the cognitive aspect of genuine virtue. This argument is mistaken, because (2) is open to question. Plato might well believe that rational understanding, as well as stability, is a morally important component of knowledge.

But even if Plato might think knowledge important, is there any reason to suppose he does think it important? The possibility we have mentioned would be irrelevant if Plato in *Republic* IV recognizes virtues without knowledge. I suggested earlier that he recognizes such virtues, but that suggestion is disputable. In *Republic* IV, Plato neither asserts nor implies that any individual in the non-ruling classes in the ideal city has any of the virtues. He certainly believes that the well-trained souls of the auxiliaries contribute crucially to the bravery of the city and that the well-trained souls of the producers contribute to the temperance of the city; but he does not say that they can contribute in the relevant way only if the individual members of these classes have these specific virtues.

The remarks about "political bravery" (430c3), for instance, do now show that bravery is possible without knowledge. They might refer to (a) bravery in the city, or to (b) the second-class bravery of a good citizen, as opposed to the genuine bravery of a brave person (cf. Aristotle, EN 1116a17), or to (c) genuine bravery in a citizen.[12] Only the third option implies that bravery is possible without knowledge, but Plato's later comments on the virtues suggest that he may not intend the third option. When he argues that the virtues in an individual are parallel in psychic structure to the virtues in the city, he describes an individual who has wisdom, and hence knowledge; he does not clearly allow that an individual can have any of the other virtues without wisdom (442c). If either of the first two options is right, then this passage does not show that Plato allows virtue to individuals who lack knowledge.

Is it significant that Plato fails to say that stable right belief is an adequate cognitive component of virtue? We might reasonably say it is not significant, if we could prove that the weight of evidence showing that he recognizes virtuous non-rulers is decisive, and that it is obvious that no other aspect of knowledge besides stable true belief could be relevant to virtue. I have suggested, however, that these claims are difficult to prove.

If we recognize that knowledge includes stable rational understanding, we can also see why Plato might, consistently with everything he says in *Republic* IV, take knowledge to be sufficient for virtue, in the sense that no one who has really come to know what is best will choose what is worse. This belief in the sufficiency of knowledge for virtue is quite consistent with the recognition of incontinence, and hence with the tripartite psychology of Book IV. Leontius displays incontinence, in so far as he acts

---

12 See further Irwin 1995, 383, n 11.

against a true belief about what is better, but the fact that incontinence is possible in this case does not show that it is possible in an agent who has acquired genuine knowledge. For Plato may hold that true belief, further rational training, and appropriate non-cognitive training are all causally necessary for the formation of knowledge about virtue. If that is his view, he may concede that knowledge, as such, is not sufficient for virtue, but still maintain that no one who has acquired knowledge will in fact act against it. In that case, his recognition of incontinence and his rejection of some aspects of Socratic psychology do not require rejection of the thesis (suitably understood) that knowledge is sufficient for virtue.

If Plato maintains, for the reasons given above, that knowlege is necessary for virtue, then we can see why he might reasonably maintain the reciprocity of the virtues too. Distinct sets of right beliefs might be attributed to the different virtues, if we take each virtue to involve an appropriate pattern of behaviour in a specific area. This point is easiest to make about bravery, which Protagoras took to be the hardest case for Socrates' unity thesis (*Prot.* 349d); for it seems that someone could be taught correct beliefs about what to do in the specific dangers of war, without having been taught correct beliefs about what to do in the areas of the other virtues. If, however, we take each virtue to require the appropriate understanding of the point of these virtuous activities and of why they are right, then it is more difficult to see how the beliefs demanded by one virtue could be separated from those demanded by the others. One might argue, for instance, that to know why brave action is right, we need to see that action promoting the common good of the community is right; if we see that, we must also see why temperate and just action is right. If this is so, the virtues cannot be separable in the way that is assumed by the anti-Socratic view.

This argument for the Socratic character of *Republic* IV has not shown that Plato retains the whole of the view that I earlier attributed to the Socratic dialogues. I have not, for instance, challenged the arguments to show that *Republic* IV recognizes the possibility of incontinence, and thereby rejects the psychological assumptions underlying the arguments in the Socratic dialogues. I have simply pointed to reasons for believing that Plato maintains some distinctively Socratic theses – especially the claim that knowledge is necessary and sufficient for virtue and the belief in the reciprocity of the virtues. The tripartition of the soul does not undermine all the grounds for accepting these Socratic theses.

6.9 Conclusion

I have sketched three different ways of understanding the doctrine of the primary virtues in *Republic* IV: a radically anti-Socratic view, a preparatory view, and a modified Socratic view. I have tried to explain why these different views of *Republic* IV, and of its relation to the Socratic dialogues, might reasonably seem plausible. I do not believe they are equally plausible; I believe the best case can be made for taking Plato to agree with Socrates on the points I have mentioned. I have not argued at length, however, in favour of this conclusion. Instead, I have tried to present the different possible views that deserve to be considered.

One might ask why a good case can be made out for these sharply different views of *Republic* IV. A simple answer is that Plato is sometimes an inexplicit writer who conveys some of his crucial points rather briefly and allusively. It is worth considering the possibility, however, that these different views of *Republic* IV are plausible because they express three reasonable ways to react to the issues discussed in the Socratic dialogues. Plato himself may have found them all reasonable reactions. Even if he accepted the Socratic position himself when he wrote those dialogues, he need not have been unaware of the objections that are developed more fully in the *Republic*. Even if he accepted, to the degree that I have suggested, some major Socratic positions when he wrote the *Republic*, he may have recognized the plausibility of a more strongly anti-Socratic position; such a position is indeed discussed at more length in the *Politicus*. Plato's discussions of the virtues, in dialogues of different periods, show us not only the position he prefers, but also the positions that he finds attractive, but unacceptable.

Bibliography

Devereux, D. T. 1992: "The unity of the virtues in Plato's *Protagoras* and *Laches*", Philosophical Review 101, 765–789.

Dover, K. J. 1974: Greek Populyr Morality in the Time of Plato and Aristotle, Oxford.

Irwin, T. H. 1995: Plato's Ethics, Oxford.

– 1997: "Common sense and Socratic method", in: J. Gentzler (ed.), Method in Ancient Philosophy, Oxford.

Kahn, C. H. 1981: "Did Plato write Socratic dialogues?", Classical Quarterly 31, 305–320; reprinted in: H. H. Benson (ed.), Essays on the Philosophy of Socrates, Oxford 1992.

Long, A. A./Sedley, D. N. 1987: The Hellenistic Philosophers, 2 vols., Cambridge.

O'Brien, M. J. 1967: The Socratic Paradoxes and the Greek Mind, Chapel Hill.

Shorey, P. 1903: The Unity of Plato's Thought, Chicago.

Vlastos, G. 1991: Socrates: Ironist and Moral Philosopher, Ithaca.

7

Julia Annas

Politics and Ethics in Plato's *Republic*

(Book V 449a–471c)

The section 449a–471c is the most explicitly "political" part of the *Republic*; it is concerned with the institutions which define an ideal *polis*. However, whether it is political in more familiar senses, and how it is related to the main moral argument of the book, are difficult and contentious matters.

7.1 The proposals

The actual proposals are brief and sketchy in the extreme, covering just over twenty Stephanus pages, surprisingly long parts of which are taken up with discussions of how problematic the issues are, and how much Socrates wants to avoid discussing them (for example, 449a–451d, 458a–b). The discussion covers the proposal to have women as well as men as Guardians (451c–457b), the abolition of the nuclear family as a means of unifying the Guardian class (457b–466d) and suggestions for the conduct of warfare (466d–471c). Plato's ideal state is in no way a fully characterized Utopia; he shows no interest in its economic basis, and it is only from one very casual reference (433d) that we even gather that it contains slavery. Rather than filling out a picture of a utopian society, in the manner of later writers from More onwards, Plato takes for granted the basic structure of the Greek city-state, and focusses only on those aspects of it which he holds to be in need of radical reorganization if the state is to become just. It is notable that in this context he does not take slavery to require any discussion; he seems to regard it as an inevitable presupposition of any state, not within the scope of justice. Although he is troubled by Greeks holding Greeks as slaves (469b–e) he regards the institution itself simply as a given, modifiable but not eliminable.

There is also, in the *Republic*, deliberate reticence on the details of day-to-day administration and organization (425c–427a), since Plato holds that it is the education of the Guardians which is the crucial factor in the state's being good, and that this should not be constrained by prior detailed regulations. Further, Plato does not assume that his state exists in ideal conditions; he never doubts that it will be in a constant state of war with other cities, which is why he comes up with the military suggestions which take up quite a lot of the discussion in Book V.

Plato's argument for making women as well as men Guardians has come into new prominence in the late twentieth century; after a period in which scholars seem to have shared the view of Plato's envisaged critics who find the idea ridiculous (452a–e, 457b), the passage has had a large amount of discussion in a feminist context. The answer to the question, "Is Plato a feminist?" unsurprisingly depends on what is deemed essential to a feminist position. It is true that Plato is unusual in the ancient world in drawing attention to, and opposing, the extreme subordination of women; in claiming equality for women, even in a limited sphere, he and some later Stoics stand alone (Lutz 1947). But the actual argument which he uses is not one which will commend itself to modern feminists. He argues that women are not debarred by nature from pursuits conventionally limited to men, and vice versa, but he retains the comfortably superior belief that men will always do better than women in all fields, since they are better equipped both physically and mentally (455a). His argument thus aims at opening to women many pursuits hitherto regarded as exclusively part of the all-male public world; but he clearly expects men to excel everywhere and so to retain a dominant position. Women are seen as playing a wider, but still second-class role. Plato's women Guardians are envisaged as mediocre males; he maintains and even strengthens conventional Greek contempt for feminine traits and the values embodied in traditional female activities. Rather than valuing women and modifying his conception of the ideally just state to allow for this, Plato destroys nuclear family life in order to force women out into an unreconstructedly male public world of ruling and fighting. Thus the passage forms at most a footnote to a history of serious feminism (see Annas 1976, 1981; Vlastos 1995).

When Plato has Socrates refer back, at *Timaeus* (17a–20c) to the part of the *Republic* which is about the state,[1] Socrates rightly comments that the portion about the abolition of the family is the most memorable; the "community of women and children", part of the discussion of the "third wave", became the most notorious aspect of the *Republic*, and Aristotle pays considerable attention to pointing out its obvious flaws in his discussion of the political aspects of the *Republic* and *Laws* in the *Politics*. Moreover, this was the aspect of the book on which the early Stoics Zeno and Chrysippus focussed in their own works called *Republic*, in which they endorsed many of Plato's proposals for abolishing narrow family ties in order to widen social sentiments, while criticizing his elitism (see Schofield 1991).

Plato genuinely believes that one institution, such as the family, can be radically taken over in such a way that the attitudes fostered in and by it can be transferred to another, quite different one, such as the state. Although he gives up believing this about the family (perhaps under the influence of Aristotle's criticisms) we can see the same optimism at work in his proposals, in the early books of the *Laws*, to turn the traditional Greek institution of the symposium into a test of virtuous resistance to temptation, and to transfer to aged bureaucrats the kind of funeral honours normally reserved for war heroes (946e–947d). In the later works Plato tries to retain the institution while transforming its aim. The earlier work is more radical in its proposal actually to

---

[1] At *Timaeus* 17c Socrates says (in most English translations) that the "main part" of "yesterday's discussion" (a clear reference to the *Republic*) was the part about the state. This has been taken as indicating that in Plato's own view the political part of the work is the main or most important part. However, the sentence is, as Proclus remarks in his commentary, ambiguous; it can equally well be read as saying that in yesterday's discussion the main part about the state was … (followed by a mention of the way of making it the best state). Thus the sentence implies nothing as to Plato's view as to the relative importance of the different aspects of the *Republic*. Plato is making Socrates here pick out what is of relevance to the discussion of the *Timaeus – Critias*, in which the ideal state is to be shown in motion (i. e. in a narrative) instead of statically.

abolish one institution while transferring the associated attitudes and motivations to another. As far as concerns the *Republic's* proposals, Aristotle's criticism still seems nearest the mark: the family is so different a kind of institution from the state that the degree of unity appropriate for the former just does not work for the latter. Even if the attitudes could be successfully transferred, they would be completely inappropriate. Trying to spread the force of family relationships over the state just "waters down" the family relationships, instead of creating strengthened political relationships among the citizens.

In fact, this most overtly political part of the *Republic* seems to disregard political realities so wilfully that there has always been a question as to the seriousness of Plato's intent, and more generally as to the place of the political aspect of the *Republic* with regard to the main moral argument. An enormous variety of views have been put forward. At one end we find the position that Plato is putting forward seriously meant political proposals, which he wishes, and perhaps intends to put into practice. Holders of this position in the twentieth century have generally been violently hostile to the spirit of these proposals, and have claimed that they show Plato to be a fascist totalitarian (Popper 1945). At the other end of the spectrum we find the Straussian theory that, far from being a serious political manifesto, Plato's proposals are a hearty joke, that they are so hilariously ludicrous that we readily see that there could not possibly be a state anything like this, that there is in fact a permanent conflict between philosophy and practical political reform (Bloom 1968).

In the face of such divergent views, it is best to separate two issues. How are the proposals about the state related to the main argument of the *Republic*? And, what is the nature of Plato's interest in politics? The second issue can be better approached when we have examined the first.

7.2 The place of politics in the *Republic*

Plato does mark emphatically in the dialogue the role of the whole discussion of the state. The state is brought in to illuminate the soul, because, he says, justice in the soul is easier to discern on a large scale (368d–369a); once we have read the answer in bigger letters, we can go on to apply it to the individual. Of course, explanation and illumination can go both ways, and Plato says explicitly in one passage that individual and state are mutually illuminating (434d–435a). However, there are passages which make it completely clear that it is of no importance whether the ideal state can exist or not, for its function is to enable the individual to get an idea of virtue which he or she can internalize and then live by (472b–d, 591e–592 b). At 591e Plato explicitly says that the person aspiring to virtue will "look towards the state within himself" and care for it. He will take part in the politics of "the city of himself" but not those of the city of his birth (592a). It is this "city within", we learn, which the dialogue has been developing, the "city in words" which exists nowhere in experience (592a). Plato concludes, in a famous passage, that this is "laid up in heaven as a model for the person who wants to see it and by seeing it lay his own foundations. It makes no difference whether it exists or will exist anywhere; he can take part in that city and no other" (592b). The ideal state serves as a model for the aspirant to virtue by reminding him that nothing less is required than a total transformation of his priorities; mere tinkering with the existing state of things will not do. The aspirant to virtue must become like the city where reason rules, and face up to the radical shifting of values that this entails.

So, judging from what is actually said, the state is brought in to illuminate the argument about the morality of the individual, the question set up at the beginning of Book II and answered at the end of Book IX. The discussion of the ideal state is thus not introduced as the main focus of the work, nor even as a major concern in its own right.

What kind of illumination is offered? Robin Waterfield, a recent translator of the *Republic* (see Plato 1993) suggests that the politics of the book are best construed as metaphorical. The traditional terminology of politics has, he suggests, been suborned and turned over to metaphorical use, to describe the inner state of the individual. This suggestion has two advantages. One is that it avoids the problem that the political proposals are, if taken literally, absurd. If we read the book as a seriously meant contribution to political philosophy in the tradition of Locke and Hobbes, the proposals come as a shock. They seem both arbitrary and wilfully unrealistic. The late twentieth century reading of the

Republic has generally been so hostile to Plato as a political thinker that the extreme and counter-intuitive nature of the proposals has served as a stick with which to beat him (see especially Popper 1945); outside specialist studies, the work has stayed in the "canon" of Western political thought, in some part, as an easy target.

The other advantage is that a metaphorical reading avoids the difficulty that the political parts of the book are actually rather brief and underdeveloped. If the book is treated as a serious contribution to political theory then the theory, as Waterfield points out, emerges as "naive and fragmentary. Anyone reading the book with a view to finding a political philosophy to follow or to criticize is going to be disappointed and will be forced to supply a lot of the evidence" (Plato 1993, xiv).

A metaphorical reading, however, has problems of its own. If each political proposal is a metaphor for something to do with the individual (as Waterfield suggests, for example, that the abortion and infanticide proposals at 460c are really about the rejection of an individual's unwanted ideas) then we have to look for a thoroughgoing set of correspondences, and this opens up room for a great deal of disagreement about what is convincing. But if it is the picture of the ideal state as a whole which is the metaphor, then we are back to the weaker idea that the state is brought in to illuminate the individual.

We can achieve something more definitive, I think, if we ask how the discussion of the state is related to the main moral argument of the book. A useful approach to this is to set aside our very different twentieth century terms, and to look at the way in which the *Republic* was read in the ancient world. We find criticism of the political aspects in Aristotle and reaction to them in the early Stoics; we also find plenty of evidence as to how the work was read as an ethical theory, and so we can gain some insight into the way in the which the ethical and political aspects of the book were distinguished in ancient terms. We can do this without begging too many questions if we do so without relying on our own modern views about the scope and nature of the political in relation to the ethical.

The so-called "Middle" Platonists,[2] who read Plato as putting forward a systematic set of doctrines, read the *Republic* and other

---

2 Middle Platonists' is a term of modern historiography for those ancient Platonists who interpreted Plato as holding a systematic set of doctrines. This way of

dialogues as putting forward a theory of the type we call eudaimonist. Because Plato writes in the dialogue form, he does not lay out his assumptions in the way that is done by Aristotle, but his work was seen in the ancient world as a theory of the type that is common to all ancient ethical theorists except the Cyrenaics (see Annas 1993). Such a theory holds that we are all committed in a vague and unreflective way to seeking happiness, and that the reflective among us seek to achieve it by discovering, through rational search and in particular through philosophy, the right conception of happiness and place of virtue in happiness. Those in the ancient world, in particular the various thinkers that we label as Middle Platonist, who take Plato to hold doctrines, never doubt that in his ethical thought he should be interpreted in the standard ancient way, as putting forward a theory of the place of virtue in happiness.

Moreover, we find a clear line of thought, particularly in an accessible book like Alcinous' *Handbook of Platonism* (Alcinous 1993)[3] that, in the great ethical debate of antiquity, Plato is on the side of those who claim that virtue is sufficient for happiness, and that external goods are not a part of happiness in their own right. Alcinous defends this claim in some detail. He stresses passages which distinguish between kinds of good – the merely human goods, such as health, strength, success and similar conventional goods, and the divine good of virtue (*Euthydemus* 278e–282d, *Laws* 631b–d and 660e–661e). Happiness for us consists in a life of virtue, identified with wisdom, since other things are good only insofar as they are put to use by virtue. Using the later terminology, Alcinous declares that for Plato virtue is sufficient for happiness; moreover, he does not take a developmental view of Plato's thought, such as has been common in the twentieth

---

interpreting Plato evolved in the first century B.C., along with the waning of the sceptical interpretation of Plato's own Academy, who took Plato to hold no doctrines and to be committed only to the process of open-ended search. "Middle Platonism" conventionally ends with the philosophers we call "Neo-Platonists". See J. Dillon, The Middle Platonists, 2nd ed., 1996, Cornell University Press.

3 Alcinous' date is uncertain; his "Handbook of Platonism" is a clear account of Plato's thought seen as a set of doctrines understood in Hellenistic terms as contributions to physics, logic and ethics. See the translation with commentary by J. Dillon (Oxford 1993; Clarendon Later Ancient Philosophers).

century, and so declares that the position is to be found in very many of Plato's works, and particularly in the whole of the *Republic* (chapter 27).

Modern scholars who have interpreted Plato as a eudaimonist have not always agreed with Alcinous and other Platonists that Plato holds the sufficiency thesis (that is, the position that virtue is sufficient for happiness) in the *Republic*. More common is the view, defended powerfully and influentially by Terence Irwin (1995) that the sufficiency view to be found in the Socratic dialogues, whilst the *Republic* marks a major turning in Plato's thought, one marked in particular by a shift to the comparative thesis (the more Aristotelian view that the virtuous person is always happier than the vicious, but may in adverse circumstances fail to be happy). The resolution of this dispute might superficially seem to have rather little to do with the overtly political parts of the work, but in fact is of the first importance for the issue of the place of these parts in the overall scheme of the book.

At the opening of Book II Socrates establishes the challenge that he will meet, and commits himself to showing that virtue really is in the agent's interests, even when all the appearances are to the contrary. Dramatically, Glaucon draws two figures, of the vicious person who appears virtuous and the virtuous person who is not only deprived of all conventional goods like success, health and so on, but even lacks the reputation for virtue. Socrates undertakes to show that even in these conditions, virtue is in the person's interests and will lead to happiness. Since the virtuous person has been systematically deprived of everything but his virtue, it is hard to see that Socrates has undertaken to show anything less than the thesis that virtue is sufficient for happiness; indeed the passage is strongly reminiscent of the standard challenge of Hellenistic ethics, to show that the virtuous person is happy on the rack, or in the bull of Phalaris.

Why would it be thought that Plato is showing anything less than this? In the political parts of the *Republic* Plato sketches an ideally just city, one in which the rulers are virtuous people who have received a long and rigorous intellectual training and who live a radically communal life in order to ensure that they will rule in the common interest and not just in their own. The book explicitly tells us to take this as illustrative of the virtue of the individual, as already indicated. But if we want to make it more important than this, we might take Plato to be arguing that the good conditions of the ideal state are necessary for the virtuous person to be happy. If so, he will be defending only the comparative thesis: the virtuous person is happy only in the ideal conditions of the ideal state, although in any state he or she is happier than the unjust person.

The opening challenge of Book II, however, certainly suggests the sufficiency thesis rather than the comparative one; Socrates is challenged to show that virtue is worth having purely for itself even when tortured and despised, and this is most naturally taken as the challenge to show that of the two people Glaucon contrasts, the virtuous person is really happy and the vicious person really unhappy, all worldly appearances notwithstanding, as with the similar challenge in the *Gorgias* (472e–474b). The contrast of the two figures would be undermined by the thought that the answer is counterfactual: the tortured and maligned virtuous person is not actually happy, but *would be* happy in an ideally just state (though he is anyway happier than the outwardly flourishing wicked person). This does not seem to be the kind of answer that the challenge is expecting.

Moreover, in many passages of the book ordinary goods such as health and success, and the ordinary notion of happiness, are dismissed as merely conventional, a matter of appearance only, while virtue is the true good and the happiness it leads to, true happiness, based on a true assessment of values (see 387d, 419a–421c, 427d3–7, 465b–466d, 486b-d, 491a–c, 495a4–8, 580b–c). This is another aspect of the book that links it to the thought, to be found in other dialogues, that conventional goods are only valuable to the extent that they are put to use, or given a place within the agent's life, by virtue. This is a thought which supports the sufficiency thesis, since, if conventional goods are good only insofar as the virtuous agent gives them a place in her life which is determined by virtue, then they do not form a part of happiness in their own right, which needs to be added on to virtue for the person to be happy.

At the end of Book IX Socrates claims to have proved his case, and there is a long passage (591c1–592a9) in which the role of external goods becomes clear. The virtuous person, he claims, is many more times happy than the vicious, and this is because of his possession of virtue. He will be interested in health, money and honours only, and to the extent that, they sustain his own inner condition of virtue; he will look to virtue, and not to these goods themselves, in his dealings with them. Thus, external goods are clearly indicated as not being a part of happiness in their own right, since they do not add anything extra of their own to the person who is virtuous.

Not everyone agrees that the main argument ends at the end of Book IX; but if one takes it to end in Book X we find an even stronger affirmation of the sufficiency thesis. Socrates says at 612–614 that he will now restore to the virtuous person the external rewards that were subtracted earlier, as part of the challenge. But, before he restores worldly rewards, he makes the point that the virtuous person possesses already, in virtue, what brings good things just from being what it is, and that such a person is loved by the gods. The gods' love is here understood in a far from conventional way; the person whom the gods love will make the best of worldly *dis*advantages and apparent evils. If he meets with poverty or disease "or some other apparent evil", still this will turn out well for him. For the virtuous person will put external evils to virtuous use, and thus they will not really be evils for him, things which could spoil or prevent his happiness.

Like much else in Book X, this is hard to reconcile with the position of the other books; for here the virtuous person, like the philosopher at *Theaetetus* 176a–177b, is concerned to "become like god", that is, to transcend human nature; and this looks much more unworldly than the main argument. But, this difference apart, this passage as well as the Book IX one form strong support for the sufficiency interpretation of the *Republic*'s main argument. The person who lives virtuously achieves happiness, since what others consider to be goods, or evils, are not good or evil in themselves for him, but only as put to virtuous use. Since external goods are not a part of happiness in their own right, then Socrates has certainly met the challenge to show that the virtuous person stripped of worldly goods in the most extreme possible way is nonetheless happy.

However, it is by now clear that the ideal state does not form a part of this argument. In the conditions of the ideal state, the virtuous person will indeed have all appropriate external goods; but the virtuous person does not need these in order to be happy, since she can be happy, if virtuous, in the worst possible conditions of the actual world. So the sketch of the ideal state is not a part of the *Republic's* main moral argument. It cannot be, since the good conditions of the ideal state are not necessary for the virtuous person to be happy. Rather, it is what we would expect from the explicit statements in the work about it, an illustration of justice in the individual, on a bigger scale. Of course, nothing precludes the idea that Plato becomes more interested in developing the idea of the ideal state than is strictly necessary for such an illustration. But, however developed the idea becomes, it remains separate from the book's main moral argument, as it must, since the conditions of the ideal state do not form part of the virtuous person's happiness.

It is only if we thus firmly distinguish between the ethical and the political aspects of the *Republic* that we can make sense of its reception in the ancient world. Strikingly, some Platonists and some Stoics converge on the idea that Plato's ethics are like those of the Stoics. One head of the Stoa, Antipater, wrote three books to maintain this thesis, and some accounts we have of Plato's ethics, particularly that of Alcinous, make extensive use of Stoic terminology. However, what the Stoics take to be convergent with their own ideas can only be the main moral argument of the *Republic* as that has been laid out above; they strongly reject the political aspects of the book, especially the division of people by rational ability into three classes, and indeed one prominent purpose of Zeno's own *Republic* may have been to make the point that membership in the state of the virtuous is not limited to an intellectual elite. (They also strongly reject the kind of metaphysical theory prominent in the *Republic*.)

Moreover, later Platonists follow Aristotle in dealing quite separately with the political and the ethical aspects of the work. The chapters devoted to politics in Alcinous' handbook are like Aristotle's criticisms in that they take the discussions of community of families and property, and so on, to be a self-contained part of the work; they do not interpret the moral theory in such a way that it is taken to have application only to Guardian types, or more generally to an intellectual elite, but simply take it to be a moral theory available to everyone, whether they are a Guardian type or not. Nor do they take the moral theory to be of concern only to readers interested in the three-class political structure; while the *Republic* may commonly be thought of first in terms of the notorious "women and children" passages, the importance of the argument about virtue and happiness is in no way dependent on one's interest in these.

Moreover, the *Republic* conspicuously fails to set the agenda for political philosophy; Aristotle and subsequent political thinkers are far more influenced by the *Statesman* and *Laws* than by the more famous work. In Aristotle's discussions of the two themes most dominant in his own political philosophy, the nature of political rule and the issue as to the best form of government, his debts to the two later works are manifest, and his own sketch of an ideal state owes a great deal to the *Laws* in particular. His relation to the political parts of the *Republic*, however, is entirely critical. And, apart from the dubious fame of the notorious bits of Book V, the *Republic* survived as a literary model, not as a set of political ideas worth discussing; Cicero writes a work which emulates it in literary terms, but whose content owes nothing to it. The ancient world did not bequeath the *Republic* to the West, at least, as an important work of political philosophy.[4]

What then could be the basis for taking the *Republic* as primarily a text in political philosophy – for locating it in the same tradition as Hobbes, for example? There is one simple, direct answer to this, which is often assumed without argument: the work just does contain, for all that has been said above, timelessly gripping political ideas, which in any generation are found to be worth discussing. Clearly it would be difficult to oppose this claim; how could one argue that the *Republic* contains *no* interesting political ideas? The work certainly raises issues such as the relation of expertise to a claim to authority, which are of recurring interest. The problem is rather that the ideas are developed in such sketchy, incomplete and extreme ways that it is hard to

---

4 The mediaeval reception of the *Republic* differed markedly between the Christian tradition on the one hand, and the Jewish and Moslem traditions on the other. Cf. D. Frank's discussion of "the explicitly political context of Alfarabi's discussion of the human good and the enormous influence that Plato's *Republic* and *Laws* exerted upon Islamic (and Jewish) political philosophy – quite in contrast, by the way, to their complete lack of influence upon mediaeval Christian philosophers" (Philosophy and Prophecy: a discussion of Miriam Galston, Politics and Excellence: The political philosophy of Alfarabi, Oxford Studies in Ancient Philosophy XII, 1994, 252).

place them in a tradition of serious political philosophy, and any treatment in depth of Plato's political ideas will find more of substance in the *Statesman* and the *Laws*. However, it seems that at least for much of the nineteenth and twentieth centuries, particularly in English-speaking countries, what has driven the treatment of the *Republic* as primarily a political work has been not just the allegedly timeless political interest, attractive or repulsive, of its ideas, but also some more particular considerations, which can be dealt with separately. Prominent among these is the idea that we can establish that Plato's own intentions were largely political, so this brings us to what I called above the second major issue.

7.3 Plato and politics

There is a simple answer to the question, what is the nature of Plato's interest in politics. In the *Republic* he sketches an ideally just state as an illustration of justice in the individual; in the *Statesman* he develops, but raises problems for, the idea that expertise entitles the expert to rule regardless of laws; in the *Laws* he develops a more detailed picture of an ideal state, one in which he pays considerable attention to tradition and the rule of law, while insisting on the importance of education of character in a public context for the production of good citizens. However, this simple answer has seldom, in the last two centuries, been found sufficient. There has been great reluctance to establish Plato's political ideas from the texts (if this had been the case, for example, far more attention would have been paid to the long and more detailed and elaborate later dialogues). Instead, the *Republic* has been privileged as the central text, to the neglect of the later dialogues. And we have developed prior expectations as to how to read the *Republic* because of a tradition of what I shall call historicized political interpretation.

It is often taken for granted that the *Republic* was written in the context of, or even as Plato's answer to, contemporary problems of Athenian politics – in particular, as Plato's "answer" to what he saw as the "problem" of democracy. This idea has been common since roughly the middle of the nineteenth century. It was then that two things happened, at least in anglophone countries. One was that Plato gained a popularity in university courses and thence in the broader culture which had been lacking. The other was that Athenian democracy, hitherto regarded as merely an obvious absurdity or a ghastly mistake, became established as a defensible, indeed respectable example of a political project of serious interest to political thinkers. The progress of extension of the franchise in Western countries was accompanied by vigorous engagement with, and discussion of, ancient democracy and ancient thinkers who supported or opposed it (Grote 1851, 1888; see Turner 1981, Jenkyns 1980, Stopper 1981). Thus a context formed within which the *Republic* could be seen in ways which tended to obscure its links with other dialogues which discuss virtue and happiness, and which presented it as mainly interesting for its relevance to political questions of the modern age, particularly democracy.

While this is an interesting approach, it has hardly retained the same relevance in the late twentieth century, when elitist arguments against the extension of democratic principles, such as universal franchise, are no longer current. However, it has been aided by certain assumptions as to how Plato should be read, which have outlasted the nineteenth century debates, and which only now are being extensively questioned.

One is that we have a reasonably full and firm idea of Plato's intellectual biography, and can see independently of the dialogues that he is someone troubled by democracy and concerned with the need for radical political reform, in theory or in practice. If we were in possession of such a biography, we would indeed be entitled to read the *Republic* as the product of a lifelong engagement with political activity and theorizing. However, our "biographical" information about Plato crumbles at the touch. Modern account of Plato's life are often the result of uncritically combing through the ancient Lives of Plato and putting together bits of information which are acceptable to modern ideas of evidence. The ancient Lives themselves, however, very rapidly became influence by traditions of hagiography, and are quite different from modern attempts to preserve facts. The oldest "biographical fact" about Plato, which goes back to his nephew Speusippus and is the best attested "fact" that we possess, is that his real father was Apollo, who kept Ariston from his wife's bed until she had borne the god's son Plato. Modern accounts of

Plato's life do not feature this "fact", and it should warn us how unsafe it is to rely on the ancient sources for information about Plato merely when we find it more believable, such as the story that he tried to educate Dionysius II of Syracuse to be a "philosopher-king".

When the ancient biographical tradition is examined, as it has been in an excellent book (Riginos 1976) which has unaccountably not had its appropriate effect on Plato studies, it becomes obvious that with very few exceptions the biographical tradition cannot be relied on to preserve historical facts. When we read that Plato visited Egypt, for example, this may be because he did visit Egypt, and the fact was recorded and has come down to us; but if we analyse patterns visible in the other anecdotes, we can see that it is just as likely that we have a "factoid" invented to "explain" his references to Egyptian art in the dialogues. Similarly, we can believe the story that he deliberately lived on a noisy street to reduce his amount of sleep, or we can regard this as an invention in the light of a passage in the *Laws* in which the Athenian Visitor claims that most people sleep too much and should sleep less. If we rely on Platonic biography to cast light on the dialogues we are probably getting things the wrong way round; much of what we regard as biography was invented from the dialogues in the first place. It is reasonable to suspend judgement about so much of the Platonic biography that it would be very rash to treat it as an independent tradition which enables us to go behind the scenes of what is in the dialogues; and the same holds for the tradition about the Platonic Academy's alleged political interests (see Brunt 1993).

Among the collection of Plato's works which have come down to us through the edition of Thrasyllus is a collection of thirteen "Letters". They are a strange and inconsistent collection, but one of them, the seventh, is long and interesting, and many scholars who would not dream of giving credence to any of the others rely on it as an unimpeachable source for Plato's attitude to politics and in particular the role of the *Republic*; for it is this "letter" which is the source of the idea that Plato tried to educate Dionysius II of Syracuse as a philosophical ruler, and this in turn is the source of the notion that the *Republic* is the product of an optimistic period when Plato thought that radical political reform was possible, while the later political works emerge from a period when this thought had been dashed by the total debacle of his involvement in Syracusan politics. For much of the twentieth century most scholars have accepted the seventh "letter" as genuine, and this has encouraged the idea that Plato's work, and in particular the *Republic*, can be seen in the context of a life in which concern for politics was dominant. As Edelstein puts it, "Largely in consequence of the acceptance of the Seventh Letter, there has even arisen a new concept of Plato, the man, and of his work. Plato, the metaphysician, has turned into Plato, the statesman" (Edelstein 1966).

In the ancient world, however, although the Platonic "letters" were accepted as a part of the Platonic corpus, they were not treated as taking us behind the scenes, as giving us a direct insight into Plato which is more fundamental than what we find in the dialogues. Alcinous, for example, holds, correctly, that the seventh "letter" has a political position which is different from that of the *Republic* and can be compared with it; he regards it as a literary production on the same level as the dialogues. It does not occur to him to treat it as giving "direct evidence" which puts us on "firm historical ground" and gives us a "general account of [Plato's] state of mind" (for these claims see Field 1930; they are typical of much twentieth century writing about Plato). Ancient "letters" as a genre are literary productions which are not meant to be understood as giving us unmediated insight into the writer's mind, but to be literary interpretations. In the twentieth century there has been a good deal of dispute as to the "authenticity" of the seventh "letter", and debate has raged round the issue of whether the work is a product of Plato's very own stylus or not (so understood, the debate is inconclusive[5]); but a prior

---

5 Factors such as style, philosophical content and historical plausibility are all quite indecisive. Style cannot be used to determine authenticity because Plato's style varies so widely between different dialogues; if we lacked external evidence that the *Apology*, *Laws*, *Protagoras* and *Parmenides* were by the same author, it would not seem reasonable to infer that they were. Philosophical content similarly cannot provide an independent criterion, given the intensity of debate as to what is the best interpretation even of those works that are undoubtedly by Plato. As for historical plausibility, while it may seem that the "letter" must have seemed plausible or it would not have got into the canon, this argument proves too much; the thirteenth "letter" and the *Axiochus* also got into the canon, although the latter is hardly a plausible historical picture of Socrates, or the former of Plato.

issue has been neglected, namely, whether it is legitimate to treat a product of an ancient literary genre as though it were a modern letter which can give us insight into a writer's life, as opposed to his works. Once we acknowledge that the seventh "letter" is just as much a literary production as the dialogues, much of the importance of the traditional dispute over "authenticity" evaporates.

Hence, if we evaluate the ancient evidence rightly, and distance ourselves from the twentieth century tradition of reading Plato as though we had a reasonable amount of information about his life and could use this to interpret his works, we can see that we in fact know nothing about Plato's attitude to politics, if this is understood as knowledge of the intentions of Plato the person, distinct from his writings. If we interpret Plato through the writings that we have, we find plenty of interesting material. However, as far as political thought goes, the political aspects of the *Republic* will not appear as the main focus of the work, and the work in which to study Plato's political philosophy will be the *Laws*.

In any case, the political background of Plato's life does not actually shed any light on the *Republic*. Seldom can a work have owed less to its political context. Unlike the work of Hobbes or of Locke, which does emerge from particular political events, the *Republic* goes to enormous lengths to stress the point that the ideally just state is produced from first principles, and that tinkering with existing political constitutions is a waste of time. One aspect of this comes out in Books VIII and IX, where non-ideal states are discussed. Plato gives them names like "oligarchy" and "democracy", but his use of these terms bears no relation to their understood political use (see Dorothea Frede's paper on Books VIII–IX in this volume). Oligarchy and democracy, for example, come about with the progressive loosening of rational overall control of the soul; they are the conditions where the desires function in inappropriate ways, because reason has lost its proper role. They are seen in terms of the theory of the soul, and the idea is transferred somewhat mechanically to the state. Later, in the *Statesman* (291d–303b, a discussion which influenced Aristotle) Plato does discuss these types of state in ways that are related to actual politics; he employs the terms in the way that other people use them, namely for the rule of the few and the rule of the many. This shift reveals a great difference between the ideal state of the *Republic*, constructed to illuminate the individual and described in terms related to that, and the political discussions of the later works, which are not driven by the soul-state analogy, and which discuss forms of government in their own terms. Although we cannot contextualize the later works in Plato's life any more than the more famous one, we can relate the discussions in them to contemporary political debates in ways that are impossible for the *Republic*.

7.4 Politics in the interpretation of the *Republic*

As is clear, the main danger in interpreting the political aspects of the *Republic* is that of inflation. If they are seen as the main focus of the book, the interpretation of the work as a whole is pulled out of shape. For the main moral argument may then be read as requiring the existence of the ideal state for the virtuous to be happy, thereby introducing confusion into the main line of argument, and obscuring the work's close links with earlier and later dialogues which argue for the sufficiency thesis. Moreover, the moral argument may also be read (and has often been read) within the confines of the political part, thereby implying that the life of virtue is only in question for an elite few to begin with. This is a position which would undermine its claim to be considered as a serious moral theory, and make it even harder to see the parallels with earlier and later dialogues, where there is no such elitist limitation to the scope of the argument. Also, too much stress on the political part many lead to a misunderstanding of the *Republic* as a "political manifesto" of an elitist type. For all these reasons, a primarily political reading of the *Republic* contains several dangers, which have not always been avoided.

If they are separated from the main moral argument of the book, the political parts can be discussed as setting out interesting first moves in various debates (Annas 1981). The most notorious, of course, is the community of property and abolition of family life, mentioned above. Arguably more central, however, is the way that Plato pushes, as far it can be taken, the idea that expertise entitles the expert to rule; the *Republic* does not introduce a new idea here, but it takes further than any other work the familiar idea that the expert knows how best to run not only his or her own affairs, but also those of others (see *Lysis* 207d–210e, *Lovers* 137a–139a, *Alcibiades* and *Cleitophon* 407e–408b). In the *Republic*, this idea is expanded: the experts are not just people who have expertise, but a distinct class within the state. Further, Plato emphasizes their freedom from any institutional constraint in their direction of others. The common impression that he is condoning tyranny is clearly wrong, since only true knowledge brings with it the right to rule, and this is patently a highly ideal condition not achievable in ordinary political circumstances. Nonetheless, Plato shows himself strikingly insensitive to the idea that power might, even in ideal circumstances, corrupt; the soul's corruption springs only from misdirection by the lower parts, while reason is never seen as the source of problems, even in its directive role. And he commits himself to what seems the hopelessly optimistic view that a genuine community (of "friends") can be formed where some are subject to the unrestrained power of others (590c–e). On both these issues, although there is no overt self-criticism, Plato seems much less optimistic in his later political works.

Moreover, the *Republic* insists on long years of abstract and mathematical studies as a theoretical basis for the expertise of ruling, an idea developed at length in the central books but which is later dropped when Plato turns from constructing an ideal state which is to illustrate the rational individual, and instead develops political ideas in their own right. The idea that expertise entitles the expert to rule is examined and developed in a clearer way in the *Statesman*, where it is separated from abstract mathematical and theoretical grounding such as it gets in the *Republic* and where Plato produces explicit defences of it as well as considering some advantages of the alternatives. It is in this form that Aristotle discusses and criticizes it. Thus even the *Republic*'s most central political idea does not receive its most political development and presentation in that work.

Plato is one of the most fertile of philosophical thinkers, and the ambitious synthesis of many themes in the *Republic* has produced one of the most memorable works of philosophy ever written. Whether attracted or repelled by its basic ideas, large numbers of people have from the first engaged with it at a number of levels. This does not mean, however, that some aspects are not more important than others. The political aspects of the work are, when compared with Plato's own later political writings, underdeveloped and very much driven by their explicit purpose, namely to provide an illustration for the virtuous individual. This is not to belittle them, merely to point out that they are not the best place in which to study Plato's political thought. Moreover, over-emphasis on them, such as has widely happened in nineteenth and twentieth century Platonic scholarship, risks obscuring a point of major importance about the *Republic*: as the ancient Platonists realized, it is one of the many dialogues in which Plato argues for the sufficiency of virtue for happiness.

Bibliography

Alcinous 1993: The Handbook of Platonism, translated with notes by John Dillon, Oxford (Clarendon Library of Later Greek Philosophy).
Annas, Julia, 1976: Plato's *Republic* and Feminism, Philosophy.
– 1993: The Morality of Happiness, Oxford.
Bloom, A. 1968: Plato's *Republic*, translated with Introduction, New York – London.
Brunt, P. 1993: Plato's Academy and Politics, in: Studies in Greek History and Thought, Oxford, 282–342.
Ebert, Th. 1978: Platon – ein Verächter der Vielen?, in: J. Mittelstraß/M. Riedel (Hgg.), Vernünftiges Denken, Berlin.
Edelstein, L. 1966: Plato's Seventh Letter, Leiden.
Field, G. C. 1930: Plato and his Contemporaries, London.
Goldschmidt, V. 1970: Platonisme et pensée contemporaine, Paris.
Grote, G. 1851: History of Greece, 2nd ed., London.
– 1888, new ed., Plato and the Other Companions of Socrates, London.
Jenkyns, R. 1980: The Victorians and Ancient Greece, Oxford.
Lutz, C. 1947: Musonius Rufus, The Roman Socrates, New Haven.
Plato 1993: Republic, translated with an introduction and notes by Robin Waterfield, Oxford (World's Classics Series).
Popper, K. 1945: The Open Society and its Enemies, vol. 1, London.
Riginos, A. 1976: Platonica: the Anecdotes Concerning the Life and Writings of Plato, Leiden.
Saunders, T. 1995: Aristotle, Politics I and II, translated with a commentary, Oxford.
Schofield, M. 1991: The Stoic Idea of the City, Cambridge.
Stopper, M. R. 1981: Greek Philosophy and the Victorians, in: Phronesis 26, 267–285.
Turner, F. M. 1981: The Greek Heritage in Victorian Britain, Yale.
Vlastos, G. 1995: Is Plato a Feminist?, in: T. Irwin (ed.), Classical Philosophy, Collected Papers, vol. 3 (Plato's Ethics), New York – London, 333–345.

Robert Spaemann

Die Philosophenkönige

(Buch V 473b–VI 504a)

„Wofern nicht – begann ich – entweder die Philosophen Könige werden in den Staaten, oder die, welche jetzt Könige und Herrscher heißen, echte und gründliche Philosophen werden, und dieses beides in einem zusammenfällt, Macht im Staate und Philosophie, den meisten Naturen aber unter den jetzigen, die sich einem von beiden ausschließlich zuwenden, der Zugang mit Gewalt verschlossen wird, gibt es, mein lieber Glaukon, keine Erlösung vom Übel für die Staaten, ich glaube aber auch nicht für die Menschheit, noch auch wird diese Verfassung, wie wir sie eben dargestellt haben, je früher zur Möglichkeit werden und das Sonnenlicht erblicken" (473d ff.). Dieser berühmte Satz, von dem Sokrates erwartet, daß er ihm eine Gischtwelle von Hohn und Spott einbringen wird, bildet fast genau die Mitte der *Politeia*. Und zwar beginnt mit diesem Satz ein zweiter Teil. Der erste Teil führt am Beispiel der Polis, d. h. „in großen Buchstaben" (II 368d), das Wesen der Gerechtigkeit vor. Der zweite Teil handelt von den Realisierungsbedingungen und den Gründen für den Verfall des Staates und – analog – der Seele.

Glaukon gesteht Sokrates zu: der von ihm konstruierte Staat, der auf der rationalen Hierarchie der Künste beruht, ist der beste, d. h. der gerechteste und der unüberwindlichste Staat. Aber ist er auch realisierbar? Sokrates bezeichnet diese Frage als „dritte Welle" (471e) und hält sie für die „größte und gefährlichste". Als erste und zweite Welle hatte er das Problem der gleichen Funktionen für Männer und Frauen und das Problem der Entindividualisierung der Elternschaft bei den Wächtern bezeichnet (457b). Worin besteht die Gefährlichkeit? Sie besteht darin, in Dingen als Lehrer aufzutreten, in Bezug auf die man selbst kein Wissen, sondern nur eine vorläufige Meinung hat (450d ff.). Die Frage nach der Möglichkeit des Staates der *Politeia* hatte Sokrates schon früher (457e) als berechtigt zugestanden, aber ihre Beantwortung aufgeschoben. Damals hatte er es als Trägheit bezeichnet, dieser Frage auszuweichen. Die Frage nach der Möglichkeit erschien dort als Test auf die innere Konsistenz und Unbeliebigkeit des Entwurfs. Jetzt, wo Sokrates sich anschickt, die Frage zu beantworten – versuchsweise, sonst wäre es nicht „gefährlich" –, tut er es widerstrebend und mit dem Hinweis darauf, daß sie nicht eigentlich das Thema betrifft. Was ist dieses Thema? Ist die *Politeia* primär ein Buch über den Staat oder über die Seele? Sokrates beginnt seine Ausführungen mit einer eindeutigen Antwort. Es ist weder Staat noch Seele, sondern das „Wesen der Gerechtigkeit und Ungerechtigkeit" (472b), das *paradeigma* bzw. „die Gerechtigkeit selbst" (472c). Gerechtigkeit ist ein *eidos*. Die Seele als „Ort der Ideen" ist nicht selbst eine Idee, und der Staat ist es auch nicht. Deshalb kann es weder von der Seele noch von der Polis eigene Wissenschaften geben, sondern nur vom *paradeigma agathês poleôs* (472d), von der *guten* Polis. Was aber die Polis zu einer guten macht, ist nicht, daß sie einer Idee der Polis ähnlich ist, sondern daß sie teilhat an der *aretê* der Gerechtigkeit (432b). Und dasselbe ist es, was die Seele zu einer guten Seele macht. Die Gerechtigkeit verhält sich zur Seele und zur Polis, wie sich eine Zahl oder geometrische Proportion verhält zu verschiedenen physikalischen Gegenständen, in denen sie exemplifiziert sind. Aus einem Grund, der noch zu nennen ist, ist die Gerechtigkeit in der gerechten Seele vollkommener realisiert als im Staat. Am Beispiel des Staates läßt sie sich aber anschaulicher machen. Nun kann man allerdings auch reine Mathematik treiben, und für Mathematiker ist das sogar das Befriedigendste. Eine entsprechende „reine Axiologie" gibt es bei Platon nicht. Es gibt „das Gute selbst", „jenseits der Wesenheiten" (509b). Das Verhältnis zwischen ihm und den Dingen ist aber gerade nicht das des Urbildes zum Abbild, weil es der Grund des Verhältnisses der Abbilder zu ihren Urbildern ist. Es ist wesentlich das dynamische Prinzip der „Verwirklichung". Darum gibt es bei dem, der das Gute wirklich „weiß", keine Indifferenz mehr gegenüber dem Tun des Guten. Er bedarf keiner speziellen Tugenden mehr, so z. B. nicht der Tapferkeit, die „ein Festhalten an der gesetzlichen Meinung über das ist, was man fürchten und nicht fürchten muß" (429c). Die *eidê* der Tugenden im Plural gibt es nur für den Bereich der *doxa*. Sie sind Brechungen, durch die Polis und Seele „teilhaben an der Tugend" (432b). Dargestellt werden können die Tugenden nur in der Gestalt von *paradeigmata*, von Modellen, also die Gerechtigkeit nur in der Gestalt des „gerechten Mannes" oder des „gerechten Staates". Diese Modelle sind nun ihrerseits bloße „Gemälde" (472d), in denen noch nichts über die Realmöglichkeit entschieden ist. Und es ist auch von vornherein anzunehmen, daß „die Praxis der Wahrheit weniger nahekommt als die Rede" (473a). „Die edelsten Dinge auf Erden existieren vielleicht nur in den Worten, die sie heraufbeschwören" (N. G. Davila, *Escolios a un texto implicito*, deutsch: *Einsamkeiten*, Wien 1987, 98).

Gerechtigkeit war definiert worden als „Haben und Tun des Eigenen" (433e), also eine Definition, die hinreichend formal ist, um indifferent zu sein gegen ihre Anwendungsbereiche. Die *Politeia* ist ein Buch über die beiden Modelle der Gerechtigkeit, die gute Seele und den guten Staat. Die Frage nach der Realisierbarkeit geht nicht darauf, ob eine gerechte Seele möglich ist. Sie fragt nach der Realisierbarkeit des *politischen* Modells der Gerechtigkeit. Die Frage interessiert den Philosophen nicht primär. Im VI. Buch heißt es vom Philosophen, daß er „seinen Blick auf eine Welt richtet, wo ewige Ordnung und Unwandelbarkeit herrscht, worin die Wesen weder Unrecht tun noch voneinander leiden und worin alles nach einer himmlischen Ordnung und Vernunftgemäßheit geht", und daß er „dann diese Welt nachahmt und so viel als möglich davon in seinem Leben als Abbild darstellt" (500b). Daß er „sich nicht auf seine persönliche Bildung beschränkt, sondern die in jeder Welt geschauten Ideen in das Bürger- und Staatsleben verpflanzt", das ist nur zu erwarten, „wenn ihm irgendein Zwang auferlegt wird" (500d). Es ist, wie Platon mehrfach betont, unwahrscheinlich. Bei der Verwirklichung der Gerechtigkeit in der Seele verhält es sich umgekehrt. Sich der Idee der Gerechtigkeit zuzuwenden, macht nämlich die Seele schon von selbst gerecht. Daß nämlich jemand mit etwas gern umgeht – also mit der himmlischen Ordnung –, „ohne es nachzuahmen, ist unmöglich" (500c). Im übrigen gibt es nach Platon den gerechten Staat bisher nirgendwo, er ist Utopie. Die gerechte Seele aber gibt es, nämlich die des Sokrates. Ab esse ad posse valet conclusio.

Es kommt aber noch etwas hinzu, das eine Asymmetrie zwischen Seele und Staat begründet und die Seele zum vollkommenen Modell der Gerechtigkeit macht. Der vollkommene Staat, wenn er überhaupt möglich ist, setzt voraus, daß die meisten Seelen gerade nicht vollkommen gerechte Seelen sind. Wären nämlich die meisten Seelen Modelle der Gerechtigkeit, dann bräuchte und könnte es den besten Staat gar nicht geben. Die Perfektion der Künste, auf der dieser Staat beruht, setzt ja Ausdifferenzierung und Perfektion der Arbeitsteilung voraus, was dem Gedanken einer möglichst allseitigen Entfaltung jedes einzelnen Menschen entgegengesetzt ist. Im vollkommenen Staat soll ja jeder nur *eine* Sache tun, damit alles, was getan wird, optimal getan wird. Außerdem kommen die meisten Menschen im besten Staat nur mit *einem* Seelenteil vor. Sie repräsentieren entweder das *epithymêtikon* oder den *thymos* und sind daher der Selbstregierung nicht fähig. Ihre Vernunftleistung besteht im wesentlichen in der Bereitschaft, sich von der Vernunft eines Vernünftigeren regieren zu lassen. Deshalb wird der christliche Platoniker Augustinus fast ein Jahrtausend später schreiben, daß der Staat nicht eigentlich für die Christen gemacht ist, weil diese, um gut zu handeln, der staatlichen Gratifikationen und Sanktionen nicht bedürfen (*De civitate Dei* XV 14). Weil ihre Seelen gerecht sind, erwarten sie vom Staat nicht primär Gerechtigkeit, sondern irdischen Frieden, den die Bürger der *civitas Dei* ebenso schätzen wie die der *civitas terrena*: „pax bonis malisque communis" (XIX 26). Aber die *civitas terrena* ist für sie nicht mehr der Ort des guten Lebens. Sie leben in ihm als *advenae*, als Fremde. Hegel hat die beiden Positionen im neuzeitlichen christlichen Staat versöhnt gesehen. Die durch das Christentum „substantiell" gewordene Subjektivität ist nach Hegel Grundlage eines neuen Staatstypus. In ihm ist die Wahrheit als von allen gewußte anwesend und deshalb nicht nur gedanklich in der Gestalt des Philosophen. Hegel schreibt mit Bezug auf Platons Philosophenkönige: „Plato war es nicht verliehen, dahin fortgehen zu können, zu sagen, daß, solange nicht die wahrhafte Religion in der Welt hervortritt und in den Staaten herrschend wird, das wahrhafte Prinzip des Staates nicht in die Wirklichkeit gekommen ist" (Hegel, *System der Philosophie*, Sämtliche Werke, ed. Glockner, Bd. 10, 444).

Platons bester Staat als Modell der Gerechtigkeit geht davon aus, daß tatsächlich die meisten Menschen eigene Einsicht in das für sie selbst und für alle Gute nicht besitzen und sich selbst deshalb nicht regieren können, wohl aber sich vom Einsichtigen zu freiwilligem Gehorsam überreden lassen. Allerdings lassen sie sich vom Verführer auch überreden, denn hätten sie ein Kriterium, wahre und falsche Meinungen zu unterscheiden, dann wären sie ja selbst Wissende. Nur der Philosoph hat ein solches Kriterium, also der, durch dessen Macht allein der beste Staat wirklich werden könnte. Folglich kann es keine Methode geben, die wahrhaft Wissenden an die Macht zu bringen. Der Zusammenfall von Macht und Philosophie ist deshalb ein Glücksfall bzw. eine göttliche Fügung, eine *theia moira* (*VII. Brief* 326b), eine *theia epipnoia* (499b) oder eine *theia tychê* (592a). Empirisch gesehen ist es äußerst unwahrscheinlich, daß ein Machthaber sich der Philosophie ernstlich zuwendet. Und umgekehrt sind Philosophen nicht an Macht interessiert. Zwar würde das höchste Glück darin bestehen, „nebst dem Heil der eigenen Seele auch das des Staates zu bewirken" (497a). Durch diese Tätigkeit würde der Philosoph sich auch selbst am meisten vervollkommnen. Aber die Chance hierfür ist zu gering und das Risiko, sich zu korrumpieren, zu groß. Das Daimonion, das den Sokrates vor dieser Gefahr bewahrt hat, ist – nicht mit so etwas wie dem Gewissen zu verwechseln – eine persönliche Eigentümlichkeit des Sokrates, die nicht verallgemeinert werden darf (496c). Deshalb wird der Philosoph es in der Regel vorziehen, sich wie beim Platzregen unterzustellen, sein eigenes Leben von Ungerechtigkeiten frei zu halten, um einmal „mit guter Hoffnung, heiter und guten Mutes Abschied zu nehmen" (496e). Er wird seinen Rat nicht aufdrängen um den Preis, sich Feindschaften zuzuziehen, sondern lieber „schweigen und das Bessere für sich und für seine Polis von einer höheren Macht erbitten" (*VII. Brief* 331). Wenn er tatsächlich über eine besondere Überredungskunst verfügen sollte, dann wäre das wieder ein unwahrscheinlicher Zufall. Der Arzt *als* Arzt kann nicht besser überreden als ein Quacksalber. Da kunstgemäß regieren – entgegen Thrasymachos – heißt, das Wohl der Regierten besorgen, müßte, wenn es mit rechten Dingen zuginge, das Volk den Philosophen bitten zu regieren (489c). Und wenn er der Bitte entspricht, so vor allem aus Abneigung gegen die Strafe, von Menschen regiert zu werden, die schlechter sind als er selbst (347c).

Anders im bereits etablierten besten Staat, der seine zur Regierung bestimmten Philosophen heranzieht wie der Bienenstaat seine Königin. Solche Philosophen werden in die Höhle zurück, also „zum Herrschen wie zu einer unabwendbaren Notwendigkeit gehen" (520e), denn sie sind gerade die, die im Herrschen gar nicht ihre eigentliche Lebenserfüllung suchen. In diesem besten Staat wäre durch göttliche Fügung die Einheit von Macht und Wissen institutionalisiert. Das Gelingen eines solchen Staates würde zum Vorbild für die ganze Menschheit werden (*VII. Brief* 335c). Es ist also von einer solchen Fügung abhängig, ob es eine Erlösung für die Staaten, ja für die Menschheit gibt.

Welches ist der theoretische Status der Lehre von den Philosophenherrschern bei Platon? An dieser Frage entscheidet sich, worum es sich bei der *Politeia* im Ganzen handelt. Eingeführt wird dieses Lehrstück nicht primär aus inhaltlichen, strukturellen Gründen. Die Beschreibung des besten Staates war ja mit der Beschreibung der Funktion, des Status und der Erziehung der Wächter eigentlich abgeschlossen. Und tatsächlich verzichtet Platon auch so gut wie völlig auf eine Funktionsbeschreibung der Philosophenherrscher. Was er ausführlich darstellt, ist statt dessen ihr Persönlichkeitsprofil (481a–487a). Es ist das Persönlichkeitsprofil des „vollkommen gerechten Mannes" (472c), des Prototyps der Gerechtigkeit, um den es in der ganzen *Politeia* geht. Nach der gerechten Seele wurde anfangs gefragt. Der gerechte Staat sollte als analoges Makromodell dienen, und wir sahen: dieses Makromodell setzt voraus, daß die einzelnen Seelen im Staat nicht selbst schon „vollkommen gerecht" sind. Im Herrscher des besten Staates aber kommt es zur Konvergenz der beiden Modelle der Gerechtigkeit. Die vollkommen gerechte Seele gleicht dem vollkommen gerechten Staat. Aber der vollkommen gerechte Staat ist nur möglich, wenn an seiner Spitze ein Mensch mit vollkommen gerechter Seele steht, einer Seele, durch die hindurch das Gute selbst wie die Sonne in die Polis hineinstrahlt. Nur unter dieser Bedingung ist die beste Polis möglich. Was der König dieses Staates, nachdem dieser einmal eingerichtet ist, tut, ist, wie es im *Politikos* heißt, „nach Vernunft und Kunst den im Staat Lebenden immer das Gerechteste austeilen und dadurch sie erhalten und immer vom Schlechteren zum Besseren führen" (Pol. 297b). Das Gerechte ist das Erhaltende, indem es jeden „in dem Seinen" hält. Der König wacht über die Hierarchie der Künste, die Kunstgemäßheit aller Tätigkeiten, die richtige Zuordnung der einzelnen zu den ihnen angemessenen Funktionen und den richtigen Einsatz von Lohn und Strafe. Er ist der oberste Richter.

Der beste Staat kann aufgrund seiner Gerechtigkeit absolute Loyalität seiner Bürger verlangen. Auch die bestehenden Staaten haben Anspruch auf Gehorsam, aber dieser Anspruch ist anders begründet. Wenn Sokrates es ablehnt, sich der Hinrichtung durch Flucht aus dem Gefängnis zu entziehen, dann beruft er sich dabei auf einen stillschweigenden Vertrag. Der Bürger, der in guten Zeiten von seinem Auswanderungsrecht keinen Gebrauch gemacht hat, kann, wenn die Gesetze sich gegen ihn kehren, diesen auch dann nicht plötzlich den Gehorsam verweigern, wenn ihre Anwendung ungerecht ist (Kr. 51e). Für „normale" Staaten gilt eine vertragliche Legitimitätsbasis. Die Legitimitätsbasis des besten Staates ist, daß er der beste ist, also seine Gerechtigkeit.

Bisher gibt es diesen Staat nicht. Würde es ihn einmal geben, so wäre das für Platon das weltgeschichtliche Ereignis schlechthin, sozusagen das Ereignis der göttlichen Inkarnation in der politischen Sphäre (vgl. Pol. 303b). Wenn der beste Staat, der Staat mit dem Philosophenkönig so unwahrscheinlich ist, warum dann Platons Sorgfalt als „Maler" dieses Staates? Offenbar hat dieses *paradeigma* auch den wirklichen, den „normalen" Staaten gegenüber eine Bedeutung, nämlich die eines maßgebenden „Mythos, der wie ein göttlicher Wahrspruch bei uns gelten möge" (Leg. 712a). So gibt Platon im *Politikos* eine Typologie von Staatsverfassungen. Er unterscheidet drei gute und drei schlechte, drei gesetzliche und drei ungesetzliche: Monarchie, Aristokratie und demokratischen Verfassungsstaat auf der einen Seite, Tyrannis, Oligarchie und gesetzlose Demokratie auf der anderen. Was dabei auffällt, ist, daß unter den guten Regimen die unbeschränkte Herrschaft des Philosophen gar nicht vorkommt, obgleich sie kurz zuvor als die einzig richtige dargestellt wurde. Wer nämlich unmittelbar und ohne abstrakt generalisierende Gesetze imstande wäre, dauernd konkrete Fallgerechtigkeit zu üben, also „nach Vernunft und Kunst denen im Staat immer das Gerechteste auszuteilen", der würde durch allgemeine Gesetze nur ungebührlich behindert. Und die Anwendung allgemeiner Gesetze kann dem einzelnen nie so gerecht werden wie eine weise Einzelfallentscheidung ohne Präzedenzwirkung. So heißt es im VI. Buch der *Nomoi* zur Begründung der gemischten Verfassung, daß das wahre Prinzip der Gerechtigkeit und Gleichheit, von dem das Wohl der Staaten abhängt, darin besteht, Gleichen Gleiches, also jedem das ihm nach seiner Natur gemäße zuzuteilen. Da aber das wahrhaft Gemäße Menschen nur beschränkt zugänglich ist, muß, zur Vermeidung großer Ungerechtigkeit dieses proportionale Prinzip durch ein arithmetisches Gleichheitsprinzip ergänzt und modifiziert werden (Leg. 757a–e). Nur Gott kann jedem einzelnen in seinem Wesen vollkommen gerecht werden. Die Weisheit des Philosophenkönigs ist in Wahrheit göttlich. Der Philosoph ist des Guten selbst ansichtig geworden. Das Gute selbst ist im Verhältnis zu den Ideen nicht noch einen Grad abstrakter, sondern umgekehrt: es ist die Macht, die alles Einzelne zur Teilhabe an der es jeweils konstituierenden Idee bewegt. „Jenseits des Wesens" steht es auch jenseits der Unterscheidung von Allgemeinem und Besonderem. Wer mit Bezug auf bestimmte Seinsregionen ein Wissender ist, kann mit Bezug auf das Einzelne, also auf die Erfahrung, unbeholfen sein. Wer das Gute weiß, der weiß es auch im Einzelfall und kann die Seelen der einzelnen besser machen.

Im Unterschied zur *Politeia* ist der *Politikos* – ebenso wie die *Nomoi* – wirklich ein Buch über Politik. Auch hier hält Platon daran fest, daß der „von einem königlichen, mit Einsicht begabten Mann" (Pol. 294a) regierte Staat besser ist als der Gesetzesstaat. Aber die Frage der Realisierung ist hier wichtiger als die der theoretischen Möglichkeit. Und so auch die Hobbessche Frage: Quis iudicabit? Was ist, wenn jemand zu Unrecht beansprucht, ein Philosoph zu sein und daraus das Recht ableiten würde, gesetzlos zu regieren? Das wäre weit schlimmer als die unbedingte Geltung allgemeiner Gesetze, die blinde Justitia. Die Tyrannis ist nicht die der Philosophenherrschaft nächstverwandte Regierungsform, sondern die ihr am extremsten entgegengesetzte. Nun gibt es aber niemanden, der beurteilen kann, ob jemand ein Wissender ist oder nur zu sein behauptet. Es gibt kein denkbares Verfahren, diese Frage von einem neutralen dritten Standpunkt aus zu entscheiden. Hier gilt das Wort: „Der geistliche Mensch beurteilt alles, er selbst aber wird von niemandem beurteilt" (1. Kor. 2,15). Infolgedessen wird die übergesetzliche Herrschaft des Philosophen im *Politikos* überhaupt nicht unter die legitimen Staatsformen aufgenommen. Sie hat diesen gegenüber sozusagen eine regulative Funktion. Sie hat ihnen gegenüber den Status, den die Idee der Gerechtigkeit selbst gegenüber dem besten Staat hat. Sie ist das Urbild, und alle Verfassungen sind *mimêmata*, Nachahmungen, dieser einen wahren. Alle Verfassungen, nicht nur die guten. Die schlechten ahmen die Philosophenherrschaft formal nach, nämlich durch die Unumschränktheit und Gesetzlosigkeit der Herrschaft, die guten material, also dadurch, daß das, was aufgrund der Gesetze geschieht, dem möglichst nahekommt, was unter der absoluten Herrschaft des Philosophen ohne Gesetze geschehen würde. Der absoluten Herrschaft des Philosophen ist also am ähnlichsten nicht die absolute Herrschaft des Nichtphilosophen, sondern – nach Leg. 712 ff. – das *regimen mixtum*, eine Verfassung mit monarchischen, aristokratischen und demokratischen Elementen, also eine Ordnung, in der es weder Sieger noch Besiegte, sondern ein bonum commune gibt.

Dieser Verfassung gegenüber rückt nun das ideale Modell der Gerechtigkeit selbst in die Nähe der Idee. Es ist insofern ein unpolitisches, abstraktes Modell, als in ihm die Menschen gar nicht mit ihrer ganzen Wirklichkeit vorkommen, sondern nur so, daß das Ganze der Polis die gleiche Struktur wie die ganze Seele haben kann. Deshalb sind die eigentlich politischen Schriften Platons Schriften über den zweitbesten Staat (Leg. 875d), einen *deuteros plous*, eine „zweite Ausfahrt" (Pol. 300e) analog zu derjenigen, von der Sokrates im *Phaidon* spricht, um die Ideenlehre als empirisch gefärbte „Brechung" der für sich genommen folgenlosen Theorie eines universalen *nous* zu charakterisieren (Phd. 99d). Es geht in ihnen um Verfassungsstaaten, in denen, wie die Eumeniden in der Polis der Athene, das Bild des besten Staates „wie eine alte heilige Sage als göttlicher Wahrspruch" gegenwärtig ist.

Warum bleibt diese Form der Anwesenheit wichtig? Warum hat tatsächlich dieses Buch in unserem Denken einen solchen bleibenden mythischen Platz? Warum kann nach Platons Ansicht, für die vieles spricht, auch eine Demokratie nur dann stabil und für Menschen wohltätig sein, wenn die Seelen ihrer Bürger nicht selbst „demokratisch" sind, wenn sie selbst nicht „Demokratisierung" zum Lebensinhalt macht, sondern wenn in ihren Mythen der abwesende König anwesend bleibt? (Der Ursprungsmythos der athenischen Demokratie war die Geschichte des Königs Kodros, der sich für die Stadt opferte, so daß niemand würdig war, sein Nachfolger zu werden.)

Es geht bei den Philosophenkönigen um das Grundproblem der Legitimität politischer Herrschaft. Das Problem stellt sich gerade wegen der Asymmetrie von Staat und Seele. Die Herrschaft der Vernunft in der Seele bedarf keiner Legitimation, weil sie *physei* ist. Die Vernunft ist von Natur das *hêgemonikon*. Wenn sie herrscht, hat der Mensch das Bewußtsein, frei und befreundet mit sich selbst zu sein. Er selbst ist es, der „sich" regiert. Er tut, was er will, weil er weiß, was er will. Im Unterschied dazu ist Herrschaft im Staat deshalb ein Problem, weil hier nicht Vernunft über das Begehren herrscht, sondern Menschen über andere Menschen, die doch ihrerseits auch, wenn auch in geringerem Maß, vernünftige Wesen sind. Das Problem liegt darin, daß, wie es im *Politikos* heißt, die Hirten der Polis eben nicht Schafe hüten, sondern derselben Art angehören wie die Herde (Pol. 275b).

Nun ist es charakteristisch für die Platonische und, mit Einschränkungen, auch für die Aristotelische Staatsphilosophie ebenso wie für die ganze spätere naturrechtliche Tradition, daß die Legitimation von Herrschaft in letzter Instanz nicht eine formale, verfahrensrechtliche ist, sondern eine inhaltliche. Formale Verfahren legitimieren nicht, sondern bedürfen selbst der Legitimation. Und ihre einzige Legitimation besteht darin, daß sie, aufs Ganze gesehen, inhaltlich die relativ gerechtesten Resultate gewährleisten. Wenn sie ein offensichtlich schlechtes Resultat produzieren, muß dieses korrigiert werden. So kennen mittelalterliche Wahlordnungen – im Anschluß an die Ordnung der Abtwahl in der Regel des heiligen Benedikt – den Begriff des „gesünderen Teils", der *sanior pars*, deren Sache es sein kann, die Entscheidung einer korrupten oder notorisch unweisen Mehrheit zu korrigieren. Uns erscheint das befremdlich. Wir kennen so etwas in der jüngeren Geschichte nur noch aus Vorgängen in der kommunistischen Partei, die ja ihren Herrschaftsanspruch selbst überhaupt nicht formal, sondern nur durch einen materialen Wahrheitsanspruch begründete. Aber aus platonischer Perspektive ist schon diese Analogie unzulässig, weil sie ihrerseits formal ist und von inhaltlichen Differenzen absieht. Wenn Platon nicht drei, sondern sechs Staatsformen unterscheidet, dann ist der Unterschied der drei guten von den drei schlechten primär ein inhaltlicher. In den guten orientieren sich die Herrschenden am Gemeinwohl, in den schlechten regieren sie nur zu ihrem eigenen – vermeintlichen – Vorteil. Allerdings schlägt sich dieser inhaltliche Unterschied auch in einem formalen nieder. In den guten Staaten gibt es, was es in dem idealen besten nicht gibt, unveränderliche Gesetze. Die schlechten sind, wie der beste, gesetzlos.

Weil die menschlichen Hirten derselben Art angehören wie die Herde, sind sie eigentlich zur Herrschaft gar nicht befugt, sondern nur der Gott, „weil er allein nach Art und Weise der Hirten für die menschliche Erhaltung Sorge trägt" (Pol. 275b). Der Satz Lincolns „No man is good enough to govern another man without that others consent" steht ebenso in platonischer Tradition wie seine Voraussetzung: „the nation under God". Jede menschliche Herrschaft bedeutet Fremdbestimmung. So sah es Thrasymachos im I. Buch der *Politeia*, wenn er betont, daß jeder Hirt zum eigenen Vorteil regiert. Denn *jeder* handelt zum eigenen Vorteil, darüber besteht in der Antike Konsens. Darum müssen im gemischten Regime, wie es die *Nomoi* vorsehen, die Interessen aller repräsentiert sein, und es muß die akkumulierte Erfahrungsweisheit über das Zuträgliche ihren Niederschlag in Gesetzen finden. Allerdings können solche Gesetze auf die Länge das Wohl der Polis nicht sichern, so wenig wie schriftlich fixierte Kunstregeln, hinter denen nicht mehr ein Wissen von der Funktion der herzustellenden Gegenstände steht (vgl. Pol. 297d–300c). Der Informationsverlust ist unvermeidlich.

Anders wäre es, wenn jemand ein wirkliches Wissen über das Zuträgliche besäße. Solchem Wissen müßte die bloße Erfahrungsweisheit der Gesetze weichen. Die Befürchtung, er würde seinen Vorteil auf Kosten der Regierten suchen, wäre hinfällig. Denn wem sich das Gute selbst wirklich gezeigt hat, der *weiß*, daß es wesentlich das Gemeinsame ist (Gorg. 505e). Indem er das Wohl der Regierten besorgt, tut er das Beste für sich selbst, denn jede Kunst ist dem, der sie hat, zuträglich, weil sie ihn vervollkommnet (Rep. 342c).

Das Gute ist das *koinon*, das Gemeinsame. Aber es ist nicht dadurch definiert, daß es das Gemeinsame ist. Eine solche Definition wäre leer, denn wenn wir wissen, daß nur das für alle Gute wirklich gut ist, wissen wir noch nicht, was denn das für alle Gute, d. h. Zuträgliche ist. Dieses Wissen kann nicht durch eine kollektivistische Ideologie ersetzt werden. Deshalb genügen für den besten Staat nicht die Wächter und ihre Eigenschaften, ihre Orientierung am Gemeinwohl. Es ist zwar Vorsorge getroffen, daß die Wächter keine individuellen Interessen haben, die nicht mit denen der Polis zusammenfallen. Das ist der Sinn ihrer Besitzlosigkeit und Ehelosigkeit. Aber diese Vorkehrung kann nicht vollständig sein, solange die Wächter nicht – als Philosophen – die persönliche Einsicht haben, daß das Allgemeine *als solches* zugleich ihr eigenes „Gutes" ist. Jede kollektivistische Ideologie läßt sich sehr wohl in ein Instrument egoistischer Profilierung verwandeln, und zwar auf Kosten des Gemeinwohls. Platon stellt diese Möglichkeit dar, wo er den Ursprung der Timokratie als erste Verfallsform des Staates aufzeigt (Rep. 545c–548d). Die Wächter sind nicht Menschen, bei denen die Linke nicht weiß, was die Rechte tut. Wenn sie edler sind als das Volk der Gewerbetreibenden, dann deshalb, weil sie nicht aus sind auf Geld und Genuß, sondern auf Ehre. Und Ehre ist die Gratifikation, die das Gemeinwesen für sie bereit hat. Es ist eine immaterielle Entschädigung, und sie ist unmittelbar definiert durch das, wofür man sie erhält: den Dienst am Gemeinwohl. Dennoch ist sie nicht selbst das gemeinsame Gute, sondern ein individueller Gewinn, und das Interesse an ihm ein egoistisches Interesse. Um Ehre zu gewinnen, muß man im übrigen vor allem gerecht *scheinen*, gleichgültig, ob man es ist oder nicht. Ehre gewinnt man vor allem durch außerordentliche Taten im Dienst der Polis. Zu solchen ist vor allem Gelegenheit im Krieg. Also besteht für die Wächter die Versuchung, den Krieg dem Frieden vorzuziehen, entgegen dem wahren Interesse des Staates.

Nur wer das Gute aus eigener Einsicht kennt, ist gegen diese subtile Versuchung gefeit, in der die Unterscheidung zwischen dem „Mein" und „Dein" und dem Guten an sich noch einmal auftaucht. Philosoph ist der, der diese Unterscheidung nicht mehr machen kann. Deshalb ist nur seine Herrschaft nicht mehr Herrschaft eines Menschen über Menschen, sondern gleichbedeutend mit göttlicher Herrschaft. Der Philosophenherrscher ist die Anwesenheit der Idee der Gerechtigkeit selbst. Allerdings muß der Philosoph, ehe er an die Spitze der Polis berufen wird, schon fünfzig Jahre alt sein (540d). Angehende Philosophen, die den Weg bis zur intellektuellen Anschauung des Guten noch nicht zuende gegangen sind, sind nämlich gegen eine egoistische Inversion der Erkenntnis selbst auch nicht gefeit. Alles Wissen außer dem Wissen des Guten ist ja nach Platon ambivalent. Es kann zum Guten und zum Schlechten gebraucht werden (vgl. *Hippias minor*). In 489d–492e, 494b–495b und 537e–540d spricht Platon über die spezifische Versuchbarkeit des angehenden Philosophen. Sie hat einen subjektiven und einen objektiven Grund. Der subjektive Grund ist die Selbstreflexion des Wissenden darauf, daß er ein Wissender ist, also die Eitelkeit. Im *Charmides* entwickelt Platon die These, daß es ein wirkliches Wissen des Wissens nicht geben kann, weil es zu einer unendlichen Iteration führen müßte. Das *arcanum* dieses Dialogs ist, daß das letztbegründete Wissen nicht mehr selbstreflexiv, sondern unmittelbare, nicht mehr hinterfragbare Anschauung des Guten ist, an dem auch jede Selbstreflexion noch zu messen ist. Solange aber diese Einsicht nicht gewonnen ist, findet unvermeidlich Reflexion auf die eigene Subjektivität des Erkennenden statt. Wenn diese Reflexion nicht terminiert in der wissenden Liebe zum Guten, kann an deren Stelle das Interesse an der eigenen Überlegenheit treten – die spezifische Gefährdung des Begabten und Schönen, zumal, wenn ihn Schmeichler umgeben (494b ff.). Große Übeltäter sind aus dem gleichen Stoff gemacht wie echte Philosophen.

Dieser subjektiven Gefährdung kommt die objektive durch die Dialektik entgegen, die wesentlich für das philosophische Curriculum ist. Der Dialektiker lernt, alle überkommenen Grundsätze traditioneller Sittlichkeit begrifflich aufzulösen. Solange er zur Erkenntnis dessen, „was in Wahrheit ist" (Hegel), noch nicht durchgedrungen ist, kann die Dialektik zu einem Tummelplatz der Eitelkeit werden und zu einem Mittel, die Sittenlosigkeit zu rechtfertigen. Darum soll die Einführung in die Dialektik erst mit dem dreißigsten Jahr beginnen, nachdem zuvor nur positive Lehrgegenstände, vor allem also Mathematik, behandelt wurden – von den Wächterdiensten nicht zu reden. Auf fünf Jahre Dialektik müssen dann weitere fünfzehn Jahre im

Staatsdienst folgen, bis das Ziel erreicht ist: philosophische Kontemplation und, als Nebentätigkeit, Staatsführung.

Der vollendete Philosoph kann nicht mehr gegen bessere Einsicht handeln. Denn dazu bedürfte er eines Motivs. Aber eben dies ist ihm abhanden gekommen. Erschiene ihm etwas als wünschenswerter denn das Gute selbst, dann wäre er gerade kein Wissender, denn es erschiene ihm etwas anders als es ist. Es gibt in den *Nomoi* eine überraschende Definition der *eschata amathia*, der „äußersten Unwissenheit". Sie ist nämlich die *diaphonia*, die Disharmonie von Lust und Unlust mit der *doxa kata logon*, der vernunftgemäßen Meinung (Leg. 389a). Lust und Unlust sind also subjektive Erscheinungsweisen des Guten. Wissend im eigentlichen Sinn ist nur der, dem die Dinge erscheinen, wie sie sind. Wo also etwas als gut erlebt wird, was es nicht ist, da ist der Erlebende kein Wissender.

Das alles widerspricht dem Common sense. Er mißtraut dem Philosophen. Adeimantos macht klar, daß die sokratische Widerlegung die Einwände gegen die Philosophenherrschaft nicht wirklich überwindet (487b). Der klassische Einwand ist der, den, Jahrtausende später, Kant so formulierte: „Daß Könige philosophieren oder Philosophen Könige würden, ist nicht zu erwarten, aber auch nicht zu wünschen, weil der Besitz der Gewalt das freie Urteil der Vernunft unvermeidlich verdirbt. Daß aber Könige oder königliche (sich selbst nach Gleichheitssätzen beherrschende) Völker die Klasse der Philosophen nicht schwinden oder verstummen, sondern öffentlich sprechen lassen, ist beiden zur Beleuchtung ihres Geschäfts unentbehrlich" (Kant, *Zum ewigen Frieden*, Werke, Akad.-Ausg. Bd. III, 369). Von Kant ist dieser Einwand zu erwarten, denn ein kantischer Philosoph ist nicht ein platonischer Philosoph. Er unterscheidet sich hinsichtlich seiner sittlichen Verläßlichkeit nicht von den Unwissenden. Die Stimme der praktischen Vernunft steht in ihm wie in allen anderen im Gegensatz zu den wesentlich egoistischen Neigungen, und die Verbindung von Moralität und Glückseligkeit bleibt eine äußerliche, die zu erhoffen Sache der Religion ist. Für Platon bedeutet Einsicht in „das Gute selbst" eine innere Verwandlung, in der die Identität des „Schönen", d. h. des Sittlichen mit dem „Guten", d. h. dem Zuträglichen, unmittelbar erlebt wird. Philosophie ist nicht nur eine bestimmte theoretische Beschäftigung, sondern ein *bios*, eine Lebensweise. Und es ist sogar wesentlich für den Philosophen, der die Polis regieren soll, daß diese Lebensweise von Anfang an Kontemplation und politische Aktion miteinander verbindet. Wer sich nur der philosophischen Theorie widmet, soll ebenso von der Macht ausgeschlossen sein wie der Nur-Politiker (Rep. 473e).

Der Einwand, mit dem sich Sokrates konfrontiert sieht, stützt sich vor allem auf zwei Vorurteile. Erstens das Vorurteil, Regierung sei überhaupt nicht eine auf Wissen beruhende Kunst, sondern bloße Empirie. Zweitens das Vorurteil, Lebensorientierung könne überhaupt nicht Sache von Einsicht sein. Philosophie gebe deshalb nicht verläßliche Lebensorientierung, sondern vermittle irgendwie instrumentalisierbares Bildungswissen, bzw. ein gewisses nützliches Denktraining, vorausgesetzt, man betreibe sie mit Maßen in der Jugend und lasse sich von ihr nicht dazu verführen, die konventionellen Maßstäbe für das, was „nützlich" heißen kann, zu hinterfragen oder gar neu zu bestimmen. Was Adeimantos hier referiert, ist fast wörtlich das Argument, das wir aus dem Mund des Kallikles im *Gorgias* kennen (vgl. 486c). Das Problem, das hier aufbricht, ist, wie alle wirklichen menschlichen Probleme, unlösbar, weil es in einen Zirkel führt. „Du würdest mich nicht suchen, wenn du mich nicht gefunden hättest", läßt Pascal Christus sagen. Das Mißtrauen gegen Argumente kann nicht mit Argumenten überwunden werden. Wer prinzipiell an der Wahrheitsfähigkeit der politischen Sphäre zweifelt, kann alle Zugeständnisse, die er unter dem Zwang der Logik gemacht hat, jederzeit wieder revozieren und sich auf den Gemeinplatz zurückziehen, das möge ja theoretisch richtig sein, tauge aber nicht für die Praxis.

Die Sache ist die: Die Menge kann Philosophen und Pseudophilosophen, Philosophen und Sophisten nicht unterscheiden, weil sie selbst aus Philosophen bestehen müßte, um das Unterscheidungskriterium zu besitzen. Das Volk hält Philosophen für Intellektuelle und Intellektuelle für Jugendverderber, die das bewährte Geltende in Frage stellen und zur Gesetzlosigkeit veranlassen. Das heißt, Philosophen werden erlebt als Dialektiker. Und denen zieht das Volk im Zweifel die wirklichen Sophisten vor. Platons Beurteilung dieser Haltung ist ambivalent, weil er die Haltung für ambivalent hält. Einerseits ist Gesetzesgehorsam tatsächlich im zweitbesten Staat das Beste. Denn das Volk hat keine Kriterien, um gute von schlechten Kritikern der Gesetze zu unterscheiden. Immerhin sind Gesetze sedimentierte Erfahrung. Andererseits nimmt Platon die Sophisten sozusagen kollegial in Schutz (492a). Sie sind nur insoweit wirksam, als sie das Volk unterhalten, bei Laune halten und seine ohnehin herrschenden Leidenschaften artikulieren. Deshalb sind nicht eigentlich sie es, die das Volk verderben. Das Volk hält sich die Verderber, die es verdient. Dabei ist es zugleich irgendwie gutmütig und würde den Philosophen auch vertrauen, wenn es nicht von den Sophisten gegen sie eingenommen würde (499d f.).

Aber weil die Menge sich eine nur durch das Gute selbst motivierte Haltung nicht vorstellen kann, ist auch der etablierte Philosophenkönig nicht gegen das jederzeit mögliche Mißtrauen der Menge gegen seine durch kein Gesetz eingeschränkte Macht gefeit. Es ist dieses Mißtrauen, das im *Politikos* als Grund des Übergangs vom besten zum zweitbesten Staat, also zum Verfassungsstaat geschildert wird (Pol. 297d ff.). Dieser Übergang erinnert an den Sündenfallmythos der Genesis. Dort steht ja am Anfang des Sündenfalls ein von der Schlange suggerierter Akt des Mißtrauens in die Uneigennützigkeit des göttlichen Verbots. Im *Politikos* spricht Platon gleichnisweise vom Mißtrauen der Menge gegenüber Ärzten oder Kapitänen. Der Verdacht kommt auf, sie mißbrauchten ihre Kunst zum Nachteil ihrer Klientel. Deshalb besteht die Volksversammlung auf der schriftlichen Fixierung einer lex artis, um von nun an für die Ausbildung und Bestallung der Funktionäre eine Regel zu haben und ihre Tätigkeit kontrollieren zu können: „Vertrauen ist gut, Kontrolle ist besser" (Lenin). Daß das philosophische Wissen nicht mißbraucht werden kann, weiß die Menge nicht, vor allem, weil sie erlebt, daß es wohl mißbraucht werden kann, dann nämlich, wenn es an seinem höchsten Punkt noch nicht angelangt ist.

Mit dem institutionalisierten Mißtrauen ist das Beste und also auch der beste Staat definitiv verloren. Allerdings ist auch dem Schlechtesten vorgebeugt. Vor allem dann, wenn der zweitbeste Staat sich als „Nachahmung" des besten versteht und wenn die „heilige Sage" von ihm gegenwärtig bleibt. Oder wenn ein großer Arzt, der, der Regeln spottend, immer das Richtige traf, in lebendiger Erinnerung bleibt und man beim Fixieren von Regeln oder bei ihrer Anwendung fragt: „Was hätte Sokrates gesagt?"

Literatur

Brickhouse, T. C. 1981: The Paradox of the Philosophers' Rule, in: Apeiron 15, 152–160.
Krämer, H. J. 1967: Das Problem der Philosophenherrschaft bei Platon, in: Philosophisches Jahrbuch 84, 254–270.
Maurer, R. 1970: Platons „Staat" und die Demokratie, Berlin.
Reeve, C. D. C. 1988: Philosopher-Kings. The Argument of Plato's *Republic*, Princeton.

Hans Krämer

Die Idee des Guten. Sonnen- und Liniengleichnis

(Buch VI 504a–511e)

9.1 Zur Hermeneutik der Gleichnisfolge

In der Gleichnisfolge gipfeln die der Erziehung des philosophischen Wächterstandes gewidmeten drei mittleren Bücher der Staatsschrift. Platon führt das sogenannte Liniengleichnis nicht als selbständig, sondern als Teil des Sonnengleichnisses ein. Er spricht von einem „Bild" (*eikôn* 509a, 510a, vgl. 533a) und meint damit ein Abbild, das anschaulich illustrieren und zugleich verhüllen soll, da die Verhältnisse der Ideenwelt nur ersatzweise am Modell des Kosmos vorgeführt werden. (Das folgende „Höhlengleichnis" muß demgemäß den Kosmos selbst durch eine submundane Höhle symbolisieren.)

Die hier zu behandelnde Bilderfolge (von Sonne und Linie) ist insgesamt durch eine dreifache Restriktion gekennzeichnet, die bei der Auslegung des Textes beachtet werden muß (Szlezák 1985, 306–326; 1993, 98 ff.): a) der „längere Umweg" (der Dialektik) wird wie für die Tugenden so auch für die Idee des Guten nicht begangen (504b, 506d); b) darüber hinaus weicht Sokrates auch noch ins Bild (das Sonnengleichnis) aus, ohne auch nur seine (nicht dialektisch entwickelte) *Meinung* über das Gute auszusprechen (506d–e; vgl. 533a); c) auch das Bild wird nicht vollständig, sondern nur defizitär und lückenhaft ausgeführt, eine dritte Restriktion, die den die „Linie" betreffenden Teil des Sonnengleichnisses bedeutungsvoll einleitet (509c, vgl. 534a5 ff.). Platons Zurückhaltung versteht sich weniger von den gattungsspezifischen Grenzen der Staatsschrift als von der generellen Schriftkritik her, die er am Ende des *Phaidros* und ähnlich im *VII. Brief* entwickelt. Sie erklärt sich ihrerseits aus der geschichtlichen Übergangsstellung Platons zwischen (archaischer) Oralität und sich ausbreitender Literalität. Sein Werk liegt nämlich der Wendung zur „inneren Verschriftlichung" (R. Harder) der griechischen Kultur noch voraus und gehört der älteren Epoche der „inneren Oralität" zu. Diese ist durch die folgenden Merkmale gekennzeichnet: Primat der Mündlichkeit – Wiedererinnerungs- und Speicherfunktion der Schrift für das gesprochene Wort (so Platons Hypomnematheorie der Schrift im *Phaidros* 275a, d; 276d; 278a1) – dialogische Stilisierung der Schrift, die dadurch an das mündliche Gespräch angenähert wird. Platon begründet den Primat der Mündlichkeit mit ihrer Personalität, der Langfristigkeit von Aneignungs- und Bildungsprozessen sowie der Rückkopplung und Kontrolle des Verstehens in der direkten Kommunikation. Die Rede erhält ferner auf Grund ihres methodischen Vorrangs auch einen sachlichen Mehrgehalt zugesprochen. Die innere Oralität führt damit bei Platon zu einer partiellen inhaltlichen Differenz zwischen Rede und Schrift. Sie schlägt sich in der Zweigleisigkeit von literarischer und doxographischer – ursprünglich ungeschriebener und nur mündlich vorgetragener – Überlieferung nieder.

Für die Interpretation des literarischen Œuvres folgt daraus: Ein moderner Begriff von autarker Literatur ist Platon gegenüber prinzipiell unangemessen. Affirmativ gewendet bedeutet dies, daß zuletzt die indirekte Überlieferung in die Auslegung einzubeziehen und mit der literarischen im hermeneutischen Zirkel zu vermitteln ist. Platons Hauptwerk steht dabei zur innerakademischen Lehre in einem besonders engen Verhältnis: Es ist vermutlich über ein Jahrzehnt nach der Gründung der akademischen Schule verfaßt und publiziert worden und muß darum heute wie damals auf dem Hintergrund der Akademie gesehen werden. Es kulminiert ferner in der Eröffnung des Guten selbst, und unter dem Titel „Über das Gute" hat Platon auch in der Akademie seine mündliche Lehre vorgetragen. Hinzu treten Äußerungen der Zurückhaltung in den mittleren Büchern der Staatsschrift selbst, die, wie gezeigt, das Wesen des Guten, aber auch andere Themen betreffen (Rep. 435d, 509c, 530d1, 532d4 ff., 533a, 534a, 611b f.; vgl. 528a ff., 545d ff.). Da hier stets wie beim Guten bestimmte „Meinungen" Platons im Hintergrund stehen, läßt sich die Darstellung Platons nicht als bloßes Programm abtun. Gegen die chronologische Abtrennung von der indirekten Überlieferung spricht außerdem, daß wir mit ihrer Hilfe die Schwierigkeiten des *Politeia*-Textes weitgehend vollständig und einheitlich verstehen können. Dieser Befund ist am besten so zu erklären, daß Platon über die Lösungen schon bei der Niederschrift der *Politeia* verfügte. Ferner müßten die Angaben über die Ausbildungsfristen des Curriculums ohne schon bekannte Inhalte willkürlich erscheinen. Schließlich belegen die Referate keine Spätdatierung der Ungeschriebenen Lehre Platons; dagegen führen die einschlägigen Aussagen des *VII. Briefes* bis zur Zeit des *Phaidros* zurück, dessen Schriftkritik ihrerseits auf die *Politeia* anspielt und sie von der Mündlichkeit abgrenzt (276e im Kontext).

Die Idee des Guten ist der Schlüsselbegriff der Gleichnisfolge. Was das Gute ist, wird jedoch im Text nach Namen, Definition, Zusammenhang und Funktion erklärtermaßen nicht entfaltet. Für nicht mündlich Vorbelehrte ist der Text daher, wie weithin anerkannt ist, gerade in den Hauptpunkten nicht verstehbar. Da der dialektische Aufstieg zum Guten nicht einmal ausreichend skizziert, geschweige denn durchgeführt wird, vermittelt der Text weder eine dialektische noch eine (davon abhängige) noetische Einsicht in das Gute. Die innerakademische Lehre Platons bietet demgegenüber mit der dialektischen Schrittfolge zum Guten hin und mit seiner Bestimmung als Einheit alle Voraussetzungen für seine adäquate Erfassung. Wer trotzdem von der Ergänzungsbedürftigkeit des Textes nicht überzeugt zu sein vorgibt, ohne über eine bessere und zugleich historisch abgesicherte Verstehensalternative zu verfügen, dem geht es offensichtlich mehr um die ebenso vordergründige wie unhistorische Autarkie des Textes als um die Sache der platonischen Philosophie und deren Verständnis.[1]

---

1 Ob die modernen Interpreten das innerakademische Komplement der Texte heute noch verstehen können, ohne den entsprechenden Bildungsgang der Akademie durchlaufen zu haben – das gleiche gilt auch für Platons Schriften, die ja primär nur wiedererinnern sollen –, kann nach Art und Grad nicht in abstracto, sondern nur auf Grund der hermeneutischen Erfahrung selbst entschieden werden.

9.2 Zum Erkenntnisstatus der Idee des Guten

Im Rahmen der Erziehung der philosophischen Staatswächter geht Platon 503e zur letzten Stufe der „größten Lehrstücke" über. Sie treten von 504d an im Singular auf und werden mit der Idee des Guten identifiziert. Diese soll hier wie die Tüchtigkeiten (Gerechtigkeit, Besonnenheit u. dgl.) in Buch IV nicht auf dem „längeren Umweg" (der Dialektik) und insofern nicht mit größter „Exaktheit" behandelt werden, obwohl der Ausbildungsgang der Philosophen eben dies vorsieht. Was bedeutet die Exaktheit des „längeren Weges" und insbesondere die „größte Exaktheit" für das „größte Lehrstück", das Gute? Exaktheit wird erreicht durch den Rückgang zum Intelligiblen in seiner Einzigkeit, Einfachheit (Unteilbarkeit) und Unveränderlichkeit (vgl. Phil. 57d, 59a). Wie sonst bei Platon (z. B. Pol. 284d1 f.) ist auch hier die formale Methodik ontologisch in paradigmatischen Entitäten begründet. Platon spielt darauf an, wenn er eine beiläufige Bemerkung des Partners ins Wortspiel wenden und von einem vollkommenen, d. h. exaktesten Maßstab (*metron*) sprechen läßt, der zumal beim „größten Lehrstück" zur Geltung kommen müsse. Dieses weitläufige Ausspinnen des Exaktheitsgedankens, der doch bei der folgenden Erörterung erklärtermaßen gar nicht zur Anwendung gelangt, legt es nahe, daß Platon hier bestimmte, ihm wichtige Sachverhalte im Auge hat: Es ist wahrscheinlich, daß die größte Exaktheit eben im größten Lehrstück, dem Guten selbst, gründet und daß Platon hier auf das Gute als „exaktesten Maßstab" anspielt (vgl. die dem *Politikos* präludierende Meßkunst, *Protagoras* 356 f. sowie Kurz 1970, 99 ff., 152). Dem Guten würden dann die Charaktere des Exakten (Einzigkeit, Unteilbarkeit) per eminentiam zukommen.

Daß die Idee des Guten das „größte Lehrstück"[2] sei, wird beim Gesprächspartner merkwürdigerweise als bekannt vorausgesetzt, ebenso die weitere Bestimmung, daß wir kein hinreichendes Wissen davon haben (505a). Mag auch vom Guten in früheren Dialogen in anderer Formulierung die Rede gewesen sein, die weitere Formulierung und die Zusatzbestimmung fin-

---

2 *Megiston mathêma* („größtes" im Sinn von wichtigstes; „Lehrstück": Die Lern- und Lehrbarkeit ist damit grundsätzlich vorausgesetzt).

den sich dort nicht, so daß ein binnenliterarischer Bezug ausscheidet. Es handelt sich offensichtlich um eine Erinnerung an Platons mündliche Lehrtätigkeit, primär für Akademiemitglieder, in zweiter Linie auch für solche Leser gedacht, die vom Hörensagen davon Kenntnis bekommen haben mochten.

Daß Sokrates-Platon kein hinreichendes Wissen vom Guten besitzt, wird noch weiter ausgeführt (506b–c) und anstatt auf Wissen nur auf (richtige) Meinung (*doxa*) Anspruch erhoben. Der Unterschied erklärt sich durch die fehlende weitere Rechenschaft und Begründung der Meinung gegenüber dem Wissen (z. B. Men. 98a, Symp. 202a, Tht. 201c f.). Darin liegt im vorliegenden Zusammenhang kein Eingeständnis eines Noch-nicht-erreicht-Habens oder gar eines prinzipiellen Nicht-erreichen-Könnens, sondern eher die auch bei Aristoteles (An. post. II 19, EN VI 6, Met. III 2; vgl. die Alternativen An. post. I 3) greifbare Einsicht, daß letzte Prinzipien oder Axiome nicht mehr selbst regulär begründet werden können, ohne daß man in einen Regreß gerät. Es gibt indessen Indizien für die Annahme, daß Platon die Probleme von Definition und Beweis in diesem Fall auf eine andere Weise gelöst und darum auch das damit verknüpfte Verstehen (*noêsis*: intellektuelle Anschauung 534b f.) für möglich gehalten hat (Krämer 1966 und 1990).[3]

Platon grenzt die Idee des Guten gegenüber konkurrierenden Bestimmungen des Guten wie der Lust oder der praktischen Lebensklugheit (*phronêsis*) bzw. des Wissens (506b) argumentativ ab (505b ff.). Im zweiten Fall sind die Sokratiker gemeint (möglicherweise speziell die Kyniker), im ersten „die große Menge"; doch da Platon auf diesem Punkt wiederholt insistiert (505c, 506b, 509a), könnte zugleich an den Hedonismus einer bestimmten Sokratikerschule, nämlich der Kyrenaiker, gedacht sein. Die Abgrenzung zeigt jedenfalls, daß auch Platon eine bestimmte inhaltliche Definition des Guten im Auge hat und nicht etwa eine formale Unbestimmtheit, wie dies viele vom

---

[3] Eine andere, alternierende Erklärung bietet die Annahme, daß Platon in der *Politeia* nicht vollständig in der Maske des Sokrates aufgeht (ebensowenig wie im Sokrates der Diotima-Rede des *Symposion*), daß also zwischen der Dialogfigur des Sokrates (mit letzten skeptischen Vorbehalten) und Platon selbst unterschieden werden muß.

Nominalismus geprägte Interpreten heute annehmen[4]; der weitere Fortgang des Textes wird dies bestätigen. Andererseits sind die Güter und Tüchtigkeiten am Guten selbst zu messen, das – ihnen übergeordnet – allein als Selbstzweck figuriert und darin an die Eudämonie, das erfüllte Leben im ganzen, erinnert (505a, d). Die Gleichnisfolge zeigt jedoch, daß die Ebene menschlicher Praxis hier weiterhin auf ein universales Gutes hin überstiegen wird, das kosmologische, ontologische und quasitranszendentale Funktionen versieht.[5] Die durchschnittliche Seele ist begreiflicherweise darüber im unklaren, während die Philosophen des Idealstaates darüber und über den Zusammenhang mit den Einzelgütern Bescheid wissen.[6]

Wenn Platon das Wesen (*ti esti*) des Guten nicht aufdeckt (506d f.) und seine Funktionen ersatzweise am „analogen" „Abbild" der Sonne entwickelt, so ist dies weder auf seine (vorläufige oder endgültige) Unkenntnis oder doch die Unsagbarkeit des Guten noch auch von einer sokratischen oder gar modernen (romantischen) Ironie her oder vollends als Scheinmanöver (Schmitz 1985, II 329 f.) zu deuten (in dem Sinne, daß Sokrates aus psychagogischen Gründen nur zurückzuhalten scheint, im weiteren Fortgang aber mit dem überseienden Status des Guten 509b sein Wesen doch enthüllt).[7] Man tut gut daran, die Bilder-

---

[4] Vgl. z. B. unten S. 187 f. Nr. 6.) zur hermeneutischen und für Teile der analytischen Platonexegese die Diagnose von H. Cherniss im Sammelband *Studies in Plato's Metaphysics*, ed. R. E. Allen, London 1965, 347 f.

[5] Zum Guten als Erzeugungsprinzip der Sonne unten S. 191; zum Guten als Seinsprinzip der Ideen: 509b, und als Erkenntnisprinzip: 508e f.

[6] 505e f. Es widerspricht also dem Text, auch die philosophische Seele in der Aporie zu belassen oder umgekehrt eine nähere Bestimmung des Guten auszuschließen, weil die vorphilosophische eine solche – erst zu erlernende – Qualifikation des Guten nicht intendiere.

[7] *Dagegen ist festzuhalten*: a) Man kann eine Proportion zwischen Gutem, Sonne und ihren Funktionen nur dann behaupten und zur Erläuterung heranziehen, wenn man selbst beide Glieder des Verhältnisses kennt (zur Hintergehbarkeit des Bildes ausdrücklich 533a, vgl. Phdr. 246a mit Tim. 35 f.). Im übrigen wird der übergreifende „längere Weg" der Dialektik unabhängig von der Illustration des Sonnenvergleichs nicht begangen, aber offensichtlich für möglich gehalten (z. B. 533a); Platon könnte also unter gegebenen Voraussetzungen – der geeigneten Vorbildung der Partner und Leser – durchaus bildfrei und streng dialektisch prozedieren. b) Die (seit der neuzeitlichen Romantik favorisierte) Annahme einer prinzipiellen *Unsagbarkeit* widerspricht der Feststellung des Textes, daß die

folge als propädeutische Hinführung an dialektische Zusammenhänge der Seins- und Erkenntnisordnung zu verstehen, die zugleich beim Vorwissenden in Erinnerung gerufen werden sollten. (Möglicherweise hat Platon die Illustration auch im akademischen Unterricht in hinführender Absicht verwendet.)

9.3 Das Sonnengleichnis

Platon erläutert die Vernunfterkenntnis der intelligiblen Ideen am Modell der sinnlichen Wahrnehmung, und zwar speziell des Sehens: Die Sonne verleiht den Dingen Sichtbarkeit und dem Auge Sehkraft, während das Licht als Medium zwischen beiden vermittelt. So soll auch das Gute die Erkenntniskraft, das Erkennen (*gnôsis*) und das Wissen (*epistêmê*) der Vernunft (*nous*) und andererseits die Erkennbarkeit und Wahrheit der Ideen ermöglichen – die Wahrheit, verstanden nicht als Urteilswahrheit, sondern als Erschlossenheit der einzelnen Idee, entspricht zugleich dem Medium des Lichts (508e6 f.) –, selbst aber diesen

Mitteilung nur „jetzt", „im gegenwärtigen Anlauf" nicht angezeigt sei – eine Formel, die bei Platon auch in anderen Dialogen und in bezug auf andere Themen begegnet. Ferner ist die „Meinung", die Sokrates-Platon zurückhält, propositionaler Art und daher auch verbalisierbar. Die später (534b f.) geforderte Wesensdefinition des Guten setzt seine Benennbarkeit a fortiori voraus. c) Sokratische *Ironie* liegt nicht vor, da Sokrates sich hier nicht als Nichtwissender verkleinert, sondern im Gegenteil *mehr* zu kennen behauptet, als er sagt. Romantische Ironie, die alle Setzungen wieder zurücknimmt, ist Platon ohnehin ganz fremd. d) Die Aussage, das Gute sei überseiend, bietet keine Wesens-, sondern nur eine Verhältnisbestimmung, die innerhalb des Bildes verbleibt und auch nicht – im Sinne des „längeren Weges" – dialektisch begründet wird. Demgemäß wird die Definition des Guten 534b f. als noch ausstehend bezeichnet. Im übrigen sind die verschiedenen Funktionen des Guten von seinem überseienden Status her nicht erklärbar, sondern werden dadurch nur noch rätselhafter gemacht. e) Neuere Versionen des Unsagbarkeitstopos (z. B. Wieland 1976, 31 ff.) verknüpfen die Bildmetaphorik Platons teils mit der Undefinierbarkeit des Guten bei G. E. Moore, teils mit einem vorprädikativen Gebrauchswissen und andererseits mit einer hermeneutisch-applikativen Auffassung des Guten, das in einzelnen praktischen Situationen aufgeht und daher als ganzes ungreifbar bleibt. Diese Deutung ist nominalistischer Herkunft, überspringt die Äußerungen der Zurückhaltung Platons im Text sowie die aristotelische Kritik am platonischen Guten und versagt vor der Erklärung seiner verschiedenen Funktionen (siehe das Folgende).

ihren Derivaten dem Rang nach vorhergehen.[8] In einem zweiten, kühneren Schritt wird die Analogie noch weiter ausgezogen: Wie die Sonne den Dingen des Kosmos Wachstum und Werden verleiht, ohne selber dem Werden zu unterliegen, so das Gute den intelligiblen Ideen ihr (unwandelbares) Sein, wobei es selbst an Rang und Macht über das Sein noch hinausragt. Der Vergleich wird hier ein wenig unscharf, da die generative Wirkung der Sonne nur den sublunarischen Raum (nicht auch den Himmel mit den Gestirnen) erreicht, während das Gute den gesamten Bereich des Intelligiblen im Sein hält.[9]

Schwierigkeiten bereitet hier zunächst, wie das Gute, das „größte Lehrstück", als Erkenntnisgrund jenseits der Wahrheit stehen kann, und ebenso, welchen ontologischen Status es einnimmt, wenn es den der Seinsheit überragen soll. Platon scheint die Sonderstellung des Guten im Folgenden (518c9, 526e3 f., 532c6, 533a3) insoweit abzuschwächen, als dem Guten selbst doch in einem erweiterten Sinne Wahrheit und Sein zukommen (im Unterschied zur spezielleren Wahrheit und Seinsheit, die im Gleichnis der einzelnen Idee vorbehalten bleiben). Weit problematischer ist jedoch, daß dem Guten hier erkenntnis- und seinsbegründende Funktionen zugeschrieben werden, die weder aus der im Griechischen geläufigen Semantik von „gut" noch aus dem Vergleich mit der Sonne verständlich gemacht werden können. Die moderne Platonexegese hat in verschiedener Weise versucht, die Erkenntnis- und Seinsfunktionen mit dem werthaften Grundcharakter des Guten zu vereinbaren, hat aber die Diskrepanz in keinem Falle völlig ausräumen können:

(1) Die teleologische Erklärung („Alles ist um des Guten willen", in Anlehnung an Phd. 97c f.: de Strycker 1970, 455) setzt sich darüber hinweg, daß das Gute in der Staatsschrift wie die Sonne überall – selbst im engeren Bereich des Werthaften (506a, 517c) – als Wirkursache, nicht als Finalgrund auftritt. Die Probleme der Erkenntnisbegründung lassen sich in dieser teleologischen Perspektive vollends nicht erklären.

---

8 Damit ist indirekt auch die Bestimmung des Guten als praktische Einsicht bei den Sokratikern unter- und eingeordnet.
9 Der Ausdruck Seinsheit (*ousia*) präzisiert den zuerst genannten des (infinitivischen) Seins (*einai*) und bezeichnet die formale ontologische Selbständigkeit und Subsistenz der einzelnen Idee, nicht jedoch ihr inhaltliches Wesen („Essenz").

(2) Umgekehrt greift die Deutung, das Gute sei Erkenntnisprinzip, weil ohne Bevorzugung eines Guten oder Besseren keine Erkenntnis möglich sei (v. Fritz 1966, 150), zu kurz, da sie der Erfassung der Intelligibilia unangemessen und der späteren sensualistischen (hellenistischen oder modernen) Erkenntnistheorie entlehnt ist. Auch die erweiterte Version, in alle ontologischen und gnoseologischen Probleme spielten Wertfragen hinein (Annas ^{5}1988, 246 f.), ist eine Verlegenheitslösung, die die Ontologie modernisierend subjektiviert, während Platon Erkenntnis- und Seinslehre einander nur paritätisch entsprechen läßt und auch die Erkenntnislehre selbst sehr viel objektiver sieht als hier vorausgesetzt wird.

(3) Hochspekulativ und überdies vage bleibt die Annahme (Kraut 1992, 322 f., 328; Pritchard 1995, 90), die Ideenwelt sei holistisch als harmonisches Ganzes gesehen und insofern dem Guten verpflichtet. (Man würde dann eher noch das Schöne erwarten.) Die Erkenntnislehre des Textes impliziert im übrigen einen noologischen Singularismus, insofern jede einzelne Idee zunächst für sich erfaßt wird.

(4) Plausibler erscheint der Vorschlag (z. B. Hare 1965, 35–37; Santas 1983, 238, 251 f.), die Ideen verdankten ihre „ideale" Vollkommenheit der vervollkommnenden Kraft des Guten. Doch regen sich Zweifel angesichts der Mehrdeutigkeit des – von Platon nicht explizit gebrauchten – Begriffs der Vollkommenheit. Sie werden sich bei der Behandlung des Liniengleichnisses bestätigen.

(5) In ähnliche Richtung weist die Vermutung (Ferber 1989, 34 f., 281 f.), Platon habe Ewigseiendes als solches schon für gut gehalten und daher das Gute als Existenz- und Wahrheitsgrund der Ideen ansetzen können. Auch diese Argumentation ist nicht platonisch, sondern modernen Autoren (Nietzsche, Weininger) entlehnt. Sie ist ferner in verschiedener Weise inkonsistent – wenn Ewiges gut ist, wird dadurch nur eine seiner Eigenschaften, aber weder seine Existenz noch seine Erkennbarkeit und Wahrheit erklärt; und die intermittierende Denkkraft der Vernunft ist nicht ewig, sondern offenbar vergänglich.

(6) Neuere, systematisch inspirierte praktizistische Deutungen des Guten (Wieland 1976, 22 ff.; 1982, 159 ff., 196 f.; Bubner 1992, 27 ff.) erkennen darin das Prinzip einer hermeneutischen, kontextualisierten Urteilskraft, lehnen seine universalon-

tologische Bedeutung von vornherein ab und verzichten darum auch auf den Anspruch, den Text im einzelnen historisch angemessen zu erklären. (Die überschießenden Merkmale und Funktionsbestimmungen werden kurzerhand ignoriert, darunter auch etwa die kosmologische Aussage, daß die Sonne ein Abkömmling des Guten ist.) Die Überbelichtung, ja Verabsolutierung der Anwendungsdimension entspringt hier einem nominalistischen Begriff des Guten, der den Platonismus und seine Formulierung allgemeinster Seins- und Verstehensbedingungen geradewegs umkehrt.

(7) Erwägenswert, aber nicht durch den Text gestützt und daher ungesichert, bleibt der Vorschlag (v. Fritz 1961, 616; 1966, 150 f.), das Gute erzeuge Gestalt und Bestimmtheit und damit Sein im Ungestalteten und Chaotischen. Er unterstellt ferner einen unspezifischen, extrem erweiterten Begriff des Guten, der kategorial anders gefaßt werden müßte.

Alle diese Deutungsversuche sind hermeneutisch von vornherein dadurch belastet, daß sie den vorangegangenen doppelten Vorbehalt (kein „längerer Weg", Verschweigen des Guten nach seinem Wassein) mißachten und gleichsam voraussetzungslos textimmanent verfahren, als ob man so zu abschließenden und nicht nur zu vorläufigen und vordergründigen Resultaten gelangen könnte.[10] Es ist aber klar, daß alle Funktionen und Merkmale des Guten aus seinem verdeckt gehaltenen Wesen hervorgehen müssen und nur von ihm her angemessen verstanden werden können. Die Vielfalt und Heterogenität der Funktionen läßt vermuten, daß das Wesen des Guten von höherem Allgemeinheitsgrad ist denn der spezielle Aspekt des Guten als solchen, der in dieser politischen Schrift sinnvollerweise in den Vordergrund tritt, obgleich andere Dialoge bereits innerhalb des Werthaften konkurrierende Aspekte anbieten (das Schöne im *Symposion*, das Erste Befreundete im *Lysis*). Es empfiehlt sich deshalb, das Gute auf einen mehr generellen Begriff hin zu

---

10 Im Unterschied zu den „wiedererinnerten" Zeitgenossen Platons, die die Vorbehalte immer mitreflektierten. – Im übrigen gehen die meisten Interpretationen weit über das im Text Gesagte hinaus und bekräftigen dadurch intentionswidrig dessen Nichtautarkie (insbesondere führen die modernisierenden unter ihnen erst recht und noch viel weiter davon weg als die innerakademische Überlieferung zu Platon).

überschreiten, der neben werthaften zwanglos auch erkenntnis-, seins- und grundlagentheoretische Funktionen zu übernehmen vermag, und ihn nach Möglichkeit von der indirekten Überlieferung („Über das Gute"!) her abzusichern.

Für das richtige Verständnis des Guten ist es nun vorentscheidend, daß bereits die *werthafte* Funktion des Guten Hinweise auf seine nähere Qualifikation gibt: Die Philosophen des Idealstaats sind gehalten zu wissen, inwiefern das Gerechte und Richtige gut ist, dann werde der Staat *geordnet* (506a9) und einheitlich sein, eine Formel, die – auch in der Anwendung auf die Seele des einzelnen – vom IV. bis zum IX. Buch immer wiederkehrt.[11] Das Gute wirkt demzufolge als Grund und Ursprung von Einheitlichkeit ebenso wie von Ordnung (= Einheit in der Vielheit). Man kann also bis zu einem gewissen Grade schon aus dem Gedankengang der Staatsschrift erschließen, daß das zurückgehaltene Wesen des Guten die *Einheit* selbst ist. Vom Text her bleibt dies zwar eine bloße Mutmaßung, die jedoch durch die Einbeziehung der indirekten Überlieferung ihren hypothetischen Status weitgehend verliert. Dem Befund der *Politeia* entspricht nämlich in der Ungeschriebenen Lehre („Über das Gute") die Bestimmung des Guten als *Einheit*[12] und darüber hinaus die damit verbundene Wert- und Tugendlehre, der zufolge das Eine-Gute überall *Ordnung* und Beständigkeit, etwa als Gerechtigkeit und Besonnenheit, bewirkt.[13]

Trifft diese Wesensbestimmung des Guten schon unter werthaftem Aspekt zu, so erst recht in *seins- und erkenntnistheoretischer* Hinsicht. Die Ideen sind in der *Politeia* (wie in den Nachbardialogen) in ausgezeichnetem Maße „eingestaltige" und einzigartige Einheiten (z. B. 476a, 478b, 479a, rekapituliert im Sonnengleichnis 507b6 f.). Platon deutet außerdem an (im Wortspiel 478b10 ff.), daß *alles* Seiende entweder „Eins oder Keins" ist, d. h., was nicht Nichts ist, muß Eines, nämlich ein Einheitliches sein. Platon rechnet offenbar mit verschiedenen Seinsgraden: Die Ideen sind einheitlicher und einzigartiger als die Dinge,

---

11 Ordnung: 443d, 500c, 506a, 540a; Einheit: 422e, 423a,d, 430e, 443e1, 462a f., 551d, 554d, 560a f., 568d.
12 Arist. Met. I 6 fin., XIV 1091b14 f., EE I 8, danach Aristoxenos El. harm. II 1.
13 Arist. EE I 8, 1218a2 ff.; vgl. Test. Plat. 34 Gaiser.

aber nicht so einheitlich wie die reine Einheit selbst. – Die indirekte Überlieferung der Ungeschriebenen Lehre bestätigt dies und entfaltet die Abhängigkeit über die bloße Teilhabe hinaus genauer: Die Einheit als Bestimmtheitsprinzip bestimmt und begrenzt danach ein un-bestimmtes Substrat (das Groß-und-Kleine als Prinzip der Vielheit, Differenz, Multiplikation und Graduierung) und „generiert" dadurch Seiendes (wiederum primär das ideale) im Sinne einer ontologischen Strukturanalyse.[14]

Die *erkenntnistheoretischen* Derivate des Guten, die Platon als „gutartig", d. h. dem Guten ähnlich bezeichnet (Erkennbarkeit, Wahrheit, Erkenntniskraft), sind, wenn die bisher vorgelegte Deutung zutrifft, als „einsartig" näher zu qualifizieren. In der Tat sind die Ideen besser zu erkennen als die Dinge, weil sie eingestaltig und einzigartig sind. Erkennbarkeit und Erschlossenheit (Wahrheit) sind dann gleichfalls mit der Eingestaltigkeit gegeben. Die Referate der Ungeschriebenen Lehre bringen Erkennbarkeit entsprechend mit Bestimmtheit und Geordnetheit in Verbindung.[15] Wir können uns Platons Erkenntnislehre von der Gestaltpsychologie her einigermaßen verdeutlichen (Bestimmtheit führt auf die Charaktere der Prägnanz, Distinktion, Identität, Konsistenz, Beharrung u. ä. und damit auf Erkennbarkeit). – Die mit der Erkennbarkeit korrespondierende *Erkenntniskraft* der Denkseele liegt demgemäß gleichfalls in der größtmöglichen Einheitlichkeit, die vom Einen-Guten her begründet und insofern „gutartig" (d. h. einsartig) ist. Die Denkseele erscheint deshalb in der Ungeschriebenen Lehre auf Grund ihrer intuitiv-ganzheitlichen Erkenntnisweise mit der Monade (einem Derivat der Einheit selbst) parallelisiert (Arist. De an. 404b22). Näherhin handelt es sich um eine geistige Ordnung, Proportion und Symmetrie der Denkseele, deren zahlenhafte Bestimmtheit im *Timaios* (35 ff.) hervortritt. Sie liegt jedoch, wie 611a ff. andeutet, auch schon in der *Politeia* zugrunde. Als mathematisch organisierte Struktur ist die Denkseele auf exakte Ordnungsqua-

---

14 Arist. Met. I 6 fin.; XIV 2, 1089a6, Alex. in met. 56, 30 f. H.; Sext. Emp. X 260 f., 277.
15 Test. Plat. 34 Gaiser, vgl. den durch Aristoteles überlieferten Ideenbeweis bei Alex. in met. CAG I = 79,9 f. H.; ein Wahrheitsbegriff ist allerdings in diesem Zusammenhang nicht sicher überliefert.

litäten angewiesen, um Identisches in identischer Weise erkennen zu können.[16] – Platon gibt im übrigen im Sonnengleichnis dem vorsokratischen Grundsatz, daß Gleiches durch Gleiches erkannt wird, in Anlehnung an Parmenides B 3 eine neue Wendung: Sein und Denken werden bei Platon durch ein gemeinsames Prinzip vermittelt, das zwischen beiden eine generische Identifizierung und Unifizierung überzeugend herstellt, weil es inhaltlich gesehen selbst die reine Einheit ist. Darum sind auch die beiden Glieder der Relation nicht nur formal aufeinander bezogen und generisch vereinheitlicht, sondern sie sind wiederum auch inhaltlich – als einsartige von der Einheit selbst her – einander ähnlich. Sie sind damit in ausgezeichnetem Maße als Gleichartiges auf Gleichartiges hin orientiert.

In diesen Zusammenhang ordnet sich auch die Rolle der *Sonne* als „Abkömmling" des Guten von „größter Ähnlichkeit" ein (Rep. 506e f., 508b, 517c3). Über die Funktionsanalogie hinaus besteht auch eine bevorzugte ontologische und gnoseologische Abhängigkeit, wenn man die Gestirnbeseelung – die Sonne ist ein Gott 508a – in Rechnung stellt: Sie ist aus der (vernünftigen) Kreisbewegung erschlossen und führt über Identität und Unteilbarkeit als Bestandteilen der Seelenmischung (Tim. 35 f.; vgl. Rep. 611b), aber auch über die Identität der Kreisbewegung auf die Einheit zurück (ebenso wie die Kugelform).

Die rätselhafte Aussage, das Gute *überrage Sein und Seinsheit* (509b), hat verschiedene Erklärungsversuche hervorgerufen, die aber durchweg nicht überzeugen: So ist die Heterogeneität von Prinzip und Prinzipiaten schon bei den Vorsokratikern gegeben, ohne zu einer solchen kategorialen Differenzierung zu führen. Auch der Ausschluß der Selbstprädikation (mit nachfolgendem infinitem Regreß) kann nicht Motiv gewesen sein, da Platon in der Ungeschriebenen Lehre das Regreßproblem generell durch ein – zur modernen Typentheorie analoges – Generalisierungsverbot über Stufenfolgen entschärft hat (Arist. EN 1096a17 ff.); eine Sonderlösung für die Idee des Guten erübrigte sich daher. Ein richtiger Ansatz liegt hingegen in der Vermutung (Natorp ³1961, 192), daß das Gute durch die Übertranszendenz von

---

16 Der Hinweis auf die „Einheit des Bewußtseins" (Tht. 184d3) steht in demselben Erklärungshorizont, hat aber allgemeinere Bedeutung.

allem *besonderen* Sein abgehoben werde. Sie wird jedoch erst substantiiert durch die Grundkonzeption der Ungeschriebenen Lehre, wonach die Einheit als Bestimmungs*grund* alles Seienden qua Bestimmten nicht selbst ein Seiendes sein kann, sondern jenseits des Seins und der Seinsheit zu stehen kommt. Seiendes ist mit anderen Worten als Begrenztes definiert und darum das Eine-Gute als Begrenzendes folgerichtig als diesem Status vorhergehend verstanden. Die Übertranszendenz des Einen ist in der Tat auch in der indirekten Überlieferung greifbar (Test. Plat. 50 Gaiser). Sie wird dort zusätzlich mit einer historischen Umformung des (zenonischen) Eleatismus in Verbindung gebracht: Die Aufwertung der Vielheit (zunächst der Ideen) zum Rang von Seiendem hatte zur Konsequenz, daß die (ideale) Einheit über das Seiende hinausrückte, das sie zusammen mit dem Gegenprinzip (dem Groß-und-Kleinen) „generierte". Die dialektische Argumentation der Akademie wird im übrigen gerade an dieser Stelle des *Politeia*-Textes bedeutungsvoll in Erinnerung gerufen durch eine – für diesen Namen bei Platon singuläre – etymologische Anspielung („Apollon" 509c1, was als „Nicht-Vieles", also als Eins verstanden werden kann, entsprechend der expliziten pythagoreischen Symbolisierung der Einheit durch Apollon).

9.4 Das Liniengleichnis

Das Liniengleichnis ist ein Teil des Sonnengleichnisses, das hier primär nach seiner erkenntnistheoretischen Seite hin weiter entfaltet und differenziert wird. Dadurch ist auch die Identität des „voraussetzungslosen Anfangs des Alls" (510b, 511a, b) mit der Idee des Guten gesichert, wie dies überdies durch zahlreiche Bezugnahmen des VII. Buches nahegelegt wird. Durch die Unterteilung der intelligiblen und der wahrnehmbaren Welt ergibt sich eine Abfolge von vier Stufen der Erkenntnis, die auch ontologische Tragweite haben (vgl. 515d3). Sie stehen daher, wie schon im Sonnengleichnis, zueinander im Verhältnis von Ur- und Abbildern. Die Streitfrage, ob die beiden unteren Stufen nur eine hinführende Funktion besitzen oder ob ein kontinuierlicher Aufbau des Erkennens vorliegt, ist mit einem „Sowohl-als-auch" zu beantworten, d. h., die beiden Hinsichten schließen sich – dem komplexen Denkstil Platons gemäß – nicht aus. Die zunehmende Verkürzung der Liniensegmente soll das abnehmende Gewicht der Erkenntnisarten und der ihnen entsprechenden Seinsbereiche veranschaulichen.[17]

Die Stellung des Linienschemas in der Gleichnisfolge ist in groben Umrissen klar: Die Mathematik soll als ins Intelligible führender und die Dialektik vorbereitender Bereich eingeführt und damit zugleich der Erziehungsgang des folgenden Höhlengleichnisses vorbereitet werden (wobei allerdings zumal auf der vierten Stufe zwischen Linie und Höhle erhebliche Verschiebungen und Erweiterungen unterlaufen). Die Mathematik erfährt dabei einerseits eine Ontologisierung, die den zeitgenössischen Fachmathematikern fremd war[18]; auf der anderen Seite wird sie der Dialektik aus zwei Gründen untergeordnet: a) Sie geht von „evidenten" Grundannahmen („Hypothesen") aus, die sie nicht weiter hinterfragt (der moderne Begriff der Hypothese mit den Merkmalen der Fallibilität und der Bewährbarkeit ist davon ganz fernzuhalten). b) Sie benutzt für ihre Konstruktionen sinnliche Abbilder der dritten Stufe (Platon hat hier vornehmlich die Geometrie im Auge). Die beiden Charakteristika der Mathematik (a–b) hängen darin zusammen, daß die Mathematiker beide Male auf nicht weiter befragte Evidenzen (511a7 wie 510d1) rekurrieren.

Die Zwischenstellung des Mathematischen (511d4) entspricht im übrigen nicht der mittleren Position, die Aristoteles in den Referaten (z. B. Met. I 6) den mathematischen Entitäten bei Platon zuschreibt: Bei Aristoteles sind diese dadurch charakterisiert, daß sie im Unterschied zu den Ideen pluralisch, im Unterschied zu den wahrnehmbaren Dingen aber als ewig und unveränderlich auftreten. Von diesen einzelnen mathematischen Enti-

---

17 Wenn das zweite und das dritte Segment gleich groß ausfallen, so sollten daraus keine Schlüsse gezogen werden, zumal Platon diesen eher störenden Umstand weder erwähnt noch gar auswertet.
18 Vgl. z. B. K. v. Fritz, Platon, Theaitet und die antike Mathematik, Darmstadt 1969 (¹1932), 59 ff.; F. Lasserre, The Birth of Mathematics in the Age of Plato, 1964, 69; H. Krämer, Die Ältere Akademie, in: Grundriß der Geschichte der Philosophie, Die Philosophie der Antike, Band 3: Ältere Akademie, Aristoteles, Peripatos, hg. v. H. Flashar, 1983, 132. Die Mathematiker vermieden Existenz- und bevorzugten Konditionalaussagen („Wenn – dann").

täten ist im Liniengleichnis nirgends die Rede, wohl aber von den zusammenfassenden Grundbegriffen der Mathematik (510c, d), die als Universalien den Status von Ideen haben, aber in Ermangelung einer dialektischen Analyse weder definiert noch verstanden sind. Natürlich folgt daraus nicht, daß Platon nicht auch hier mathematische Entitäten im Sinne der aristotelischen Referate voraussetzt – sie werden in den Schatten und Spiegelungen des ausführlicheren Höhlengleichnisses auch greifbar (516a, 532b; vgl. 534a) –, doch konzentriert sich sein Interesse im Linienschema ganz auf die dialektische Klärung und Definition der mathematischen Grundbegriffe. Der Unterschied zwischen der ersten und zweiten Stufe ist also primär ein methodischer und erst in zweiter Linie – beim weiteren Regreß bis zum „voraussetzungslosen Anfang" – auch ein materialer.

Auch wenn mit den „Hypothesen" wie im *Phaidon* oder im *Parmenides* Existenzsätze (Propositionen) gemeint sein sollten, geht es Platon doch in keiner Weise um die Frage, *ob* es solche Entitäten gibt (was als fraglos vorausgesetzt wird), sondern allein um die Bestimmung und Einordnung ihres Begriffsgehalts auf dem Wege weiterer „Rechenschaft" und Begründung (510c7, 533c2). Am Ende des dialektischen Verfahrens und als Resultat seines absteigenden Teils (511b7 ff.) stehen daher Definitionen (533b2, 532a7), die – in Übereinstimmung mit 534b – erst eigentlich Verstehen (*nous*) verbürgen. (Ob darüber hinaus Beweise oder gar eine Axiomatisierung intendiert sind, ist eine offene und jedenfalls sekundäre Frage.) Platon geht in Anlehnung an die Erkenntnistheorie des Sonnengleichnisses davon aus, daß beides nur durch den Regreß zum nicht mehr bloß angenommenen (*anhypotheton*), d. h. nicht mehr hinterfragbaren und daher letztbegründenden Prinzip des Guten gewonnen werden kann (511d). Wahrnehmbare Abbilder der dritten Stufe sind dafür entbehrlich.

Die weitergehende Frage, ob es neben den mathematischen noch andere unthematische Ideen gibt, die durch die dialektische Methode in Wissen (533c) überführt werden können, wird in der selektiven Erörterung des Linienschemas nicht behandelt. Platon hätte sie vermutlich bejaht (vgl. Phdr. 249b7 ff.), doch kommt den mathematischen Disziplinen, deren Gegenstände wesentlich intelligibel sind, seiner Auffassung nach eine methodische Schlüsselstellung zu, die weder von den Vorbegriffen der

Handwerksarten (533b) noch gar von denen der Alltagswelt erreicht wird.

Der Text gibt jedenfalls zu erkennen, daß Platon mit einer Entsprechung zwischen Seins-, Wahrheits- und Deutlichkeitsgraden rechnet. Die Differenzen im Erkenntnisgrad sucht er auch durch eine eigenwillige Terminologie zu markieren: Die Vernunfterkenntnis (*noêsis*) und die Meinung (*doxa*) sind der intelligiblen und der wahrnehmbaren Welt zugeordnet; sie zerfallen in die Vernunfterkenntnis im engeren Sinn (im VII. Buch durch die Variante des Wissens ersetzt) und das Verstandesdenken (*dianoia* 510d, 511a, c ff., 533d ff., von Platon nur hier so verwendet) einerseits und das Fürwahrhalten (*pistis*) und die Mutmaßung (*eikasia*) andererseits. Es wird ferner hinreichend angedeutet, daß die Ideenwelt in sich mehrstufig und hierarchisch organisiert ist.[19] Desgleichen ist bei den mathematischen Wissenschaften an das im VII. Buch entwickelte „Quadrivium" von Arithmetik, Geometrie, Astronomie und Musikologie gedacht, wobei der Geometrie allerdings ein – der damaligen fachwissenschaftlichen Situation entsprechender[20] – methodischer Vorrang zukommt (510c2 f., 511b1 f., d3 f.; vgl. 533b7 f.).

Gleichwohl gehört das Linienschema zu den dunkelsten Texten des Platonischen Œuvres. Insbesondere bleibt es bei einer textimmanenten Interpretation völlig unklar, wie die Grundbegriffe der Mathematik von der Idee des Guten her definier- und verstehbar gemacht werden können. Formalistische Interpretationen, die entweder auf die Einordnung der Mathematik in die Harmonie des Weltganzen abheben (Mueller 1992, 190 f.) oder geltend machen, es gehe bei der mathematischen Argumentation immer auch um wertbezogene Präferenz, Auswahl und Eleganz (v. Fritz 1966, 150), sind unzureichend, da sie den entscheidenden Punkt, nämlich die Begründung der mathematischen Begriffe, verfehlen. Ähnliches gilt für die schon an das Sonnengleichnis herangetragene Mutmaßung (oben S. 187 Nr. 4), Pla-

---

19 511b8, vgl. die „Gestirne" des Höhlengleichnisses 516a8 ff., 532a4 sowie die Andeutung einer Rangordnung 485b6.
20 Die Geometrie erlaubte die Darstellung irrationaler Verhältnisse, gewann dadurch einen methodischen Vorsprung vor der Arithmetik und galt als allgemeiner denn diese (die umgekehrt ihrer größeren Einfachheit wegen in ontologischer Perspektive höher stand).

ton habe auch im Liniengleichnis die „ideale" Vollkommenheit von (mathematischen) Begriffen im Auge. Ihr widersprechen jedoch: a) die dann eintretende Redundanz der Argumentation gegenüber dem vorangegangenen Sonnengleichnis (im engeren Sinn), b) daß gerade die Mathematiker über solche Begriffe bereits verfügen, c) die Unerklärbarkeit des stufenweisen (Auf- und) Abstiegs und der damit verbundenen Rechenschaft und Definitionsbildung. Da der Text für die Begründung keinen näheren Anhalt bietet, hat man häufig geradezu von einer bloßen Programmatik gesprochen, der Platon jedenfalls zur Zeit der Abfassung des Textes, möglicherweise aber auch zeitlebens ratlos gegenübergestanden sei. Ein solches Interpretationsverfahren unterstellt zu Unrecht, daß unser Nichtverstehen die Schwierigkeiten des Autors Platon unvermittelt reproduziere. Ihm unterlaufen jedoch (exemplarisch etwa bei Robinson [2]1953, 162 ff.) durch Mißachtung des Kontextes der Gleichnisfolge eine ganze Reihe hermeneutischer Fehler: So wird nicht berücksichtigt, daß Platon im Eingang des Liniengleichnisses (509c) ausdrücklich eine nur partielle Eröffnung in Aussicht stellt nach Maßgabe dessen, was „in der gegenwärtigen Situation", d. h. unter den eingeschränkten Rezeptionsbedingungen des nicht vorgebildeten, durchschnittlichen Partners und Lesers, sinnvoll darzustellen überhaupt möglich ist. Übersehen wird ferner, daß auch für das zum Sonnengleichnis gehörende Linienschema weiterhin die 506d–e festgelegte, übergreifende Generalkautel gilt, daß das Wesen des Guten – im Linienschema: des voraussetzungslosen Anfangs des Alls – zurückgehalten und nur seine Wirksamkeit im Surrogat des Abbildes vorgeführt wird. Daß Platon tatsächlich über eine bestimmte, inhaltlich erfüllte Vorstellung von der Durchführung der dialektischen Methode verfügt, zeigt 533a, wo er die Hintergehbarkeit des Bildes voraussetzt, aber – wiederum mit Rücksicht auf den nicht genügend vorbereiteten Rezipienten – keinen Gebrauch davon macht. Dem entspricht es, daß Platon in der Rekapitulation des Linienschemas 533b f. schwerlich von den Mathematikern despektierlich als von „Träumenden" hätte reden können, wenn ihn nicht das Selbstbewußtsein des Wissenden über sie erhoben hätte.

Es gibt also genügend viele Anhaltspunkte dafür, die an ihre Grenzen gelangte textimmanente Interpretation wie beim Sonnengleichnis zu überschreiten und einen erweiterten hermeneutischen Horizont ins Auge zu fassen, der das von Platon im Text Gemeinte, aber nicht explizit Gemachte aufzuschließen erlaubt. Auszugehen ist dabei von den Beispielen für *mathematische Grundbegriffe*, die Platon im Linienschema (510c–d) aufzählt: a) das Ungerade und das Gerade für die Arithmetik; b) die „Figuren", d. h. vor allem die Polygone (510d7 f.: Quadrat mit der Diagonale) und c) die drei Winkelsorten (spitz-, recht- und stumpfwinklige) für die Geometrie; d) andere damit verwandte Begriffe, die nicht näher exemplifiziert werden. Die Stereometrie fehlt nicht ohne Grund, da Platon sie 528a ff. erst für die Zukunft projektiert; aber auch die angewandten mathematischen Disziplinen (möglicherweise als „Schatten" von den „Spiegelungen" abgehoben 516a6) werden nicht eigens bedacht. Die Beispiele sind offensichtlich für die zentralen Disziplinen der Geometrie und – in zweiter Linie – der Arithmetik repräsentativ.

Zu a): Das Gerade und das Ungerade erscheinen zunächst im *Theaitetos* (185c f.) unter den „größten Gattungen" (Metaideen, „Reflexionsbegriffen") der späteren Dialoge wie Ähnlichkeit und Unähnlichkeit, Identität und Differenz, sodann aber als Glieder einer synoptischen Zurückführung aller dieser Gattungen auf die Prinzipien von *Einheit* und *Vielheit* – das Ungerade fällt unter die Einheit, das Gerade (als Teilbares) unter die Vielheit –, die Aristoteles im IV. Buch der *Metaphysik* (1004b31 f.) referiert. Diese dialektische Zurückführung geht auf das zweite Buch der aristotelischen Nachschrift von Platons Ungeschriebener, unter dem Titel „Über das Gute" in der Akademie vorgetragener Lehre zurück. Bestätigt wird dies durch ein Referat über die Akademiker, die – wiederum im Zusammenhang mit den obersten Gattungen – das Ungerade auf die Prinzipien zurückgeführt und speziell mit dem Einen in Verbindung gebracht hätten (Met. XIII 8, 1084a33 ff.). Es versteht sich, daß es sich dabei um ideale Entitäten handelt, die erst durch die dialektische Methode erschlossen werden und darum die entsprechenden unthematischen Begriffe sowohl der Mathematiker als auch der Pythagoreer (vgl. Met. I 5, 986a23 ff.) im Sinne des Liniengleichnisses der *Politeia* hinter sich lassen. Ungerades und Gerades sind dabei definierbar als Spezies von Einheit und Vielheit speziell im Bereich der Arithmetik.

Zu c): Die drei Winkelsorten der Geometrie diskutiert Aristoteles in einem polemischen Referat über die Akademiker, aus dem hervorgeht, daß diese dem rechten Winkel seiner „Begrenztheit" wegen den Vorrang vor dem spitzen (und stumpfen) Winkel einräumten (1084b7–18; zur Bedeutung für die „Euklidisierung" der späteren Geometrie Hösle 1994, 101–137). In der Tat kommt der rechte Winkel nur in einer einzigen Form vor, während der spitze und (über-)stumpfe unendlich viele Formen annehmen können, die nach dem Mehr und Weniger graduierend voneinander differieren. Die spätere, an die Akademie und zuletzt Platon anschließende Überlieferung (Marković und Test. Plat. 37 Gaiser) führt dies weiter aus, wobei der rechte und die übrigen Winkel über die Kategorien der (quantitativen) Gleichheit und Ungleichheit auf die Prinzipien von Einheit und unbegrenzter Zweiheit (des Mehr und Weniger, d. h. der Vielheit als Graduierungsprinzip) zurückgeführt werden. Da Gleichheit und Ungleichheit sowohl in Platons späteren Dialogen (vgl. schon Phd. 74–75) wie in den Referaten der Ungeschriebenen Lehre zum Kreis der obersten Gattungen gehören und im zweiten Fall explizit auf die Prinzipien von Einheit und Vielheit (Groß-und-Kleines) zurückgeführt werden (ungleich ist das, dessen Glieder sich größer und kleiner zueinander verhalten), kann man mit einiger Wahrscheinlichkeit annehmen, daß Platon im Linienschema der *Politeia* eine solche synoptische Generalisierung dialektischer Art im Auge hat. Wie Gleiches und Ungleiches als Spezies von Einheit und Vielheit im Bereich des Quantitativen definierbar sind, so die Winkelsorten mit fortschreitender Spezifikation als Subspezies von Gleichheit und Ungleichheit (Mehr–Weniger) im Schnittverhältnis gerader Linien.

Dieser Befund konvergiert mit der vorangegangenen Interpretation des Sonnengleichnisses (9.3) darin, daß der Text beidemale Sinn ergibt, wenn man das Wesen des Guten als die Einheit selbst ansetzt, wie dies die Referate der innerakademischen Lehre übereinstimmend zum Ausdruck bringen. Hinzu kommt aber im Linienschema, daß das Eine-Gute durch eine dialektische Schrittfolge stufenweise erreicht wird und dann – in Umkehrung der Schrittfolge – Definitionen oberster Gattungs- und Grundbegriffe zu formulieren erlaubt, die Platon zufolge erst ein adäquates Verstehen dieser Entitäten ermöglichen. In dieser Perspektive wird also eine sachhaltige Durchführung der Dialektik greifbar, die teils subsumierend, teils einteilend verfährt und dabei einen in seiner Reichweite noch näher zu bestimmenden Satz von „Kategorien" durchläuft, der im Linienschema auf die für die Mathematik relevanten eingeschränkt bleibt.[21] Konkret einsehbar ist ferner die hierarchische Stufung der Ideenwelt, die in dieser Perspektive den Regeln der Art-Gattungs-Logik folgt. Die gegenläufige Bewegung der Dialektik nach der Erkenntnis- und Seinsordnung, die der knappe Text nur andeutet (511b), entspricht im übrigen dem detaillierteren Aufbau der Ungeschriebenen Lehre in den Referaten.

Zu b): Mit dem Stichwort der „Figuren" ist auf die Reihe der Vielecke und ebenso den Kreis verwiesen. Das erste Glied dieser Reihe ist das Dreieck, das als Element der Reihe aufzufassen ist – alle übrigen Vielecke sind Vielfache des Dreiecks –, seinerseits aber in noch elementarere Dimensionen, nämlich Linien (vgl. die Diagonale 510d8) oder gar Linienelemente, zerlegt werden kann. Diesen idealen Größen der Geometrie, die hier bevorzugt für die Dialektik in Anspruch genommen werden, dürften die idealen Zahlen (Zahlideen oder Idealzahlen) der Arithmetik entsprechen, die schon der *Phaidon* (101c) namhaft macht und die hier durch die Gattungsbegriffe von Ungerade und Gerade vertreten werden.

Freilich unterliegt die Zurückführung der Zahlen- und Figurenreihe auf die Einheit nicht mehr der Art-Gattungs-Logik synoptischen Typs, sondern der Methode der Zerlegung bis zum letzten, einfachsten Element (der Monade, dem Dreieck, dem Linienelement), das seinerseits Abbild der Einheit selbst ist. Diese elementarisierende Betrachtungsweise deutet auf eine zweite Form des dialektischen Verfahrens hin, die mit den dialektischen Grundkategorien von Ganzem und Teil[22] zusammenhängt, wie denn Platon Rep. 532d8 ff. auf eine Mehrzahl dialektischer Methoden hindeutet, ohne sie im einzelnen zu benennen oder gar zu entfalten. Die vom Text her offene Frage, ob Platon hier schon mit der in der indirekten Überlieferung zentralen „Generierung" der Zahlen- und Figurenreihen rechnet, wird

---

21 Es ist erwägenswert, ob zu den unbenannten, unter d) aufgeführten Grundbegriffen auch die Kategorie der „Ähnlichkeit" gehört, die eine mathematische Bedeutung hat und andererseits zum festen Bestand der ungeschriebenen kategorialen Reduktion zählt.
22 Vgl. neben den späteren Dialogen Arist. Met. IV 2, 1005a17 sowie Div. Arist. C. M., S. 64, 15 ff. Mutschmann.

von der ontologischen Funktion des Einen-Guten im Sonnengleichnis her positiv präjudiziert: Wenn alle Ideen als vom Einen her begrenzte und bestimmte Sein und Erkennbarkeit besitzen, wird dies auch für die idealen Zahlen und Figuren zutreffen müssen. Der 504c ff. angedeutete Gedanke des Maßes und Maßstabs (vgl. oben S. 182) gewinnt damit von den idealen Entitäten der Mathematik her eine präzisere Bedeutung. Die idealen Zahlen und Figuren sind im übrigen primär durch ihre Stelle in der Reihe definiert.

Unentscheidbar bleibt allerdings die weitergehende Frage, ob für Platon bereits zur Zeit der Staatsschrift *alle* Ideen kraft ihrer Teilhabe an den Zahlen ein mathematisch ausformulierbares exaktes Relationssystem bilden (Ideen-Zahlen im Unterschied zu den Idealzahlen), das die Dialektik in der Konsequenz der Auswertung des griechischen Logosbegriffs präzisieren sollte.[23] Würde dies zutreffen, so wäre der erkenntnistheoretische Grundsatz, daß Gleichartiges durch Gleichartiges erkannt wird, über die beiderseitige Einheitlichkeit von Denken und Gedachtem hinaus noch schärfer zu fassen: Die arithmetisch strukturierte Denkseele (vgl. oben S. 190 f.) begreift den zahlenhaft strukturierten idealen Bereich nicht nur in seinen einzelnen Gliedern, sondern auch in seinem exakten inneren Zusammenhang. Doch gibt der Text dafür, wie gesagt, keinen hinreichenden Anhalt.

Sowohl die generalisierende (synoptische) wie die elementarisierende Variante der Dialektik, aber auch die Doppelheit von Erkenntnisordnung und Seinsordnung sind in der akademischen Lehre Platons durch die Kategorik ontologischer Priorität und Posteriorität zusammengehalten.[24] Man kann sie geradezu als Grundformel des Platonismus verstehen. Sie klingt gelegentlich auch in der Gleichnisfolge der Staatsschrift an (z. B. 516a6–8, 509e1 f.; vgl. Parm. 140e ff., 152e ff.).

Eine oft diskutierte Streitfrage, die sowohl das Sonnengleichnis (im engeren Sinn) wie das Linienschema betrifft, bezieht sich

---

23 Ein mögliches Indiz dafür: die betonte Geordnetheit des Ideenkosmos Rep. 500c. Andererseits gehört die Konzeption nach Arist. Met. XIII 4, 1078b10 ff. nicht zur ursprünglichen Fassung der Ideenlehre.
24 Vgl. z. B. Arist. Met. III 1, 995b22; V 11, 1019a2 ff. sowie Test. Plat. 22 B, 23 B, 32, 34 Gaiser.

darauf, inwieweit bei der Rekonstruktion des Textsinns dem Einen-Guten ein nicht explizit gemachtes Gegenprinzip der Vielheit und Negativität nach Art der Ungeschriebenen Lehre zur Seite gestellt werden kann und, wenn ja, warum Platon sich darüber keinen – zumindest wiedererinnernden – Hinweis gestattet. Immerhin bietet der Argumentationszusammenhang dafür einige indirekte Hinweise: a) Wie die Sonne als Wirkursache nicht ohne materielles Substrat (Erde, Wasser) auskommt, so ist auch für das Eine-Gute nach der Analogie ein intelligibles Substrat in Gestalt der unbegrenzten Vielheit (Zweiheit) zu erschließen. Nur dann kann nämlich sinnvoll von einer „Generierung" der intelligiblen Entitäten durch *Begrenzung* die Rede sein, wenn ein *Unbegrenztes* zugrunde liegt. Andernfalls wäre Platon ein Analogon zur creatio ex nihilo oder ein Emanatismus zu unterstellen, die – auch im Blick auf die Vorgänger Platons (Pythagoreer, Eleaten, Atomisten) – als anachronistisch erscheinen müßten. b) Die für das Linienschema zu erschließende Zurückführung der mathematischen Grundbegriffe setzt eine dualistische Prinzipientheorie voraus, die im Falle der Winkelsorten noch weiter auf das Groß-und-Kleine hin spezifiziert wird. c) Die Dialektik operiert in den frühen und mittleren Dialogen vorzugsweise mit Gegensatzpaaren. Auch die Staatsschrift führt demgemäß die Ideen des Guten *und des Schlechten* zusammen auf (476a4–5; vgl. Phdr. 277e1). Sie exemplifiziert ferner die Rolle der Arithmetik an Hand des Einen *und Vielen* und weiterhin des *Großen und Kleinen* (424c ff.), die dem Linienschema zufolge auch als ideale Entitäten etabliert sein müssen. d) Der bald auf die *Politeia* folgende *Parmenides* kontrastiert in eleatisierender Aufmachung das Eine *und* das Andere-vom-Einen und erinnert damit den Vorwissenden an die dualistische Prinzipientheorie der Ungeschriebenen Lehre Platons.[25] – Daß Platon einen expliziten Hinweis auf den Prinzipiendualismus vermeidet, erklärt sich zunächst daraus, daß es die protreptische Zielsetzung, die literarische Gattung und die Ökonomie der Staatsschrift gefährdet und gesprengt hätte, das Gegenprinzip und damit auch das

---

25 Auch die Rep. 611b zugrundeliegende Seelenstruktur (vgl. oben S. 190) ist aus gegensätzlichen Komponenten zusammengesetzt, deren negative Reihe (Differenz, Teilbares) auf das Gegenprinzip verweist.

Materialprinzip der Ideenwelt aufzudecken und offen darzustellen. Hinzu kommt, daß die Probleme der dialektischen Ideenkonstituierung und die Prinzipientheorie überhaupt für Platon die Grenzen der Literalität überstiegen und darum grundsätzlich dem Bereich der Oralität vorbehalten blieben (sie werden daher auch in den späteren Dialogen nicht zugänglich gemacht). Es ist deshalb abwegig, Platon auf Grund der (Nicht-)Darstellung der Staatsschrift eine Entwicklung vom „Monismus" zum „Dualismus" unterstellen zu wollen, die auch von der indirekten Überlieferung her nicht indiziert ist.

Ein weiteres Problem wirft Platons Annahme von Ideen des Unwerthaften auf (z. B. 476a), zu denen zuletzt auch das Gegenprinzip als Ursache alles Schlechten gehört (vgl. Arist. Met. I 6 fin.). Sind diese Ideen etwa selber schlecht? Die Antwort kann nur lauten: Mitnichten! Diese Ideen sind wie das Nichtseiende des *Sophistes* seiend und begrenzt und daher, im Unterschied zu den daran teilhabenden Dingen, nicht selber unwerthaft (zur Vermeidung der Selbstprädikation siehe oben S. 191). Die Einheit setzt sich, anders gewendet, in der intelligiblen Welt in stärkerem Maße durch als in der wahrnehmbaren. Allerdings führt der Status des Gegenprinzips, das an sich unbegrenzt und trotzdem eine zumindest indirekt erkennbare Idee sein soll, zu Fragen, die an die Grenzen des Platonischen Ansatzes rühren.

Literatur

Annas, J. 1981, ⁵1988: An Introduction to Plato's *Republic*, Oxford.
Bubner, R. 1992: Theorie und Praxis bei Platon (zuerst 1987), in: ders., Antike Themen in moderner Verwandlung, Frankfurt a. M., 22–36.
Ferber, R. ²1989: Platos Idee des Guten, Sankt Augustin.
v. Fritz, K. 1961: Der Beginn universalwissenschaftlicher Bestrebungen und der Primat der Griechen, Studium Generale 14, 1961, 546 ff., 601 ff. (erw. Neufass. in: v. Fritz, Grundprobleme der Geschichte der antiken Wissenschaft, Berlin 1971, 1–334).
– 1966: Die philosophische Stelle im siebten platonischen Brief und die Frage der ‚esoterischen' Philosophie Platons, Phronesis 11, 1966, 117–153 (engl. in: ders., Schriften zur griechischen Logik, Bd. 1, 1978 [Problemata 70], 175–213).
Gaiser, K. ²1968: Platons Ungeschriebene Lehre. Studien zur systematischen und geschichtlichen Begründung der Wissenschaften in der Platonischen Schule, Stuttgart (mit einem Anhang: Testimonia Platonica. Quellentexte zur Schule und mündlichen Lehre Platons 441–557).

Hare, R. M. 1965: Plato and the Mathematicians, in: R. Bambrough (Hg.), New Essays on Plato and Aristotle, London – New York, 21–38.
Hösle, V. 1994: I fondamenti dell' aritmetica e della geometria in Platone, Milano.
Krämer, H. 1966: Über den Zusammenhang von Prinzipienlehre und Dialektik bei Platon. Zur Definition des Dialektikers Politeia 534 B–C, in: Philologus 110, 35–70; 1972 nachgedruckt in dem Sammelband: J. Wippern (Hg.), Das Problem der Ungeschriebenen Lehre Platons, Wege der Forschung, Bd. 186, Darmstadt, 394–448; [4]1996 ital. als Monographie u. d. T.: Dialettica e definizione del Bene in Platone, introd. di G. Reale, trad. di E. Peroli, Studi e Testi 9, Milano.
- 1990: Zur aktuellen Diskussion um den Philosophiebegriff Platons, in: Perspektiven der Philosophie, Bd. 16, 85–107, bes. 92–102.
Kraut, R. 1992: The Defense of Justice in Plato's *Republic*, in: ders. (Hg.), The Cambridge Companion to Plato, Cambridge, 311–337.
Kurz, D. 1970: Akribeia. Das Ideal der Exaktheit bei den Griechen bis Aristoteles, Göppingen.
Marković, Ž. 1955: La théorie de Platon sur l'Un et la Dyade indéfinie et ses traces dans la mathématique grecque, in: Revue d'histoire des sciences et de leurs applications VIII; 1965 deutsch u. d. T.: Platons Theorie über das Eine und die Unbestimmte Zweiheit und ihre Spuren in der griechischen Mathematik, in: O. Becker (Hg.), Zur Geschichte der griechischen Mathematik, Wege der Forschung, Bd. 33, Darmstadt, 308–318.
Mueller, I. 1992: Mathematical Method and Philosophical Truth, in: R. Kraut (Hg.), The Cambridge Companion to Plato, Cambridge, 170–199.
Natorp, P. [3]1961: Platos Ideenlehre, Hamburg.
Pritchard, P. 1995: Plato's Philosophy of Mathematics, Sankt Augustin.
Robinson, R. [2]1953: Plato's Earlier Dialectic, Oxford.
Santas, G. 1983: The Form of the Good in Plato's *Republic*, in: J. P. Anton/ A. Preus (Hgg.), Essays in Ancient Philosophy, Bd. 2, Albany, N.Y., 232–263.
Schmitz, H. 1985: Die Ideenlehre des Aristoteles, Bd. II: Platon und Aristoteles, Bonn.
de Strycker, E. 1970: L'idée du Bien dans la République de Platon, in: L'antiquité classique 39, 1970, 450–467.
Szlezák, Th. A. 1985: Platon und die Schriftlichkeit der Philosophie, Berlin – New York; [3]1992 ital. u. d. T.: Platone e la scrittura della filosofia, Milano.
- 1993: Platon lesen, Legenda 1, Stuttgart – Bad Cannstatt; [2]1992 ital. u. d. T.: Come leggere Platone, Milano.
Wieland, W. 1976: Platon und der Nutzen der Idee. Zur Funktion der Idee des Guten, in: Allgemeine Zeitschrift für Philosophie 1, 1976, 19–33.
- 1982: Platon und die Formen des Wissens, Göttingen.

Thomas Alexander Szlezák

Das Höhlengleichnis

(Buch VII 514a–521b und 539d–541b)

10.1 Herkunft, Ort und Vielschichtigkeit des Gleichnisses

Das Höhlengleichnis ist Platons zweiter Versuch, seine Überzeugung vom minderen ontologischen Rang der Erfahrungswelt in ein Bild zu fassen: im Schlußmythos des Dialogs *Phaidon* begegnet bereits die Vorstellung einer „wahren Erde" (109a–111c), die sich weit über dem von uns bewohnten Ort befindet. Wer dort hinauf gelangen könnte, würde erkennen, daß wir uns zu den dort lebenden Menschen hinsichtlich unseres Wahrnehmungs- und Erkenntnisvermögens so verhalten, wie das untere Element unserer Welt, das Wasser, sich zum oberen Element, der Luft, verhält, und wie diese wiederum zum Aither, der dort oben über der Luftschicht liegt wie hier die Luft über dem Wasser (Phd. 109e mit 111b). Die Analogie A : B = B : C (Wasser : Luft = Luft : Aither) ist hier das Denkmittel, das vom uns bekannten unteren Bereich aus die unbekannte obere Welt erschließen soll. Dieses Denkmittel, das Platon vor allem aus Herakleitos (DK 22B79, 83) geläufig war, verband er im Höhlengleichnis mit der zuerst bei Empedokles (DK 32B120, 121) belegten Vorstellung, unsere Welt sei eine finstere und freudlose Höhle, in die wir, aus einer besseren Welt kommend, durch die Geburt hineingeraten sind. Dahinter wiederum ist die orphisch-pythagoreische Abwertung des Daseins im Körper (*sôma*), der metaphorisch als Grabmal (*sêma*) der Seele gewertet wurde, zu erkennen. Platon erweist sich also mit seinem berühmtesten Text (wie auch mit seinem gesamten Werk) als Erbe der vorsokratischen Tradition, hier im besonderen der jenseitsorientierten orphisch-pythagoreischen Religiosität.

Die enge Verknüpfung mit den Gleichnissen von der Sonne und der Linie und deren ontologisch-gnoseologischer Aussage verschafft der Daseinsdeutung des Höhlengleichnisses eine umfassende philosophische Bedeutung, die es verständlich macht, daß diese zweite Gestaltung des Gedankens der Existenz in einer unteren Welt und des Aufstiegs in eine obere soviel mehr Bewunderer und Nachahmer fand als die erste Fassung im *Phaidon*. (Zur Vorgeschichte und Nachwirkung des Gleichnisses siehe Gaiser 1985.)

An seinem literarischen Ort, im Kernstück von Platons Hauptwerk, ist unser Text einerseits als wohlintegriertes, für den Fortgang der Argumentation gerade hier notwendiges Element in der Konstruktion des idealen Staates zu verstehen, zugleich aber auch als bildhafte Verdichtung von Platons philosophischer Gesamtkonzeption. Bemerkenswert ist die außerordentliche Vielschichtigkeit des Gleichnisses:

Die *Ontologie* Platons ist abgebildet in der Abfolge von vier Arten von Gegenständen, mit denen der zum Aufstieg gedrängte Mensch erst in der Höhle, dann außerhalb ihrer sukzessive konfrontiert wird, wobei die Gegenstände der jeweils später begegnenden Art „in höherem Maße seiend" und daher „wahrer" sind (515d3, 6) und am Ende der Stufung das „leuchtendste" und „beste" unter allen Dingen, nämlich die Idee des Guten, steht (vgl. 518c9, 532c6). Seine *Erkenntnislehre* kommt zum Ausdruck in der Bezogenheit der Erkenntnisweisen auf die Gegenstandsarten sowie in der Überzeugung, daß der Aufstieg ein klar umrissenes und auch erreichbares Ziel (vgl. *telos*: 532b2, 540a6) in der Schau jenes leuchtendsten und besten aller Dinge hat.

Seine Auffassung vom *Staat* drückt sich in der Gleichsetzung der Schatten in der Höhle mit den gängigen falschen Vorstellungen von der Gerechtigkeit aus (517d7–9) sowie in der Forderung, die Philosophen müßten, nach erreichter Schau des Prinzips, in die Welt der Politik zurückkehren und nach Maßgabe ihrer Kenntnis der Idee des Guten ihre Stadt, ihre Mitbürger und sich selbst formen und ordnen (519d ff., 539e ff.; vgl. *plattein*: 500d6, *kosmein*: 540b1).

Dies wiederum impliziert eine *Ethik*, die ihre Orientierung aus der theoretischen Erkenntnis des Guten selbst gewinnt und mit unterschiedlichen Graden der Verwirklichung der Tugend bei den philosophischen Wächtern und den unphilosophischen Bürgern des Staates rechnet. Diese Ethik ist verbunden mit einer Theorie der *Erziehung* (*paideia*), die die Existenz eines göttlicheren Bestandteils des Menschen voraussetzt, der sein Erkenntnisvermögen als solches nie einbüßt, wohl aber einer falschen Ausrichtung fähig ist, die die Philosophie durch einen methodisch durchdachten mehrjährigen Bildungsgang zu korrigieren hat (518d–519b). Damit sind wir zugleich bei der den ganzen Entwurf tragenden metaphysischen *Anthropologie* angelangt: die Seele des Menschen besitzt einen unsterblichen Teil, dessen Befreiung und angemessene Entfaltung die Voraussetzung für das Glück des einzelnen wie auch der Staaten ist. Daher mündet das Höhlengleichnis, das die Befreiung und das Erreichen des Erkenntnisziels bildhaft schildert und für möglich erklärt (516b4–7 mit 517b7–c4, 518c9–10, 532a5–b2), folgerichtig in die zuversichtliche Behauptung, der beste Staat sei nicht ein bloßes Wunschbild, sondern tatsächlich möglich (520c–521b, dazu 539d–541b). Denn der Aufstieg einiger weniger philosophisch Veranlagter aus der Höhle zur Sonne ist die Bedingung der Möglichkeit der Befreiung der Staaten als ganzer von ihrem gegenwärtigen Unheil. Das Höhlengleichnis erbringt also die Garantie dafür, daß auch die dritte und größte Woge der die Möglichkeit des besten Staates bedrohenden „Dreifachwoge" (*trikymia*: 472a4) das schöne Wunschbild nicht wegspülen kann, und insofern ist es das Fundament der ganzen Staatsutopie.

10.2 Auffällige Einzelheiten

Eine ausführliche Nacherzählung der Allegorie vom Aufstieg aus der Höhle ist hier nicht erforderlich. Im Blick auf die anschließende Besprechung der Deutungsprobleme sei jedoch auf einige Details hingewiesen, die oft gar nicht oder nur unzureichend berücksichtigt werden oder aus denen in der Literatur mitunter voreilige Schlüsse gezogen wurden.

(1) Im Rücken der Gefesselten verläuft ein Weg, gesäumt von einer Mauer; den Weg entlang tragen Menschen allerlei Figuren

vorbei. Die Schatten dieser Figuren sind das einzige, was die Gefesselten auf der Rückwand der Höhle erblicken (515c1–2) – offenbar können sie nicht die Träger ausmachen (dies vermutlich wegen der Mauer). Das bedeutet: Wer in der Täuschung lebt, ahnt nicht, wer die Täuschung hervorruft. Im Text kommen die Hersteller der Statuen – im Gegensatz zu den Trägern – nicht einmal vor, die Identität der Träger wird nicht angedeutet, ebensowenig die Bedeutung der Figuren. Das Gleichnis läßt so manches offen.

(2) Einer der Gefesselten wird aus den Fesseln gelöst und zum Aufstieg aus der Höhle gezwungen (515c6, e1, 6). „Gezwungen" – das bedeutet, daß Platon hier jedenfalls weder mit Selbstbefreiung noch mit dem Bedürfnis, die neue Freiheit mutig zu nutzen, rechnet.

(3) Die Sonne wird am Ende des Aufstiegs, nach einer Zeit der Gewöhnung, gesehen an ihrem Ort im All, so wie sie wirklich ist (516b4–7). Anders als im *Phaidon* (99c5–e1) findet sich hier kein Wort von einer Gefährdung der Augen beim Blicken in die Lichtquelle.

(4) Die Rückkehr des zum Licht Aufgestiegenen in die Höhle ist im Gleichnis zunächst als eine freiwillige dargestellt (516e3–4). In Platons anschließender Interpretation zeigt sich dann (517c8 ff.) aber, daß hier ein Problem liegt. Das Gleichnis stellt also nicht alles dar, was relevant ist.

(5) Von oben kommend, sieht der Rückkehrer zunächst nichts (516e4 ff.). Die Untengebliebenen, die ewigen Gefangenen, triumphieren: der Aufstieg habe sich nicht gelohnt, die Augen des Rückkehrers seien verdorben. Der Gewinn, den die Philosophie bringt, läßt sich dem Nichtphilosophen nicht ohne weiteres evident machen.

(6) Das Letzte innerhalb des Gleichnisses im engeren Sinne ist nicht die Rückkehr selbst (wie Wieland 1982, 222 meinte), sondern die Tötung des Rückkehrers durch die Untengebliebenen, als er versucht, sie zu befreien (517a5–6). Platon betont den unversöhnlichen Gegensatz zwischen Leben in der Täuschung und Durchschauen der Täuschung. Das Eintreten für die Wahrheit ist potentiell tödlich für den Philosophen. Der politische Aspekt bestimmt also das Ende des Gleichnisses. Daraus zu schließen, daß es hierauf allein ankomme, und so den gnoseologischen und ontologischen Aspekt zu leugnen, wie es Ferguson 1922 tat, heißt allerdings, das Gleichnis unerlaubt vereinfachen.

10.3 Die exegetischen Schwierigkeiten und die moderne Kritik am Gleichnis

Die nicht geringen exegetischen Probleme ergeben sich im wesentlichen aus vier Gründen: erstens aus der skizzierten Vielschichtigkeit des Gleichnisses, sodann aus der (gleichfalls schon angedeuteten) Unvollständigkeit von Platons eigener Auslegung seines Gleichnisses, drittens aus seinem bewußten Verzicht (vgl. 533d7–e8) auf eine feste Terminologie und viertens – last not least – aus der antimetaphysischen Orientierung eines großen Teils der Exegeten der letzten hundert Jahre.

Die ersten beiden Gründe erschweren besonders die Deutung der ersten und der zweiten Phase in der Höhle, d. h. die Wahrnehmung von bloßen Schatten und die Erkenntnis der Figuren, die die Schatten werfen. Platon deutet Schatten und Figuren zusammen, und zwar in politisch-moralischem Sinn als die gängigen Vorstellungen von Gerechtigkeit (517d). Daß die Figuren der Wahrheit, d. h. der Idee der Gerechtigkeit, näher stehen und sich so auch ontologisch von den Schatten unterscheiden (nämlich als *mallon onta*, in höherem Maße seiende Gebilde: 515d3), wird bei der Deutung 517d nicht mehr wiederholt, und für die inhaltliche Ausdeutung des Unterschieds von Schatten und Figuren der Gerechtigkeit ist diese ontologische Festlegung auch nicht unmittelbar hilfreich. (Man kann freilich vermuten, daß die Figuren die staatlichen Gesetze, die Schatten die ungenauen Vorstellungen des Normalbürgers von den Gesetzen meinen.)

Die mehrfache Funktion des Gleichnisses und seine Verbindung zum Sonnen- und zum Liniengleichnis würde nun verlangen, die Schatten auch mit der sinnlichen Wahrnehmung in Beziehung zu setzen. Die alltägliche sinnliche Gegenstandserfahrung möchte man ungern auf bloße Mutmaßung (die *eikasia* des Liniengleichnisses) festlegen, scheint sie doch der zweiten Erkenntnisweise des Fürwahrhaltens (der *pistis*) besser zu entsprechen. Platons Selbstauslegung hilft uns hier direkt nicht weiter. Es war das Verdienst von H. Jackson 1882 und A. S. Ferguson 1921/22, gezeigt zu haben, daß jeder Versuch einer präziseren gnoseologischen Auslegung in erhebliche sachliche Schwierigkeiten führt. Ihre Lösung, nach der die beiden Phasen innerhalb der Höhle im Liniengleichnis gar nicht abgebildet seien und die unteren Abschnitte der Linie allein zur Illustration der oberen dienten, also mit einer ontologischen Stufung gar nicht in Verbindung zu bringen wären (Jackson 1882, 135 und 140 f.; Ferguson 1921, 131 und 138–146), ist indes mit dem Text schlecht vereinbar und hat viel mit dem vierten Grund zu tun, der explizit antimetaphysischen Haltung dieser Interpreten, von der her sich auch der eher unverdiente Erfolg ihres Ansatzes im 20. Jahrhundert erklärt.

Der dritte Grund, die mangelnde terminologische Eindeutigkeit, affiziert vor allem die Deutung der dritten Phase des Aufstiegs, d. h. die Betrachtung von Schatten und Spiegelbildern in der oberen Welt außerhalb der Höhle. Die hierbei wahrgenommenen Gegenstände müßten, als Objekte des diskursiven Denkens (der *dianoia*), gegenüber den Ideen selbst, deren Schatten sie sind, minderen ontologischen Rang haben. Platon deutet sie im Höhlengleichnis explizit nicht, belegt aber die Objekte der *dianoia* im Liniengleichnis (510d7–8) mit Ausdrücken, die ihnen Ideenstatus zuzuerkennen scheinen. Solche und ähnliche Schwierigkeiten führten zu scharfer Kritik am Höhlengleichnis: es sei als Gleichnis so überladen, daß es mehr ein Hindernis als eine Hilfe für das Denken darstelle (Murdoch 1977, 68; vgl. Annas 1981, 252 und 256).

Gegenüber solcher Kritik ist zunächst festzuhalten, daß Platon sich nicht nur für einen guten Dichter von Bildern hielt (vgl. Leg. 898b3), was noch als bloße Selbstüberschätzung abgetan werden könnte, sondern ein eigenes Bild auch wieder in Frage stellen konnte, wenn es seiner Intention nicht voll entsprach (Beispiel: Phd. 99e6–100a3). Da er dies hier nicht tut, ist zunächst zu fragen, ob eine mit hinreichender Klarheit zum Ausdruck gebrachte Grundintention des Gleichnisses erkennbar ist, neben der die Einzelschwierigkeiten als sekundär erscheinen müßten. Als solche wird man bezeichnen dürfen (a) die Notwendigkeit des Verlassens der alltäglichen Erkenntnishaltung zugunsten einer philosophischen Einstellung, (b) die Vorstellung, daß solch eine „Umwendung der ganzen Seele" nicht unmittelbar zur höchsten Erkenntnismöglichkeit des Menschen führt, sondern nur über eine gestufte Abfolge von unterschiedlichen Erkenntnisweisen, (c) die Überzeugung, daß den gestuften Erkenntnisweisen ontologisch ungleiche Gegenstandsarten entsprechen, (d) die Ansicht, daß die Umwendung viel Mühe kostet und daher nicht allein Sache des Verstandes, sondern der Gesamtpersönlichkeit ist, und (e) der Glaube, daß die Erkenntnis der Idee des Guten die natürliche Bestimmung des Menschen ist, so natürlich wie die Befreiung aus dem Dunkel der Höhle zum Licht der Sonne.

Daß diese Aspekte des menschlichen Erkenntnisweges nicht klar und eindrucksvoll zum Ausdruck gebracht wären, wird niemand behaupten wollen. Mit Recht insistierte J. Adam darauf, daß Platons Sprache in der Lage ist, genau das auszudrücken, was er meinte (Adam 1902, II 159). Die verbleibenden Restprobleme der Einzelerklärung sollen nicht geleugnet werden. Sie gewinnen indes eine überproportionale Bedeutung, wenn man versucht, das Gleichnis auf Kosten seiner erkennbaren Grundintention zu pressen. Die Mahnung von J. Adam, daß in einem Gleichnis nicht jedes Detail bedeutungsvoll sein muß (Adam 1902, II 90), sollte nicht in Vergessenheit geraten.

10.4 Liniengleichnis und Höhlengleichnis

Platons Anweisung lautet: das Höhlengleichnis ist mit dem zuvor Gesagten zu verknüpfen (*proshapteon*: 517b1). Er selbst setzt zweimal dazu an, zuerst in unmittelbarem Anschluß an die Allegorie 517a8–518b5, ein zweites Mal 532a1–535a1 unter Einbeziehung der inzwischen besprochenen mathematischen Studien. Die erste Stelle bringt die Entsprechung in groben Zügen: (1) Der Höhle entspricht die wahrnehmbare Welt, der *horatos topos* des Sonnen- und Liniengleichnisses (508c2, 509d2) und damit auch der untere Teil der Linie, der diesen Bereich repräsentiert (509d8); das Feuer in der Höhle stellt die Sonne dar (517b1–4), diese selbst natürlich, wie schon im Sonnengleichnis, die Idee des Guten. Die Schatten sind politisch-moralische Fehlmeinungen etwa über Gerechtigkeit (517d4–e2). (2) Der Aufstieg aus der Höhle zum Licht entspricht der methodischen Aufwärtsbewegung des Denkens im Liniengleichnis (*anabasis* und *anodos*: 517b4/5 erinnern an *anôterô ekbainein*: 511a6). Die zweite Selbstinterpretation bringt die präzisere Bestimmung der Phasen: der Dialektik, die die Ideen selbst und die Idee des Guten durch *noêsis* erfaßt, entspricht nach dem Aufstieg aus der Höhle das Blicken auf die Lebewesen, die Gestirne und die Sonne selbst (532a2–b2). Den Künsten (*technai*, weniger genau auch Wissenschaften, *epistêmai* genannt: 532c4, 533d4), die ihr Objekt durch *dianoia* erfassen, entspricht das Blicken auf die „göttlichen Erscheinungen im Wasser und die Schatten der seienden Dinge" in der oberen Welt (532c1–2). Das Blicken auf die Schatten und auf die Statuen in der Höhle wird 532b6–7 erwähnt, 533e7–534a5 dann als Mutmaßen (*eikasia*) und Fürwahrhalten (*pistis*) gedeutet. Diese Stelle greift ausdrücklich zurück auf die Zusammenfassung des Liniengleichnisses, wo bereits einmal die vier Erkenntnisarten: intuitives Denken (*noêsis*), diskursives Denken (*dianoia*), Fürwahrhalten (*pistis*) und Vermuten (*eikasia*) in dieser Reihenfolge erschienen (511d6–e2). Daß den vier Erkenntnisarten je ein eigener Gegenstandsbereich entspricht, war schon in 511e2–4 ausgesprochen und wird zusammenfassend in 534a2–7 noch einmal bekräftigt: die Bereiche Werden (≈Höhle) und Sein (≈obere Welt) bedürfen der weiteren Teilung in je zwei Unterbereiche (was aber inhaltlich nicht weiter ausgeführt wird).

Platons eigene Auslegung unseres Textes zeigt somit, daß er die drei Gleichnisse als ein eng verbundenes Ganzes mit einer einheitlichen Aussage betrachtet wissen wollte. Die ontologische Grundunterscheidung zwischen Ideen und Erscheinungswelt am Anfang des Sonnengleichnisses (507a5–b11), die notwendig die ganze Wirklichkeit umfaßt, wird ausdrücklich in die folgenden zwei Gleichnisse hinübergenommen (509d1–510a10, 517b2–6). Daher kommt beiden, dem Linien- wie dem Höhlengleichnis, auch ontologische Bedeutung zu – sie sind nicht lediglich als Illustration von Erkenntnismethoden bzw. Phasen eines Erziehungsweges gemeint. Die vier Abschnitte auf der Linie und die vier Phasen des Aufstiegs aus der Höhle sind durchaus als parallele Darstellungen desselben Sachverhalte intendiert (ungeachtet der daraus resultierenden Schwierigkeiten). Beide Darstellungen gelten je für sich schon der Zuordnung von unterschiedlichen Erkenntnisweisen zu distinkten Gegenstandsarten, auf die sie sich richten (zu den Dingen *eph' hois tauta*: 534a5–6≈511e2–3), wobei das Liniengleichnis mehr (aber nicht ausschließlich) den erkenntnistheoretischen und den Methodenaspekt betont, das Höhlengleichnis mehr (aber nicht ausschließlich) die Seite der Gegenstände (Nachweise im einzelnen bei Chen 1992). Mit diesem In-Beziehung-Setzen von Erkenntnisweisen und ontologischen Gegenstandsbereichen wird im übrigen nur der Grundgedanke der Ideenhypothese, wie er 474b–480a entwickelt war, weiter ausgeführt.

Dieser Befund spricht nicht dafür, (a) mit Ferguson 1921, 138 (dem hierin viele Interpreten bis heute folgen) zu glauben, daß Höhle und (untere) Linie „have no connexion at all", oder (b) mit Jackson 1882, 135 und Ferguson 1921, 131, 146 (und ihren heutigen Nachfolgern) zu meinen, der untere Teil der Linie habe rein illustrativen Charakter, oder (c) im Gefolge dieser Interpreten zu leugnen, daß eine „fourfold classification of objects or states" (Ferguson 1921, 143, nach Jackson 1882, 141) vorliegt, und zu versichern, für die mathematischen Gegenstände als eigenen intelligiblen Objektbereich (als eigenes *noêton eidos*, verschieden von den Ideen: so Platon 511a3 mit 510b4, 511c5–6) gebe es in der *Politeia* keinen Platz (Jackson 1882, 141 n. 1), und daher (d) dem Viererschema beider Gleichnisse eine „threefold ontology" zu unterlegen (so Pritchard 1995, 94, nach vielen anderen). (Eine detaillierte Aufarbeitung der anhaltenden Fortwirkung des Ansatzes von Jackson und Ferguson findet sich bei Chen 1992.)

Mit diesen *exegetischen* Entscheidungen wird keineswegs bestritten, daß *sachliche* Kritik an Platons Konzeption der *eikasia* durchaus möglich ist: die Gegenstände der *eikasia* sind als wahrnehmbare Sinnendinge von den Gegenständen der *pistis* ontologisch nicht verschieden, und wir verfügen auch nicht über ein Erkenntnisvermögen, das speziell für Schatten und dergleichen zuständig wäre. Für Platon hingegen war ein ontologisches Gefälle zwischen einem Ding und seinem Abbild nie zweifelhaft (vgl. z. B. Rep. 597e, Soph. 266b–c, Phil. 58e f., 61e f.), und offenbar war er bereit, auch die Wahrnehmung von Schatten und Spiegelungen für entsprechend ungewisser zu halten.

Was die Seele auf der dritten Stufe erkennt, wenn sie auf die Schatten und Spiegelungen der oberen Welt blickt, sind weder wahrnehmbare Dinge noch Ideen, sondern die Gegenstände der mathematischen Disziplinen. Diese gehören einerseits zum immer Seienden (527b7), andererseits sind sie nicht einzig, vielmehr gibt es (unendlich) viele (exakt) gleiche Dinge dieser Art (526a3; vgl. Phil. 56e2). Von den zwei ontologischen Merkmalen Unveränderlichkeit und Einzigkeit, die beide den Ideen zukommen, den Sinnendingen abgehen, kommt das eine den Gegenständen der Mathematik zu, das andere geht ihnen ab. Sie stehen ontologisch also zwischen den Ideen und den Sinnendingen, so wie die ihnen zugewandte Erkenntnisweise der *dianoia* „zwischen" (*metaxy*: 511d4) *nous* und *doxa* steht (vgl. 533d4–6: zwischen Wissen, *epistêmê*, und Meinung) und so wie die oberen Schatten und Spiegelungen jedenfalls im Bild zwischen den Statuen in der Höhle und den wirklichen Gegenständen oben stehen.

Der Einwand (z. B. bei Pritchard 1995, 94), daß die Objekte der Erkenntnis in drei ontologische Klassen zerfallen müssen, weil ja auch das X. Buch der *Politeia* nur drei Klassen kennt (Dinge, Abbilder der Dinge, Abbilder der Abbilder), verfängt nicht, da anläßlich der Kritik der *mimêsis* kein Anlaß war, die Probleme des ontologischen Status der Gegenstände der Mathematik zu erörtern. Die Auffassung, die Gegenstände der zweiten und dritten Stufe des Aufstiegs seien „equally unreal" (Pritchard 1995, 101) und folglich ontologisch gleichrangig, hat keine Stütze am Text, wird vielmehr von 532b7/c1 (bloße *eidôla* gegen göttliche Erscheinungen: *phantasmata theia*) widerlegt – ganz abgesehen davon, daß sie das Bild absurd machen würde. Als gewichtiger Einwand gegen ontologisch distinkte mathematische Gegenstände gilt auch, daß als Objekt der mathematischen Betrachtung das „Viereck selbst" und die „Diagonale selbst" genannt sind (510d7–8), womit die Ideen als Gegenstand der Mathematik und der *dianoia* (und nicht nur der Dialektik und der *noêsis*) erwiesen seien (u. a. Annas 1981, 251; Pritchard 1995, 103). Doch Platons Sprachgebrauch in der *Politeia* bestätigt das nicht: 525d–526a ist von „den Zahlen selbst" und vom „Einen selbst" die Rede, wobei der Zusammenhang keine andere Deutung zuläßt als die auf „individual mathematical numbers and nothing more" (Adam 1902, II 114; vgl. II 68; siehe auch Chen 1992, 224 f.). – Nebenbei sei erwähnt, daß auch Aristoteles in seinem Resümee der Ontologie Platons den *mathêmatika* dieselbe Zwischenstellung (*metaxy*: zwischen Sinnendingen und Ideen, Met. I 6, 987b14–18) zuweist, die auch der Text der *Politeia* erkennen läßt.

Zusammenfassend läßt sich sagen, daß nach der klar zum Ausdruck gebrachten Intention von Sonnen-, Linien- und Höhlengleichnis und ihrer verknüpfenden Auslegung durch Sokrates der Aufstieg aus dem Dunkel des vorphilosophischen Bewußtseins in vier Phasen erfolgt, die vier nach ihrer Deutlichkeit gestufte Weisen des Erkennens symbolisieren, denen auf der Objektseite wiederum vier Gegenstandsklassen mit unterschiedlichen ontologischen Merkmalen gegenüberstehen.¹

10.5 Welcher Art ist die Erkenntnis des Guten?

Das Gute selbst zu erkennen ist das Ziel des Aufstiegs, und es wird auch erreicht (516b4–7 mit 517b7–c5, 519c9; vgl. 532a5–b2, e1–3, 540a4–9, u. ö.). Doch wie die Erkenntnis des höchsten Prinzips konzipiert ist, bleibt eine der umstrittensten Fragen der Platonexegese. Am häufigsten begegnet man etwa folgenden Ansichten (die sich nicht alle gegenseitig ausschließen): das Gute muß wegen seines ontologischen Ortes „jenseits des Seins" (509b9) seinem Wesen nach unerkennbar bleiben (de Vogel 1988, 45–50); es kann, weil ungegenständlich, nur indirekt durch Bilder erfaßt werden, weswegen Platon drei Gleichnisse bringe, nicht aber eine Definition des Guten (u. a. Ebert 1974, 150 f.; Wieland 1982, 48 f., 196 f. u. ö.); es wird auf dem Weg der *unio mystica* adäquat, sonst nur metaphorisch erkannt (Plotinos und der Neuplatonismus; vgl. neuerdings Albert 1996, 151–157); es wird durch eine unmittelbare intellektuelle Anschauung erfaßt, die nicht propositionaler Natur ist und für die Platon die Metapher des Schauens (*theasthai*) geprägt habe (so weite Teile der kontinentaleuropäischen Platonexegese, z. B. Oehler 1962, Krämer 1989); zur „Schau" tritt als notwendige Hinführung die diskursive Wesensbestimmung durch Abgrenzung von anderen Ideen (Krämer 1989, Halfwassen 1994); oder die diskursive Elenktik bleibt die einzige Zugangsart zur Idee des Guten (u. a. Robinson 1953, Stemmer 1992).

---

1 Nicht mit hinreichender Sicherheit zu lösen ist die Deutung (a) der „Geräte" (der *skeuê*: 514c1) – sind sie Objekte der niederen mathematischen Disziplinen im Sinne von Phil. 56d ff. (so Bormann 1961, 12)? –, (b) der Schatten und Spiegelungen in der oberen Welt – greift hier vielleicht die Unterscheidung zweier Arten von Mathematik aus dem *Philebos* (so Krämer)? – und (c) der Gestirne, deren Erkenntnis von der anderer Dinge deutlich abgehoben ist (516a8) – sind damit vielleicht die Ideenzahlen oder oberste dialektische Begriffe (*megista genê*) gemeint (so Krämer 1989, 42 Anm. 3)?

Daß Platon Bilder biete, weil das Wesen des Guten prinzipiell nicht angebbar sei, ist ein (früher weitverbreitetes) Mißverständnis der Aussparungsstelle 506e–507a (siehe Szlezák 1985, 303–325). Die inhaltliche Bestimmbarkeit des Guten ist im Text überall vorausgesetzt: Sokrates hat eine Ansicht über das Wesen des Guten, die er jetzt freilich nicht mitteilt (506e1–3), und der Dialektiker wird das Gute jedenfalls bestimmen können müssen (534b8–d1). Dem entspricht, daß der Aufgestiegene das Gute zuletzt „sieht": Unbestimmbares läßt sich nicht sehen, und die Sonne jedenfalls ist ein Bestimmtes. Daß das Gute ein Lehrgegenstand (*mathêma*) ist, zu dem man methodisch hinführen, zu dessen Erkenntnis man sogar zwingen kann (siehe unten Abschnitt 10.11), spricht nicht dafür, es als regulatives Prinzip der Urteilskraft und propositional prinzipiell nicht faßbares Gebrauchswissen (Wieland 1982, 185, 217, 236) auszulegen.

Daß das Gute erkannt werden kann, ist das Ergebnis (517b8–c1) des Höhlengleichnisses und in gewissem Sinne auch seine Voraussetzung, denn ohne das würde der Aufstieg in der Tat nicht lohnen (wie die Höhlenbewohner meinen: 517a4); daher ist die Erkennbarkeit des Guten vorbereitend schon im Sonnengleichnis ausgesprochen (508e3–4, analog zur Sichtbarkeit der Sonne 508b9–10). In der Erläuterung zum Höhlengleichnis erfahren wir überdies, daß die Seele schließlich sogar die Fähigkeit gewinnt, das Schauen auf das Leuchtendste des Seienden „auszuhalten" (*anaschesthai theômenê*: 518c9–10). Daß das Betrachten der Idee des Guten „nur für wenige Augenblicke" möglich sei (Albert 1996, 153), wird durch diese Stelle nicht bestätigt. Auch der aus der Höhle Aufgestiegene kann die Sonne nicht nur „erblicken", sondern auch „betrachten, wie sie [wirklich] ist" (*katidein kai theasasthai hoios estin*: 516b6–7). (Ob wir Heutige das mit de Vogel 1988, 49 für „naiv" halten oder nicht, tut nichts zur Sache: Sokrates sagt es so.)

Von diesem Schauen der Sonne und der Idee des Guten ist nun deutlich abgehoben das Schließen (*syllogizesthai*: 516b8 und 517c1), das offenbar erst in einem zweiten Schritt vollzogen wird (danach, *meta tauta*: 516b8; 517c1 *ophtheisa de*: „ist sie aber gesehen, so ...") und durch welches die Sonne als letzte Ursache für alles Sichtbare, die Idee des Guten für alles Intelligible und Sichtbare im einzelnen aufgewiesen wird. Das Schließen auf die ursächliche Funktion des Guten durchläuft mehrere Schritte, gehört mithin in das diskursive Denken. Es liegt daher nahe, das davon abgehobene vorgängige Schauen (*theasthai*) bzw. Sehen des Guten als ein ganzheitlich-intuitives Erfassen zu verstehen, das – wie das plötzliche Erblicken der Idee des Schönen im *Symposion* (210e4) – nur in *einem* Schritt besteht: im Zusammenschauen des Vielfältigen zur Einheit (vgl. *pros hen ... synhorônta*: Leg. 965b10, *eis mian idean synhorônta*: Phdr. 265d7). Der zu erfassende gemeinsame Zug des Vielfältigen betrifft die allen Dingen gemeinsame Herkunft vom Guten, das den Ideen Dauer und Bestimmtheit, Sein und Erkennbarkeit verleiht, wodurch sie guthaft werden (vgl. *agathoeides*: 509a3). Daß das Gute Sein und Erkennbarkeit verleihen kann, läßt sich am ehesten verstehen, wenn man die von Aristoteles (Met. N 4, 1091b14, vgl. A 6, 988a14) referierte akademische Gleichsetzung des Guten mit dem Einen akzeptiert (vgl. den Beitrag von Krämer in diesem Band). – Die von Robinson 1953 u. a. stark betonte Elenktik verharrt beim diskursiven Denken als der vermeintlich einzigen Erkenntnisart der Dialektik und wird so Platons unverkennbarer Intention, eine unmittelbare und positive Erkenntnis des Guten als Ziel der Dialektik zu erweisen, nicht gerecht: die Elenktik bleibt stets negativ (vgl. Halfwassen 1994).

Die Zusammenschau ist freilich charakteristisch für alle dialektische Erkenntnis, nicht nur die des Guten: der Dialektiker ist Synoptiker (537c7; vgl. Phdr. 266b5–c1; zum Begriff *synopsis* Chen 1992, 160–165). Angesichts der herausgehobenen ontologischen Stellung des Guten („noch jenseits von Sein hinausragend an Rang und Macht": 509b9) und angesichts der für Platon bezeichnenden Parallelisierung von ontologischem Status und Gewißheit der Erkenntnis könnte man sich in der Tat fragen, ob es nicht systemgerecht wäre, wenn solch einem Prinzip des Ganzen (511b7; vgl. 517c1–4) eine Erkenntnisweise zugeschrieben würde, die von der *synopsis* sonstiger Dialektik verschieden wäre. Plotinos' Postulat eines übernoetischen Zugangs ist von daher verständlich, ebenso moderne Zweifel an der Erkennbarkeit des Guten. Demgegenüber ist jedoch festzuhalten, daß Platon weder die Fähigkeit der Dialektik, das Gute zu erkennen, einschränkt, noch einen Versuch macht, innerhalb der Dialektik für die besondere Idee des Guten eine besondere Zugangsart geltend zu machen. Dieser Zug der platonischen Konzeption wird vielleicht besser verständlich, wenn man bedenkt, daß das

Gute nicht nur „jenseits des Seins" hinausragt, sondern doch auch wieder als Teil des Seienden betrachtet wird (518c9, 526e3, 532c6).

10.6 Das Gute „hinreichend" sehen?

Das Höhlengleichnis wäre als Bild sinnlos, wenn der zum Licht Aufsteigende die Quelle des Lichts nicht erblickte. Er kann die Sonne erblicken, „sie selbst an sich" und „an ihrem eigenen Ort", und sie „betrachten, wie sie beschaffen ist" (516b4–7). Die streng durchgeführte Analogie erlaubt keine andere Deutung als die, daß auch das Gute „selbst an sich" erfaßt wird, d. h. nicht relativ zu anderem, als gut für dieses oder jenes, und „an seinem eigenen Ort", d. h. hinsichtlich seiner Stelle in der Ordnung der an sich seienden Dinge (und nicht lediglich in der Hierarchie privater Zwecke), und daß es nicht nur „erblickt", sondern auch „betrachtet" wird, „wie es (wirklich) ist", d. h. nicht mehr durch Vermittlung seiner Erscheinungen (vgl. *phantasmata*: 516b5) in anderen Dingen. Die Denkseele wird das Schauen auf die Idee des Guten, wie wir sahen, sogar „aushalten" (518c10), was zweifellos ein erkennendes Verweilen beim betrachteten Gegenstand impliziert.

Auch sonst ist die gelingende Schau des Guten überall Voraussetzung der Argumentation: die Dialektik ist Gipfel und Endpunkt (oder Ziel, *telos*: 535a1) aller Studien, und sie läßt ihrerseits nicht nach, bevor sie nicht in der noetischen Erfassung des Guten „ans Ziel selbst des Intelligiblen" gelangt (532b1–6). Es gibt in der Tat ein Ankommen (*aphikesthai*: 519c9) beim Guten und für den Angekommenen ein Ende der Reise (*telos tês poreias*), ein Ausruhen vom Weg (532e2–3). Die Staatsgründer wollen die Philosophen sogar zum Ankommen beim Guten zwingen (519c9; vgl. 540a6–8) – zu Unerreichbarem zwingen zu wollen, wäre absurd. Die Philosophen müssen beim Ziel angekommen sein, weil nur dies ihre Herrschaft legitimieren kann: sie sehen nunmehr auch im politischen Bereich unendlich viel klarer als die anderen (520c3–6). Zweck des ganzen philosophischen Bildungsweges ist es, Herrscher zu bekommen, die nicht – wie die durchschnittlichen Menschen: 505d11–e4 – im unklaren sind über das größte Lehrstück (*megiston mathêma*: 505a2), die Idee des Guten. Die künftigen Herrscher müssen sie „unbedingt sehen" (526e4), Unkenntnis des Guten ist bei ihnen absolut unzulässig (505e4–506a3, 534d3–7; vgl. 540a6–9). Und die Philosophen werden zum Regieren gezwungen, wenn sie das Gute „hinreichend gesehen" haben (*epeidan ... hikanôs idôsi*: 519d1–2).

Die Dialogfigur Sokrates erhebt natürlich nicht den Anspruch, das Gute hinreichend erkannt zu haben. Er unterscheidet zwar zwischen seiner Ansicht dazu und dem, was er davon hier und jetzt mitteilt (506e1–5 mit 509c5–10), läßt aber offen, ob seine Ansicht die Wahrheit trifft oder nicht (533a3–5; vgl. 517b6–7; siehe hierzu Szlezák 1985, 312–316). Man hat daraus schließen wollen, daß die Idee des Guten als letztlich unerkennbar konzipiert sei und daß Platon selbst eingestehe, sie nicht erkannt zu haben (Ferber 1991, 21 nach Natorp 1922, 190). Indes ist zu trennen zwischen der Selbsteinschätzung Platons (über die aus der *Politeia* – direkt jedenfalls – nichts zu gewinnen ist), der Präsentation des Gedankens durch die Dialogfigur (hierzu generell Szlezák 1985) und der Theorie, die zu akzeptieren Sokrates uns einlädt. Nur letztere interessiert uns hier.

Und in dieser Theorie kann das „hinreichende" Sehen des Guten nicht bedeuten: (gerade noch) hinreichend, um für das Regieren einen gewissen Nutzen daraus ziehen zu können. Es geht nicht um ein dosiertes Maß an (ungesichertem) Wissen, das relativ zu einem begrenzten praktischen Zweck zu bemessen wäre. *Hikanôs* kann nur heißen: hinreichend oder adäquat im Blick auf das Gute selbst und „an sich", auf seine (wirkliche) „Beschaffenheit" und „seinen eigenen Ort" in der Gesamtheit des Wirklichen. Diese Konzentration auf die Sache selbst liegt auch in der Vorstellung des aushaltenden Verweilens beim Guten. Die Philosophen erkunden das Gute nicht um des Regierens willen (dieses ist für sie vielmehr eine eher lästige Notwendigkeit: 520e2, 540b4), sondern um seiner selbst (und ihrer selbst) willen.

Wäre das Gute selbst seinem Wesen nach unerkennbar, so wäre nicht zu sehen, wie dem Staat gedient sein soll mit Herrschern, die zwar die (bisher) größten Anstrengungen unternahmen, dem unerreichbaren Ziel näher zu kommen, es aber eingestandenermaßen nicht erreichten. Ihr Anspruch, das politisch Gerechte besser beurteilen zu können, fiele weg: ohne Erkenntnis des Guten könnten sie auch das Schöne und Gerechte weder angemessen erkennen noch politisch wahren (506a–b) – sie wären keine Wächter mehr. Die moderne Auslegung des platonischen Philosophiebegriffs, derzufolge das Philosophieren ein ewiges Unterwegssein ohne Aussicht auf Ankunft ist, wird vom Höhlengleichnis nicht gestützt. Ihren Vertretern sei empfohlen, das Gleichnis umzuschreiben: aus der Höhle herausgetreten, muß der Befreite zur Kenntnis nehmen, daß die dichte Wolkendecke, die den Himmel bedeckt, sich nie lichten wird. Ob es darüber eine Sonne gibt oder mehrere oder keine, und wo sie steht, wenn es eine gibt, wird er nie erfahren ...

10.7 Die Idee des Guten als Ursache

Man kann nicht sagen, daß das Höhlengleichnis (oder die vorangehenden zwei Gleichnisse) eine deutlich ausgeführte Theorie der Ursächlichkeit des Guten enthielte. Immerhin wird so viel deutlich, daß die ursächliche Kraft des Guten sich auf Ideen- und Sinnenwelt erstreckt und daß es Ursache in mehrfachem Sinne ist. Nach seiner Betrachtung der Sonne „wie sie ist" schließt der aus der Höhle Aufgestiegene, daß sie den Wechsel der Jahreszeiten und der Jahre gewährt, alles im sichtbaren Bereich lenkt und sogar Ursache all der Dinge ist, die er unten sah – jedenfalls „in einer bestimmten Weise" (*tropon tina*: 516c2). Die Idee des Guten ist Ursache „von allem Richtigen und Schönen", und zwar „für alle Dinge" (517c2); im Sichtbaren hat sie das Licht und dessen „Herrn" erzeugt, im Intelligiblen gewährt sie selbst als „Herrin" Wahrheit und Einsicht (*noun*: intuitives Erkennen); wer vernünftig handeln will, muß sie sehen (517c3–5).

Das Gute ist letzte Zweckursache des menschlichen Handelns. So war es von vornherein eingeführt worden: alle tun alles seinetwegen, auch wenn sie nicht wissen, was es ist (505d11–e2). Die Philosophen aber kennen das „eine Ziel im Leben, auf das zielend sie alles tun müssen, was sie privat oder öffentlich tun" (519c2–4). Nach anderen Zeugnissen (Symp. 206a, 207a–d; Phd. 75a2, b1; Aristoteles, EE I8, 1218a24–26) scheint der Gedanke der finalen Ursächlichkeit des Guten bei Platon weitere Geltung gehabt zu haben als nur im menschlichen Bereich. Daß das Gute im Höhlengleichnis nicht explizit als universale Finalursache herausgearbeitet ist, berechtigt nicht zu dem Schluß, daß Platon seine finale Ursächlichkeit einschränken wollte (Chen 1992, 87 f.).

Für *alles* ist das Gute Ursache des Richtigen und Schönen: damit ist zunächst die Geordnetheit der Ideenwelt (vgl. 500c2–5) gemeint, der im Bild der Wechsel der Jahreszeiten und Jahre im Kosmos entspricht, dann aber auch die Lenkung (516b10), also die vernünftige, zielgerichtete Beherrschung der sichtbaren Welt durch die Sonne, die ja vom Guten abstammt. Daß die Idee des Guten Grund der Erkennbarkeit des Intelligiblen ist (517c4), greift auf das Sonnengleichnis zurück; als Seinsgrund dieses Bereichs wird sie hier im Höhlengleichnis nicht noch einmal aufgewiesen (dies nur im Bild: 516c2). Wichtig ist, daß die Beziehung der Sonne zum Guten nicht nur die einer illustrierenden Analogie ist; vielmehr zeugt (*tekousa*: 517c3) das Gute sie, und zwar als ihm gänzlich ähnliche Entsprechung (506e3, 508b13). In aristotelischer Terminologie ist das Gute also Form- und Wirkursache der Sonne, und durch Vermittlung dieses „Königs" (509d2) und Prinzips (509b3) des Sichtbaren auch des Kosmos insgesamt. Freilich ist die Art der Vermittlung des Guten und der Vernünftigkeit an den Kosmos (etwa durch einen Demiurgos) nicht Thema der Gleichnisse. So viel allerdings ist klar: daß das Gute Prinzip des Ganzen (oder: des Alls) ist, wie es im Liniengleichnis heißt (*hê tou pantos archê*: 511b7), wird vom Höhlengleichnis bestätigt. Die Allverwandtschaft der Natur (Men. 81c9–d1), die ja nur vom Guten gestiftet sein kann (vgl. Phd. 99c5–6), wird nicht ausgeführt (vielleicht angedeutet 537c2–3).

10.8 Das Gute als *paradeigma* des Handelns

Nach vollzogener Schau des Guten sollen die Philosophen in die Welt der Praxis zurückkehren, um es nunmehr als Vorbild oder Modell (*paradeigma*) zu nehmen (540a9). Ihre Aufgabe ist eine dreifache: sie sollen (a) die Stadt, (b) die Privatleute (*idiôtai*) und (c) sich selbst ordnen (*kosmein*: 540b1). Das Gute selbst als *paradeigma* nehmen, meint offenbar nichts anderes, als „*ein* Ziel im Leben haben, worauf zielend (man) alles tun muß, was (man) privat oder öffentlich tut" (519c2–4). Unter welcher Bedingung kann das Gute das gemeinsame Ziel allen persönlichen und staatlichen Handelns sein?

Das Gesetz zielt auf den Zusammenschluß (*syndesmos*) der Stadt (520a4). Sokrates nimmt hier den Gedanken auf, daß das größte Gut für die Stadt das ist, was sie zu einer Einheit zusammenbindet (*syndei*: 462b2), und daß nur die Einheit Frieden und Freundschaft im Inneren und die Verteidigungsfähigkeit nach außen erhält (464d–465b). Aus dem Postulat der Einheit folgen die wesentlichsten Züge der platonischen Stadt, so die Beschränkung ihres Wachstums (423b6), die gleiche Erziehung für Männer und Frauen sowie die Abschaffung von Familie und Privateigentum für die zwei oberen Schichten (461e–466d).

Was die Formung der Individuen betrifft, so ist auch hier der Gedanke der Einheit maßgebend. Die umfassende Tugend der Gerechtigkeit befähigt den Menschen, die Teile seiner Seele „zusammenzubinden" (*syndêsanta*), so daß er „ganz und gar einer wird aus vielen" (443e1). Dies gilt wohl schon für die „bürgerliche Tugend" (430c3 mit 500d8), in höherem Maße aber für die Tugend dessen, der „die Wahrheit über das Schöne, Gerechte und Gute gesehen hat" (520c5). Das *eine* Ziel oder das Gute ist also bei der Gestaltung des Staates wie bei der Formung des Individuums nichts anderes als die Einheit selbst.

10.9 Die Präzisierung der Seelenlehre

Die Theorie der Seelenteile im IV. Buch sagt nichts von der Unsterblichkeit der Seele. Als Folgerung aus dem Höhlengleichnis und dem in ihm implizierten (vgl. 518b6–8) *paideia*-Begriff formuliert Sokrates nun folgende Unterscheidung: die übrigen „seelisch" genannten Tugenden scheinen nahe bei den körperlichen Tugenden zu liegen, da sie, zunächst nicht vorhanden, durch Gewöhnung und Übung entstehen. Anders die Tugend des Denkens (*phronêsai*): sie ist die Funktion von etwas Göttlicherem, das sein Vermögen nie einbüßt (518d9–e4). Was sein Vermögen nie einbüßt, muß selbst unvergänglich sein. Dies ist aber nicht die ganze Seele, sondern das von ihr, dessen Funktion das Denken ist – der Seelenteil also, der 439d5 als *logistikon* (Denkseele) benannt worden war. Folgerichtig ist die Denkseele „ein Göttlicheres" (e2) – göttlicher als die beiden anderen Seelenteile, denn diese sind das, dessen Funktion die anderen seelischen Tugenden sind. Wenn diese fast so etwas wie antrainierte körperliche Tugenden sind, so müssen auch die entsprechenden Seelenteile ontologisch dem Körperlichen nahe, und das heißt sterblich sein.

Durch die Seele geht also ein ontologischer Riß: ein Teil ist etwas Göttliches, Unvergängliches, die zwei unteren Teile sind etwas Sterbliches, quasi Körperliches. Erst im X. Buch folgt ein Beweis der Unsterblichkeit der Seele (608c–611a). Dieser scheint zwar der dreiteiligen Seele als ganzer zu gelten, doch stellt ein Anhang (611b–612a) klar, daß die Unsterblichkeit nicht für die Seele in ihrem diesseitigen Zustand gelten kann, sondern nur für ihre alte, wahre Natur (611d2, 612a3). Die genaue Untersuchung der Sprache und der Gedankenführung des Anhangs zeigt, daß mit der wahren Natur der Seele nichts anderes als das *logistikon* gemeint ist (siehe Szlezák 1976). Die Präzisierung der Seelenlehre besagt also, daß schon vom seelischen Träger her ein prinzipieller Unterschied besteht zwischen der auch den Nichtphilosophen erreichbaren bürgerlichen Tugend, die anerzogen wird fast nach Art körperlicher Tüchtigkeiten, und der Tugend der unsterblichen Denkseele, die allein die Wahrheit über das Gerechte, d. h. die Idee der Gerechtigkeit erfassen und so Tugend als Wissen (nicht als Gewöhnung) in sich verwirklichen kann. Der Mensch ist nicht nur intentional auf das Göttliche und Immerseiende gerichtet, er ist auch substantiell mit ihm verbunden, insofern das Beste an ihm der Ideenwelt auch ontologisch nahesteht (mit ihr verwandt ist: 611e2; vgl. Phd. 79d ff., Tim. 90a5).

10.10 Die Umwendung der ganzen Seele

Das unsterbliche *logistikon* kann freilich auch entgegen seiner wahren Natur seine unverlierbare *dynamis* nach unten richten, dann nämlich, wenn es „gezwungen" ist, „der Schlechtigkeit zu dienen" (519a–b). Aufgabe der *paideia* ist es, die Umwendung (*periagôgê*: 518d4, 521c6) der fehlgeleiteten Seele zu vollbringen. Verlangt ist ausdrücklich, die Denkseele „mit der ganzen Seele" von der Welt des Werdens wegzuwenden (518c8), also auch die unteren Seelenteile (so weit es möglich ist) einzubeziehen.

Warum genügt es nicht, die Denkseele umzuwenden, die anderen Seelenteile aber bei den ihnen eigentümlichen Betätigungen zu lassen? Man könnte Platon entgegenhalten, Philosophie sei doch eine Leistung des Intellekts, ihn gelte es zu schulen, alles andere sei irrelevant für das Ergebnis. So wie der gefesselte Höhlenbewohner nicht das Auge allein dem Licht zuwenden konnte, sondern dieses nur „mit dem ganzen Körper" (518c7, mit Rückgriff auf 514b1), so kann die Denkseele, die das Auge der Seele ist (533d2), nicht für sich dem Licht des Guten zugewandt werden. Mögen die Seelenteile auch ungleichen ontologischen Ranges sein, hier im irdischen Leben sind sie doch aneinander gebunden. Die Existenz im Körper beschwert die Denkseele mit den Begierden und Ablenkungen des Körpers, die ihr letztlich zwar unwesentlich sind (vgl. 611d1–7), die sie aber doch nach unten ziehen wie Bleigewichte (519b1). Ohne dieses Blei wegzuschlagen, ist für Platon wahre Philosophie nicht möglich. Aus diesem Grund betont er auch sonst stets, daß für eine philosophische Natur die ethischen Qualitäten ebenso wichtig sind wie die intellektuellen (vgl. z. B. 485b–487a, 535a–540a).

10.11 Die Art der Durchführung der *paideia*

Der zum Aufstieg Befreite befreit sich nicht selbst: jemand zwingt ihn zum Aufwärtsschreiten, ja er zerrt ihn gewaltsam nach oben ans Licht (515c6, e6–8). Wer ist dieser jemand (*tis*: 515e6)? Sein Fragen nach dem Was der Dinge (d6) zeigt, daß der rücksichtslose Befreier ein Bild des Sokrates ist. Ohne einen Lehrer, so scheint es, kommt man nicht auf den Weg der Dialektik. Anderswo rechnet Platon zwar mit der Möglichkeit, daß eine philosophische Natur sich von selbst bildet (Soph. 265d8–e2) oder auf Grund von nur geringer Hilfe (*VII. Brief* 341e3); für das hier in der *Politeia* gezeichnete Bild vom Philosophieren aber ist festzuhalten, daß Selbstbefreiung – die sehr leicht ins Bild hätte eingeführt werden können – nicht vorkommt.

Auch im idealen Staat werden die Philosophen zum letzten Schritt, zum Blicken auf das Gute, gezwungen werden (519c8–d1, 540a7–8). Das klingt seltsam, handelt es sich doch um Naturen, die wie niemand sonst lernbegierig, *philomatheis*, sind (376b–c, 485b u. ö.). Gemeint ist wohl, daß notfalls moralischer Druck auf sie ausgeübt wird, um einem Nachlassen ihrer Anstrengungen vorzubeugen (vgl. 535b7). Wie dem auch sei, eines ist der Formulierung mit Sicherheit zu entnehmen: daß dem Aufstieg der Seele zum Guten auf der inhaltlichen Seite ein klar umrissenes Theorem entspricht, nicht aber so etwas wie ein regulatives Prinzip der Urteilskraft, ein nichtpropositionales Gebrauchswissen. Jemanden zum Haben von Urteilskraft oder Gebrauchswissen zwingen zu wollen, wäre von vornherein widersinnig – noch dazu „zwingen" ab seinem 50. Lebensjahr (540a4). Dergleichen stellt sich ein, oder es stellt sich nicht ein, erzwingen oder zeitlich programmieren läßt es sich nicht. Wenn dagegen der Erkenntnis des Guten in der Seele auf der Seite der *logoi* eine formulierbare und in langer gemeinsamer Diskussion zu erprobende Theorie der Prinzipien entspricht, so ist es durchaus sinnvoll, Menschen, deren philosophisches Verständnis an anderen Theoremen schon breit getestet wurde, zu einem bestimmten Zeitpunkt zu drängen, sich nun intensiv mit dieser Theorie zu befassen.

Eine schriftliche Fixierung solch einer Theorie könnte übrigens die ethische Formung, die verlangt ist, nicht mitliefern und wäre somit für das Ziel der Umwendung der ganzen Seele nicht von Nutzen. Zugelassen zur Schulung in Dialektik wird nur, wer auch die ethische Qualifikation besitzt (539d3–6, vgl. 503d8–9): nur so ließe sich der von Platon gefürchtete Mißbrauch (537e–539d) vermeiden. Eine schriftliche Fassung, noch dazu eine frei zirkulierende, würde solchem Mißbrauch Vorschub leisten (Phdr. 275 e, *VII. Brief* 344d). Die Vorsicht (*eulabeia*: 539b1, d3) der Herrschenden, die der Erziehung Unwürdigen (*anaxioi paideuseôs*: 496a5), die mit der Sache der Dialektik nichts zu tun haben (vgl. *ho ... ouden prosêkon*: 539d6, ähnlich Phdr. 275e2), nicht zuzulassen, ist doppelt begründet. Neben der Würde der Philosophie (vgl. 539d1) spricht dafür vor allem die politische Konstruktion des künftigen Staates: wenn die Herrschaftsbefugnis an das Wissen vom Guten geknüpft ist, so muß dafür gesorgt sein, daß nicht Unbefugte Anspruch auf die Herrschaft erheben. Wenn aber allein ein nichtpropositionales Gebrauchswissen den Anspruch begründete, so könnte jeder sich selbst für befugt erklären; wenn hingegen die entscheidende dialektische Theorie der Ideen und der Prinzipien beliebig zugänglich wäre, so könnten Ungeeignete, die ohne charakterliche und intellektuelle Schulung irgendwie eine (notwendig unzureichende) Kenntnis der Theorie erlangt hätten, einen scheinbar berechtigten Anspruch erheben. Der elaborierte Zeitplan des Bildungsganges schließt beide Möglichkeiten aus.

10.12 Die Pflicht zur Rückkehr in die Höhle: für wen ist der Staat da?

Es könnte zunächst wie ein Unrecht erscheinen, daß die Philosophen zur Rückkehr in die Mühen der Politik gezwungen werden sollen. Doch das sei irrelevant, sagt Sokrates, weil es nicht auf das Glück einer bestimmten Schicht (*genos*) im Staat ankomme, sondern auf das Glück des Ganzen, das in der Einheit besteht (519d4–520a4). Das Recht des Individuums auf Glück scheint hier bestritten zu werden: wenn alle um des Nutzens willen, den sie der Gemeinschaft bringen können (520a1), auf die persönliche Erfüllung verzichten, könnte sich der Zustand ergeben, daß niemand im Staat glücklich ist, damit das Ganze glücklich sei – was dann nur noch bedeutet: einheitlich und stabil. Kann das stabile Unglück aller Ziel des Staates sein?

Doch die Frage geht an Platon vorbei. Seinem Entwurf liegt die Vorstellung zugrunde, daß das Glück des Staates die Voraussetzung und die Garantie des Glücks der Schichten wie der Individuen ist. Die Philosophen werden die meiste Zeit mit Philosophieren verbringen (540b2), die kurze Zeit des mühevollen Regierens dient (neben anderem) der Absicherung dieses Glücks. Und wenn sie ihrer Aufgabe gerecht werden, die Bürger ethisch zu formen (540a9–b1) als Hersteller (500d6–8) und Wächter (506a5) der bürgerlichen Tugend, so sorgen sie dafür, daß auch die Nichtphilosophen das ihnen erreichbare Maß an Glück nicht verfehlen, denn Gerechtigkeit (als Einheit der Person) ist die erste Voraussetzung des persönlichen Glücks.

Gleichwohl entgeht der ideale Staat Platons nicht leicht dem Verdacht, in Wahrheit (wie andere Staaten auch) allein den Interessen der Herrschenden zu dienen. Die Sicherung ihrer Lebensweise der reinen Theorie ist zugleich oberstes Staatsziel. Ist nicht allein von den anderen beiden Schichten Triebverzicht verlangt im Interesse einer Ordnung, die sie nie ganz verstehen werden? Dem Vorwurf ideologischer Unredlichkeit entgeht der

Idealstaat nur dann, wenn der Autor überzeugt war, daß alle Menschen im Grunde Philosophen sind, insofern ihre wahre und ursprüngliche Natur mit ihrer Denkseele identisch ist, die von sich aus zum Intelligiblen strebt. Der von Philosophen gelenkte Staat ist so angelegt, daß alle die Chance bekommen, auf dem vorgezeichneten Weg nach oben zurück zu ihrer alten Natur möglichst weit zu gelangen.

10.13 Ist der beste Staat eine bloße Wunschvorstellung?

Weil der Aufstieg zur Sonne möglich ist, darf Sokrates auch die Möglichkeit des besten Staates zuversichtlich behaupten (521a1, 540d2–3). Seine Verwirklichung darf sich nicht der Gewalt bedienen, sondern muß auf eine „göttliche Fügung" (*theia tychê*: 592a8–9; vgl. 499b5, c1) vertrauen. Göttliches Eingreifen in die Geschichte, d. h. eine vom Menschen nicht kalkulierbare Wendung zum Besseren, liegt gewiß nicht außerhalb des Gedankenkreises platonischer Geschichtsphilosophie und Religiosität. Doch ist nicht der Vorschlag zur praktischen Durchführung, zunächst alle über zehn Jahre Alten aus der Stadt zu relegieren, um die Jüngeren ungestört charakterlich formen zu können (540e5–541a2), gänzlich wirklichkeitsfremd und überdies ohne Gewalt gar nicht durchführbar? Müssen wir nicht Hans-Georg Gadamer zustimmen, daß Platons „Denken in Utopien" „nicht Utopisches als Wirkliches oder zu Verwirklichendes bieten" will (Gadamer 1983, 283)?

Erstens kennt Platon den Gedanken der Annäherung ans strenge Ideal (473a–b). In diesem Sinne könnte die Relegation sich auf diejenigen beschränken, die sich mit dem Vorhaben auf keine Weise anfreunden könnten, und sie könnte bei entsprechender gesetzlicher Regelung und Kompensation auch gewaltlos erfolgen. Und was den Verzicht auf „alle" Erwachsenen betrifft, so sind damit zweifellos nur alle freien Bürger gemeint: auf die Hilfe von weisungsgebundenen *paidagôgoi* (die auch in Athen immer Unfreie waren) müßten die Gründer des Staates nicht verzichten. Nur wenn man neuzeitliche Verhältnisse und Rechtsbegriffe voraussetzt, ist die Annahme zwingend, der Schluß des VII. Buches meine nicht das, was er sagt. Der Staat der Philosophen war für Platon – der ja, anders als wir, noch auf keinerlei historische Erfahrung mit der Umsetzung utopischer Entwürfe zurückblicken konnte – keine bloße *euchê* (540d2), modern gesprochen: keine „bloße Utopie".

Literatur

Adam, J. 1902, ²1963: The *Republic* of Plato, 2 Bde., Cambridge.
Albert, K. 1996: Einführung in die philosophische Mystik, Darmstadt.
Annas, J. 1981: An Introduction to Plato's Republic, Oxford.
Bormann, K. 1961: Zu Platon, *Politeia* 514b8–515a3, in: AGPhil. 43, 1–14.
Chen, L. C. H. 1992: Acquiring Knowledge of the Ideas, Stuttgart.
Ebert, Th. 1974: Meinung und Wissen in der Philosophie Platons, Berlin.
Ferber, R. 1991: Die Unwissenheit des Philosophen oder Warum hat Plato die „ungeschriebene Lehre" nicht geschrieben?, Sankt Augustin.
Ferguson, A. S. 1921/22: Plato's Simile of Light, in: Classical Quarterly 15, 131–152 und 16, 15–28.
Gadamer, H.-G. 1991: Platos Denken in Utopien (1983), in: ders., Gesammelte Werke, Bd. 7, Tübingen, 270–289.
Gaiser, K. 1985: Il paragone della caverna, Napoli.
Halfwassen, J. 1994: Rezension zu Stemmer (s. u.), in: AGPhil. 76, 220–225.
Jackson, H. 1882: On Plato's Republic VI, 509d sqq., in: Journal of Philology 10, 132–150.
Krämer, H. 1989: Dialettica e definizione del Bene in Platone, Milano.
Murdoch, I. 1977: The Fire and the Sun: Why Plato Banished the Artists, Oxford.
Natorp, P. 1922: Platos Ideenlehre, 2. Aufl. Hamburg (Nachdruck Darmstadt 1961).
Oehler, K. 1962: Die Lehre vom noetischen und dianoetischen Denken bei Platon und Aristoteles, München.
Pritchard, P. 1995: Plato's Philosophy of Mathematics, Sankt Augustin.
Robinson, R. 1953: Plato's Earlier Dialectic, Oxford.
Stemmer, P. 1992: Platons Dialektik, Berlin.
Szlezák, Th. A. 1976: Unsterblichkeit und Trichotomie der Seele im zehnten Buch der Politeia, in: Phronesis 21, 31–58.
– 1985: Platon und die Schriftlichkeit der Philosophie, Berlin.
Vogel, C. J. de 1988: Rethinking Plato and Platonism, Leiden.
Wieland, W. 1982: Platon und die Formen des Wissens, Göttingen.

11

Jürgen Mittelstraß

Die Dialektik und ihre wissenschaftlichen Vorübungen

(Buch VI 510b–511e und Buch VII 521c–539d)

11.1 Bildung durch Wissenschaft

Platons Explikation einer „dialektischen" Philosophie und der Rolle der Wissenschaften, die diese auf dem Wege zu einer derartigen Philosophie spielen, steht in einem engen sachlichen Zusammenhang mit der im Höhlengleichnis (VII 514a–521b) wiedergegebenen philosophischen Pädagogik, dem „Aufstieg" zum Wissen, und der mit dieser Pädagogik verbundenen politischen Idee einer Philosophenherrschaft („Philosophenkönige", V 473c11–473d6). Es geht um die Ausbildung der zukünftigen Herrscher im (idealen) Staat und, sofern es sich dabei um „philosophische" Herrscher handeln soll, um den *Anfang der Vernunft*. Dieser Anfang wird verstanden als ein „Umlenken der Seele" (VII 521c6), dieses wiederum verstanden als Umkehr der Seele vom Werden bzw. Werdenden zum Sein (VII 521d3–4; vgl. 525c5–6: Umkehr der Seele vom Werden zur Wahrheit und zum Sein). Die Frage ist, wie eine derartige Umkehr, die im Höhlengleichnis dem Aufstieg aus der Höhle entspricht, bewirkt werden kann; Platons Antwort lautet: durch die „größten Mathemata" (VI 503e4), d. h. durch die – später in den organisatorischen Formen des Quadriviums gelehrten – „exakten" Wissenschaften, nämlich der Arithmetik, der Geometrie, der Astronomie und der (rationalen) Harmonienlehre (VII 521c–531c). „Exakt" bedeutet dabei schon bei Platon: sich mathematischer Mittel bedienend und mit mathematischen Mitteln darstellbar.

Daß die so ausgezeichneten Mathemata in diesem Zusammenhang nur eine instrumentelle bzw. propädeutische Rolle spielen, macht dann der Begriff der Dialektik, einer „dialektischen Episteme" (VI 511c5), deutlich, dessen Darstellung wiederum an eine Mathematik- bzw. Mathematikerkritik anschließt, zunächst in Verbindung mit einer kritischen Analyse des im Liniengleichnis (VI 508a–509b) dargestellten mathematischen Wissens (VI 510b–511e), dann im Anschluß an die Vorstellung der Mathemata (VII 533b–c). Dahinter steht wiederum die im Rahmen des Sonnengleichnisses (VI 508a–509b) hervorgehobene Stellung einer Idee des Guten (VI 508e2–3), mit der unter anderem (neben der ideentheoretischen Auszeichnung als noch „jenseits des Seins stehend", VI 509b9) zum Ausdruck gebracht werden soll, daß es die eigentliche Aufgabe der Vernunft ist, *praktisch* zu sein, d. h. das Leben zu orientieren. Die Wissenschaften als Ausdruck der theoretischen Vernunft dienen nach Platon der Realisierung der praktischen Vernunft, hier in Form eines pädagogischen Programms, das aus unaufgeklärten Verhältnissen (im Bild der Höhle) zu aufgeklärten Verhältnissen (im Begriff der Philosophenherrschaft) führen soll.

Platons Intellektualismus, der ihn in den Augen der weiteren philosophischen Entwicklung zum Idealisten macht, kommt insofern nicht nur in der Ideenlehre, sondern auch in wissenschaftstheoretischen Zusammenhängen, nämlich in der Verbindung der Förderung der „exakten" Wissenschaften mit einer praktisch-philosophischen Absicht, hier im Begriff der Dialektik selbst unter allgemeinen methodischen, sich auf eine Mathematikkritik stützenden Gesichtspunkten entwickelt, zum Ausdruck. In diesem Sinne ist Wilhelm von Humboldts Programm der Bildung durch Wissenschaft auch schon ein Platonisches Programm.

11.2 Die Mathemata

Die Darstellung der Mathemata setzt ein mit der Formulierung der gestellten pädagogischen Aufgabe, die zugleich eine erkenntnistheoretische Aufgabe ist: Was ist in der Lage, den Anfang der Vernunft zu bewirken? Wodurch wird jenes „Umlenken" der Seele vom Werden zur Wahrheit und zum Sein geleistet (VII

521c–d)? Durch Gymnastik und Musik nicht, so wird sogleich, unter Hinweis auf frühere Beurteilungen, festgestellt; sie erweisen sich als Teile des Werdenden und Vergänglichen (VII 521e4–5). Das gleiche gilt für die Künste, d. h. für praktische Fähigkeiten. Diesen aber liegen, obgleich in der Regel unbemerkt, gewisse allgemeine Strukturen zugrunde, die hier mit den Begriffen Zahl (*arithmos*) und Rechnung (*logismos*) bezeichnet werden, Begriffen, mit denen im Sinne ausgeübter Fähigkeiten auch die Wächter, bevor einige von ihnen mit den Mathemata befaßt werden, vertraut sein müssen (VII 522a6–7). Entscheidend ist zunächst jedoch, daß die Lebenswelt bzw. (erkenntnistheoretisch gesprochen) die Sinnenwelt selbst über bestimmte Formen der Wahrnehmung, solche nämlich, die nicht von vornherein das Sinnliche fraglos erfassen, über sich hinausweist, d. h. die Vernunft herbeiruft (VII 523a–b). So ist es etwas anderes, ob die Wahrnehmung z. B. die Frage beantwortet, ob man es mit einem Finger zu tun hat (die Antwort lautet: dies ist ein Finger), oder mit der Frage, ob ein Finger groß oder klein sei (VII 523c–d). Eine Antwort auf diese Frage setzt das Vertrautsein mit den Prädikatoren „groß" und „klein" voraus (vgl. Guthrie 1975, 522; Pappas 1995, 149), denen in einem Einführungskontext zweistellige Prädikatoren („größer als" und „kleiner als") zugrunde liegen und die zugleich den Übergang von Prädikatoren in apprädikativer Verwendung (für Eigenschaften) zu eigenprädikativer Verwendung (für Gegenstände) bezeichnen: Im Gegensatz zur Wahrnehmung faßt die „Seele" Prädikatoren wie „groß" und „klein" als Eigenprädikatoren auf, in Platons Terminologie als Ideen.

Der Übergang zur Darstellung der *Arithmetik* (VII 521d–526e) als ausgezeichnetem Mathema, d. h. als Form reiner Wissensbildung, erfolgt in diesem, zunächst auf eine direkte ideentheoretische Erörterung hindeutenden Zusammenhang in der Weise, daß auf den Umstand hingewiesen wird, daß sich alles Sinnliche als etwas Bestimmtes („*Eines*") und immer zugleich als etwas Unbestimmtes („unendlich *Vieles*") zeige (VII 525a4–5). Dagegen stelle die Arithmetik reine Einheiten dar, d. h., sie befasse sich nicht mit zählbaren Dingen, sondern mit den Zahlen, ihrer Natur, selbst (VII 525c2; vgl. 525b5). In diesem Sinne führt denn auch, wie es im *Philebos* heißt, der Weg von einer lebensweltlichen oder Gebrauchsarithmetik (Arithmetik der vielen Dinge) zu einer philosophischen, d. h.

wissenschaftlichen Arithmetik (Phil. 56d4–6). Zählen und Rechnen, die zunächst als Teil praktischer Fähigkeiten und Orientierungen bezeichnet worden waren, werden in der wissenschaftlichen Arithmetik auf Konstruktionen mit Hilfe des Zahlbegriffs eingeschränkt. Wie in der programmatischen Rede vom „Umlenken" der Seele vom Werden zur Wahrheit und zum Sein heißt es hier, daß die Seele in die Höhe geführt und „genötigt" werde, sich mit den Zahlen selbst zu beschäftigen (VII 525d6), und das heißt eben auch: sich der Vernunft (*noêsis*) selbst zu bedienen (VII 526b2). Über eigene Vorstellungen zur Arithmetik, speziell zur Zahlentheorie, oder die zeitgenössische Arithmetik (z. B. in Form erster zahlentheoretischer Sätze, der symmetrischen Auflösung linearer Gleichungen mit mehreren Unbekannten und quadratischer Gleichungen in geometrischer Form), auf die sich Platon zweifellos an dieser Stelle bezieht, wird nichts gesagt, auch nichts über die in der Vorlesung über das Gute (vgl. Krämer 1959, 249–318; Gaiser 1963) und in der Spätform der Platonischen Ideenlehre auftretende Ideenzahlenlehre (Zurückführung der Erzeugung der Zahlen auf die beiden Prinzipien der Einheit und der „unbestimmten Zweiheit", vgl. Aristoteles, Met. A 6, 987b33–35).

Das gleiche gilt von der folgenden Darstellung der *Geometrie* (VII 526c–527c). Wie im Falle der Arithmetik konzentriert sich Platon auch hier allein auf den Gesichtspunkt, daß die Geometrie Wissen des immer Seienden (VII 527b7–8) sei und uns nötige, das Sein anzuschauen (VII 526e6). Platon orientiert sich hier an dem frühesten Paradigma des griechischen Theoriebegriffs (vgl. Annas 1981, 289), insofern in der griechischen Geometrie, mit einigen elementargeometrischen Sätzen bis in die Zeit des Thales zurückreichend, sowohl die Begriffe des theoretischen Satzes und des Beweises als auch die Idee eines axiomatischen Theorieaufbaus gebildet werden (Mittelstraß 1962–66). Oder anders ausgedrückt: In der griechischen Geometrie treten die Wissensbildung und das wissenschaftliche Denken allgemein unter ihre das wissenschaftliche Denken seither charakterisierende *Theorieform*. Kein Wunder, daß sich darum für Platon die Geometrie auch in besonderem Maße als förderlich für ein philosophisches Denken (VII 527b10) erweist. Sie nimmt, wie die Arithmetik, ihren Ausgang von einer lebensweltlichen oder Gebrauchsgeometrie, die auch die Wächter beherrschen müssen, und zeichnet sich als wissenschaftliche Geometrie diesen gegenüber neben ihrer Theorieform wiederum dadurch aus, daß ihre Gegenstände nicht der Welt des Werdens, sondern der Welt der Ideen angehören – was allerdings, wie noch deutlich werden wird, selbst keine ganz unproblematische Feststellung ist.

Auch an dieser Stelle hätte es nahegelegen, auf eigene Vorstellungen zur Geometrie, z. B. hinsichtlich des Zusammenhangs mit Teilen der Ideenlehre wie im Falle des Zusammenhangs zwischen der Lösung eines geometrischen Problems und dem Anamnesistheorem im *Menon* (81c–86e), hinzuweisen. Doch jeder Hinweis dieser Art fehlt ebenso wie ein Hinweis auf den Stand der zeitgenössischen Geometrie (z. B. die Entdeckung inkommensurabler Streckenverhältnisse und die Lösung des Problems der Inkommensurabilität im Rahmen einer geometrischen Proportionenlehre und einer Theorie des mathematischen Kontinuums) oder ein Hinweis auf den (für das griechische Denken typischen) Primat der Geometrie sowohl bei der Einführung der Ideenlehre im Rahmen der Platonischen Philosophie als auch, mathematikhistorisch von Bedeutung, gegenüber der zuvor hervorgehobenen Arithmetik. Letzterer, d. h. die methodische Rückführung der Lösung von Gleichungen auf geometrische Konstruktionen, beruht darauf, daß jedes (ganzzahlige) Zahlenverhältnis einem geometrischen Streckenverhältnis entspricht und die Umkehrung nicht gilt (nicht jedes Streckenverhältnis läßt sich arithmetisch darstellen, Arithmetik dabei definiert als Theorie der ganzen Zahlen), wobei im übrigen die Beschränkung der Konstruktionsmittel auf Zirkel und Lineal die klassischen Probleme der Würfelverdoppelung (Delisches Problem), der Winkeldreiteilung und der Quadratur des Kreises ergibt. Platons Aufmerksamkeit gilt allein der besonderen Leistungsfähigkeit der Geometrie, den Blick von der Welt des Werdens, d. h. von Wahrnehmungsverhältnissen, auf eine Welt, gemeint sind theoretische Verhältnisse, zu lenken, die nur mit den „Augen des Geistes" bzw. der Vernunft (vgl. VII 529b2–3) erfaßt werden kann. Und hierin, in der Fähigkeit, den Anfang der Vernunft zu bewirken, unterscheidet sich die Geometrie in keiner Weise von der Arithmetik. Das gleiche trifft auf die Erwähnung der Stereometrie, d. h. einer Geometrie des dreidimensionalen euklidischen Raumes, im folgenden Astronomieteil zu (VII 528a–c), die noch wenig entwickelt erscheint, von der Platon aber im *Timaios* in Form der sogenannten Platonischen Körper,

d. h. der fünf regulären Polyeder, beim Aufbau einer Elemententheorie Gebrauch macht (Vlastos 1975, 66–97).

Daß Platon unter dem Gesichtspunkt eines Anfanges der Vernunft tatsächlich nur *theoretische* Verhältnisse, d. h. in diesem Falle: die Bildung eines erfahrungsfreien oder apriorischen Wissens, interessieren, wird sodann in besonderem Maße an der Darstellung der *Astronomie* (VII 528e–530c) deutlich. Diese scheint zunächst eine Wissenschaft bewegter Körper (daher auch der stereometrische Einschub an dieser Stelle), nämlich konkreter Himmelskörper zu sein, damit in ausgearbeiteter Form eine Theorie (eines Teiles) der sichtbaren Welt. Doch dies würde bedeuten, daß der Weg vom Werden zum Sein, der mit Arithmetik und Geometrie beschritten wurde, wieder zurück in das Werden führte. Deswegen heißt es auch, daß diejenigen, die (so Glaukon) sich in astronomischen Dingen genötigt fühlen, „nach oben" zu blicken, in Wahrheit „nach unten" blicken (VII 529a1–7), nämlich in die Sinnenwelt. Aus dieser wiederum sollen die Mathemata, unter ihnen die Astronomie, gerade herausführen, nicht in diese hineinführen, weshalb es auch heißt, daß man das, was am Himmel ist, lassen solle, wenn es darum gehe, sich im Sinne des gesuchten Anfangs der Vernunft mit der Astronomie zu befassen (VII 530b7–c1). Zwar könne man den sichtbaren Himmel für das Beste und Vollkommenste seiner Art (gemeint ist alles Sichtbaren) halten, doch bliebe er weit hinter dem zurück, womit sich die wahre Astronomie zu befassen habe (VII 529c7–d5).

In das wissenschaftliche Auge wird damit eine Astronomie des Unsichtbaren (vgl. VII 529b5) gefaßt, d. h. eine Astronomie, die es nicht mit dem, was am Himmel ist, sondern dem, was dort ist, wo auch die Zahlen und die geometrischen Figuren sind, zu tun hat. Das klingt gewiß seltsam und philosophisch als Ausweis einer Zweiweltentheorie, die wiederum eine Erfindung des Platonismus, nicht Platons selbst ist. Gemeint ist denn auch etwas ganz anderes (vgl. Mittelstraß 1962, 117–139). In seiner Darstellung der wahren Astronomie bezieht sich Platon auf qualitative kinematische Modelle planetarischer Bewegungsformen, d. h. auf geometrische Konstruktionen. Derartige Modelle scheint er unmittelbar vor Augen zu haben, im X. Buch der *Politeia* das Modell einer Spindel, deren Wirteln, d. h. acht ineinandergepaßte Kugelschalen, die Planetenbahnen darstellen (X 615d–617c), im

Timaios ein Bändermodell mit konzentrisch angeordneten beweglichen Ringen zur Darstellung der Haupthimmelskreise astronomischer Koordinatensysteme (Horizont, Ekliptik, Äquator) (Tim. 34a–36d; vgl. Vlastos 1975, 49–62). Das Bändermodell ist dabei dem Spindelmodell insofern überlegen, als in ihm die Schiefe der Ekliptik dargestellt werden kann; die Ränder der Kugelschalen im aufgeschnittenen Wirtelmodell erscheinen „von oben" betrachtet hingegen als Kreise, die auf einer Ebene liegen. Es ist dann eine Konsequenz der Platonischen Ideenlehre, daß die Gegenstände der Astronomie, d. h. die Planeten und ihre Bahnbewegungen, im Rahmen derartiger Modelle selbst als *Konstruktionen* aufgefaßt werden. Eben das bedeutet die in der *Politeia* empfohlene Astronomie des Unsichtbaren.

Daß es dabei im übrigen nicht bleibt, machen später die *Nomoi* deutlich. Hier wird, nachdem Platon offenbar die Eudoxische Astronomie kennengelernt hatte, die Welt im Sinne der dann von Aristoteles weiter ausgearbeiteten Konzeption in zwei Teile zerlegt, in einen sublunaren, bei Platon im wesentlichen, nämlich mit Ausnahme der Naturphilosophie im *Timaios*, noch theorieunzugänglichen Teil und in einen durch sichtbar gewordene ideale Verhältnisse gekennzeichneten, daher auch theoriezugänglichen Teil (Mittelstraß 1962, 130–139). In der *Politeia* bleibt Astronomie hingegen, wie Arithmetik und Geometrie, eine im strengen Sinne erfahrungsfreie, apriorische Disziplin.

Das gilt auch für die letzte der vier ausgezeichneten Mathemata, nämlich die *Musik* (VII 530c–531c), gemeint ist die Harmonienlehre. Diese wird als Geschwister der Astronomie vorgestellt, was so zu verstehen ist, daß sich zum einen die Harmonienlehre zum Ohr verhält wie die Astronomie zum Auge (VII 530d6–7), zum anderen schon bei den Pythagoreern Astronomie und Harmonienlehre in der Konzeption einer Sphärenharmonie, d. h. in der Übertragung der Gesetze musikalischer Harmonie auf die Bewegungen der Planeten (Aristoteles, Met. A 5, 986a3: „der ganze Himmel ist Harmonie und Zahl", vgl. de cael. B 9, 290b12 ff.), systematisch miteinander verbunden sind. Auf diese Verbindung bezieht sich Platon (VII 530d8–9), wobei wiederum, wie im Falle der Astronomie, auf die Verwechslung der „wahren" Harmonien mit den gehörten Harmonien hingewiesen wird (hier wird, so heißt es, das Ohr höher geschätzt als die Vernunft, VII 531a8–b1) (vgl. Bröcker 1964, 290–292). Im

Pythagoreismus (vgl. Burkert 1962, 170 ff., 328 ff.) beruht die Konzeption einer Sphärenharmonie auf der der Platonischen Konzeption der Mathemata entgegenkommenden Vorstellung, daß alles Zahl sei, die ihrerseits auf Untersuchungen über die sogenannten Pythagoreischen Zahlen, d. h. Tripel natürlicher Zahlen a, b und c, zwischen denen die Beziehung $a^2 + b^2 = c^2$ besteht (Beispiel: das Tripel 3, 4, 5), und die durch die Vierergruppe der Zahlen 6, 8, 9 und 12 gebildete sogenannte Tetraktys zurückgeht, ferner auf der Entdeckung, daß Tonintervalle als kleine ganzzahlige Verhältnisse von Saitenlängen formulierbar sind: Die Tetraktys zeichnet Zahlen aus, die zur Wiedergabe der Proportionen 2 : 1, 3 : 2 und 4 : 3 geeignet sind, die wiederum die symphonen Intervalle Oktave, Quinte und Quarte abbilden.

Nach dieser Konzeption erzeugen die in harmonischen Abständen von der Erde angeordneten Planeten hinsichtlich ihrer unterschiedlichen Geschwindigkeiten Töne, die der (siebentonigen) diatonischen Tonleiter entsprechen und nur für das „geistige" Ohr hörbar sind. Eben darum geht es, unabhängig von der Konzeption einer Sphärenharmonie, auf die hier nicht näher eingegangen wird, Platon in der Darstellung des vierten Mathema. Dieses ist ein weiteres Beispiel für eine „exakte" mathematische Disziplin; sein Zusammenhang mit Musik als einer Kunstfähigkeit ist der gleiche wie im Falle von Arithmetik, Geometrie und Astronomie: Diese bilden allenfalls den Ausgangspunkt einer Untersuchung, die selbst in allen Teilen theoretisch, d. h. ohne Rekurs auf faktische Verhältnisse (in der „Sinnenwelt"), erfolgt.

11.3 Mathematikkritik

Darstellung und Analyse der vier Mathemata mögen den Eindruck erzeugt haben, daß in Platons Augen Konzeption und Aufgabe dieser Mathemata nicht nur in jeder Hinsicht klar sind, sondern diese auch in ihrer zeitgenössischen disziplinären Wirklichkeit in allen hier interessierenden wesentlichen Hinsichten, die ihren theoretischen Status, bezogen auf die Fähigkeit, die Vernunft auf den Weg zu bringen, betreffen, leisten, was von ihnen erwartet wird. Doch das ist nicht der Fall. Platon stellt zwar die vier Mathemata als Paradigmen theoretischen Wissens im Sinne eines erfahrungsunabhängigen, apriorischen Wissens (vgl. Cross/Woozley 1964, 254 f.) oder der später so genannten Formalwissenschaften dar, aber er stellt auch gravierende Mängel fest, die in seinen Augen offenbar nicht immer behebbar, damit auch prinzipieller Natur sind. Dies kommt in der bekannten Mathematik- bzw. Mathematikerkritik im Anschluß an das Liniengleichnis zum Ausdruck, die nach der Darstellung der Mathemata im Rahmen der Explikation des Dialektikbegriffs noch einmal wiederholt wird.

Im Liniengleichnis (VI 508a–509b) wird der Mathematik in Form mathematischer Ideen und einer diesen Ideen zugeordneten besonderen Wissensform (*dianoia*) gegenüber den nicht-mathematischen Ideen und deren besonderer Wissensform (*noêsis*) eine nachgeordnete Stellung zugewiesen (vgl. Cross/Woozley 1964, 230 ff.; Mittelstraß 1984).

Eine Linie ist hier in zwei ungleiche Teile geteilt, die ihrerseits im Verhältnis der beiden ungleichen Teile geteilt sind (VI 509d6–8) : $(a + b) : (c + d) = a : b = c : d$. Nach dieser Einteilung gelten auch die Proportionen $(a + b) : (c + d) = a : c = b : d$; damit sind die Teile b und c gleich, ein Umstand, der in Platons Deutung der Linie allerdings keine Rolle spielt. In einer Verbindung von erkenntnistheoretischen und ontologischen Aspekten stellt Abschnitt *a* Bilder und Schatten empirischer Gegenstände (VI 509e1–510a3) bzw. täuschende Wahrnehmungsformen (VI 511e2), Abschnitt *b* die empirischen Gegenstände (natürliche Dinge und Artefakte) selbst (VI 510a6) bzw. die Form des Fürwahrhaltens (VI 511e1), Abschnitt *c* mathematische Gegenstände (VI 510b4–6) bzw. die Wissensform der Dianoia (VI 511d8) und Abschnitt *d* (nicht-mathematische) Ideen (VI 510b6–9) bzw. die Wissensform der Noesis (VI 511d8) dar. Die den Erscheinungen $(a + b)$, d. h. der sichtbaren Welt (*horaton*, VI 509d4) bzw. der Welt der Meinung (*doxaston*, VI 510a9), zugeordneten Formen der Wissensbildung bilden zusammen den Begriff der Meinung (*doxa*), die den nicht-empirischen Gegenständen $(c + d)$, d. h. den mathematischen und nicht-mathematischen Ideen, zugeordneten Formen der Wissensbildung den Begriff des Wissens (*epistêmê*; in VII 533e7–534a8 tauschen *noêsis* und *epistêmê* die terminologischen Plätze).

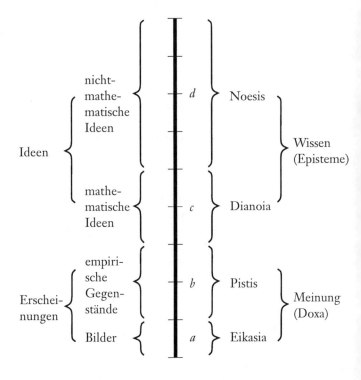

Was es mit der nachgeordneten Stellung der Mathematik auf sich hat, wird in der kritischen Stellungnahme gegenüber der mathematischen Praxis deutlich (die folgende Analyse folgt in Grundzügen der Darstellung in Mittelstraß 1985, 401–406). Hier heißt es, daß die Mathematiker „das Gerade und das Ungerade, die Figuren und die drei Sorten von Winkeln" voraussetzen, „als ob sie dies schon wüßten", und daß sie „es nicht für nötig halten, sich selbst oder anderen darüber Rechenschaft zu geben". Vielmehr täten sie so, „als sei dies schon jedermann klar", und gingen sogleich von diesen Voraussetzungen aus zur Durchführung (nämlich der Beweise) über, „bis sie schließlich dorthin gelangen, auf dessen Untersuchung sie es abgesehen hatten" (VI 510c2–d3). Damit sieht es so aus, als mache Platon die Mathematiker seiner Zeit auf Begründungspflichten gewissen (ersten) Sätzen gegenüber aufmerksam. Ausdrücklich ist von Hypothesen (*hypotheseis*) die Rede (VI 510c6), worunter Platon an anderen Stellen, darunter auch in mathematischen Zusammenhängen (vgl. Szabó 1960–62, 43 ff.), Hypothesen, also Sätze in der Funktion von Annahmen, versteht. Im *Phaidon* wird dieser Hypothesenbegriff eingebettet in ein dreigliedriges Verfahren, das (1) die Wahl einer am überzeugendsten erscheinenden Annahme, (2) Folgerungen aus dieser Annahme, die entsprechend als begründet bzw. wahr gelten (Phd. 100a), und (3) die Begründung der Annahme durch erneute Anwendung des Verfahrensschrittes (2) vorsieht, d. h., die Annahme wird selbst als Folgerung aus anderen, „höheren" Annahmen zu begründen versucht (Phd. 101d–e) (vgl. Mittelstraß 1962, 33 f.; Robinson ²1966, 123–145; Stemmer 1992, 262–267; Chen 1992, 29–35). Hier ist zugleich mit der Vorstellung eines Rückgangs auf „höhere" Voraussetzungen die Verbindung zur Metaphorik des „Aufstiegs" zu einem nicht mehr Hypothetischen im Kontext der Mathematikkritik in der *Politeia* (VI 511b6) gegeben. Dennoch ist die Frage, ob für die Mathematikkritik Platons ein derartiger Hypothesenbegriff zutrifft.

Zwei Schwierigkeiten springen sofort ins Auge: (1) Als Beispiele für Voraussetzungen, die die Mathematiker treffen, werden nicht Sätze, sondern „das Gerade und das Ungerade, die Figuren und die drei Sorten von Winkeln" genannt. (2) Die Aufforderung, Rechenschaft zu geben (*logon didonai*, VI 510c7), muß im gegebenen Zusammenhang verstanden werden als Beantwortung der Frage, „was (etwas) ist" und nicht als Beantwortung der Frage „warum (etwas) ist". Entsprechend heißt es auch an der späteren Stelle (nach Darstellung der Mathemata), daß die Geometrie „zwar träumt von dem Seienden (*to on*), ordentlich wachend es aber nicht wirklich zu erkennen vermag, solange sie, Annahmen voraussetzend, diese unbeweglich läßt, indem sie keine Rechenschaft davon geben kann" (VII 533b6–c3). Der Logos, der hier angemahnt wird, ist die Erklärung des Wesens von (geometrischen) Gegenständen (VII 534b3–4), nicht die Begründung von (geometrischen) Sätzen. Welchen Sinn sollte es auch haben, bezogen auf einen Satz zu fragen: „was (etwas) ist"? Die Frage müßte vielmehr lauten: „warum etwas der Fall ist" oder „warum etwas wahr ist". Insofern handelt es sich in der vorgetragenen Kritik Platons aber auch nicht um Unklarheiten über Sätze, sondern, wie die Beispiele belegen, um Unklarheiten über Gegenstände, genauer um Unklarheiten der arithmetischen und geometrischen Rede von Gegenständen wie „das Gerade und das Ungerade", Kreis und Winkel etc. (so auch v. Fritz 1955, 38 ff.; Hare 1965, 21 ff.; Wieland 1982, 209).

Wie VI 510c2–d3 deutlich macht, geht es vor allem um den Status geometrischer Gegenstände, d. h. um die Frage, was diese geometrischen Gegenstände sind, wenn nicht *empirische* Gegenstände. Empirische Gegenstände können nicht gemeint sein, aus den in der Darstellung der Mathemata genannten Gründen, aber auch aus einem ganz einfachen, schon der Gebrauchsgeometrie vertrauten Grund: Gezeichnete oder in den Sand gezogene Figuren bleiben unter Genauigkeitsgesichtspunkten immer hinter den Vorstellungen zurück, die sich z. B. mit Sätzen über Winkel oder Sätzen über Verhältnisse im Kreis verbinden. Im Beispiel formuliert: Wenn der (vermutlich Thaletische) Satz, daß zwei Dreiecke, die in einer Seite und in den anliegenden Winkeln übereinstimmen, in allen Stücken übereinstimmen (Procl. in Eucl. 352, 14–18 Friedlein [Eudem Fr. 134 Wehrli 1955]), wahr ist, von *welchen* Dreiecken ist er dann wahr?

Platon macht hier auf Schwierigkeiten aufmerksam, die sich eng mit der griechischen Idee der Geometrie verbinden, d. h. mit ihrer Theorieform, auf die sich Platon in der Darstellung der Mathemata bezieht und die er mit eben dieser Darstellung wesentlich befördert. Die vorgriechische Geometrie kannte diese Schwierigkeiten nicht. Sätze wie der angeführte Satz waren unbekannt; Geometrie bestand allein aus Konstruktionsanweisungen bzw. Regeln, die in die Darstellung und Lösung individueller Aufgaben eingingen. Dabei wurde – was die beachtliche Leistungsfähigkeit dieser vorgriechischen Geometrie dokumentiert – z. B. faktisch bereits der Pythagoreische Lehrsatz „verwendet", wie sich aus Aufgaben, deren Lösung auf die Berechnung der zweiten Kathete in einem rechtwinkligen Dreieck hinausläuft, ersehen läßt, und doch gibt es keinerlei Anzeichen dafür, daß dieser Satz jemals „allgemein" als Satz über Hypotenusenquadrat und Kathetenquadrate formuliert worden wäre. Eben diese Möglichkeit und mit ihr die Theorieform aber ist, wie bereits hervorgehoben, die eigentliche Entdeckung der griechischen Geometrie.

In diesem Zusammenhang wiegen natürlich Unklarheiten über den Status der Gegenstände einer mathematischen Theorie, die Platon hier zum ersten Mal vor Augen führt, schwer. Bisher war die Frage, wovon denn die theoretischen Sätze, z. B.

die Sätze der Geometrie, reden, nicht gestellt, geschweige denn befriedigend beantwortet worden. Platons Antwort, im Liniengleichnis noch einmal bestätigt, lautet: von *Ideen*, womit die Platonische Ausarbeitung des Ideenbegriffs, von Anfang an, d. h. im *Menon* und im *Phaidon*, orientiert an der geometrischen Theoriebildung, nichts anderes darstellt als die Bemühung, den in der griechischen Geometrie gebildeten Begriff des theoretischen Satzes und des Beweises um den Begriff des *theoretischen Gegenstandes* zu ergänzen. Damit wird zugleich zum ersten Mal in einem auch methodisch faßbaren Sinne auf die *Idealität* theoretischer Gegenstände abgehoben. Unmittelbar im Anschluß an die Kritik Platons an der mathematischen Theoriebildung heißt es gegenüber dem bereitwillig zustimmenden Glaukon: „Nicht wahr, das weißt Du, daß sie [die Mathematiker] sich der sichtbaren Dinge bedienen und ihre Demonstrationen auf jene beziehen, während doch nicht auf diese als solche [als sichtbare Dinge] ihre Gedanken zielen, sondern auf das, wovon jene sichtbaren Dinge nur Schattenbilder sind. Nur des Vierecks *an sich*, nur der Diagonale *an sich* wegen machen sie ihre Demonstrationen" (VI 510d5–8). In eben diesem Sinne wird dann auch in der Darstellung der Mathemata die Geometrie als das Wissen des immer Seienden bezeichnet und im *VII. Brief* die Idee des Kreises als Beispiel für den Aufstieg zu den Ideen angeführt (342b–d).

Damit ist nicht nur eine in der bisherigen griechischen Mathematik übersehene Grundlagenfrage, nämlich nach dem Status mathematischer Gegenstände, gestellt, sondern auch, zumindest in einem ersten Anlauf, der auf die Idealität theoretischer Gegenstände verweist, beantwortet. Zugleich erlaubt es die Platonische Antwort, Ungenauigkeiten z. B. in konkreten geometrischen Konstruktionszusammenhängen als Mängel von Realisierungsverfahren zu begreifen. So verstanden ginge es Platon in seiner Kritik um einen geklärten Begriff des mathematischen, speziell geometrischen Gegenstandes, der es erlaubt, unvollkommene Realisierungen so zu behandeln, als ob sie „idealen" Konstruktionsanforderungen genügten. Daß diese sich niemals streng realisieren lassen, schränkt die Geltung geometrischer Sätze nicht ein, macht aber deutlich – und darauf kommt es Platon im Liniengleichnis an –, daß sich geometrische Ausdrücke wie „Kreis", „orthogonal" und „parallel" strenggenommen nicht auf empirische Objekte, sondern auf theoretische Objekte, eben auf „Ideen" beziehen. In einem modernen wissenschaftstheoretischen Kontext werden diese geometrischen Ausdrücke entsprechend nicht als Prädikate für konkrete geometrische Formen, sondern im Hinblick auf die mit ihnen postulierten „idealen" Eigenschaften als „Ideatoren" bezeichnet. Ideen treten hier – in einem der *Begriffs*bildung vergleichbaren, Synonymitätsrelationen auszeichnenden Abstraktionsvorgang – als *Bedeutungen* von Ideatoren auf. Und diese Bedeutungen, da hat Platon auch heute noch recht, sehen wir nur mit den „Augen des Geistes".

Nun soll gar nicht behauptet werden, daß Platon in seiner Mathematikkritik ausschließlich das Problem, wovon in den mathematischen Sätzen die Rede ist, im Auge hat. Dagegen könnten schon einige weitere Bemerkungen sprechen, die (1) dem voraussetzungshaften Vorgehen der Mathematik den Begriff des Nichtvoraussetzungshaften (*anhypotheton*, VI 511b6) entgegensetzen (der der Dialektik vorbehalten sein soll), (2) auf unzureichend begründete Anfänge (*archai*) bzw. eine unzulässige Identifikation von Hypothesen und Anfängen, hinter die vermeintlich nicht mehr zurückgegangen werden könne, aufmerksam machen (VI 511b5) und (3) im Sinne des hypothetischen Verfahrens, wie es im *Phaidon* dargestellt wird, von methodischen „Aufstiegen" und „Abstiegen" handeln. Derartige Bemerkungen lassen auf einen *offenen* Hypothesenbegriff schließen, der z. B. auch Definitionen, Existenzsätze und Axiome einschließt, ferner auf die Möglichkeit, Methodenanalysen der hier gegebenen Art wieder mit Elementen der Sokratischen Elenktik in Verbindung zu bringen (Stemmer 1992, 152–270). Schließlich ist es auch kein Zufall, daß in diesem Zusammenhang immer wieder von der Aristotelischen Unterscheidung unvermittelter Prinzipien in Axiome, Definitionen und Hypothesen, hier reine Existenzsätze (Arist. an. post. 72a14 ff.), her argumentiert wird (vgl. Stahl 1956, 72 ff.). Es wäre schließlich auch ungewöhnlich, wenn auf diesem schwierigen Felde zwischen wissenschaftlicher Methodologie, Erkenntnistheorie, Logik und Wissenschaftstheorie von Anfang an – und Platons Überlegungen machen hier einen philosophischen Anfang – alles völlig klar, Alternativen entschieden und hinreichend begründet wären.

Anders steht es mit der Frage, ob Platon im faktischen Vorgehen der Mathematik behebbare (begriffliche und methodische) Mängel der von ihm dargestellten Art (Unwissenheit der Mathematiker über den Status ihrer Gegenstände und über ihr eigenes Vorgehen) oder einen prinzipiellen, gewissermaßen im Wesen der Mathematik liegenden Mangel, der sich dann in der Konzeption Platons auch auf die anderen Mathemata, Astronomie und (rationale) Harmonienlehre, übertrüge, gesehen hat. Für die erste Möglichkeit könnte der Umstand sprechen, daß die Gegenstände der Mathematik Ideen sind, dies nur den Mathematikern (noch) nicht bewußt ist (Fine 1990, 110 f.), für die zweite Möglichkeit der Gegensatz zur Dialektik bzw. die Absetzung aller Mathemata gegenüber der Dialektik und die nachgeordnete Stellung der mathematischen Ideen und der mathematischen Erkenntnisform gegenüber den nicht-mathematischen Ideen und der dieser zugeordneten Wissensform. Das sei abschließend unter dem Stichwort Dialektik dargestellt.

11.4 Dialektik

Es ist nach Platon die Dialektik, ein „dialektisches" Vermögen (VI 511b4) bzw. ein „dialektisches" Wissen (VI 511c5), das die besondere Wissensform ausmacht, die dem mathematischen Wissen, d. h. dem in den Mathemata gegebenen Wissen, offenbar nicht nur vorübergehend (bis die Mängel der Mathemata behoben sind), sondern prinzipiell überlegen ist. Eben dies wird im Rahmen des Liniengleichnisses in der nachgeordneten Stellung der Mathemata zum Ausdruck gebracht. Diese beruht darin, daß mathematische Konstruktionen Konstruktionen von Objekten in der Anschauung sind (die Mathematik bedient sich dessen als Bilder, „was von den unteren Dingen dargestellt wird", VI 511a6–7), d. h., in der Terminologie Kants gesprochen, daß die Mathematik ihr Wissen in der *reinen* Anschauung (über Verfahren der Konstruktion mathematischer Gegenstände) und in der *empirischen* Anschauung (über die empirische Aktualisierung mathematischer Konstruktionen) bildet, während die Stellung des nicht-mathematischen, „dialektischen" Denkens bzw. der nicht-mathematischen Ideen nach Platon eben darin ausgezeichnet ist, diesen Bedingungen, die im Liniengleichnis die Abschnitte *c* und *b* verbinden, nicht zu unterliegen. Die Dialektik, so heißt es hier, betrachtet ihre Gegenstände allein mit dem Verstand, nicht mit den Sinnen (VI 511c7–8).

Hervorgehoben wird damit in erster Linie ein erkenntnistheoretischer, unterschiedliche Wissensformen betreffender, weniger ein ontologischer, unterschiedliche Gegenstandsbereiche betreffender Unterschied, obgleich auch dieser mit der Ordnung des Liniengleichnisses gegeben ist. Nur dürfte dies kaum genügen, mit Aristoteles festzustellen, daß Platon die mathematischen Gegenstände als „dritte" Sorte des Seienden zwischen den empirischen Dingen und den nicht-mathematischen Ideen angeordnet habe (vgl. Met. A 6, 987b14–18; B 1, 995b15–18; B 2, 997a35–b3). Als Begründung dafür wird von Aristoteles angeführt, daß die mathematischen Gegenstände, gemeint sind die mathematischen Ideen, zwar „ewig" und „unbewegt", aber „zahlreich" seien (vgl. Met. A 6, 987b14–18; B 6, 1002b14–16). Diese Einschätzung wiederholt noch im 5. nachchristlichen Jahrhundert Proklos in seinem Euklidkommentar (die mathematischen Gegenstände haben „vor dem Intelligiblen [...] vermöge ihrer Trennung voneinander die größere Menge voraus, vor der Sinnenwelt haben sie den Vorzug der Immaterialität" [Procl. in Eucl. 4,20–21 Friedlein/dt. Steck 1945, 164]). Wenn Platon selbst von einer „Zwischenstellung" spricht (VI 511d4), dann soll lediglich, auf Wissensformen bezogen, die Sonderstellung der Mathematik gegenüber der Empirie und der Dialektik, d. h. dem empirischen und dem dialektischen Wissen, hervorgehoben werden. Im übrigen dürften auch die „dialektischen" Ideen der Ethik und der Ästhetik ohne eine „Anschauungsbasis" in der Lebenswelt kaum auskommen können (so auch im *Symposion* bei der Hinführung zur Idee des Schönen verdeutlicht: 210a–212a), ein Umstand, der die erläuterte Sonderstellung der Mathematik zumindest relativiert.

Schwierigkeiten bereitet damit nicht nur der Mathematikbegriff, wie er im Liniengleichnis und der folgenden Mathematikkritik zum Ausdruck kommt, sondern auch der Dialektikbegriff selbst. Die Erläuterungen fallen hier außerordentlich allgemein aus, etwa wenn nach der Darstellung der Mathemata die Dialektik bzw. die besondere Fähigkeit des Dialektikers als „Erklärung des Seins" (VII 534b3–4) bezeichnet wird und von einer besonderen Befähigung zur „Zusammenschau" (VII 537c7), d. h. einem Vermögen zur Systematik, die Rede ist, im übrigen aber alle weiteren Erläuterungen darauf hindeuten, daß hier in der Tat an die Sokratische Elenktik erinnert wird (vgl. neben Stemmer

1992 auch Guthrie 1975, 224–226): Nachdrücklich wird auf den Vorzug und die Stärke einer dialektischen Bildung hingewiesen, auf angemessene „wissenschaftliche" Weise zu fragen und zu antworten (VII 534d8–10), und Dialektik in diesem Sokratischen Sinne von der (sophistischen) Eristik abgegrenzt (VII 537e1–4). Das Hauptgewicht der Darstellung liegt ohnehin auf dem „Ort" der Dialektik im Rahmen der Pädagogik des Höhlengleichnisses. Die „dialektische" Ausbildung, die nur den Fähigsten, d. h. den Festesten, Tapfersten und Fleißigsten zugute kommt (VII 585a ff.), soll nicht zu früh einsetzen, aber immerhin in Form der Ausbildung in den Mathemata schon in der Jugend beginnen (VII 536d1–3), als dialektische Ausbildung im engeren Sinne mit etwa 30 Jahren. Diese dauert fünf Jahre; anschließend haben die so Ausgebildeten 15 Jahre in der Höhle zu dienen, d. h. Wächterämter zu übernehmen (VII 539d ff.). Erst danach werden einige, möglicherweise auch nur einer (vgl. VI 502b), in der Lage sein, im Sinne der Idee einer Philosophenherrschaft zu philosophieren und zu herrschen.

Bei aller verbleibenden Unbestimmtheit, die sowohl das Verhältnis zwischen den Abschnitten *c* und *d* der Linie als auch den Begriff der Dialektik betreffen (vgl. Annas 1981, 285 ff.), das in Platons Augen Wesentliche dürfte klar sein. Dialektik steht hier für ein Wissen und Können, das weder über ein bestimmtes Sachwissen noch disziplinär definierbar ist. Wäre Dialektik ein bestimmtes Sachwissen, verlöre sie die (ihr hier zugesprochene) Fähigkeit und Rolle, für alle und für alles in einer ausgezeichneten Begründungsform zu sprechen. Wäre sie disziplinär definiert, träte sie unter dieselbe Wissensform wie die Wissenschaften, nämlich die dargestellten Mathemata. Auch in der Identifikation mit Philosophie (im späteren, auch noch heutigen Sinne) entginge sie dieser Einschränkung nicht, sofern Philosophie in ihrer akademischen Form selbst Teil, und zwar wiederum disziplinärer Teil des Wissenschaftssystems ist. Was als Dialektik, als dialektisches Wissen und Können beschrieben wird, müßte damit auch denselben Rationalitätsstandards entsprechen, über die sich die Wissenschaften in ihrer wissenschaftlichen Form definieren. Eben dies aber soll gerade nicht der Ausweis der Dialektik sein: sie *realisiert* nicht wissenschaftliche, hier die in den Mathemata liegenden Standards, sondern *beurteilt* sie. Platons Mathematikkritik ist selbst Beispiel einer derartigen Beurteilung und insofern auch Beispiel für die sonst nicht näher bestimmte Dialektik selbst. Es gehört dann zum intellektualistischen oder idealistischen Profil der Platonischen Philosophie bzw. der Konzeption einer „dialektischen Episteme", daß diese als ein besonderes Wissen und Können gleichwohl auf das wissenschaftliche Wissen und Können, auf die Mathemata bezogen bleibt, nicht im Sinne eines paradigmatischen Status der Mathemata, sondern im Sinne der *propädeutischen* Rolle, die ihnen im Rahmen der Pädagogik des Höhlengleichnisses zukommt. Das wissenschaftliche Wissen und Können realisiert nicht selbst, was hier als dialektisches Wissen und Können beschrieben wird, aber es versetzt mit der Installierung des Anfangs der Vernunft in die Lage, auch deren „Ende", d. h. ihr dialektisches Wesen, zu verwirklichen.

Das eigentliche Problem für die Interpretation des Verhältnisses zwischen wissenschaftlichem und dialektischem Wissen im Anschluß an das Liniengleichnis unter den pädagogischen Gesichtspunkten des Höhlengleichnisses liegt darin, daß hier der Weg zum dialektischen Wissen und Können selbst in einer *methodologischen* Begrifflichkeit beschrieben wird. Wenn davon die Rede ist, daß das dialektische Vermögen die Voraussetzungen (zuvor war von den Voraussetzungen der Mathematik die Rede) nicht zu Anfängen (*archai*), sondern wirklich zu Voraussetzungen (*hypotheseis*) macht (VI 511b5), dann sieht es so aus, als sei das Ziel und sei der Weg zu diesem Ziel selbst eine methodologisch bestimmte Aufgabe. Den Schwierigkeiten der Mathematiker mit einem hypothetischen Verfahren wird hier eine Möglichkeit, diese Schwierigkeiten zu überwinden, mit dem schon erwähnten Erreichen eines nicht mehr Voraussetzungshaften (*anhypotheton*) entgegengehalten (VII 511b6) bzw. ein Weg angedeutet, wie sich zunächst in Form eines voraussetzungsreichen „Aufstiegs", dann in Form eines ideentheoretisch geklärten „Abstiegs" Voraussetzungen in einem Voraussetzungslosen, sei dieses nun intuitiv (im Sinne eines nicht-argumentativen Begreifens) erfaßt (Stemmer 1992, 215) oder nicht, „aufheben" (VII 533c8) lassen. Das dialektische Wissen und Können, die „dialektische Episteme", scheint damit selbst unter einem „mathematischen", zumindest einem Methodenparadigma zu stehen.

Doch das ist, obgleich an dieser Stelle eine methodologische Perspektive dominant ist, nicht die ganze Wahrheit. Die Idee des Guten, von der es im Rahmen des Sonnengleichnisses hieß, daß sie „jenseits des Seins" stehe (VI 509b9), also nicht von dessen Art sei, kann eben unter unterschiedlichen Gesichtspunkten betrachtet werden, und einer dieser Gesichtspunkte ist, im Kontext des Liniengleichnisses und der Rolle der Mathemata für den Anfang der Vernunft, ein methodologischer, genauer: ein begründungstheoretischer Gesichtspunkt, denn es geht hier ja nicht um eine isolierte wissenschaftliche Methode, sondern um ein methodisches, Begründungs- und Fundierungsprobleme in den Vordergrund schiebendes Vorgehen überhaupt. Deswegen ist im übrigen auch ein Streit um Identität oder Nicht-Identität der Idee des Guten und des nicht mehr Voraussetzungshaften müßig. Es mag so sein, daß die Charakterisierung der Idee des Guten als des nicht mehr Voraussetzungshaften (so z. B. Wieland 1982, 216) sonst nicht auftritt (so z. B. Bröcker 1964, 276), doch besagt dies nicht, daß beide Konzeptionen nichts miteinander zu tun hätten. Außerdem setzen derartige Überlegungen wohldefinierte Begriffe, hier des Guten und des Voraussetzungslosen, voraus, und diese sind nicht gegeben. Gerade hier, im Kernbereich der Platonischen Philosophie und „Wissenschaftstheorie", sollte man denn auch dem Text nicht mehr Genauigkeit abverlangen, als er wirklich hergibt.

Der Dialektiker als der bessere Mathematiker? Wer die Frage so stellt, verschiebt nicht nur den Ort der Mathemata in der Wissenschaftskonzeption Platons (zu der auch gehört, daß der Mathematiker im Sinne des Platonismus als der eigentliche „Platoniker" erscheint, vgl. Wieland 1982, 214), sondern hebt auch die spezifische Differenz zwischen dem „mathematischen" und dem „dialektischen" Wissen auf. Der Dialektiker ist gewiß nicht der bessere Wissenschaftler, aber er wird hier als jemand beschrieben, der – mit einer soliden Ausbildung in den Mathemata – methodische und andere Defizite der Mathemata, z. B. die zuvor hervorgehobene Unklarheit über den Status mathematischer Gegenstände, erkennt und „philosophisch", d. h. vor allem begründungsorientiert, zu beheben weiß. Weder ist damit die „Philosophie" als eigenständige Disziplin neben (und über) den Wissenschaften entdeckt, noch die „Dialektik" als Inbegriff der Philosophie (im späteren Sinne) bestimmt, sondern die begründungsorientierte bzw. grundlagenorientierte Intention des *logon didonai* in einem selbst methodischen bzw. erkenntnistheoretischen Zusammenhang unterstrichen. Was die Mathematik in den Augen Platons faktisch nicht leistet und in einigen wesentlichen Aspekten auch nicht leisten kann, soll nicht eine andere Disziplin übernehmen, sondern durch eine Bemühung geleistet, besser: geklärt werden, die schließlich auch die Mathemata in ihren (Platonischen) Grenzen als Repräsentanten des griechischen Theoriebegriffs erkennen läßt. Schließlich lassen sich die erkenntnistheoretischen und ontologischen Unterscheidungen des Liniengleichnisses, auf denen Platon seine Konzeption der Mathemata aufbaut, auch so verstehen, daß immer dann, wenn von Gegenständen als *konkreten* Gegenständen (in der Sinnlichkeit) gesprochen wird, dies im Modus bloßen Meinens (*doxa*) geschieht, wenn hingegen von Gegenständen *begrifflich* (hier auf dem Hintergrund von ideentheoretischen Konstruktionen) gesprochen wird, der Modus des Wissens (*noêsis* bzw. *epistêmê*) gegeben ist (VII 534a1–5).

Platon ist eben weder ein Platoniker, der einer Zweiweltentheorie nachträumt, noch ein Szientist, für den die Wissenschaften alles sind. Nicht nur, weil er die Darstellung der Mathemata mit deren Kritik verbindet, sondern weil die Ausbildung in den Mathemata, auch im Sinne einer Bildung durch Wissenschaft, von vornherein einen propädeutischen Charakter besitzt. Sie soll ein Umlenken der Seele (VII 521c6), d. h. die Umkehr der Seele vom Werden zum Sein (VII 521d3–4), bewirken. So steht denn auch, wie bereits zu Beginn hervorgehoben, die Konzeption der Idee des Guten für den Primat der praktischen Vernunft gegenüber der theoretischen Vernunft, die ihrerseits für die Mathemata steht. Dazu gehört ferner, daß die Idee des Guten nicht nur für ein dialektisches Wissen, sondern auch für ein Können steht, das nicht das „theoretische" Wissen direkt, sondern den Umgang mit diesem Wissen betrifft. Die Charakterisierung dieser Idee als jenseits des Seins stehend ist in dieser Hinsicht nicht Ausdruck einer theoretischen Distanz oder einer hierarchischen Ordnung, die an der Spitze „übersprungen" wird, sondern Ausdruck eines Ebenen- oder Dimensionswechsels und einer wissenstranszendierenden Ordnung von praktischer und theoretischer Vernunft. In diesem Sinne geht es in der Pädagogik des Höhlengleichnisses, die im Verhältnis von Dialektik und Wissenschaft ihre systematische Ausarbeitung findet, um die Erreichung eines praktischen (philosophischen) Zweckes auf theoretischen (wissenschaftlichen) Wegen.

Literatur

Annas, J. 1981: An Introduction to Plato's *Republic*, Oxford.
Bröcker, W. 1964: Platos Gespräche, Frankfurt a. M.
Burkert, W. 1962: Weisheit und Wissenschaft. Studien zu Pythagoras, Philolaos und Platon, Nürnberg.
Chen, L. C. H. 1992: Acquiring Knowledge of the Ideas. A Study of Plato's Methods in the Phaedo, the Symposium and the Central Books of the Republic, Stuttgart.
Cross, R. C./Woozley A. D. 1964: Plato's *Republic*. A Philosophical Commentary, London etc.
Fine, G. 1990: Knowledge and Belief in *Republic* V–VII, in: St. Everson (Hg.), Epistemology, Cambridge etc., 85–115.
v. Fritz, K. 1955: Die APXAI in der griechischen Mathematik, in: Archiv für Begriffsgeschichte 1, 13–103; ferner in: ders. 1971: Grundprobleme der Geschichte der antiken Wissenschaft, Berlin – New York, 335–429.
Gaiser, K. 1963, ²1968: Platons ungeschriebene Lehre. Studien zur systematischen Begründung der Wissenschaften in der Platonischen Schule, Stuttgart.
Guthrie, W. K. C. 1975: A History of Greek Philosophy, IV: Plato. The Man and His Dialogues: Earlier Period, Cambridge etc.
Hare, R. M. 1965: Plato and the Mathematicians, in: R. Bambrough (Hg.), New Essays on Plato and Aristotle, London, 21–38.
Krämer, H. J. 1959: Arete bei Platon und Aristoteles. Zum Wesen und zur Geschichte der platonischen Ontologie, Heidelberg.
Mittelstraß, J. 1962: Die Rettung der Phänomene. Ursprung und Geschichte eines antiken Forschungsprinzips, Berlin.
– 1962–66: Die Entdeckung der Möglichkeit von Wissenschaft, in: Archive for History of Exact Sciences 2, 410–435; ferner in: ders. 1974: Die Möglichkeit von Wissenschaft, Frankfurt a. M., 29–55, 209–221.
– 1984: Liniengleichnis, in: ders. (Hg.), Enzyklopädie Philosophie und Wissenschaftstheorie II, Mannheim – Wien – Zürich, 616 f.
– 1985: Die geometrischen Wurzeln der Platonischen Ideenlehre, in: Gymnasium. Zeitschrift für Kultur der Antike und humanistische Bildung 92, 399–418.
Pappas, N. 1995: Plato and the *Republic*, London – New York.
Proclus Diadochus 1873: In primum Euclidis elementorum librum commentarii, Hg. G. Friedlein, Leipzig (dt.: Kommentar zum ersten Buch von Euclids „Elementen", Hg. M. Steck, Halle 1945).
Robinson, R. ²1966: Plato's Earlier Dialectic, Oxford.
Stahl, H. P. 1956: Interpretationen zu Platons Hypothesis-Verfahren: Menon, Phaidon, Staat, Kiel (Diss.).
Stemmer, P. 1992: Platons Dialektik. Die frühen und mittleren Dialoge, Berlin/New York.
Szabó, A. 1960–1962: Anfänge des euklidischen Axiomensystems, in: Archive for History of Exact Sciences 1, 37–106.
Vlastos, G. 1975: Plato's Universe, Seattle.
Wehrli, F. 1955: Die Schule des Aristoteles VIII, Basel.
Wieland, W. 1982: Platon und die Formen des Wissens, Göttingen.

12

Dorothea Frede

Die ungerechten Verfassungen und die ihnen entsprechenden Menschen

(Buch VIII 543a–IX 576b)

12.1 Platon als Geschichtsdeterminist?

Auf die Schilderung des besten Staates, seiner Ordnung und der Erziehung seiner Anführer, folgt im VIII. und IX. Buch eine Diskussion ungerechter Staatsverfassungen und Staatsbürger. Damit erfüllt Sokrates sein Versprechen vom Ende des IV. Buches, nach der Definition der Gerechtigkeit, der gerechten Verfassung und des gerechten Menschen entsprechend auch die verschiedenen Formen der Ungerechtigkeit durchzugehen (IV 444a–445e). Zunächst hatte der Wunsch seiner Partner, noch mehr über die Lebensform im besten Staat zu hören, insbesondere über den Verzicht auf Privateigentum und Familie, Sokrates an seinem Vorhaben gehindert, den angekündigten Abstieg von der besten Staatsverfassung über die Timokratie, Oligarchie und Demokratie bis hin zur Tyrannis näher zu erläutern (449c). Diese „Abschweifung" zieht weitere Umwege nach sich. Da sich die Herrschaft von Philosophenkönigen und -königinnen als unerläßliche Grundbedingung des besten Staates erweist, müssen auch das dafür notwendige Wissen, sein Gegenstand und die entsprechende Erziehung dargelegt werden. Die zentralen Bücher der *Politeia* sind also eigentlich ein Exkurs. Der Aufschub der Diskussion der verschiedenen Formen von Ungerechtigkeit erweist sich als ein geschicktes Manöver. Hätte sich die Erklärung von Natur und Entstehung disharmonischer Seelen- und Staatsformen an ihrem ursprünglichen Ort auf eine knappe Aufzählung beschränken müssen, so rechtfertigt die Konfrontation mit dem besten Staat eine breitere Darstellung.

Dennoch muß die große Ausführlichkeit, mit der sich Platon dem Thema der ungerechten Staatsverfassungen und dem ungerechten Staatsbürger widmet, bei näherem Hinsehen befremden. Denn Platon kleidet die Gegenüberstellung von Gerechtigkeit und Ungerechtigkeit in die Form der Geschichte eines stufenweisen Niederganges vom besten bis zum schlechtesten Staat, die beinahe zwei Bücher füllt. Er beschränkt sich dabei nicht etwa auf die parallele Analyse von Staats- und Seelenverfassungen (der „großen und kleinen Buchstaben", 368d–369a), sondern verfolgt den Abstieg gleich auf drei Ebenen: (1) der Beschreibung des Verfalls der Staatsverfassung folgt (2) die des Charakters der Bürger im allgemeinen und (3) der moralische Verfall des einzelnen Bürgers. An dieser Dreiteilung orientiert sich Sokrates' langwierige Darlegung, wie aus der Aristokratie des Geistes erst eine Timokratie, eine Militärherrschaft, wird, dann eine Oligarchie, in der das Geld regiert, dann eine Demokratie mit unbeschränkten Freiheiten und schließlich eine Tyrannis, die Versklavung aller unter die Herrschaft der niedrigsten Instinkte eines Tyrannen. Diese Beweisfülle legt die Folgerung nahe, daß Platon die Unabwendbarkeit der Menschheitsgeschichte nach der Devise ‚dreimal genäht hält noch besser als doppelt' festschreiben will. Zu Platons ‚ontologischem Pessimismus', den er grundsätzlich der Welt alles Körperlichen und sinnlich Wahrnehmbaren entgegenbringt, gesellt sich hier scheinbar noch ein pessimistischer Geschichtsdeterminismus, der die Menschheit auf einem unaufhaltsamen Abstieg in die Tyrannis sieht. Zugleich gibt ihm die Rangordnung auf der Leiter des Abstiegs die Gelegenheit, Werturteile über die einzelnen Staatsformen abzugeben. Besonders auffallend ist seine schlechte Bewertung der Demokratie; als eine Anarchie der Lüste wird sie auf der zweituntersten Stufe angesiedelt, nur ein Schritt trennt sie von der Tyrannis.

Vor einer Beschäftigung mit den Einzelheiten dieser Geschichte ist aber zu erwägen, warum Platon eine derartig pessimistische Geschichtsphilosophie vertreten sollte. Verknüpft er damit zugleich den propagandistischen Zweck, das Licht seines besten Staates um so heller leuchten zu lassen? Will er demonstrieren, daß uns, frei nach Heidegger, nur *sein* Staat noch retten kann? Kritiker von Platons politischer Philosophie haben ihm in der Tat diese Absicht unterstellt. Vor allem Karl Popper (⁷1992) sieht in der Verfallsgeschichte nicht nur einen Beleg für einen Historizismus im Sinne einer rigorosen Determiniertheit und Vorhersehbarkeit der geschichtlichen Entwicklung, sondern auch für Platons Absicht, die Überlegenheit der Timokratie in Sparta über die Demokratie in seiner Heimatstadt Athen zu propagieren. Platon entlarvt sich danach als Antidemokrat reinsten Wassers und läßt unter dem Deckmantel einer Entwicklungs- bzw. Verfallsgeschichte seinen feindseligen Gefühlen und seiner Verachtung für die athenische Demokratie freien Lauf.

Gegen eine historizistische Deutung dieser Art sind jedoch gravierende Bedenken anzumelden. Da ist zunächst die schiere Implausibilität, daß Platon hoffen konnte, mit der großen Keule der drohenden Tyrannenherrschaft seine Zeitgenossen zu seinem besten Staat zu bekehren. Man dürfte damals in der vorgezeichneten Abfolge von der Aristokratie des Geistes, über die Timokratie, Oligarchie, Demokratie bis zur Tyrannis nur wenig Ähnlichkeit zur tatsächlichen geschichtlichen Entwicklung gesehen haben. Es genügt vollkommen, sich die Entwicklung in Athen von Solon an zu vergegenwärtigen, um zu sehen, daß Platon kaum hoffen konnte, mit einer derartigen Geschichtsdeutung großen Eindruck zu machen. Die alte Aristokratie wurde durch die Tyrannis des Peisistratos und seiner Söhne abgelöst. Nach der Vertreibung der Peisistratiden wurde zunächst die Aristokratie wiederhergestellt, bald jedoch im Zuge der politisch-militärischen Ereignisse nach den Perserkriegen durch die Demokratie ersetzt. Es folgte ein Wechselbad von Verfassungen: Die radikale Demokratie wurde 411 für kurze Zeit durch ein oligarchisches Regime, 404–403 durch die Schreckensherrschaft der dreißig Tyrannen verdrängt (vgl. Cambridge Ancient History V). Nach ihrer Wiederherstellung blieb die demokratische Staatsform bis zur Unterwerfung durch Philipp und Alexander weitgehend unangetastet. Auch in anderen Stadtstaaten gab es eine bunte Mischung von Verfassungsänderungen. Aspiranten auf eine Tyrannenherrschaft pflegten keineswegs auf eine instabile Demokratie zu warten, bevor sie die Macht übernahmen. Tyrannenherrschaften lösten sowohl Erbkönigtümer als auch Aristokratien und Oligarchien ab. Dieser Tatsache dürften sich Platons Zeitgenossen voll bewußt gewesen sein, vor allem aber die geistige Elite, die er ansprechen wollte. Der Propagandaeffekt seiner Geschichtsvorzeichnung mußte also gleich Null sein!

Außer der Realgeschichte sprechen aber auch sachliche Erwägungen gegen eine geschichtsdeterministische Deutung Platons. So ist nicht zu übersehen, daß die Tyrannis eine Sackgasse darstellt, aus der Platon keinen Ausweg weist. Die Vorstellung, sie könnte wiederum von der besten Verfassung abgelöst werden, so daß der Kreis von Verfassungen von neuem beginnt, ist absurd (so auch Cross/Woozley 1964, 262–264 und Hellwig 1980 mit Überblick über die Literatur zu diesem Thema: 1–8, 73–78). Es bedürfte schon eines Zauberstabes, um Platons Tyrannen – den Sklaven der eigenen niedrigsten Lüste und der Angst – in einen Philosophenkönig zu verwandeln. Platon erwähnt denn auch mit keiner Silbe eine derartige „Zyklustheorie" (*anakyklôsis*). Wenn ihm eine solche Theorie bereits von Aristoteles (*Politik* 1316a25 ff.) unterstellt wurde, so kann es sich nur um eine Übertragung seiner kosmologischen Zyklusvorstellungen auf die menschliche Geschichte handeln. Nichts spricht aber für die Annahme, daß auch die sinnliche Welt für ihn so konstituiert ist. Auch Poppers Versuch, das Dekadenzgeschehen auf die Ideenlehre zurückzuführen ([7]1992, 44–48; 67), entbehrt jeder Grundlage im Text. Es gibt keine Hinweise, daß für Platon die erste Kopie immer die beste ist und alle weiteren Abbilder einer zunehmenden Verschlechterung unterliegen. Der einzige Archetyp ist die Idee selbst.

Gegen den Augenschein, daß Platon einer pessimistisch-deterministischen Geschichtsentwicklung das Wort reden will, lassen sich aber auch vom Text der *Politeia* her sowohl formale als auch inhaltliche Gründe ins Feld führen. Die formalen Gründe können kurz abgehandelt werden. Zunächst ist festzustellen, daß Platon mehrfach hervorhebt, daß die Aufzählung der ‚Fehlformen' keineswegs vollständig ist. Es gibt *einen* besten Zustand, aber „unendlich viel schlechte, darunter vier, die einer näheren Betrachtung wert sind" (IV 445c). Bei der Wiederaufnahme des Themas vom ungerechten Staat und Menschen zu Beginn des VIII. Buches erwähnt Platon die Existenz weiterer Staatsformen nochmals: „Dynastien, käufliche Königtümer und andere Staatsformen dieser Art, die irgendwo zwischen diese Arten gehören; sie finden sich nicht weniger bei den Griechen als bei den Barbaren" (VIII 544d). Er macht damit noch einmal klar, daß die vier paradigmatischen Formen keine lückenlose Sequenz bilden. Daß er keinen Anspruch auf Vollständigkeit erhebt, betont Sokrates auch später noch ausdrücklich: Er will sich nicht der mühevollen Aufgabe unterziehen, sämtliche Staats- und Charakterformen durchzugehen, weil das ein Geschäft von unabsehbarer Länge wäre (548d). Diese dreifache Warnung sollte ein hinreichender Beweis dafür sein, daß man seine Geschichte von der gradweisen Verwandlung des besten in den schlechtesten Staat nicht wörtlich nehmen darf, ganz abgesehen von der Tatsache, daß er seinen eigenen besten Staat nicht als einen Urstaat in einer goldenen Vergangenheit präsentiert, sondern äußerste Skepsis über die Aussichten auf eine Verwirklichung an den Tag legt (IX 592a–b).

Daß Platon keinen Anspruch auf Realitätsnähe erheben will, bestätigt aber auch die ungewöhnliche Form, in der er Sokrates seine Verfallsgeschichte vortragen läßt. Statt *in propria persona* zu reden, läßt er die Musen für sich sprechen. Nun ist ein fiktiver Dialog im Dialog bei Platon keine Seltenheit. Die Musen werden hier aber nicht zu natürlichen Partnern im Gespräch, sondern sie dienen der ‚Entlastung' des Sprechers, wie die Berufung auf Homer deutlich machen soll (545d–e). Die Konvention des Musenanrufs schützt bekanntlich die Dichter gegen den Vorwurf, daß sie nicht als Augenzeugen des Geschehens auftreten, von dem sie berichten. Wenn Platon sich dieser Konvention anschließt, so nimmt er für sich also dichterische Freiheiten in Anspruch. Daß dies seine Absicht ist, läßt auch der Wortlaut seines Musenanrufs deutlich werden (545d–e): „Willst Du, daß wir wie Homer vorgehen und zu den Musen beten, daß sie uns erzählen, ‚wie es zum Streit kam' und wollen wir sagen, daß sie mit uns wie mit Kindern sprechen, im tragischen Stil, aber auch spielerisch und im Scherz, obwohl ihre Sprache erhaben ist, als sei es ihnen ernst?" Die Tatsache, daß Platon hier in die Rolle des Dichters einer Tragikomödie schlüpft, verliert ihre Befremdlichkeit, wenn man bedenkt, daß er dabei kaum in Gefahr geraten kann, sich der Fehler schuldig zu machen, die er selbst den Dichtern vorwirft. Er wird sich weder direkter Nachahmung befleißigen, noch demoralisierende Geschichten über den Tod und die Götter erzählen (II 377a–III 392c), noch auch der Tränenseligkeit oder übermäßiger Lachlust Vorschub leisten (X

606a–607a). Vielmehr erfüllt er mit seiner Ankündigung, das Ernste mit dem Spielerischen verbinden zu wollen, seine eigene Forderung aus dem *Symposion*, der gute Dichter müsse sowohl Tragödien als auch Komödien zu verfassen verstehen (Symp. 223d). Ob Platon das ‚Tragische' in der Verfallsgeschichte auf die Verwendung hochklingender Worte beschränken will (vgl. Men. 76e), die die Gründe für den Verfall des besten Staates eher verschleiern als erklären („als ob es ihnen ernst sei"), oder etwa auf die Notwendigkeit bezieht, daß alles, was entsteht, auch irgendwann zugrunde geht (546a), ist nicht mit Sicherheit zu sagen. Spielerisch und scherzhaft dürfte vor allem die Kalkulation der „Hochzeitszahl" gemeint sein, deren falsche Anwendung die Musen als Ursache für den Verfall des besten Staates bezeichnen (564b–c). Zwar ist unstrittig, daß Platon bei seiner Berechnung des göttlichen und des menschlichen Lebenszyklus auf die pythagoreische Zahlenlehre rekurriert, sie auf dem Zahlentripel 3, 4, 5 aufbaut, den ‚magischen' Zahlen der Pythagoreer. Da aber jede Andeutung fehlt, welche ‚Daten' hier eigentlich wie miteinander in Beziehung gesetzt werden sollen (wer, wen, wann heiraten soll), entzieht sich die Formel bisher einer zufriedenstellenden Deutung, allen Anstrengungen der Kommentatoren zum Trotz (vgl. dazu Adam ^{2}1963, App. I zu Buch VIII; Gaiser 1974; Hellwig 1980, 92–104. Es gibt zwar viele Vorschläge für genaue Rechnungen, wenn auch mit divergierendem Ergebnis, aber große Unsicherheit über das Berechnete). Nun kann es Platon mit dieser Rechnung nicht allzu ernst sein, da er den Sündenfall nicht einem Rechenfehler zuschreibt – wenn man die Zahl einmal kennt, dürfte sie nicht mehr zu verfehlen sein –, sondern auf die Verbindung der Denkens mit der Wahrnehmung zurückführt (546b: *logismô met' aisthêseôs*). Die Philosophenkönige vertun sich vermutlich bei der konkreten Anwendung der Berechnungen, so daß der richtige Augenblick (*kairos*) verpaßt wird. Dennoch dürfte das Rechenwerk nicht allein den Zweck haben, für das langjährige Studium der Mathematik auch einen praktischen Nutzen nachzuweisen. Es soll wohl auch glaubhaft machen, daß ein scheinbar geringer Fehler in der Anwendung sich in seinen Konsequenzen potenzieren muß. Ein Versehen dieser Art entspricht zwar nicht der Art von Fehler (*hamartia*), die Aristoteles für die Helden der Tragödie annimmt (*Poetik* 1452b28–1453a17), für Platon ist aber das Verfehlen des richtigen Maßes Grund genug (vgl. 504c: „wenn es bei Derartigem das Maß verfehlt wird, ist es überhaupt nicht mehr angemessen"). Läßt sich die Kalkulation als solche somit als spielerische Verschleierung abtun, so bleibt dennoch die Frage bestehen, warum Platon seinen besten Staat überhaupt zerfallen lassen will. Will man sich nicht mit der allgemeinen Maxime der Musen von der Hinfälligkeit alles Gewordenen begnügen, so kann nur eine Analyse der Verfallsgeschichte im Ganzen die Antwort auf diese Frage bringen.

Die Fiktion, daß hier nicht Sokrates, sondern die Musen sprechen, beschränkt sich übrigens nicht auf die Erklärung des ‚Ur-Falles', der Zerstörung der idealen Ordnung. Vielmehr führt Sokrates den fiktiven Musenbericht auch nach der ersten Zerfallsstufe fort (547b: „Was sagen die Musen weiterhin?"). Zwar macht der hohe Ton der Musenerzählung allmählich gewöhnlicher Prosa Platz, es gibt aber keinen bestimmten Punkt, an dem Sokrates offiziell das Heft wieder selbst in die Hand nimmt. Es ist also klar, daß Platon sich für eine Realitätsnähe der weiteren Verfallsgeschichte nicht verbürgen will. Die Geschichte vom unabwendbaren Abstieg der Menschheit verbindet grundsätzlich das ‚Spielerische und Scherzhafte' mit dem Ernsthaften. Als Basis für Prophezeiungen ist sie nicht gedacht. Die Berufung auf Homer und das Spielerische verbietet auch eine pessimistisch-teleologische Deutung im Sinne des Hesiod. Nicht nur wird bei Hesiod nicht gescherzt und geplaudert, sondern er wird von Platon auch nur als Urheber der verschiedenartigen Geschlechter bemüht (546e).

12.2 Die dekadenten Formen von Staat und Staatsbürger

Nach den formalen Anzeichen, daß Platon keine lückenlos abfolgende Entwicklungsgeschichte der Menschheit geben will, die mit unerbittlicher Notwendigkeit ihren Lauf nimmt, ist die Frage nach der Deutung des *Inhalts* der Geschichte aufzunehmen. Wenn Platon lediglich die Überlegenheit der Gerechtigkeit über die Ungerechtigkeit demonstrieren will (545b–c, 580a–c), warum tut er das auf einem so langen Umweg? Eine kurze Charakterisierung seiner Darstellung des Abstiegs von

(1) Staatsverfassung, (2) Staatsbürger und (3) Individuum soll darüber Auskunft geben. Die Diskussion der ersten beiden Ebenen begnügt sich mit ‚Durchschnittsbeschreibungen' der inneren Widersprüche, die jeweils zum Verfall führen. Zwar schildert Platon sehr eingehend, welche Spannungen dem Umsturz vorausgehen: In der Timokratie führt die Überbetonung des öffentlichen frugalen Lebensstils zu heimlicher Geldgier; daraus resultiert die Herrschaft des Geldes in der Oligarchie. Der Geiz der Reichen und die Verarmung ihrer Opfer führt zur demokratischen Revolution: die Sparsamkeit schlägt in unbegrenzte Freizügigkeit um. Sokrates scheint dafür aber durchaus keine besonderen, kritischen Situationen im Auge zu haben, die einen Umsturz unvermeidlich machen. So zählt er verschiedene Ursachen auf, die den Zerfall der Oligarchie vollenden können, ohne eine bestimmte auszuzeichnen oder eine Notwendigkeit zu behaupten (556e: den Anstoß kann Einmischung von außen, aber auch innerer Zwist geben). Obwohl er sich bei Gelegenheit auch auf ein ‚Gesetz der Gegensätze' beruft und mit einem Pendel vergleicht, das zwischen Extremen hin- und herschwingt, behandelt er es als bloße Erfahrungsregel: Auf eine exzessive Bewegung in einer Richtung „pflegt gewöhnlich" eine exzessive Gegenreaktion zu folgen (563e–564a). Er stellt anschließend sofort klar, daß er sich für ein solches Gesetz nicht verbürgen will.

Weniger diese weise Zurückhaltung in bezug auf den revolutionären Mechanismus verdient jedoch unsere eigentliche Aufmerksamkeit als vielmehr die Tatsache, daß Platons Beschreibung der vier verfehlten Staatsformen auf die politischen Strukturen der Staatsverfassungen gar nicht eingeht. Zwar erwähnt er den Staat der Spartaner und Kreter als Beispiel für die Timokratie (544c), übergeht aber die politischen Einrichtungen dieser Staaten. Keine Silbe verwendet er auf eine Analyse der politischen Institutionen und Funktionen, denen Sparta gemeinhin das Lob für seine *eunomia* (‚Wohlgesetzlichkeit') verdankt. Erwähnenswert wäre dabei vor allem das konstitutionell verankerte Gleichgewicht zwischen den verschiedenen Funktionsträgern: neben den beiden Königen, der Volksversammlung und dem Ältestenrat gab es noch fünf unabhängige Ephoren, deren Vetorecht ein Gegengewicht zur Macht des Ältestenrats darstellte (vgl. Busolt/Swoboda 1926, Abschnitt 1). Von diesen, politisch gesehen, so signifikanten Einrichtungen nimmt Platon keine

Notiz. Seine Kennzeichnungen der Systeme beschränken sich durchweg auf ein Minimum: über die Verfassung der Timokratie sagt er gar nichts, für die Oligarchie verweist er lediglich auf die Vermögensqualifikation als Vorbedingung des Bürgerrechts, für die Demokratie auf die Verlosung aller Ämter. Darüber hinaus erfahren wir nichts über die politische Infrastruktur der Oligarchie und der Demokratie. Dabei wäre über letztere viel zu sagen, denn die athenische Demokratie beruhte auf nicht minder fein ausgeklügelten politischen Strukturen als die spartanische Timokratie. Es war ein bewundernswert ausgewogenes Reglement, das allen Bürgern Gelegenheit zur Beteiligung gab und Machtanhäufung verhindern sollte (vgl. dazu Bleicken ³1991, Kap. II, 6). Auch darauf geht Platon aber nicht mit einem einzigen Wort ein. Wenn man nicht aus den *Nomoi* wüßte, daß er sich der Wichtigkeit politischer Funktionen und Institutionen durchaus bewußt war, so wäre man geneigt, ihm jedes Politikverständnis abzusprechen.

Mit diesem Verdikt tut man Platon allerdings auch für die *Politeia* Unrecht. Das Übergehen der politischen Strukturen ist nicht auf Unverständnis zurückzuführen, sondern auf die Ausrichtung seiner Untersuchung. Sein Ziel ist nicht das Funktionieren politischer Einrichtungen als solcher, sondern der moralische und psychologische Zustand des Staates und seiner Bürger. Daß es ihm um das *êthos* geht, das die verschiedenen Staatsformen auszeichnet, hebt er verschiedentlich hervor (544d–e, 545b, 548d). Statt einer Analyse politischer Einrichtungen legt er daher eine Entwicklungsgeschichte der Moralität und eine entsprechende ‚Psychopathologie' der Bürger vor, um herauszustellen, daß jeder Staat innerlich krank, d. h. instabil sein muß, in dem nicht die Harmonie zwischen den Klassen herrscht, die auf der Weisheit der Philosophenkönige beruht (vgl. IV 444b: Ungerechtigkeit als *stasis, tarachê* und *planê*). Zwar ist nicht anzunehmen, daß Platon die Funktionsfähigkeit oder -unfähigkeit eines Staatswesens allein auf die inneren Werte zurückführen wollte. Sein Augenmerk gilt aber nicht den politischen Einrichtungen, sondern den Auswirkungen der Dominanz desjenigen Wertes, der für die jeweilige Verfassung charakteristisch ist.

Berücksichtigt man diese Tatsache nicht, so muß der Eindruck vorherrschen, Platon lasse hier nur seinen politischen und sozialen Ressentiments freien Lauf. Daher empfinden auch viele Kommentatoren diese Darstellungen als überzogen und langweilig (Cross/Woozley widmen ihr nur zwei Seiten: 263 f.). Das Bild der verschiedenen Staats- und Menschentypen scheint so grob verzeichnet, daß sie sich wie Karikaturen ausnehmen. Es besteht daher wenig Grund, Platon mit Popper (Kap. 4 und 5) die scharfsinnige Entdeckung soziologischer Gesetze zuzuschreiben. Am wenigsten markant ist diese Verzeichnung noch im Fall der Timokratie (547d–548d). Wenn er von heimlicher Geldgier trotz öffentlicher Kargheit spricht, so spielt Platon auf die notorische Bestechlichkeit spartanischer Machthaber an. Sie dürfte aber kaum alle Spartaner charakterisieren. Sehr viel deutlicher ist die Verzeichnung bereits im Fall der Oligarchie, in der nur der Mammon zählt. Die üblen Folgen, die Platon so beredt schildert (550c–553a), dürften jedoch kaum den tatsächlichen Verhältnissen und Erfahrungen von oligarchischen Staatswesen im 5. Jahrhundert entsprechen. Weder war die Oligarchie ein Staat, in dem eine Klasse von inkompetenten, körperlich schwächlichen Geizkragen nur mühsam eine unsichere Herrschaft über körperlich kräftige Arme aufrechterhielt, noch waren Oligarchen schmuddelige Knicker, die sich um nichts kümmerten als um das Horten von Reichtümern und sich dabei auch gern am Geld von Witwen und Waisen vergriffen, wenn sie hoffen konnten, ungestraft davonzukommen. Die Oligarchen Athens galten als hochkultivierte Leute, die durch glanzvollen Lebensstil auffielen und sich eifrig am öffentlichen Leben beteiligten.

Ebensowenig realistisch wie das Bild des Charakters und des Lebensstils der Oligarchen ist Platons Erklärung dafür, wie die Oligarchie zu Fall kommt und der Demokratie weichen muß: nicht nur kümmern die Reichen sich nicht um die Entstehung einer Klasse gefährlicher Habenichtse, sie treiben sie aus Habgier in den Ruin, um sich ihres Besitzes zu bemächtigen (555c). In einem Bürgerkrieg sind die schwächlichen Geldsäcke den armen Verschwendern hoffnungslos unterlegen. So findet ein Umsturz statt, und es entsteht die Demokratie, die allen Bürgern alle Freiheiten garantiert (556c).

Diese Erklärung der Entstehung der Demokratie kann nicht auf die historischen Ereignisse in Athen gemünzt sein. Obwohl es dort immer wieder Spannungen zwischen Arm und Reich gab, waren nicht sie der Anlaß für die Einführung der Demokratie, sondern der Aufstieg Athens zu einer Seemacht mit imperialistischen Ambitionen. Da die Bürger der unteren Klassen zur Bemannung der Schiffe gebraucht wurden, verlangten und erhielten sie weitgehende Mitspracherechte in der Politik (Bleikken ³1991, 115).

Nicht realistischer als die Erklärung ihrer Entstehung ist Platons Charakterisierung des Lebens in der Demokratie. Er stellt sie als ein Pandämonium ungebremster Freiheiten dar (557a–558c). So dürfte Popper nicht allein sein, wenn er diese Schilderung als eine „lebendige, aber bis zur Leidenschaft feindselige und ungerechte Parodie des politischen Lebens in Athen" bezeichnet (Popper ⁷1992, 52). Man muß sich freilich fragen, ob diese Schilderung einer anarchischen Permissivität auch nur den Namen einer Parodie verdient. Außer den Schlagworten ‚Gleichheit', ‚Redefreiheit' und ‚Verlosung aller Ämter' hat dieses Leben nichts mit den tatsächlichen Verhältnissen in Athen gemeinsam. Platon stellt es als eine Burleske anarchischen Treibens dar, deren Züge eher der Komödie denn der Wirklichkeit entlehnt sind. Wann soll es in Athen möglich gewesen sein, „weder an der Herrschaft teilzunehmen, noch sich beherrschen zu lassen, wenn man nicht wollte" oder auch „am Krieg oder am Frieden nicht teilzunehmen, wenn die anderen es taten" (557e ff.)? Platon scheint damit auf Aristophanes anzuspielen, der in den *Acharnern* einen Mann namens Dikaiopolis einen Sonderfrieden mit Sparta schließen läßt. In Wirklichkeit konnte sich niemand dem obligatorischen Wehrdienst entziehen. Stoff aus der Komödie statt Erfahrungstatsachen sind auch die weiteren Behauptungen über die Entwertung aller traditionellen Werte. An Aristophanes' *Ekklesiazousen* erinnern die Bemerkungen über die Gleichberechtigung der Frauen; aus der gleichen Küche stammt sicher auch die Schilderung des anarchischen Treibens der Tiere. Auch die angebliche Bewegung zur Sklavenbefreiung gehört ins Reich der Fabel. Zwar gab es unter den Sophisten Befürworter der natürlichen Freiheit und Gleichheit aller Menschen (Popper ⁷1992, 83 f. mit Berufung auf Antiphon, Hippias und Alkidamas), sie hatten aber in Athen keine nennenswerte Gefolgschaft. Nicht nur gab es in Athen mehr Sklaven als in jeder anderen Polis: das Wirtschaftsleben, die ausgedehnten Kriegszüge und das politische System, mit seinen vielen Verwaltungsposten, der

Ratsmitgliedschaft und den Geschworenengerichten, waren in erheblichem Maß auf Sklavenarbeit angewiesen (Bleicken ³1991, 71–77).

Ebenso unrealistisch wie sein Bild von der Demokratie ist auch Platons Diagnose der Tyrannis und des Tyrannen (571a–579c), der nicht nur alle anderen versklavt, sondern schließlich selbst zum Sklaven seiner niedrigsten Lüste wird und sich freundlos und friedlos in ständiger Furcht vor Attentaten versteckt (577c–579c). So fragt sich auch Annas, wie ein derartiger Ausbund an Unfähigkeit sich länger als eine Woche in einer Polis an der Macht hätte halten können (vgl. Annas 1981, 304 f.). Platons Tyrann erinnert eher an die römischen Kaiser Caligula oder Nero als an sein angebliches Vorbild, Dionysios I., der ein sehr fähiger Herrscher war und 38 Jahre lang über Syrakus herrschte (405–367 v. Chr.). Es gibt übrigens gute Gründe für die Annahme, daß Platon diese Einschätzung über die schlechten Aussichten seines Tyrannen geteilt hat. Im I. Buch der *Politeia* bestreitet er, daß ein Leben in vollkommener Ungerechtigkeit überhaupt möglich ist, weil selbst der Anführer einer Gangsterbande innerhalb dieser Gruppe eine Art von Gerechtigkeit walten lassen muß, wenn sie sich nicht in einem Kampf aller gegen alle selbst zerstören soll. Auch der Verbrecher im großen Stil, der Tyrann, kann daher nur „halbschlecht" sein (351c–352c: *hêmimochthêros*). Es ist kaum anzunehmen, daß Platon das vergessen hat; vielmehr ist zu schließen, daß er selbst seinen extremen Tyrannen als ein reines Konstrukt ansieht. Nur so läßt sich erklären, daß er ihn durch den Hang zu sexuellen Ausschweifungen statt durch Machtgier kennzeichnet. Letztere paßt eher zum timokratischen Mann und würde disziplinierend wirken. Der Tyrann muß aber *ex hypothesi* die unterste Stufe der Triebhaftigkeit verkörpern.

Wie erklärt sich nun der bewußte Verzicht auf Wirklichkeitsnähe? Die Erklärung ist ebenso einfach wie folgerichtig: Platon kümmert sich nicht um die historischen Gegebenheiten, weil er die Staatsformen und Charaktere ihrer Bürger jeweils in *Reinkultur* darstellen will. Er beschreibt also die Verhältnisse, die sich einstellen müssen, wenn in einem Staat nur derjenige Wert dominiert, der für die jeweils herrschende Klasse und den entsprechenden Seelenteil charakteristisch ist. So findet hier die ursprüngliche Dreiteilung der Charaktere und ihrer Ziele ihre Anwendung, die Platon im IV. Buch etabliert hat (435e–436a: das Wißbegierige, *philomathes*, das Ehrgeizige, *thymoeides*, *philo-*

timos, und das Erwerbslustige, *philochrêmaton, chrêmatistikon*). Wenn der Staat nicht mehr von der Weisheit regiert wird, fällt er zunächst in die Hände der Ehrgeizigen, die nur die Tapferkeit hochhalten, dann in die der Erwerbslustigen, für die nur das Geld zählt. Der weitere Abstieg ist in der ursprünglichen Dreiteilung der Werte und Charaktere noch nicht vorgezeichnet. Er ist das Resultat der Auflösung der Klassen- und Wertehierarchie: die nicht-notwendigen Begierden treten als gleichberechtigt neben die zum Lebenserhalt notwendigen, die das eigentliche Ziel der Erwerbstätigkeit sind (558d–559d). Der „demokratische Mensch" (*isonomikos*, 561e) kennt keine Herrschaft mehr über seine Begierden zugunsten des Lebensnotwendigen; er läßt ihnen allen gleichmäßig freien Lauf. Daraus erklärt sich das schlechte Abschneiden der Demokratie und die relative Bevorzugung der Oligarchie, in der das Streben nach Erwerb noch für Disziplin und Ordnung sorgt (554e–555a). Gleichbehandlung aller Begierden bedeutet dagegen die Auflösung jeder Ordnung; daher kann sich auf ihrem Bodensatz die erotische Begierde, die in Platons Augen niedrigste aller nicht-notwendigen Begierden, als Tyrann etablieren.

Da es Platons Vorhaben ist, die innere Instabilität der Staatsverfassungen und der Zustände der Seelen zu veranschaulichen, die auf einem solchen Wertemonopol beruhen, berücksichtigt er weder, ob seine Beschreibung den real existierenden Staatsformen gerecht wird, noch, ob die Revolutionen, die er zur Erklärung des Abstiegs stattfinden läßt, eine Bestätigung in der Wirklichkeit finden. Vielmehr geht es ihm um den Kontrast zwischen Gesundheit und Krankheit (so auch Schubert 1995, 124–141). Seine Darstellung versteht sich als Krankengeschichte, die die Unheilbarkeit des Verfalls auf jeder Stufe dokumentiert, weil das jeweilige Wertemonopol nur eine scheinbare Stabilität begründet: weder der Timokrat noch der Oligarch noch der Demokrat können die Einstimmigkeit und Einhelligkeit herstellen, die ein wirklicher Friede voraussetzt. Damit erklärt sich auch die Abwertung der „übrigen Tugenden" (VII 518d–519a). Ohne die nötige Weisheit dienen sie schlechten Zwecken. Die Verfallsgeschichte zeigt folglich den Abbau eben der Ordnung, die Platon für seinen besten Staat aufgebaut hat.

Daß die Realgeschichte seinen Vorschriften nicht folgen will, ist für Platon daher keine Widerlegung seiner Theorie. Er kann den meisten wirklichen Staaten ohne Gesichtsverlust einen gewissen ‚Wertepluralismus' zugestehen. Daß er nur für die Timokratie auf reale Beispiele verweist, nämlich auf Sparta und Kreta, dürfte darauf zurückzuführen sein, daß er in diesem „eisernen Geschlecht" noch die wenigsten Abweichungen von seinem Modell sieht (544c). Den real existierenden Oligarchien und Demokratien wird er ein Gemisch von Werten zugestanden haben. Die athenischen Oligarchen schätzten nicht nur das Geld, sondern auch die Macht und die Kultur. Die Demokraten waren keineswegs von der Gleichheit aller Interessen beseelt, sondern gaben – je nach Mentalität – dem Reichtum, der politischen und militärischen Macht oder auch den Errungenschaften ihrer Kultur den Vorzug.

Wenn Platon nur Stilisierungen von Wertmonopolen bieten will, so wird verständlich, warum er auf besseres ‚Propagandamaterial' gegen die Demokratie verzichtet, das ihm reichlich zur Verfügung gestanden hätte, wenn er eine Parodie dieser Staatsverfassung hätte liefern wollen. Da wäre der unheilvolle Einfluß machthungriger Demagogen zu nennen, der die Athener statt zu einem Leben in Frieden in immer neue Abenteuer hineintrieb. Ebenso gab die Ämterverlosung an Unfähige Anlaß zu Kritik. Die täglichen Gerichtsverfahren in der Hand von Laien-Schöffen waren nicht nur wegen ihrer großen Besetzung ein finanzielles Problem, sondern waren auch eine Bedrohung für Besitz und Leben von Unschuldigen. Ganz generell stellte die aufwendige Verwaltung, die eine ständige Mitwirkung Tausender von Bürgern erforderte, die Stadt vor permanente Finanzschwierigkeiten, weil für Zivil- und Militärdienst Diäten gezahlt wurden. Nichts davon aber erwähnt Platon, statt dessen stellt er die Demokratie als Anarchie dar, in der die Bürger blindlings jeder Mode oder Laune folgen. Man müßte Platon völligen Realitätsverlust unterstellen, wenn er damit ein Bild der tatsächlichen Verhältnisse in den Poleis seiner Zeit geben wollte. Vielmehr ist anzunehmen, daß es ihm darum zu tun war, das Wesen der *wahren* Timokratie, Oligarchie, Demokratie und Tyrannis darzustellen – wenn es sie denn gäbe.

Damit ergibt sich auch eine Antwort auf die Frage, die oben offen blieb, warum Platon die Verfallsgeschichte mit dem besten Staat ihren Anfang nehmen läßt. Nur im stufenweisen Abbau des Idealstaates wird die Entstehung der reinen Formen der

Ungerechtigkeit plausibel. Historische Staaten liefern nur selten den jeweiligen ‚Idealtypus'. Die Philosophenkönige müssen einen Fehler machen, damit diese Geschichte ihren Lauf nehmen kann, und eben deswegen überläßt Platon die Erklärung der verschleiernden Poesie der Musen, ob und wie der beste Staat zu Fall kommt: auf die Frage, wie das geschieht, kommt es Platon ebenso wenig an, wie es ihm wesentlich ist, ob sich sein bester Staat verwirklichen läßt oder nicht. Worauf es ihm ankommt, ist die Stufenleiter der reinen schlechten Formen. Ob Platon den Wertmonopolismus in den ungerechten Staaten für realisierbar gehalten hat, ist schwer zu sagen; er deutet jedenfalls an, daß die Ergebnisse seiner Analyse vielleicht nicht als Erfahrungstatsachen am Tage liegen (580c). Nicht die Bewertung der historischen griechischen Poleis ist sein Ziel, sondern der Kontrast zwischen dem Philosophenstaat und seinen Führern mit allen anderen Verfassungen, vor allem natürlich mit der Tyrannis und dem Tyrannen. Der Nachweis, daß der Tyrann die Endstufe der Krankheitsgeschichte darstellt, ist zugleich das letzte Glied in der Beweiskette, mit der Sokrates auf die Herausforderung von Glaukon und Adeimantos antwortet, ein überzeugenderes ‚Verfahren' gegen Thrasymachos zu führen (357a). Entsprechend präsentiert Sokrates als Ergebnis seiner Darlegungen nicht etwa die Tyrannis als unabwendbares Endstadium der Menschheit, sondern den Triumph des Gerechten über den Ungerechten (580a–c).

12.3 Die Metamorphose des einzelnen Staatsbürgers

Zu der Behauptung, Platon gehe es nur um eine Typisierung der Formen der Ungerechtigkeit, will jedoch prima facie die Sorgfalt schlecht passen, die er der Metamorphose des einzelnen Bürgers widmet. Die Geschichte vom Verfall des einzelnen wird nämlich mit so vielen Details ausgestattet, daß wir nicht Typen auf dem Reißbrett, sondern lebensnahe individuelle Schicksale vor uns zu haben meinen. Der timokratische Mann ist etwa das Produkt eines Generationskonfliktes. Ein junger Mann beobachtet, wie sein Vater, ein Relikt aus der alten Geistesaristokratie, wegen seines Mangels an Ehrgeiz von seiner Frau und seinem Haushalt verachtet wird (549c–550b). Der Sohn sieht sich zunächst einem Widerstreit zwischen alten und neuen Werten ausgesetzt; letztlich gewinnt die ‚Welt' jedoch die Oberhand, er wird ein ehrgeiziger und hochmütiger Mensch, ohne jeden Sinn für Kultur. Was ist an dieser Darstellung individualistisch? Platon kann kaum meinen, mit seiner Geschichte vom ‚Sündenfall' dieses jungen Menschen die Entstehung des timokratischen Mannes schlechthin erklärt zu haben. Seine Erklärung setzt vielmehr voraus, daß die Timokratie bereits besteht, mit Macht und Ehre als etablierten höchsten Gütern. Er beschreibt lediglich, wie sich die herrschende Disharmonie im Staat auf die Entwicklung eines bestimmten Menschen auswirkt. Die gleiche Diagnose trifft auch auf die weiteren Metamorphosen zu. Von Typologie kann hier keine Rede sein. So wird ein junger Mann zum Oligarchen, weil er erlebt, wie sein Vater, ein ehrbewußter General, in einem undankbaren Staat unverschuldet Ehre, Vermögen und Leben verliert. Der Schock und die nachfolgende Armut lehren den jungen Mann, im Reichtum sein einziges Lebensziel zu sehen. Er unterdrückt fortan alle besseren Instinkte und wird zum Geldraffer (553a–c). Auch damit schildert Platon kein typisches Schicksal; nicht alle jungen Männer haben Generäle zum Vater, die am Staat „wie an einem Riff zerschellen". Platon gibt auch nicht vor, daß seine Erklärung sich verallgemeinern ließe. Er behauptet lediglich, daß ein derartiges Erlebnis einen jungen Mann auf „sicherste und schnellste Weise zum Oligarchen macht" (553e). Ähnlich verhält es sich mit der Entstehung des demokratischen Mannes: der Geiz des Vaters läßt im Sohn die Sehnsucht nach Luxus entstehen. Gerät er in entsprechende Gesellschaft, lebt er fortan nur nach Lust und Laune, weil alle seine Bedürfnisse ihm gleich viel gelten (561e: der „isonomische Mensch"). Manche jungen Leute besinnen sich auf die traditionellen Werte und widerstehen diesen Versuchungen erfolgreich, andere unterliegen. Manche verbringen ihr Leben in harmlosen Vergnügungen, die für sich und ihre Umwelt keine große Gefahr bieten. Andere mutieren schließlich zu Verbrechern oder Tyrannen, wenn das Familienvermögen aufgebraucht ist, die Finanznöte drücken und sich kein anderer Ausweg aus dieser Verlegenheit bietet als ein Absinken in die Kriminalität oder – in größerem Rahmen – ein Staatsstreich und die Machtübernahme (565d ff.).

Die Lebhaftigkeit dieser Darstellungen kann nicht über gewisse Schwierigkeiten ihrer Deutung hinwegtäuschen, und zwar (1) was ihren Inhalt und (2) was die Intention angeht, die Platon damit verfolgt. (1) Vor allem die Beschreibung des ‚demokratischen Menschen' und seiner Entwicklung ist kaum als typisch für das Leben im demokratischen Athen anzusehen. Hart arbeitende Athener müssen sich gewundert haben, wenn sie lasen, daß der Demokrat das Leben eines Lotosessers führt (560c) – als seien Müßiggang und Schlendrian bei ihnen an der Tagesordnung und der Playboy der typische Demokrat. Was rechtfertigt Platons Unterstellung, daß die Demokratie dieser Lebensweise besonders tolerant gegenübersteht, als hätte sie sich allgemeine Permissivität auf die Fahnen geschrieben? Zur Erklärung für die Einseitigkeit der Darstellung ist auf die Beobachtung zu verweisen, daß sich Platons Analyse der Entstehung der Repräsentanten der einzelnen Staatsformen immer auf die Mitglieder der *Oberklasse* beschränkt, und zwar nicht nur bei der Erklärung der Entstehung des demokratischen Mannes. Das liegt nicht an seiner aristokratischen Verachtung des kleinen Mannes, wie seine Kritiker ihm gern unterstellen, sondern an seiner grundsätzlichen Voraussetzung, daß der Verfall im Staat mit dem ‚Kopf' anfängt (545d: „daß jede Veränderung von dem herrschenden Teil ausgeht"). Verantwortlich ist die Klasse der Bürger, die eigentlich die besten sein sollten. Statt vom Verfall des Staatsbürgers sollte man für Platon daher vielmehr vom Verfall des Staatsmannes reden. Deswegen konzentrieren sich seine Metamorphosen durchweg auf den Nachweis der zunehmenden Dekadenz der Elite. So rekrutieren sich die ‚Demokraten' nicht aus den Armen aus dem dritten Stand; die ‚Drohnen' sind diejenigen Sprößlinge aus der früheren Aristokratie, die, den Verlockungen der Plutokraten folgend, ihr Vermögen durchgebracht haben (555c–556a). Daß die Jugend aus der alten Aristokratie im demokratischen Athen tatsächlich solchen Versuchungen ausgesetzt war, hat Platon zur Genüge erfahren. Er konnte nicht nur das sinnlose Treiben der Jeunesse dorée beobachten, sondern erfuhr aus nächster Nähe, daß hochgebildete und begabte Leute, wie Alkibiades oder seine Verwandten Kritias und Charmides, zu skrupellosen und machtgierigen Abenteurern mutierten, nachdem sie durch ihre ausschweifende Lebensweise und ihre Ambitionen in Schwierigkeiten geraten waren.

Mit der Geschichte von der Korruption des einzelnen liefert Platon überdies den Beweis für eine Behauptung nach, die er im VI. Buch zur Erklärung des üblen Leumundes der Philosophen aufgestellt hat: Soweit sie diesen Vorwurf verdienen, ist die Ursache darin zu sehen, daß gerade die hervorragend Begabten unter den jungen Leuten unter dem Einfluß einer korrupten Gesellschaft zu hervorragenden Schurken werden (489e–491e). Was er an dieser Stelle nur andeutet, führt er im VIII. und IX. Buch ausführlich aus. Die individuell gefärbten Geschichten von der zunehmenden Verschlechterung schildern höchst detailliert, wie aus den hervorragend Begabten hervorragende Schurken werden. Für die Bewertung der verschiedenen Stufen ist folglich nicht so sehr die persönliche Vorliebe oder Abneigung Platons verantwortlich, die ihn die Timokratie der Oligarchie und diese wiederum der Demokratie vorziehen läßt, als vielmehr das zunehmende moralische Chaos. Während bestimmte Ziele wie Tapferkeit oder Reichtum noch disziplinierende Wirkungen ausüben, wenn sie auch die inneren Spannungen nicht beseitigen, läßt eine Gleichberechtigung aller Lüste keine feste Lebensordnung mehr zu.

(2) Für die Psychopathologie des einzelnen scheint Platon also eine gewisse Lebensnähe in Anspruch zu nehmen. Ist das wirklich seine Intention? Die Frage ist nicht ganz leicht zu beantworten, weil Platon für den Verfall des Individuums nicht immer das gleiche Ausmaß an Notwendigkeit voraussetzt. So nimmt er für das ‚Umkippen' des Aristokraten zum Timokraten wie auch für die Mutation des Timokraten zum Oligarchen eine gewisse Notwendigkeit in Anspruch. Bei der Karriere eines oligarchischen Sohnes zeigt er sich dagegen ambivalent: bisweilen gibt es auch Stabilisierungen, so daß der junge Mann sich zur Ordnung bekehrt (559d–561a). Auch für die Lebensführung des Demokraten hält Platon die Möglichkeit eines gemäßigten Lebens offen. Es besteht kein Zwang zur Unterwerfung unter die Tyrannei der erotischen Begierden, sondern nur die Möglichkeit (571a–573a). Daß Platon gerade hier den Verfall nicht als unvermeidbar hinstellt, erklärt sich daraus, daß die Entwicklung des einzelnen prinzipiell mehr Realitätsnähe hat als die der Staatsverfassungen oder der Klasse ihrer Bürger. Denn mögen auch historische Staatsverfassungen und ihre herrschenden Klassen selten lupenreine Vertreter ihrer Gattung sein, stehen einzelne

Menschen durchaus unter der Dominanz eines einzigen Seelenteils. Die einzelnen Vertreter der Untugenden, die Platon beschreibt, sind uns daher als Erscheinungen wohlbekannt. Der nur auf Mutproben und körperliche Fitneß erpichte Timokrat, der Geizkragen oder der Verschwender, der ziellos in den Tag lebt, und auch der den übelsten Lüsten Verfallene – für sie alle gibt es auch heute im wirklichen Leben gute Beispiele. Der Tyrann als Extremfall auf der untersten Stufe des Menschlichen dürfte zwar selten zu finden sein, für das Abgleiten ins Verbrechen aus Unfähigkeit, sich auf andere Weise ein genußreiches Leben zu verschaffen, lassen sich aber leicht Beispiele finden.

Damit scheint sich nun aber die Frage des Realitätsanspruches erneut zu stellen. Denn die enge Parallele zwischen der Verfassung im Staat und der Verfassung der Einzelseele, auf die Platon so viel Wert legt, scheint aufgehoben, wenn die Staatsverfassung als ein theoretisches Konstrukt, die Seelenverfassung des einzelnen dagegen realistisch gesehen wird. Bei näherem Hinsehen liegt hier aber gar kein echter Widerspruch vor. Es gibt nämlich klare Anzeichen dafür, daß Platon auch für den einzelnen von ‚Mischformen' ausgeht. Ein einschlägiges Beispiel liefert etwa Sokrates' Abwehr der Stichelei von Adeimantos, sein Bruder Glaukon sei ein Beispiel für timokratischen Ehrgeiz (*philonikia*). Sokrates begütigt: Glaukon ist weder so von sich eingenommen noch so unkultiviert wie der Timokrat (548d–e). Ein ‚Mischtyp' ist in Wirklichkeit auch der ungerechte Mensch von Glaukon und Adeimantos, wenn er genug Disziplin haben soll, den Schein des Ehrbaren zu wahren (II 360e–363e). Es ist also nicht so, daß jeder Mensch einen der fünf Charaktertypen verkörpern müßte. Die Aussichten, eine prototypische Staatsverfassung anzutreffen, dürften aber in Platons Augen sehr viel geringer sein als die, einen Einzelmenschen mit einseitiger Seelenausrichtung zu finden.

Der pädagogische Anspruch, den Platon für seine Darstellung von ungerechten Staatsverfassungen, ihrer Klassen und ihrer Vertreter erhebt, ist folglich immer der gleiche. Unbeschadet der Frage, ob sie nun in Wirklichkeit genauso anzutreffen sind oder nicht, läßt sich behaupten, daß solche Staaten und Menschen instabile Systeme darstellen und als solche, bei entsprechenden äußeren Umständen, zum Verfall verurteilt sind. Der Verlauf der Realgeschichte und der Karriere des einzelnen hängt jeweils davon ab, ob sich entsprechende Ungleichgewichte durchsetzen oder nicht. Somit hat die Geschichte der Metamorphosen auch einen diagnostischen Wert, was Zukunftsprognosen in historischen Situationen angeht. Platon kann daher erwarten, daß aus seinem Modell auch Lehren über den tatsächlichen Ablauf der Geschichte zu ziehen sind, selbst wenn er keine im strengen Sinn historizistische These vertritt. Wir lernen ja oft gerade dann etwas aus Modellen, wenn sie auf Wirklichkeitstreue keinen Anspruch erheben. Sie bringen allgemeine Charakteristiken zum Vorschein, die sich aus Einzelerfahrungen nicht ohne weiteres ableiten lassen. Das schließt nicht aus, daß sich die Dinge machmal tatsächlich so entwickeln, wie Platon behauptet. Gewisse Ähnlichkeiten mit lebenden und toten Personen und Staaten, wie auch mit Ereignissen, die ihren moralischen und politischen Niedergang herbeiführten, sind daher nicht zufällig, sondern durchaus beabsichtigt.

Literatur

Bambrough, R. (Hg.) 1967: Plato, Popper and Politics, Cambridge.
Bleicken, J. ³1991: Die athenische Demokratie, Paderborn.
Busolt, G./Swoboda, H. 1926: Griechische Staatskunde, Bd. 2, München.
The Cambridge Ancient History, Bd. V, Cambridge 1992.
Frede, D. 1996: Platon, Popper und der Historizismus, in: E. Rudolph (Hg.), Polis und Kosmos, Darmstadt, 74–107.
Gaiser, K. 1974: Die Rede der Musen über den Grund von Ordnung und Unordnung, in: K. Döring/W. Kullmann (Hgg.), Studia Platonica, Amsterdam, 49–84.
Hellwig, D. 1980: Adikia in Platons *Politeia*, Amsterdam.
Popper, K. ⁷1992: Die offene Gesellschaft und ihre Feinde, Bd. 1 (Übers. P. Feyerabend), Tübingen.
Robinson, R. 1969: "Dr. Popper's Defense of Democracy", in: Essays in Greek Philosophy, Oxford, 74–99.
Schubert, A. 1995: Platon: Der Staat, Paderborn.

13

Richard Kraut

Plato's Comparison of Just and Unjust Lives

(Book IX 576b–592b)

13. Introduction

Once Plato has completed, at the end of Book IX of the *Republic*, his narrative of political decline and his corresponding portrayal of deviant personalities, he finally returns to the main issue of the entire dialogue: is a life of justice (whatever its extrinsic disadvantages) better than a life of injustice (whatever it extrinsic advantages)? He claimed in Book IV to have discovered the nature of the soul and of justice; and he concluded, on the basis of these discoveries, that the life of a just person is superior by far. He was then about to embark on a description of a series of inferior lives, but as Book V began, his interlocutors interrupted him and demanded further details about the community of wives and children that had been proposed at the beginning of Book IV. It is not until the beginning of Book VIII that Plato returns to his project of describing inferior cities and souls. With his portrayal of the tyrant in Book IX, that project is complete; his next step (580a) is to present three arguments for the superiority of justice to injustice.[1]

---

1 When these three arguments have been completed, Plato constructs an image that compares a human being to an amalgam of three animals – a many-headed beast, a lion, and a human being (588b–592b). Irwin 1995, 291–292, counts this material as a fourth argument, although Plato himself does not describe it in this way. I take Plato to be reaffirming and clarifying earlier points with this image, rather than putting forward a new argument in defense of justice.

These arguments – particularly the first – will be our main topic here. But before we turn to them, we should note that Plato has not completely finished his defense of justice in Book IX. For in X, he turns to the extrinsic rewards of the just life. He had agreed, in Book II, to dismiss the honors often won by just people and the punishments often meted out to the unjust, and to concentrate on justice and injustice in themselves. But in Book X he asserts that these extrinsic rewards and penalties are indeed among the advantages of justice and disadvantages of injustice, and that in the long run the just are honored for their achievements and the unjust punished for their misdeeds. In fact, since the soul is immortal (as he argues), the intrinsic and extrinsic advantages of justice and the corresponding disadvantages of injustice are of greater duration and significance than we might have imagined. Over the course of time, our souls will enter many bodies, and only those who understand what justice is and how it is sustained will be able to choose their future lives wisely.

13.2 Justice and Pleasure

There are many difficulties and points of interest in the material just summarized. But since Plato is here coming to the end of his elaborate defense of justice, and, as we have noted, the course of his argument has taken several detours, our first task is to make sure we understand the general shape of that defense. Book IV has already concluded that justice is superior to injustice; so, the first question we should try to answer is this: how is the argument presented there related to the further arguments Plato gives in Book IX?

We can begin to answer this question by noting that both the second and the third arguments in Book IX are couched in terms of pleasure. The second (580d–583a) claims that the philosopher is in the best position to determine which kind of life is most pleasant; he considers the pleasures of learning to be better than any others, and although others prefer their own way of life, his judgment is more trustworthy than theirs.[2] The third argument

---

[2] The argument is similar to the one used by J. S. Mill, *Utilitarianism*, chapter 2. But note these differences: (1) Mill distinguishes quantitative and qualitative

(583b–588a) claims that most of the pleasures experienced by non-philosophers are in some way impure and untrue, and that for this reason philosophical pleasures are greater (in fact, 729 times greater!) than any others.[3]

Whether we are persuaded by these arguments or not, we can at least see how they differ from what Plato says at the end of Book IV. For that earlier argument did not attempt to compare the pleasures of the philosophical and non-philosophical lives. In fact, in Book IV, Plato has not yet described the philosopher; it is only near the beginning of Book V that he begins to introduce his metaphysics, epistemology, and conception of philosophical education. Book IV makes use of none of this material. Instead, it describes justice as a harmonious condition in which each part of the soul does what it is naturally suited to do; injustice, by contrast, is a kind of disease, an enslavement of one part of oneself to other parts (443d–444b). Nothing is said here about whether the just person has more pleasure than the unjust. So the argument of Book IV and the second two arguments of Book IX differ in that the latter attempt to prove the superiority of the philosopher's pleasures or judgments about pleasure, whereas Book IV makes no claims about the philosophical life or about pleasure.

---

issues. That is, he takes the important question to be, "Which type of pleasure is of higher quality?" rather than "Who has more pleasure?" And his appeal to the superior experience of those who can compare pleasures is an attempt to settle the qualitative rather than the quantitative question. Plato, by contrast, does not treat these as separate issues. He assumes that to prefer one type of pleasure to another is to hold that the first is more pleasurable than the other (581c, 582c). (2) Mill acknowledges that those who have experienced two different kinds of pleasure might disagree in their preferences; and he resorts to majority rule in these cases. There is nothing corresponding to this suggestion in Plato; he would hardly admit that some genuine philosophers might prefer non-philosophical pleasures to philosophical pleasures. (3) As an empiricist, Mill recognizes no other way of comparing pleasures than experience. Plato, by contrast, holds that in addition to the test of experience, there is a test of argument (582d–583a). The philosopher not only compares the way different pleasures feel, but also evaluates arguments about which life is more pleasant. For objections to Plato's appeal to the philosopher's preferences, see Irwin 1995, 292; Reeve 1988, 145–146.

3 For an explanation of how Plato arrives at and inflates this figure, see Reeve 1992, 259 n. 12. The *Republic's* discussion of pleasure owes something to the *Gorgias* (compare Rep. 586a–b with Gorg. 492e–494a). For discussion, see Gosling and Taylor 1982, 97–128.

But of course in Book IX Plato does not merely take himself to be defending the philosophical life; he is also defending justice, by showing how much better the life of the perfectly just person is to the opposite life. So he must be assuming that the perfectly just person is a philosopher. And it is not difficult to see why he thinks he is entitled to this assumption. He has argued that a full understanding of what justice is requires an ascent to the realm of the forms; and he has claimed that those who have the proper motivation to undertake this quest and to fulfill it will be devoted to the common good and will treat their fellow citizens justly. He makes the reasonable assumption that the most just individuals are those who have the fullest insight into what justice requires and can be trusted to make just decisions that benefit the whole community. Those who satisfy these conditions, he argues, are the philosophers who have received the special moral and intellectual training described in the early books of the *Republic*.[4] So the second two arguments of Book IX have this general shape: one will be perfectly just if and only if one is a philosopher; philosophy has pleasures that surpass all others; therefore, the just life is superior to all others.

But once these arguments are characterized in this way, it should be evident that a reasonable objection can be made against them. Even if we agree, at least for the sake of argument, that Plato's philosophers are perfectly just, it is not at all clear that he has shown, as he had agreed to show, that justice is desirable *for itself*.[5] For suppose he is right that the pleasures of learning about the forms and contemplating them are far superior to any others. Why should that be taken as a defense of justice? A just person is someone who is properly motivated to interact with other people in certain ways.[6] What we want to

---

[4] For Plato's attempt to show that properly trained philosophers have the motivation we expect of a virtuous person, see 412d–e, 485d–486b, 500b–c. He is not claiming – in fact, he emphatically denies – that philosophical talent and intellectual activity by themselves produce moral virtue (494a–496a). Moral virtue is developed only when such talent is cultivated in the right way.

[5] See 368b–d, 366e. There has been considerable scholarly discussion about how to understand Plato when he describes justice as good "in itself". See Irwin 1995, 190–191, and for references to further literature, p. 379 n. 15.

[6] Plato is undoubtedly aware of this aspect of justice. After all, Thrasymachus characterizes justice as the good *others* – namely, the stronger (338c, 343c). When

know, when we ask whether it is good to be a just person, is whether it is worthwhile to have the kind of attitude towards other people that underlies the behavior of just people.[7] But Plato's points about the pleasures of philosophical learning do not seem to touch this issue. Even if Plato is right that one must learn about the forms to be a just person, and that such learning is enjoyable, that does not tell us what is worthwhile about the just person's attitude towards other people.[8]

13.3 Pleasure Downgraded

It is best not to try to resolve this issue just yet, for we have been focusing exclusively on the two arguments of Book IX that defend justice by linking it to pleasure, and we have thus far said nothing about the first of Book IX's arguments, which does not appeal to pleasure. It is expressed instead in terms of happiness

---

Glaucon and Adeimantus take over his argument in Book II, they claim that it is *only* others who benefit from justice; the just individual does not benefit from doing justice, but only from receiving it. Plato's aim is to show that it is the just agent who most of all benefits from justice, but he tacitly accepts the premise that other people benefit from it too. (For example, in the ideal city, the other citizens benefit from the just acts of the philosophers.) Note too the close connection Aristotle makes between justice and the good of others (*Nicomachean Ethics* V 1, 1129b26–1130a5).

[7] It is of the utmost importance, in reading the *Republic*, to bear in mind that Plato is not trying to show that, whatever one's motives, one benefits from acting justly. He assumes throughout that justice is a condition of the soul; it manifests itself in action, but those who perform those types of acts but lack the just person's motives do not benefit from their behavior. So whenever we talk of Plato's defense of justice, we must remember that this is a defense of real justice – a complex motivational state – not of just actions isolated from their motives.

[8] The problem I am raising is similar to one posed by Sachs (1963). He claims that in Book IV, Plato tries to show the value of justice as he conceives it, but since he was asked to show that justice as ordinarily conceived is advantageous, he has in effect changed the subject. But Sachs's attempt to show that Plato is guilty of this fallacy ignores the point, made in the preceding note, that Plato is not trying to show that just acts, whatever their motive, are advantageous. Despite this limitation in Sachs's criticism, I believe that Plato's attempt to defend justice by appealing to pleasure is vulnerable to an objection like the one he makes. For further discussion of this issue, see Kraut 1973, Vlastos 1973, Irwin 1995, 256 and further references on p. 385 n. 10.

and its opposite, wretchedness. After completing his description of the tyrant, Socrates asks Glaucon to compare the five people who have been described in the earlier books: the king, the timocrat, the oligarch, the democrat, and the tyrant. And Glaucon replies (580b–c) that the happiness or misery of each is proportional to his virtue: the king is happiest because he is most virtuous, the tyrant is most wretched because he is worst, and the others lie between these extremes. Socrates announces that one of his proofs has now been completed (580c), and moves on to the second of his three arguments.

But precisely what is the proof that the king is happiest and the tyrant unhappiest? What are the main premises of the argument, and in what books of the *Republic* do we find that argument? It must stretch back at least to the end of Book V, because it is there that Plato begins to describe the ways in which the philosopher differs from other sorts of people. When he says in Book IX that the happiest person is someone who, like a *king*, rules over himself and others (580b–c), he is of course referring to the philosopher-king, and so his argument that this is the best life relies on everything he has said up to this point about the philosophical life. Furthermore, we already know that this argument is not one that appeals to the pleasures of the philosophical life – for it is only Plato's second two arguments in Book IX that appeal to pleasure. So whatever it is about the philosophical life that, according to the first argument, makes it best, it is not its pleasures, or the philosopher's judgments about its pleasures.

But how far back does this argument stretch? Does it include the material Plato has presented in Book IV concerning the parts of the soul and their proper arrangement? Or should we read the *Republic* as containing one defense of justice that comes to an end in Book IV, and another that begins in V and ends in IX? The former alternative is certainly more plausible. For, to begin with, we should recall that the second and third arguments of Book IX, which appeal to pleasure, explicitly invoke the division of the soul made in IV. So Plato does not think that the work he has done in IV is to be used solely in that book's defense of justice and nowhere else. Furthermore, the language used in the first argument of IX clearly brings to mind the main idea used in Book IV's defense argument: Socrates announces that the happiest person is he who "is a king over himself" (basileuonta hautou,

580c2). In other words, happiness requires the proper relations between the parts of the soul, as Book IV has claimed; and the person who has most fully ordered these parts (as we see in Books V–VII) is the philosopher-king. So the first argument of Book IX is a further development of the one that begins in IV. And Plato confirms this at the beginning of VIII, when he says that the person characterized as best in IV was not really best, since Socrates "had a still finer city and man to describe" (543d1–544a1). Book IV has only begun to describe the paradigm of a just person, and so it has only begun to show why justice is superior to injustice.

Once we follow Plato's directions and connect Book IV with his conception of the philosopher, we can express his argument, in outline form, as follows: Justice consists in a harmony of the soul, a condition in which each part does the job it is naturally suited to perform. This requires the rule of reason: we must not choose our actions on the basis of the strength of our appetites or emotions, but must develop an understanding of what is truly good for us. But what *is* really good for us, and how do we acquire knowledge of it? Those are the questions Plato answers by means of the metaphysics and epistemology of the central books of the *Republic*. Ordinary people value objects that are mere shadows of eternal and changeless realities. The most worthwhile types of objects, the objects on which we should train our desires, are the forms, and the most glorious among them is the form of the good. What is best for us, in other words, is to understand and imitate the good, and it is because philosophers succeed (to some extent) in this task that their lives are best.

Of course, even if this is the heart of Plato's first argument in defense of justice, it is not the whole of it. To fill out the argument, we would also have to include all of the rich psychological material Plato uses in Books VIII–IX, where he describes the decline of the soul. To see why the philosopher is so much better off than the tyrant, one must pay attention not only to Plato's metaphysics but also to his portrait of the turmoil in the tyrant's soul, and to the frustrations and divisions within all of the intervening souls. Part of Plato's defense of justice is an attempt to be realistic about the consequences of fulfilling our fantasies regarding power, wealth, and illicit sex – and about making half-hearted compromises with these tendencies.⁹ The other part is his attempt to show that we can best avoid enslaving ourselves to our worst inclinations by recognizing that there are better objects at which to direct our passions than worldly and ultimately disappointing goods.

This way of interpreting Plato's first argument in Book IX makes it by far the most important of the three he presents there. And of course that is what we would expect, in light of his attack on hedonism in the *Gorgias*. In that dialogue, Socrates leads Callicles to the conclusion that there are bad pleasures as well as good, and from this he infers that pleasure is to be pursued only to the extent that it is good for us (499b–500a). Pleasure is not itself the good; it is not the criterion for determining whether some possible object of choice should be pursued. In the *Republic* Plato takes this to be so obvious that he devotes only a few lines to repeating the point (505c). This shows that when he argues in

---

9 In this part of his argument, Plato relies on commonly accepted points about happiness and justice. His portrait of the tyrant would be recognized by anyone as a paradigm of injustice. And Plato assumes, as most people do, that if one is happy, one is not driven by unsatisfiable desires, nor filled with fears and other debilitating emotions; a happy person, furthermore, is capable of genuine friendship with others. The tyrant utterly fails these tests (576a, 577e–578a, 580a). So this aspect of Plato's argument does not rest on his conception of reality but instead operates entirely within the realm of common sense. It might nonetheless be argued that this part of his defense of justice is weak, because it appears to have forgotten the ring of Gyges. If the tyrant has the ring, he can do whatever he wants, without fear of punishment. Why then does Plato say that his desires cannot be satisfied, and that he is full of fear? In response: It is unlikely that Plato has forgotten about Gyges, because several times he reminds the reader that the tyrant's psychological condition is terrible, even though this may not be detectable by others (576d–577a, 580c); and this suggests that he remembers the conditions he imposed on himself in Book II. There are several points that can be made in his defense: (1) Even if the ring of Gyges allows the tyrant to get what he presently wants, his satisfaction is short-lived, because he is soon assaulted by new and more insistent appetites. (2) Someone who is a tyrant, and does not merely have the personality of a tyrant, has real power over a whole city, and this means that his power and ruthlessness are recognized by all. Even if he uses the ring of Gyges on occasion, his tyranny cannot be a secret. And so he will be hated for his injustice, and has reason to fear for his life. (Unfortunately, the force of this second point is limited. Plato had promised at 361a–b that he would attach to the most unjust person the greatest reputation for justice; and he has not fulfilled this promise. Note, however, that at 361a–b he adds: if the misdeeds of the most unjust person are discovered, he will be able to use force to avoid punishment.)

Book IX that the paradigm of justice – the philosopher – has the greatest pleasures and makes the most reliable judgments about pleasure, he is offering arguments that play a very subordinate role in his overall scheme. He assumes that it is not by appealing to pleasure that we should decide whether to be just, but by investigating the connection between justice and the good.

Pleasure is of course not the only incentive that Plato downgrades in the *Republic*. In Book II, he promises to praise justice and condemn injustice in terms that make no appeal to their consequences – honors, punishment, and so on – even though it is precisely these consequences that serve as the usual attractions or disincentives for moral and immoral behavior. If justice were attractive only because of its extrinsic rewards, there would be no reason to develop or express this trait, if those rewards could somehow be detached from those who normally receive them and re-assigned to the unjust. But the fact that Plato sets aside extrinsic rewards for most of the *Republic* does not mean that he takes no interest in them or considers them completely worthless. For he brings them back into the picture in Book X. And there would be no reason for him to do so, unless he thought that it is more desirable to lead a just life crowned with honors and other extrinsic rewards than a just life that lacks these embellishments. If one is forced to choose between justice and extrinsic rewards, one should choose justice: that is what the main argument of the *Republic* tries to establish, by linking justice, reason, and the forms. But Plato also makes the point that these are not our only alternatives: in normal circumstances, the virtuous are rewarded by their fellow human beings, and even when this does not happen, the eternity of the soul insures that over the long run justice has better effects than injustice.

In Book II, Plato does not exclude pleasure from consideration, as he does extrinsic consequences; that is, he does not promise to defend justice without appealing to its pleasures. But his treatment of pleasure nonetheless parallels his treatment of external rewards, for he develops an elaborate argument on behalf of justice without bringing pleasure into consideration. Similarly, just as he assures us in Book X that in fact the just will have their rewards, so in IX he guarantees that they will have great pleasures. Perhaps he would say that the link between justice and pleasure is more significant than that between justice and honor. The latter connection is mediated by human opinion, which is fallible and subject to manipulation. But the pleasures of justice do not depend on how one is perceived by others. So the two arguments in Book IX that link justice and pleasure are an unexpected bonus: they are not essential to the defense of justice, and they were not promised in Book II; even so, they provide additional reasons for being just – even better reasons, in fact, than extrinsic rewards, because pleasures are more intimately connected with justice than are its external consequences. Plato thus gives arguments in descending order of importance: the first argument of Book IX is his principal defense of justice; the arguments that involve pleasure are of a lower order; and the link between justice and its rewards is of still less significance.[10]

We can easily see why Plato thinks that it important to go beyond his first and principal argument. Suppose it could be shown that even though justice is on balance more advantageous than injustice, the latter is more pleasurable. It would then be reasonable to feel ambivalent about justice; regret at the loss of pleasure would be justified. Plato wants to show that this is not the human situation; we should not feel permanently torn by our choice of a just life. That is also his motive for bringing the external rewards of justice back into the picture at the close of the *Republic*. He is not going back on his word, when he claims that after all the just person will be rewarded and the unjust person punished. Having shown that we should still choose justice even if these extrinsic consequences were reversed, he does not want to leave the false impression that in fact we are forced to choose between justice and its rewards.[11]

---

10 Not all scholars would agree with this statement. White (1989) gives the arguments of Book X a larger role to play. Reeve 1988, 144–159, assigns greater significance to pleasure.

11 Notice the statement Plato makes soon after he has completed the third argument of Book IX: "Whether we look at the matter from the point of view of pleasure, good reputation, or advantage, a praiser of justice tells the truth ..." (589b). This confirms the point that he takes advantage and pleasure to be different considerations, just as advantage and reputation are different considerations. That is, to show that justice is more advantageous than injustice, it is neither sufficient nor necessary to show that it is more pleasurable, just as it is neither sufficient nor necessary to show that it brings greater external rewards. It might be argued that I have grossly underestimated the importance of the second

13.4 Harmony and the Forms

Something should be said now about an objection raised earlier. When we were discussing Plato's second and third arguments in Book IX, we noted that even if he is right that the perfectly just person must be a philosopher, and that the philosopher's pleasures are greater than anyone else's, these points do not show that justice is desirable for itself. What we want to know about justice is whether it is worthwhile to acquire and express the just person's attitude towards other people. But Plato does not answer this question, when he tells us that the just person must be a philosopher and that the joys of learning and studying are superior to all others. Such an argument gives us a reason to pursue philosophy, but it gives us only an indirect reason to be just, namely because justice has been linked to philosophy. What we want to know is whether there is a less roundabout reason to be just. Why should we be devoted to a just order among people and institutions – not as a means to a further goal, but for itself? The pleasures of philosophy do not provide an answer to this question, even if perfect justice is found only in philosophers.

Since raising this objection, we have learned that the second and third arguments of Book IX do not carry the greatest burden of Plato's defense of justice. And so it is misguided to expect these two arguments to show why it is good in itself to love just arrangements among human beings. What we must do, then, is to press our objection against Plato's first argument, the one that stretches all the way from Book IV and concludes with his comparison between the philosopher-king and the tyrant. Yet it looks as though that argument has the very defect we have identified. The heart of Plato's defense of justice consists in the claim that

---

and third arguments of Book IX, because Plato himself calls the third argument "the greatest and most decisive of the overthrows" (582b). But I do not think Plato means by this that it is the most significant of the three arguments. Rather, I take him to be alluding, tongue in cheek, to his claim that the philosopher's life is 729 times more pleasant than the tyrant's. This defeat of injustice is "greatest and most decisive" only in the sense that it is the one that expresses in overwhelming numerical terms how vast a gulf there is between the two lives. But this does not mean that the most important consideration for deciding which of the two lives to lead is pleasure.

the most worthwhile objects for us to love are the forms. The fully just person must be a philosopher, and the philosophical life is superior to all others because it alone is guided by a love of the most valuable objects there are. Here we must renew our complaint: how does this constitute a defense of the character trait by which one expresses one's commitment to just relations among people?

To solve this problem, we must remind of ourselves of a point that is assumed throughout Plato's discussion: Political justice – justice among human beings – resembles psychic justice in that it is constituted by a certain pattern of organization. It is not a mere aggregate or unordered sum. Here one may fruitfully contrast the utilitarian's political goal with Plato's; the traditional utilitarian does not seek to establish a structural relation among human beings for its own sake, but instead takes individual well being as the basic unit and tries to maximize it. Utilitarianism is implicitly cosmopolitan: it takes humanity or all sentient creatures as its material, rather than some limited and organic whole; and its goal is not to impose some order or structure on humanity in general, but rather to make as many additions of good (and as few subtractions) as will yield as high a sum as possible. Humanity is a shapeless heap, and the political task is to make its aggregated well being as large as possible.

By contrast, Plato does not conceive of the political task as one of aggregation – of adding so much individual happiness, and subtracting so little unhappiness, that the sum is as high as it possibly can be. He compares the molding of a city to the design of a statue, and asserts that it is well designed only if its parts are structured in such a way that each is happy – not as happy as possible (420c–421c).[12] There is no thought here that we ought

---

[12] Plato says here that he is aiming at the greatest happiness of the city (421c), but by this he merely means that given a choice between a less and a more happy city, the latter is better. He does not mean that to determine how happy a city is, one first determines how happy or unhappy each individual is, and then uses the operations of addition and subtraction. On the contrary, he is indifferent to the question of how happy the ruling class is; an increase in their happiness, no matter how great, would not justify unhappiness in other classes. This shows that he imposes a formal constraint on the happiness of the city: it must arise from the happiness of all of its components, and is not a mere sum.

to heap up individual happiness in such a way that the sum total is as high as possible – accepting, if we must, the sacrifice of some for the sake of the total level of well being. Plato's model emphasizes the importance of the relation between the citizens: each must be made happy, but each must also contribute to the happiness of others; and none is to be so happy that others are as a result unhappy. His concern, then, is with a certain pattern of interaction among the parts of a unified whole, and this is a more structured goal than the one the utilitarian proposes.

That is one reason why it is appropriate to take his concern with *dikaiosune* to be a concern with the ordinary notion of justice. Justice is constituted by appropriate patterns in human relationships, and cannot be reduced to an aggregate of each person's welfare.[13] Commonplace maxims of justice – returning good for good, rendering to each what is due, distributing burdens and benefits fairly – reveal that the focus of this virtue is not summation but pattern. Justice is not mere beneficence, because it requires not only benefits, but a proper distribution of benefits. So when we ask whether and why we should love justice for itself, we are not simply asking why we should love humanity, but why we should be disposed to promote certain structures or patterns of benefits among people.

These points help us see not only that Plato's defense of *dikaiosune* really is a defense of justice, but also that his theory of forms plays an important role in his argument. For the forms are objects that constitute a pattern; each has relations to the others, and therefore none can be understood in isolation. In Plato's later dialogues, particularly in the *Sophist*, *Statesman*, and *Philebus*, he explores these relationships and develops the conceptual equipment needed to understand them. But even though this aspect of his thinking remains undeveloped until his later work, it is anticipated in his middle period. In a striking passage from the *Republic*, Socrates says that when the philosopher "looks at and contemplates things that are ordered and always the same, that neither do injustice or receive injustice from one another,

---

13 Here I am commenting on the decision made by Waterfield (1993) to use "morality" rather than "justice" to translate *dikaiosune* (see p. xii). For a defense of "justice" as a translation of *dikaiosune*, see Vlastos 1977 (reprinted in 1995), 70–78 (in the reprinted version).

since all are in harmony and accord with reason, he imitates them and becomes as like them as he can" (500c2–5). Here Plato adopts an audaciously abstract conception of justice: it is a rational structure of elements, an organization in which each part has an appropriate relation to the others. The forms are a rational order, in that there are reasons why they are related to each other as they are; and since they never deviate from this order, they are permanently free from injustice, since justice, in the most general sense, is conformity to the appropriate pattern.

We can now see the answer Plato would give to the objection we raised about his defense of justice. To seek justice among human beings for its own sake is to desire the appropriate structure in human institutions precisely because it is appropriate.[14] This external harmony, in which each person does his own job

---

[14] Here the phrase "seek justice among human beings for its own sake" must not be taken to mean "seek justice among human beings apart from any relation such justice has to psychic justice or to the order among the forms". Rather, pursuing justice for its own sake is to be contrasted with pursuing it solely in order to avoid punishment or to win external rewards. Plato would reject the idea that to promote justice for itself is to seek it even if it conflicts with one's own good. He holds instead that just social relations are worth pursuing only on condition that they promote one's good. But this does not mean that according to Plato what makes a certain pattern in human relations a just one is the fact that it promotes some one person's good. The point becomes obvious when one reflects on his construction of the ideal city. As we follow this construction, we are expected to recognize the city Plato describes as a just one because the balance of benefits that is struck among the citizens is appropriate (420b–421c). Similarly, when he asserts that it is just for the philosophers to rule, since they received so many benefits from the city, we are expected to recognize that returning good for good is a just pattern in human relationships (520a–c). (Thus Plato is not *reducing* justice to self-interest. Returning good for good is not recommended as a mere strategy or a means to a further end; rather, the fact that it is good for one to reciprocate can be recognized only after one has already seen that it is just.) Just as the pattern among the forms can be loved because of its harmony, so the proper pattern among humans – e. g. returning good for good – can be loved because such relationships are fitting. The difference between the two cases consists in the fact that just relations among humans must be recognized as a reflection of both an inner harmony and a harmony of the forms, whereas the eternal pattern of the forms need not be loved because of its relationship to anything else. In that sense, it is only the realm of the forms, and not even one's own soul, that is to be loved for itself. For further discussion of Plato's requirement that philosophers pay their debt to the community by governing it, see Kraut (1993).

and receives his due, is structurally similar to the inner justice by which each part of the soul does its own job. And both of these structures – civic and individual justice – reflect the harmonious relationships that exist eternally among the forms. Someone who understands what justice is will recognize that to promote justice in the sensible world – whether psychic or civic – is to establish an order among things that approximates the order of the forms. When one develops and expresses harmony in one's soul, one achieves a temporary and imperfect ordering of one's own elements, and this is as close as one can get to the condition of the forms. Similarly, when one promotes justice in one's city, one's external relations with others become as close an approximation to the divine realm as human relationships can be.[15]

To ordinary people, someone who limits himself by refusing to do injustice can only seem bizarre. Why should one not engage in *pleonexia* – unlimited acquisition of ordinary goods – when one can get away with it? Plato's strategy for answering this question should now seem straightforward. In Book IV, he develops the idea that imposing a certain limit on one's acquisition of external goods expresses a far more important kind of structure – the harmonious structure of the soul. In the books that follow, he takes the argument to a deeper level, by revealing a harmonious structure that is more worthy of one's love than even one's own soul. The imposition of limits on one's external behavior, properly motivated, is not only an expression of internal harmony, but also imitates the beauty of the relationships among the forms. Someone who is properly motivated to promote justice in external relationships is a lover of appropriate structures, and once we see that just human institutions are a small part of a larger order of structures, the love of just relations among people should no longer seem bizarre. Plato wants us to understand that support

---

[15] Plato sometimes asserts that the soul (or at any rate the rational part of the soul) is akin to the forms. See e. g. Rep. 490b, Phd. 79d, Tim. 90a–c. The point I am making goes beyond this, and holds that a harmonious soul is more akin to the forms than an unjust soul, and that just patterns in human relationships are better imitations of the relationships among the forms than are unjust civic institutions. These further points are most fully expressed at 500c–d, where we are told that the philosopher becomes orderly by studying the order among the forms, and is able to mold human institutions so that they reflect the divine order.

for just institutions, love of one's soul, and comprehension of the forms are not isolated phenomena. To fully understand why we should observe constraints in our external behavior, we have to see how the creation of such patterns reflects a deeper harmony in the soul, which in turn reflects the deepest harmony of all.[16]

13.5 Objections and Replies

Is Plato's defense of justice one we should accept? Rather than address that extraordinarily complex question, I will briefly mention some of the most difficult questions his theory faces, and the replies available to him.[17]

---

[16] It may be objected that even if we accept Plato's attempt to show that having a just soul is a great good, he has not shown us how to arrive at an answer to the question he raised in Book II: when all of the bad consequences of injustice are re-assigned to the just person, and all of the good consequences of justice are re-assigned to the unjust person, which of them is better off? Even if justice is a great good, we do not yet know how to answer this question, because we don't know how to compare it with other goods (reputation and the other extrinsic rewards of justice). Plato could answer this question if he held that there are no goods besides the virtues and no evils besides the vices, but he does not adopt this strategy. What he seems to do instead is to propose that all other goods besides the virtues are conditional goods; that is, they are not good on their own, regardless of what they are combined with, but are good only on condition that they are combined with virtue. (Plato perhaps has this in mind at 505e: if we do not arrive at our ultimate end, nothing else is worth having.) According to this thesis, virtue plus honor is better than virtue alone (and in this sense, honor is good in itself); but honor is not worth anything if one is not also virtuous (and in this sense it is not good in itself). This explains why Plato says that the best way to make choices, both in life and death, is to focus exclusively on justice, and to ignore everything else (618d–e). Although external goods and pleasures are in a sense good for their own sake, they should play no independent role in our decision making, since they lose their value when they are isolated from virtue. Plato's defense of this thesis must be found in his portrait of the tyrannical soul and the other deviant personalities: the tyrant's power has become worthless, and in general the "goods" possessed by deviant people are robbed of their value. This strategy fits with Plato's proposal that when the soul is ruled by the lower parts, the pleasures one experiences are illusory or spoiled by the way they are combined with other things (587b). Pleasure is indeed good in itself (357b) – but only when combined with virtue.

[17] For further critical discussion of the success of Plato's arguments, see Annas 1981, 305–320.

First, it can be objected that his attempt to show that justice is a great good rests on bad metaphysics. Even if we accept his claim that there are such things as forms – properties whose existence does not depend on human recognition – we may object that such abstract objects have nothing to do with justice or any other item in our moral universe. We balk at Plato's statement that the forms do not do or suffer injustice (500c); our response to this is likely to be that justice and injustice are features of human institutions or human beings, and cannot sensibly be predicated of abstract objects. So he may be right that the forms are not unjust – but that is because they are not just either. There is no way in which the justice of our institutions can approximate the structures that exist among abstract objects, because whatever those structures are, they cannot be called relationships of justice (or injustice).

The best response a Platonist can make to this objection is to argue that ethics is not an autonomous subject – that the best way to justify or criticize human institutions is to examine the way those institutions are related to other objects that should play an important role in our lives. Other people are not the only objects we should love; our connection to the larger natural world is also a matter of great importance. And the Platonist can then go on to point out a striking resemblance between the interest we take in the natural world and our reaction to social organizations: what we love, in both cases, are certain structural relationships. We properly respond to organized natural wholes, and not mere heaps or disjointed masses. From this, the Platonist proceeds to the thesis that non-sensible objects also form structures, and that the observable world is best understood as an approximation to those abstract structures. These are of course controversial claims about what nature is and how it should be studied, but they cannot be dismissed as obvious logical fallacies. The important issue is not whether the forms can be called just or unjust, but whether our response to human institutions is best justified by seeing it as part of a larger pattern.

A second objection that can be made to Plato's project focuses on his thesis that the philosopher is the paradigm of justice. By this he of course does not mean that anyone who takes an intellectual interest in broad questions about the world and human society is a good person. Rather, his claim is that it is only a genuine philosopher – someone who has been morally and intellectually educated in the way prescribed in the *Republic* – that is the paradigm of virtue. But even when we understand what Plato means, we are likely to reject his idea. For example, what of those pure-hearted individuals who devote their lives to caring for the sick and the poor? Are they not equally good – or perhaps better – examples of virtuous people? Plato's conception of a good person may strike us as being too narrow and overly intellectual.

Defenders of Plato can begin their reply with the claim that the paradigm of a good person is someone who is best able to do the most good for other human beings. That is a disputable thesis, but it is not obviously implausible. If it is granted, the next Platonist move is to argue that the greatest obstacles to human well being are psychological rather than physical or economic. Health and material resources are important – but far less so than the condition of one's desires, passions, and deliberative skills; for if one's soul is disordered, one loses the potential benefits that other goods bring. The philosopher-king is precisely the person who has the power and knowledge needed to re-shape human society in such a way that human beings do not merely have the resources they need, but come as close as they can to psychological well being. Those who provide health or material resources are doing something worthwhile, but in the absence of political changes and an attack on unjust social structures, their achievements will be at best limited. The highest accomplishment would be to understand what justice is and to transform the politics of our communities in the light of that understanding.[18] Plato makes the further controversial assumption that knowledge of justice is an intellectual task – it requires

---

18 This way of responding to the objection does not consider the philosopher who lives a quiet and apolitical life, making no attempt to re-shape society. Plato thinks that such withdrawal from the community is nearly always justified, since the prospects for achieving real social justice are quite low, except in the rarest of circumstances (592a–b; cf. 520a–b). And yet he holds that such a philosopher is a just person – much more so than most ordinary people. Plato's assumption here – one eminently worth challenging – is that to engage in ordinary politics, making modest improvements in one's community but leaving it fundamentally unchanged, involves complicity with injustice. What Plato lacks in the *Republic* is the Aristotelian idea (fundamental to the *Politics*) that there are ways for a just person to make significant improvements even in bad regimes.

an investigation of scientific and metaphysical issues – but we have seen that this is not a mere bias on his part, but rests on a conception of how an ethical theory must be defended.

Finally, it might be objected that Plato's whole project is wrong-headed because it rests on the assumption that justice needs to be defended in terms of self-interest. According to this way of thinking, virtuous people do not care about their own good – or, any rate, they care as much about others as they do about themselves. They are willing to do what is just even if this conflicts with their own well being, because a system of justice serves the interests of the whole community. So Socrates should have replied to Thrasymachus that even if justice benefits other people and not the person who acts justly, the fact that it serves others is by itself a sufficient justification for it.

But, the Platonist would reply, it would be a serious error to make no response to the challenge of Thrasymachus. Self-interest is a powerful motive, and can therefore do great harm when it is left uneducated. If it is generally taken for granted that justice conflicts with one's own good – that only a system of artificial incentives and threats can make them coincide – then most human beings will often be tempted to act unjustly when they can get away with it. And even if they are not so bold as to act immorally, they will feel constrained by and alienated from their community, and distressed by the tension between what they have and what they wish for. A failure to address the question of where a person's good really lies is a refusal to ask whether these self-destructive and socially pernicious attitudes are justified. Plato's attempt to show that justice is a great good need not stem from the assumption that the only possible reasons for action are self-interested. It can rest instead on the recognition that when justice and self-interest are widely believed to diverge, the consequences for the individual and society are disastrous. If that belief is false, there are few more worthwhile projects for moral philosophy than to show why it is false.

Bibliography

Gosling, J. C. B./C. C. W. Taylor 1982: The Greeks on Pleasure, Oxford.

Grube, G. M. A. 1992: Plato's *Republic*, translation revised by C. D. C. Reeve, Indianapolis.

Kraut, R. 1973: "Reason and Justice in Plato's *Republic*", in E. N. Lee et al. (eds.), Exegesis and Argument, Assen, 207–224.

– 1993: "Return to the Cave: *Republic* 519–521", in: John Cleary (ed.) Proceedings of the Boston Area Colloquium in Ancient Philosophy, 7 (1991), Lanham, Maryland, 43–62.

Vlastos, G. 1973: "Justice and Happiness in the *Republic*", in: G. Vlastos, Platonic Studies, Princeton, 111–139.

– 1977: "The Theory of Social Justice in the *Polis* in Plato's *Republic*", in: H. North (ed.), Interpretations of Plato, Mnemnosyne, supp. 50, 1–40; reprinted 1995 in: G. Vlastos, Studies in Greek Philosophy, vol. 2, Princeton, 69–103.

White, N. 1989: "Happiness and External Contingencies in Plato's *Republic*", in: W. C. Starr/ R. C. Taylor (eds.), Moral Philosophy, Milwaukee, 1–21.

Christoph Horn

Platons *epistêmê-doxa-*Unterscheidung und die Ideentheorie

(Buch V 474b–480a und Buch X 595c–597e)

Im Rahmen der Charakterisierung des Philosophen stellt Platon im V. Buch der *Politeia* auch seine grundlegende epistemologische Unterscheidung dar: die Antithese von Wissen (*gnômê, epistêmê*) und Meinung (*doxa*). Es handelt sich um das ausführlichste Referat dieser Unterscheidung in Platons Werk. Zu Beginn des X. Buchs bietet er eine pointierte und zugleich recht ungewöhnliche Kurzfassung der Ideentheorie. Jedes der beiden Textstücke hat in der Vergangenheit weit differierende Deutungen erfahren. Um so umstrittener ist das Verhältnis, das sie zueinander einnehmen. Das zentrale Interpretationsproblem lautet: Hat das Begriffspaar *epistêmê* und *doxa* etwas mit der Unterscheidung von idealen Urbildern und sinnlichen Abbildern zu tun – und wenn ja, was? Grundsätzlich werden zwei Auffassungen vertreten. Nach der klassischen Interpretation, die man in erneuerter Form etwa bei Yvon Lafrance (1981, 117 ff.) nachlesen kann, verhalten sich *epistêmê* und *doxa* zueinander exakt wie Idee und sinnliches Abbild. Die Tradition hat sich hierfür besonders auf das Liniengleichnis berufen, das eine zugleich epistemologische wie ontologische Bereichsaufteilung zu bieten scheint. Genauer gesagt, hat das *Wissen* nach dieser Interpretation mathematische Entitäten und Ideen zum Gegenstand, während die Objekte des *Meinens* die bildlichen sowie die natürlichen Gegenstände des sinnlichen Bereichs sein sollen.

Wäre diese Interpretation richtig, dann müßte Platon geglaubt haben, daß es von Ideen niemals bloße Meinungen geben kann und ebensowenig echtes Wissen von der sinnlichen Realität. Dagegen richten sich verständliche Zweifel. Beispielsweise finden sich Stellen, an denen Platon Meinungen über Ideen äußert (etwa Rep. 506c; Tim. 27d). Zudem, sollte es Platon entgangen sein, daß eine Feststellung wie „Gestern gab es schönes Wetter" zutreffendenfalls wirkliches Wissen enthält? Was könnte er an der Behauptung „Sokrates ist ein Mensch" als epistemisch mangelhaft empfunden haben? Der Unterschied zwischen Wissen und Meinen, kann man gegen Platon einwenden, hängt überhaupt nicht von den Erkenntnisobjekten ab; es kann bloße Mutmaßungen in Philosophie oder Mathematik und sicheres Wissen im Alltag geben. Tatsächlich finden sich bei Platon Stellen, wo die *epistêmê-doxa*-Unterscheidung auf sinnliche Gegenstände angewandt wird (Men. 98a; Tht. 201a–c: vgl. dazu unten S. 310).

Aus diesen und ähnlichen Überlegungen sind manche Autoren zu der Ansicht gelangt, Platon vertrete eine sachlich abwegige und obsolete metaphysische Epistemologie (vgl. Patzig 1971). Hiergegen wird Platon freilich von einer zweiten Interpretation verteidigt, welche meint, er habe keineswegs ein epistemologisches Analogon zur Zwei-Welten-Ontologie gelehrt. Diese zweite – stark von der analytischen Philosophie inspirierte – Interpretation geht meist noch weiter und behauptet, daß Platon entgegen der Deutungstradition seit Aristoteles nicht einmal als Begründer eines *ontologischen* Zwei-Welten-Platonismus zu betrachten sei. Jedoch, bei einem Blick auf die Platonischen Texte erheben sich auch gegenüber der zweiten Interpretation Bedenken. Wie ich im folgenden zu zeigen versuche, wird sie den relevanten Dialogpartien nicht gerecht. Meine Bedenken möchte ich anhand einiger Textdeutungen von Autoren erläutern, die die zweite Interpretation vertreten. Daran anschließend schlage ich eine eigene Deutung vor, die den Einheitsbegriff Platons in den Mittelpunkt rückt. Sie ist m. E. in der Lage zu erklären, in welchem Sinn Platon die epistemologische mit seiner ontologischen Zwei-Welten-Unterscheidung korreliert hat. Als Konsequenz dieser Deutung empfiehlt sich, wie mir scheint, eine Rückkehr zur ersten, zur traditionellen Interpretation.

14.1 Die Dichotomie von Wissen und Meinen in Buch V

In Buch V der *Politeia* dient der epistemologische Exkurs (474b–480a) einer Bestimmung des philosophischen Wissens; der Exkurs geht hervor aus einer Entgegensetzung des bloßen „Philodoxen" und des wahren Philosophen (474b–476c). Der Philosoph strebt nach der Wahrheit; er sucht – analog dem Streben des „Erotikers" oder des Weinliebhabers – Wissen in jeglicher Spielart. Bei dieser Wahrheitssuche unterscheidet er sich grundsätzlich von „Schaulustigen", die lediglich sinnliche Erfahrungen schätzen (vgl. *philotheamones, philotechnoi, praktikoi* und *philêkooi*: 476a–b). Während nämlich ein solcher Philodox Zugang zu einzelnem, beispielsweise zu einzelnem Schönen besitzt, kenne der Philosoph überdies das Schöne selbst. Nur im zweiten Fall, nicht im ersten, liege Wissen vor. Die Dichotomie von *doxa*-Besitz und *epistêmê*-Besitz wird dann durch folgende analoge Unterscheidungen weitergeführt: 1. einzelnes Schönes anerkennen bzw. die Schönheit selbst anerkennen (*nomizein*: 476c); 2. unfähig bzw. fähig sein, sich zu dieser Einsicht führen zu lassen (ebd.); 3. sich im Traumzustand befinden bzw. wach sein (ebd.); 4. gerichtet sein auf ein epistemisches Objekt, das in der „Mitte" zwischen Sein und Nichtsein liegt, bzw. auf ein „reines Seiendes" gerichtet sein (477a); und schließlich 5. auf etwas Fehlbares gerichtet sein bzw. auf etwas Unfehlbares (477e). Beide, *doxa* und *epistêmê*, werden als Vermögen (*dynameis*) bestimmt, aber mit dem Zusatz, daß sich erstere ausschließlich auf „Mittleres", letztere ausschließlich auf wirklich Seiendes richte; eine Vermischung oder Überschneidung ihrer Gegenstände könne es nicht geben. Der Mittelstatus der *doxa* zwischen Wissen und Unkenntnis wird abschließend anhand eines bekannten Kinderrätsels erläutert (478c).

Die Interpreten unseres Textes haben es hauptsächlich mit drei Schwierigkeiten zu tun. Die erste ist von J. Gosling aufgeworfen worden, der die Formel „*ta polla kala*" nicht auf sinnliche Einzeldinge im Gegensatz zu intelligiblen Ideen bezogen sieht, sondern auf Klassen oder Typen; Gosling versuchte, auf diese Weise die klassische Deutung grundsätzlich zu erschüttern (vgl. dazu unten S. 302 f.). Eine zweite Schwierigkeit besteht in der Frage, welcher Seinsbegriff Platons Unterscheidung von *on*, *mê on* und *metaxy* zugrunde liegt.[1] Die dritte Schwierigkeit unserer Dialogpartie ist, daß in das Gespräch zwischen Sokrates und Glaukon nach kurzem ein fiktiver Teilnehmer einbezogen wird, ein Vertreter der *doxa* (476d8 ff.). Glaukon antwortet von diesem Zeitpunkt an scheinbar weniger aus eigener Überzeugung als in der Person dieses *doxa*-Vertreters. Was ist aus diesem dramaturgischen Element zu schließen? Theodor Ebert (1974) sieht in dem Übergang eine scharfe Zäsur: Während Glaukon zunächst in eigener Person der sinnvollen Überzeugung beipflichte, der „Schaulustige" und der Philosoph seien voneinander durch Wissensmangel bzw. Wissensbesitz unterschieden, werde dem Glaukon danach, d. h. in der Person des *doxa*-Vertreters, die unsinnige Ansicht nahegelegt, *doxa* und *epistêmê* seien unterschiedliche Vermögen, die verschiedene Objekte und verschiedene Leistungen besäßen (1974, 109–130). Ebert möchte also die These von der Objektbezogenheit von Meinung und Wissen als bloß rhetorisches Element gleichsam aus dem Text herausschneiden.

Gegen Eberts Auffassung sprechen jedoch folgende Argumente. Zunächst, wäre die zweite Passage (476d8 ff.) tatsächlich aus der *doxa*-Perspektive erzählt, so bliebe rätselhaft, weshalb die Ansichten des *doxa*-Vertreters hier ganz konturlos dargestellt werden und kaum rekonstruierbar sind (vgl. Graeser 1991, 378 ff.). Klar wird im Text nur, daß der *doxa*-Vertreter die Feststellung zurückweist, er erkenne nichts. Sodann, wie könnte der *doxazôn* seine Widerlegung durch Sokrates so leicht nachvollziehen, wie er es tatsächlich tut? Warum sollte er überhaupt zu einer (wie auch immer gearteten) *doxa-epistêmê*-Unterscheidung fähig und willens sein? Er müßte eher – etwa als Sophist – die Überzeugung vertreten, daß es überhaupt nur *doxa* und keinerlei sicheres Wissen gibt; diese Überzeugung wird aber nirgends von Glaukon erwähnt oder gar verteidigt. Gerade weil er zu den „Träumenden" gehört, könnte er die *doxa-epistêmê*-Unterscheidung sicher nicht so rasch nachvollziehen, wie Glaukon es in seinem Namen tut. Wie

---

1 Die Frage ist, ob Platon dieser Unterscheidung ein existentielles, ein veritatives oder ein prädikatives Seinsverständnis zugrunde legt (oder evtl. eine Mischung aus diesen). Eine plausible Interpretation muß erklären, wie Platon außer von Sein/Nichtsein auch von Seinsgraden sprechen kann (dazu informativ Stemmer 1985, 87 ff.).

also sollte er im Handstreich dazu gebracht werden, von „Gemeinschaft" (*koinônia*: 476a7), vom „Teilhabenden" (*ta metechonta*: 476d1 ff.), vom „reinen Sein" (*to eilikrinôs on*: 477a7) und von der „Idee" (*idea*: 479a1) zu sprechen? Schließlich belegen auch einige Indizien im Text, daß bei Sokrates das Bewußtsein schwindet, einen Exkurs zu verfolgen, und ebenso verliert sich das Rollenbewußtsein bei Glaukon (vgl. bes. *ho moi phainetai*: 477c6 und *ti de sy; pôs poieis*: 477d5). Am Ende sprechen beide, Sokrates und Glaukon, in eigener Person, und der zunächst fiktive Dialog ist unmerklich zum realen geworden.

Anders als Ebert beruft sich Gail Fine (1978) in ihrer Ablehnung einer Zwei-Welten-Epistemologie nicht auf die Dramaturgie der Passage. Sie liest den Text konventionell, d. h. als eine durchgehende Reihe von platonischen Argumenten, behauptet aber, daß sich diese klarer verstehen ließen, wenn man in der *doxa-epistêmê*-Dichotomie nicht eine Unterscheidung von „Wissensobjekten", sondern von „Wissensinhalten" (contents of knowledge) sehe. Fine versteht Platons Gebrauch von *einai* in unserem Text als veritativ. Spricht Platon also von dem, *was ist* im Unterschied zu dem, *was ist und zugleich nicht ist*, dann denkt er der Autorin zufolge nicht an verschiedene Gegenstände, sondern an unterschiedliche Wahrheitswerte epistemischer Inhalte. Demnach ist die *doxa* nicht wegen ihrer schwankenden Objekte instabil, sondern weil ihre Inhalte (welche auch immer) gelegentlich wahr und gelegentlich falsch sind. Die Inhalte der *epistêmê* sind nach Fine insofern stabil, als Wissen (gleichgültig wovon) immer wahr ist. Nach Fine hätte Platon dann (aber auch nur dann) eine Absurdität vertreten, wenn er hätte sagen wollen, unterschiedliche Objekte seien für unterschiedliche Wissensweisen konstitutiv; beispielsweise seien, so Fine, Viehzucht und Metzgerskunst trotz der Identität ihrer Objekte, nämlich zahmer Nutztiere, verschiedene Handwerke. Er vertritt aber, so immer noch Fine, keine absurde These, weil er lediglich die Stabilität des Wissens der Instabilität des Meinens gegenüberstellt.

Was Fines scharfsinnige Interpretation als sehr artifiziell erscheinen läßt, ist der Umstand, daß Platon nicht nur sagt, die *epistêmê* beziehe sich auf das, *was ist*, die *doxa* aber auf das, *was ist und zugleich nicht ist*. Er sagt z. B. auch, Gegenstand der *epistêmê* sei die Idee des Schönen oder das eine Schöne oder das Schöne an sich, Gegenstand der *doxa* sei hingegen das viele Schöne, das einzelne Schöne u. a. Es ist deshalb ganz ausgeschlossen, den Objektbezug der Platonischen Erkenntnistheorie mit Fines Interpretation zu eliminieren: die genannten Formulierungen bleiben durch sie unerklärt. Eine interessantere Position als Fine vertritt daher Julia Annas (1981, 190–216), und zwar beginnend mit dem Unterschied, daß Annas keine veritative, sondern eine prädikative Bedeutung des *einai* annimmt. Auch sie sieht in *Politeia* V keine epistemologische Zwei-Welten-Lehre. Annas weist zusätzlich darauf hin – und dies sicher mit Recht –, daß Platon die Existenz von Alltagswissen keineswegs ablehnt und daß eine solche Ablehnung, verträte er sie doch, verheerende Konsequenzen für sein Anliegen einer philosophischen Staatskonstruktion und Staatslenkung hätte. Nach Annas' Auffassung unterscheidet Platon zwischen nicht-relativen Prädikationen („X ist ein Mensch") und relativen Prädikationen („X ist halb", „X ist schön"). Erstere führten insofern zu Wissen, als sie unqualifiziert gebraucht würden und daher immer zuträfen, und letztere führten insofern zu bloßer Meinung, als sie Eigenschaften anzeigten, die dem Objekt nur graduell, perspektivisch oder unbeständig zukämen. Platons Aussage, Objekte der *doxa* wiesen zugleich konträre Merkmale auf („X ist zugleich schön und nicht-schön"), wird bei Annas also auf die Besonderheit relativer Termini, nicht auf den Unterschied von Idee und Partizipant zurückgeführt. Annas räumt selbst die Spannung ein, die von ihrer Textdeutung aus etwa zu Platons Aussagen im Höhlengleichnis besteht, glaubt aber, er vertrete in Buch V einen davon unabhängigen, schwächeren, jedoch einen sinnvollen Punkt (1981, 212).

Auch gegen die Deutung von Annas spricht jedoch ein gravierendes Bedenken, und zwar ein Einwand, der die Deutungen von Ebert und Fine mitbetrifft. Alle drei Interpretationen lassen im unklaren, was die Dichotomie von Meinen und Wissen mit Platons Behauptung zu tun hat, daß ausschließlich der Philosoph, nicht aber der Schaulustige über Wissen verfügt – was die leitende These des gesamten Textstücks ist. Noch weniger können nen diese Deutungen die Begriffe Meinen und Wissen sinnvoll auf die Antithese von Traum und Wachzustand übertragen. In Platons Darstellung ist es aber von erheblicher Bedeutung, daß die *doxa* selbst ihren defizienten epistemischen Status nicht begreift. Sie versteht sich vielmehr als ein Wissen (vgl. auch das Höhlengleichnis, in dem erst der Rückkehrende die Schatten als Schatten begreift, die Gefesselten ihre Meinungen aber als ein Wissen interpretieren). Dieses Merkmal – die *doxa* schätzt sich grundlegend falsch ein – macht es unwahrscheinlich, daß mit der Dichotomie, die Platon im Auge hat, die konventionelle Unterscheidung gemeint sein kann zwischen einem „Meinen, daß x" und einem „Wissen, daß x". Üblicherweise ist sich der Meinende über den mangelhaften epistemischen Status seines Meinens nicht im unklaren. Im gewöhnlichen Sinn vom Meinen zum Wissen fortzuschreiten, bedeutet denn auch keineswegs etwas, das dem Erwachen aus einem Traum vergleichbar wäre. Es bedeutet vielmehr, dieselbe Überzeugung statt mit unzureichenden Gründen nunmehr mit ausreichender Evidenz zu vertreten. Ebert, Fine und Annas lassen den exklusiven und emphatischen Charakter des Platonischen Wissensbegriffs gänzlich unerklärt. Für Platon besitzt allein der Philosoph Wissen, allerdings nicht nur Ideenwissen; der Philosoph sieht vielmehr auch innerhalb der Höhle besser als die „Höhlenbewohner" (zur Kritik an Annas vgl. bereits White 1984 und Stemmer 1985, 94 f.).

Beachtenswert ist schließlich die Interpretation von Peter Stemmer (1985). Stemmer vertritt insofern eine traditionellere Position als die genannten Autoren, als er im Hintergrund des Platonischen Wissensbegriffs die klassische Ideentheorie sieht, also eine Konzeption, welche ein gebrauchsunabhängiges Prädikatenwissen lehrt. Nach dieser Deutung hat Platon mittels des Ideenbegriffs ein Wissen um die Verwendung von Prädikaten postuliert, das dem Lernen der Prädikate bereits vorhergeht, indem es sich auf eine An-sich-Bedeutung dieser Prädikate stützt; Stemmer geht damit ausdrücklich über Wielands Rede vom „Gebrauchswissen" hinaus. Zugleich lehnt Stemmer freilich eine Zwei-Welten-Interpretation ab. Er will die *doxa-epistêmê*-Unterscheidung vielmehr auf die Differenz von – in ihrem Gegenstandsbezug – vagen bzw. nicht-vagen Bestimmungen beziehen. Im Platonischen Sinn „gemeint" wird nach Stemmer etwas, wenn vom Subjekt eines Satzes ein ungenaues Prädikat ausgesagt wird, und im Platonischen Sinn „gewußt" wird etwas dann, wenn dem Subjekt ein präzise treffendes Prädikat zugeordnet wird. Als Kronzeugen für seine Deutung führt Stemmer das Kinderrätsel vom Eunuchen an: Angewandt auf einen Eunuchen ist die Aussage „ist ein Mann" ebenso problematisch wie die Aussage „ist ein Stein" angewandt auf einen Bimsstein usw.

Hat Platon aber tatsächlich zwei Arten von Prädikationen vor Augen, zum einen den Typus „Sokrates ist (eindeutig) ein Mensch" und zum anderen den Typus „Ein Bimsstein ist ein Stein und zugleich nicht ein Stein"? Auch diese Auffassung bleibt uns die Erläuterung einer wichtigen Textaussage schuldig. Denn Platon sagt nicht, einiges von dem vielen Schönen (*polla kala*) sei eindeutig schön, anderes sei ambig, sondern er sagt, unter den vielen schönen Dingen gebe es *keines*, das nicht zugleich häßlich sei (479a5–8). Dem Eunuchenrätsel geht folgender Satz voran: „Ist also jedes von den Vielen eher das, als was es einer seinem Wesen nach bestimmen könnte, als es dies nicht ist?" (479b9 f.) Der Satz sagt klar, daß für *alle* Vielheiten gilt: Sie sind nicht mehr F als nicht-F. Somit kann das Rätsel nicht zeigen wollen, daß einige Bestimmungen uneindeutig sind; vielmehr ist es seine Intention zu zeigen, daß alle Gegenstände außer den Ideen eine charakteristische Ambiguität erkennen lassen: Sie erweisen sich stets zugleich als nicht-F wie als F; Vielheiten scheinen nur F zu sein, sind in Wahrheit aber ebensosehr nicht-F wie F. Vor allem aber läßt Stemmer ebenso wie die anderen genannten Interpreten ein zentrales Problem aus: Was bedeutet Platons Aussage, daß das Objekt des Wissens ein „Eines" sei im Unterschied zu dem „Vielen", das an diesem Einen teilhat (476a, 479a)? In welchem Sinn ist das „Eine" Gegenstand des Wissens, während das „Viele" Gegenstand des Meinens sein soll?

14.2 Die Ideentheorie in Buch X

Die knappe ideentheoretische Passage von Buch X (595c–597e) steht im Kontext einer Zurückweisung der mimetischen Künste. Sokrates greift die Dichterkritik aus Buch II–III wieder auf und wendet sich jetzt speziell gegen die Tragödiendichter. Dazu verwendet er ein beliebiges Beispiel; er unterscheidet drei Weisen, ein Bett (*klinê*) herzustellen. Ein Schreiner verfertigt ein solches Artefakt im Blick auf das *eidos*; er verfertigt jedoch nicht das *eidos*. Ein Hersteller von Abbildern wie etwa ein Spiegelträger oder ein Maler kann auf gewisse Weise alle sichtbaren Dinge – nicht nur Artefakte, sondern auch Naturdinge – produzieren. Der Gott schließlich verfertigt das *eidos*, wobei er, so Platon, dazu „gezwungen" ist, „nicht mehr als eines" herzustellen. Den drei Herstellungsweisen sind drei ontologische Ebenen zugeordnet: die Ideenebene, die Ebene des realen Artefakts und die Ebene des künstlerisch imitierten Artefakts. Das Argument gegen die nachbildenden Künstler besteht nun in dem doppelten Mangel, den ein solches zweifaches Abbild gegenüber der Idee aufweist.

Auch die Interpretation unseres zweiten Textes ist diffizil. Sie wird zunächst dadurch erschwert, daß das gewählte Beispiel einer Idee, das Bett, anscheinend nur karikaturhaft und ironisch gemeint sein kann. Sodann ist anstößig, daß der Text eine Version der Ideentheorie enthält, die diese Konzeption im Blick auf eine Substanz (statt wie sonst i. d. R. am Beispiel mathematischer, ethischer und ästhetischer Eigenschaften) darstellt, noch dazu im Blick auf ein Artefakt. Eine weitere Schwierigkeit liegt darin, daß Platons Argument gegen die Künstler anscheinend leicht zu entkräften ist: Wer als Künstler Naturdinge und nicht Artefakte imitiert, scheint dem Argument zu entgehen. Schließlich führt der Text zu offenkundigen Ungereimtheiten im Blick auf Platons anderweitig greifbare Theologie: Im *Timaios* besteht die Rolle des göttlichen Demiurgen nicht im Erschaffen von Ideen, sondern im ideengemäßen Gestalten der Materie. Schon Cherniss (1932) hat deshalb den Vorschlag gemacht, man solle Platons eigentliche Theologie an dieser Stelle gar nicht impliziert sehen, sondern den Text als ein rein kontextbezogenes Argument lesen.

Im jetzigen Zusammenhang soll es nur um den genauen Sinn des „Arguments vom Dritten Bett" gehen. Die genannten Auffälligkeiten können dabei unbeachtet bleiben, da – was immer sie bedeuten mögen – das Argument zweifellos von Platon selbst vertreten wird. So gesehen enthält die Textstelle eine konventionelle Präsentation der Ideenkonzeption, und d. h. eine Darstellung dieser Theorie, die dem berühmten Regreßargument des „Dritten Menschen" ausgesetzt ist. Seit seiner klassischen Interpretation durch Gregory Vlastos versteht man den Regreßeinwand gegen Platons Ideenkonzeption als Argument mit zwei wesentlichen Komponenten, der Annahme der Selbst-Prädizierbarkeit und der Annahme der Nicht-Identität. Das bedeutet: Platon behauptet einerseits, daß die Idee der F-heit selbst die Eigenschaft F besitzt; und er postuliert andererseits, daß das, was die Eigenschaft F besitzt, einer höherstufigen Idee der F-heit bedarf, die dem Gegenstand diese Eigenschaft vermittelt. Erweisen sich beide Annahmen als genuin Platonisch – und das scheint tatsächlich der Fall zu sein –, so ist die Ideenkonzeption in der Tat dem Regreßeinwand ausgesetzt.

Läßt unser Text aus *Politeia* X ein Problembewußtsein für das Argument vom Dritten Menschen erkennen? Dies wäre zumindest nicht überraschend, da der Dialog *Parmenides*, in dem Platon selbst das Problem exponiert (131e–133b), chronologisch der *Politeia* unmittelbar nahesteht. Tatsächlich enthält unser Text ein Indiz für das Regreßargument: Platon führt die Überlegung an, daß der Gott unmöglich *zwei* ideale Betten produzieren dürfe; täte er dies dennoch, so käme es zu einem weiteren, einem einzigen Bett. Platon spricht hier von einem zwingenden, allerdings einem finiten Regreß, der bei *einem* Bett zum Stillstand kommt (vgl. Tim. 31a, wo die Einzigkeit des Universums ebenfalls mit einem Regreßargument begründet wird). Dialogdramaturgisch liegt auf dieser Feststellung zur göttlichen Ideenproduktion (597c–d) zweifellos der Akzent der Textpassage. Der Verfertiger des „wesentlichen" Bettes (*phytourgos*) kann im Unterschied zum Handwerker und zum Mimetiker notwendig (*anankê*: c1) nur ein einziges *eidos* anfertigen. Denn würde er, so heißt es, zwei oder mehr Betten herstellen, dann träte wiederum ein einziges Bett in Erscheinung, und erst dieses wäre die Idee des Bettes (*ho estin klinê*). Platon sagt schließlich: „Weil der Gott, so meine ich, dies weiß und weil er wahrhaft der Schöpfer des wahrhaft seienden Bettes sein will, ... ließ er es [sc. das Bett] wesentlich als ein einziges entstehen" (d1–3). Das Pathos in der Formulierung vom „wahrhaften Schöpfer des wahrhaft seienden Bettes" legt die Annahme nahe, daß der Einzigkeit der Idee des Bettes eine zentrale inhaltliche Bedeutung zukommt.

Was genau weiß der Gott, der sich an die Regel hält, von einer bestimmten Idee nur eine einzige anzufertigen? Er weiß, daß der Rang einer Idee nicht an zwei oder mehr Entitäten vergeben werden kann. Was ist damit gemeint? Denkt Platon an ein Ökonomieprinzip nach dem Grundsatz, begriffliche Entitäten seien *sine necessitate* nicht zu vermehren? Nichts im Text deutet darauf hin. Denkt Platon an das Prinzip der Identität der Indiszernibilien, wenn er sagt, die Idee des Bettes könne nicht von zwei (sc. sachlich identischen) Betten repräsentiert werden? Auch dafür gibt es im Text keinen Anhaltspunkt. Warum also darf es keine zwei „Ideen der F-heit" geben? R. Parry (1985) beantwortet die Frage wie folgt: Angenommen, es gäbe zwei Ideen der F-heit, dann wäre jede von ihnen dasjenige, was nach Platons Auffassung *jedes* Vorkommen von F erklärt; das würde aber zu der Absurdität führen, daß jede von ihnen die Eigenschaft F bei der jeweils anderen erklären würde (vgl. 1985, 140). Jedoch, Parry verschiebt das Problem nur, nämlich auf die Frage: Was steckt hinter Platons Forderung, daß nur eine einzige Idee der F-heit jedes Vorkommen von F erklären soll? Warum sollten nicht einige materielle Betten nach dem Vorbild dieser und andere nach dem Vorbild jener Idee geformt sein? Das Pathos, das Platon im vorliegenden Text mit der Einheitskonzeption verknüpft, ist sicher nur erklärbar, wenn man eine der zentralen Platonischen Überzeugungen ins Spiel bringt.

In unserem Text aus *Politeia* X hat das Wissen des göttlichen Ideenschöpfers offenkundig direkt mit Sokrates' Aussage zu Beginn der Ideenpassage zu tun, wo dieser sagt (596a6–8): „Sind wir nicht gewohnt, ein einziges *eidos* anzusetzen bezüglich jeder der Vielheiten, denen wir dieselbe Bezeichnung (*onoma*) beilegen?" Bemerkenswert ist, daß Platon im Fall der Ideenproduktion nicht nur sagt, der Gott sei „gewohnt", sondern er sei „gezwungen", eine einzige Idee zu verfertigen. Dennoch deutet Platon im Text keinen zusätzlichen Grund dafür an, weshalb zwei Ideen des Bettes unzulässig sind. Er scheint vielmehr zu sagen, daß zwei Prätendenten auf die Rolle der Idee von vornherein nicht für diese Rolle in Betracht kommen. Somit legt sich die These nahe, daß zu einer Idee wesentlich ihre Einzigkeit gehört. Ist diese These richtig, so würde Platon nicht meinen, daß *mehrere* Ideen der F-heit redundant, unpraktikabel oder unschön wären, sondern er wäre der Ansicht, daß der Begriff „mehrere Ideen der F-heit" bereits in sich widersprüchlich ist, weil es die Idee kennzeichnet, eine einzige zu sein. Nun paßt diese Interpretationsthese zwar gut zu den Aussagen des Textes, scheint aber keinen sachlichen Sinn zu ergeben. Denn warum sollte der kategoriale Unterschied – oder, wenn man so will, die ontologische Differenz – zwischen einer Form und einem Geformten identisch sein mit dem numerischen Unterschied zwischen Einzahl und Vielzahl? Was hat die Differenz von Urbild und Abbild mit der Antithese von *einem* Bett und *zwei* Betten zu tun? Ist ein Schreiner dem göttlichen Ideenschöpfer dann vergleichbar, wenn er statt mehreren nur ein einziges Bett anfertigt?

14.3 Welchen Sinn hat Platons Antithese von Einheit und Vielheit?

In unseren beiden Texten stoßen wir an prominenten Stellen auf die Antithese von Einheit und Vielheit, auch in der *doxa-epistêmê*-Passage von Buch V. Dort heißt es zunächst, jedes *eidos* (wie Gerechtes und Ungerechtes, Gutes und Schlechtes) sei „eines", erscheine aber als „vieles" durch seine Gemeinschaft (*koinônia*) mit Handlungen und Körpern sowie durch seine wechselseitige Gemeinschaft (476a5–9). Etwas später wendet sich Sokrates an den „Schaulustigen" als jemanden, der zwar „vieles Schöne" akzeptiere, nicht aber „das eine Schöne" (*hen to kalon*; 478e8–479a5). Beide Passagen sprechen klarerweise von der Ideentheorie, was sich im ersten Kontext am Schlüsselbegriff *koinônia* zeigt, im zweiten Kontext an der Rede vom *auto kalon* und der *idea autou kallous*.

Wie bereits erwähnt, hat J. Gosling (1960) der traditionellen Auffassung mit der These widersprochen, in Buch V, 479a–b könne unmöglich der Gegensatz von intelligiblen Ideen und sensiblen Gegenständen gemeint sein. Denn wenn Platon sage, jedes des vielen Schönen (*polla kala*) erscheine verglichen mit einem noch Schöneren als unschön, dann sei dies als Behauptung über schöne Einzeldinge nicht sinnvoll. Warum sollte etwas Schönes qua Einzelding notwendig (*anankê*) zugleich häßlich sein? Plausibel sei vielmehr nur, daß ein Einzelding, das schön sei, ebenso auch häßlich sein *könne*. Gemeint sein müsse also ein *type*, also die *Klasse* aller Instantiierungen dieses Dings, denn diese enthalte schöne wie unschöne Exemplare. Ein weiteres Beispiel für Goslings These ist Platons Rede vom „Doppelten". In welchem Sinn, so Gosling, könne Platon behaupten, jedes wahrnehmbare X, das doppelt so groß wie Y sei, sei zugleich auch „halb so groß" (479b3 f.)? Meint Platon, jedes X, das doppelt so groß wie Y ist, sei zugleich halb so groß wie Z? Falls ja, wäre die Feststellung „Doppeltes ist stets zugleich nichtdoppelt" wiederum nicht auf sinnliche Einzeldinge beziehbar, sondern nur auf Begriffsklassen, von denen man sagen könne, sie seien „doppelt so groß wie …"; denn von einigen der Instantiierungen eines solchen *type* könne man dann sagen, sie seien „halb so groß wie …"

F. C. White (1977/78) hat Goslings Deutung kritisiert, und dies sicher mit Recht. Zwar sei es einleuchtend, mit Gosling zu sagen, daß die Rückzahlung von Schulden „zugleich gerecht und ungerecht" sei, weil einige der Fälle dieser Klasse gerecht und andere ungerecht seien. Nicht einleuchtend sei dagegen, inwiefern es sinnvoll sei, einer Klasse X zugleich Fälle zuzusprechen, die „doppelt so groß …", und Fälle, die „halb so groß …" sein sollen. Kann man, so Whites Argument, vom *type* Mensch sagen, er sei „zugleich doppelt so groß wie halb so groß"? „Doppelt und halb so groß" wie was? Sämtliche Körpergrößen, die hier verglichen werden, sind unbekannt; die Aussage wäre somit zumindest merkwürdig. Dagegen macht es einen besseren Sinn, von einem menschlichen Individuum zu sagen, es sei „zugleich doppelt so groß wie halb so groß", weil seine Körpergröße als Bezugspunkt für Größenvergleiche bekannt ist. Zudem: Weshalb sollte Platon sagen, es müsse jedem *type*, dem man eine Eigenschaft F zuspricht, notwendig auch die Eigenschaft nicht-F zugesprochen werden (479b1)? Ist dies klarer verstehbar als die Deutung, jedem Einzelding komme zusammen mit F notwendig auch nicht-F zu?

Goslings Deutung kompliziert die Sachlage, wie mir scheint, ohne tatsächlich mehr zu erklären. Und sie läßt offen, was der Gegensatz von Einheit und Vielheit bedeutet, der der Unterscheidung von „F sein" und „zugleich F und nicht-F sein" zugrunde liegt. Besonders vermißt man einen Vergleich mit der Passage *Symposion* 210a–b, wo Platon den Gegensatz zwischen dem „einförmigen" Schönen (*monoeides*) und der Vielheit des Schönen recht präzise ausführt. Denn wozu die Einheit im Gegensatz steht, wird dort folgendermaßen aufgezählt: 1. zu Werden und Vergehen; 2. zu Wachsen und Schwinden; 3. dazu, in mancher Hinsicht schön, in anderer häßlich zu sein; 4. dazu, manchmal schön, manchmal häßlich zu sein; 5. im Vergleich zu manchem schön, im Vergleich zu anderem häßlich zu sein; 6. an dieser Stelle schön, an dieser häßlich zu sein; und 7. nach Ansicht dieser schön, nach Ansicht jener häßlich zu sein. Die Aufzählung in *Symposion* läßt sich sinnvoll nur auf schöne Einzeldinge beziehen.

Die entscheidende Frage nach dem Einheit-Vielheit-Problem ist bislang allerdings nicht beantwortet. Sie wird noch dringlicher, wenn man sich verdeutlicht, daß Platon an mehreren Stellen den Ideenbegriff mittels der Unterscheidung von Einheit und Vielheit einführt. Ideen werden mehrfach als Einheiten im Unterschied zu den vielfältigen sinnlichen Einzeldingen beschrieben (vgl. bes. Phd. 78c3, d5; Symp. 211b2, e4; Phil. 15b1–8). Mehr noch, die *hen epi pollois*-Struktur bildete für Platon sogar ein ideentheoretisches Argument, wie wir aus Aristoteles' platonkritischer Schrift *Über die Ideen* wissen (vgl. Fine 1993, 103–119).

Zum Verständnis des Platonischen Einheitsbegriffs ist nun zunächst die Stelle *Theaitetos* 152 zu betrachten, an der die Ideenkonzeption freilich nur eine indirekte Rolle spielt. Sokrates referiert dort die Philosophie des Protagoras wie folgt: dieser behaupte, nichts sei „an sich ein Eines selbst" (*hen men auto kath' hauto ouden estin*; Tht. 152d1 f.); vielmehr sei alles Große zugleich klein, alles Schwere zugleich leicht usw. Sokrates resümiert diesen Punkt so: Protagoras, Heraklit und Empedokles, d. h. die wichtigsten Denker außer Parmenides, seien sich darin einig, daß niemals etwas *ist*, sondern immer nur *wird* (Tht. 152e; vgl. 157a). Diese Stelle legt zunächst die Vermutung nahe, daß Platon bei der Antithese von Einheit und Vielheit an die Substanz-Akzidens-Unterscheidung denkt. Die *Theaitetos*-Passage unterstützt dies weiter insofern, als es erläuternd heißt, nach Meinung der genannten Philosophen sei nichts „ein Eines, ein Etwas oder ein Solches". Die Begriffe *hen*, *ti* und *hopoiosoun* werden dabei austauschbar gebraucht (Tht. 152d5). Kann die Substanz-Akzidens-Unterscheidung aber tatsächlich gemeint sein? Was hieße dies für das Wissen des Philosophen in Buch V, der das „eine Schöne" kennt? Und was hat dann der Gott aus Buch X, der um die Konstruktionsregel für Ideen weiß, dem Schreiner voraus, selbst wenn dieser nur ein einziges Bett anfertigt? Lassen sich diese Fragen mittels der Substanz-Akzidens-Unterscheidung beantworten?

Ziehen wir noch eine Stelle heran, aus der zunächst hervorgeht, daß Platon zwei grundsätzlich verschiedene Einheitsbegriffe verwendet. Platons doppeltes Verständnis des Einheitsbegriffs zeigt sich im Anschluß an die bekannte „Finger-Passage" in *Politeia* VII, 523a–524d. Unter den Wahrnehmungen, so

Platon, gebe es „solche, die die Vernunft zu einer Betrachtung auffordern", und solche, die dies nicht tun; eine solche Aufforderung gehe von Beobachtungen aus, die zugleich „ihr Gegenteil anzeigen". So biete die Wahrnehmung dreier verschieden großer Finger insofern keine Aufforderung, als alle drei gleicherweise Finger seien, dagegen insoweit eine Aufforderung, als die Finger kleiner oder größer, dicker oder dünner usw. seien. Die gemeinte Herausforderung an die Vernunft besteht darin, daß diese erwäge, ob es sich bei etwas, das zugleich groß und klein sei, um „eines" oder um „zwei" handelt (vgl. hierzu Graeser 1991, 383 f.). J. Annas deutet die Finger-Passage im Kontext des *doxa-epistêmê*-Problems so, als wolle Platon mit ihr tatsächlich die Substanz-Akzidens-Unterscheidung einführen (1981, 218 ff.). Sie folgert, Platon schränke seine Aussagen über die Instabilität der *doxa* auf akzidentelle Prädikate wie „groß" oder „dick" ein, während er bei Substanzprädikaten wie „Finger" durchaus Wissen für möglich halte.

Doch davon kann keine Rede sein; Platons Argumentationsziel ist der Aufweis zweier Arten von Zahlengebrauch (524d–525e), die im Text der Unterscheidung von unzweifelhaften und zweifelhaften Einheiten nachfolgt. Die Betrachtung des Einen an sich (*auto kath' hauto ... to hen*), wie etwa eines Fingers, führe zu der Frage, was diese „Einheit selbst" sei. Eine derartige „Lehre von der Einheit" (*hê peri to hen mathêsis*) sei entscheidend für eine Wendung des Philosophenschülers zum Seienden (525a). Platon unterscheidet die dazu erforderliche Rechenkunst (*logistikê*) pointiert vom gewöhnlichen Zahlengebrauch (vgl. *idiôtikôs*). Was macht den Kern einer solchen philosophischen Rechenkunst aus? Sokrates sagt zu Glaukon: „Denn du weißt doch, daß die diesbezüglichen Fachleute dann, wenn jemand versucht, das Eine-selbst in Gedanken zu zerschneiden, diesen auslachen und nicht akzeptieren, sondern, wenn du es zerteilst, diese es vervielfachen, aus Furcht, das Eine könnte irgendwie nicht als Eines, sondern als viele Teile erscheinen" (525e1–5). Platon gibt an dieser für die Ausbildung der Philosophen zentralen Stelle die Auskunft, philosophisches Wissen stehe in enger Verbindung zum Begriff einer teillosen Einheit (*morion te echon en heautô ouden*). Ausdrücklich möchte er die entsprechende Rechenkunst für diejenigen gesetzlich einführen, die in der Polis mit den größten Aufgaben zu tun haben (525b).

Die „Finger-Passage" der *Politeia* belegt lediglich einen ersten Aspekt dieses Einheitsbegriffs, seine Teillosigkeit. Ein zweiter zentraler Aspekt, die Einzigkeit, wird besonders deutlich in der sogenannten „Ersten Hypothese" des *Parmenides* (137c–142a).[2] In diesem Text zeigt Platon, daß eine strikt gefaßte Einheit nicht nur keine Teile aufweisen darf, sondern zudem keinerlei Relation oder Außenbeziehung unterhalten kann; mit anderen Worten, sie muß einzig sein; es kann sich bei ihr nicht um eine Einheit neben anderen Einheiten handeln.

Die Charakteristika Teillosigkeit und Einzigkeit, die den philosophischen Einheitsbegriff bei Platon kennzeichnen, enthalten nun m. E. die gesuchte Erklärung dafür, weshalb Platon das Begriffspaar Idee–Partizipant häufig durch das Begriffspaar Eines–Vieles ausdrückt. Impliziert ist dabei kein numerischer, sondern ein eidetischer Einheitsbegriff. Zerlegt man ein Bett in seine funktionalen Teile wie z. B. Bettgestell, Rost und Matratze, so sind auch diese Teile eidetische Einheiten, aber natürlich keine Betten. Zerteilt man ein Bett dagegen in willkürliche Teile, so erhält man nur numerische, nicht aber eidetische Einheiten. Die eidetische Einheit ist „unteilbar", insofern sie durch Teilung verlorengeht, und sie ist „einzig", insofern dasselbe nicht (zur gleichen Zeit, in der gleichen Hinsicht usw.) von ihr bestimmt sein kann und nicht bestimmt sein kann. Etwas zu wissen, heißt, die einheitliche Form zu erfassen, die eine Entität darstellt; liegt aber gar keine solche Einheit vor, so kann es sich nicht um einen Gegenstand des Wissens handeln.

14.4 Was hat die Wissen-Meinung-Dichotomie mit der Ideentheorie zu tun?

Nach der hier vertretenen Deutung beruhen Platons Auffassungen in beiden Texten, in Buch V wie in Buch X der *Politeia*, nicht auf der Substanz-Akzidens-Unterscheidung, sondern auf der Entgegensetzung einer eidetischen Einheit und einer eidetisch

---

2 Der Einheitsbegriff dieser Textpassage wird meist aporetisch gedeutet; eine solche Interpretation ist jedoch genauer besehen sehr unwahrscheinlich: vgl. Horn 1995.

nicht homogen bestimmten „Vielheit". Sowohl die Unterscheidung von *epistêmê* und *doxa* als auch die Unterscheidung von göttlicher und handwerklicher Produktion stützen sich darauf, daß „Eines" pointiert von „Vielem" abgesetzt wird, wenn es um die Bestimmung wirklichen Wissens bzw. um die Kennzeichnung „wahrhaften Seins" geht. Aus unserer Deutung ergeben sich jedoch zwei Fragen. Erstens, wie paßt unsere Lösung zu Platons epistemologischen Aussagen? Ergibt die Behauptung einen Sinn, daß nur eidetische Einheiten Objekte des Wissens sein können, während eidetisch inhomogene Vielheiten ausschließlich *doxa*-Objekte darstellen? Zweitens, wie paßt zu dieser Lösung, daß Platon dennoch Wissen im Bereich des Wahrnehmbaren anerkennt?

(1) Daß sich epistemische Gewißheit eher mit substantiellen als mit akzidentellen Prädikaten verknüpfen läßt, erscheint nur auf den ersten Blick als einleuchtende Behauptung. Genauer betrachtet läßt sich dagegen der Einwand richten, daß die Aussage „Sokrates ist ein Mensch" um nichts gewisser ist als die Aussage „Sokrates ist weiß". Die erste Aussage trifft erfahrungsgemäß lediglich dauerhafter zu als die zweite. Denn während nach unserer Erfahrung die Hautfarbe im Fortgang einer Biographie natürlichen oder künstlichen Veränderungen unterliegt, kommt ein Wechsel der Artzugehörigkeit empirisch – wenigstens bei biologischen Arten – nicht vor. Das ändert aber nichts daran, daß die Feststellung „Sokrates ist weiß" nicht minder gewiß ist als „Sokrates ist ein Mensch". Es macht daher keinen guten Sinn, hinter Platons *epistêmê-doxa*-Dichotomie diese Unterscheidung zu vermuten. Wesentlich plausibler ist es, daß sich dahinter die Unterscheidung des eidetischen Moments und des korrelativen nicht-eidetischen Moments verbirgt, also die Antithese von Formalaspekt und Materialaspekt. Darüber, was etwa „groß" und „klein" bedeuten, verfügt man ebenso gewiß wie über die Bedeutung von „Mensch"; beide Kenntnisse beziehen sich auf eidetische Einheiten. Lediglich die Anwendungsbedingungen für die Prädikate „groß" und „klein" sind schwankender als diejenigen von „Mensch", woraus sich aber kein prinzipieller Unterschied zwischen diesen Prädikaten ergibt. Tatsächlich nimmt Platon Ideen von Eigenschaften ebenso an wie Ideen von Substanzen; er bezeichnet auch „groß" und „klein" an Wahrnehmungsobjekten ausdrücklich als „jeweils eines" (vgl. 476a; 524b).

Alle Ideen sind gleichermaßen elementar (wenn auch die „Finger-Passage" feststellt, daß der zweifelhafte Einheitscharakter von Eigenschaften das Nachdenken stärker herausfordert); nicht-elementar sind dagegen ihre Derivate, insofern diese Zusammensetzungen von Ideen darstellen sollen. Jedoch, inwiefern sollen Ideen, verstanden als Einheiten, wißbar sein?

In einem aufschlußreichen Text, in *Theaitetos* 206b6–8, konstatiert Platon, daß sich Wissen entgegen dem ersten Anschein nicht auf Zusammengesetztes, sondern auf Elementares beziehe. Elemente (*stoicheia*), so Platon, seien klarer erkennbar und überdies „wichtiger" als die aus ihnen gebildeten Zusammensetzungen. Im *Theaitetos* scheitert an dieser Feststellung die These, *epistêmê* sei definierbar als „richtige Meinung mit einer Erklärung" (*orthê doxa meta logou*). Das Argument ist folgendes: Wenn man sage, Wissen sei diejenige Meinung, für die sich eine Erklärung angeben läßt, so müsse man im Erklären von Komplexem (als explanandum) auf Einfaches (als explanans) zurückgehen; man müsse z. B. Silben durch Buchstaben erklären. Daraus folge aber eine Absurdität: denn wenn Wissen das sei, wofür sich eine Erklärung geben lasse, könne doch das, *womit* man diese Erklärung durchführe, also das Einfache, unmöglich nicht-gewußt sein. Sokrates folgert: „Wenn jemand behauptet, daß etwas Zusammengesetztes erkennbar, dagegen ein Element unerkennbar sei, so müssen wir glauben, daß er freiwillig oder unfreiwillig scherzt" (Tht. 206b9–11).

Nach unserer Deutung der Passage aus Buch V ist es keineswegs erstaunlich, daß sich die *epistêmê* im *Theaitetos* nicht als eine so-und-so qualifizierte *doxa* definieren läßt. Wir können vielmehr sagen: Es ist umgekehrt die *doxa*, die sich – wenn sie wahr ist – von der *epistêmê* herleitet. Wissen richtet sich auf elementare Einheiten, und nur insofern man auf diese Bezug nimmt, ergibt sich eine „richtige Meinung". Wissen mittels Meinung zu definieren, hieße dagegen, das Ursprüngliche und Einfache durch etwas Abgeleitetes und Zusammengesetztes bestimmen zu wollen.

(2) Bevor ich die Frage untersuche, in welchem Sinn Platon sinnliches Wissen angenommen haben kann, stellt sich eine Vorfrage. Was verbindet unsere beiden Texte aus Buch V und X so eng miteinander, daß es sinnvoll ist, sie gemeinsam zu behandeln? Zu diesem Zusammenhang möchte ich eine These aufstel-

len. Das Ideenwissen des Philosophen scheint mir exakt jenes eidetische Wissen zu sein, an dem sich auch der ideenproduzierende Gott orientiert; die *doxa* ist hingegen diejenige Meinung, die der Handwerker seiner Arbeit zugrundelegt. Daneben gibt es als drittes Element jene Unkenntnis, auf die sich der mimetische Künstler stützt. Auch in Buch V liegt eine dreiteilige Unterscheidung vor: die *doxa* rangiert als ein „Mittleres" zwischen Sein und Nichtsein und wird einerseits vom Wissen, andererseits von der Unkenntnis (*agnoia*) abgesetzt. Ausführen läßt sich meine These anhand einer Textstelle, die interessanterweise im Anschluß an die Ideenpassage von Rep. X nun ebenfalls eine *epistêmê-doxa*-Unterscheidung vornimmt.

Platon greift dort die Trias Gott–Handwerker–Künstler in den drei Stufen Flötenspieler, Flötenmacher und abbildender Künstler wieder auf (601c–602b). Wie der Gott bei der Ideenproduktion, so hat auch der Flötenspieler ein bestimmtes, d. h. einheitliches Wissen von dem, was eine Flöte wesentlich ausmacht, während der Flötenmacher zuvor vom Flötenspieler instruiert werden muß. Platon nimmt also offenkundig eine „Idee der Flöte" an, über die der Flötenspieler nicht im Sinn eines Gebrauchswissens, sondern eines gegenstandsunabhängigen Wissens verfügt. Die beiden epistemischen Stufen von Flötenspieler und Flötenmacher verhalten sich daher zueinander wie Wissen (*epistêmê*) und richtige Meinung (*pistis orthê, orthê doxa*). Hingegen bildet der mimetische Künstler eine Flöte ab, ohne bei dieser Nachbildung irgendein Wesensmerkmal einer guten Flöte zu kennen – nicht einmal aus zweiter Hand wie der Flötenmacher. Zwar ist es keineswegs so, daß der nachbildende Künstler schlechterdings nichts von der Flöte wüßte. Er erfaßt aber nichts vom *eidos* der Flöte. Er kennt nichts von dem, worauf es bei einer Flöte eidetisch ankommt, wie etwa das geeignete Material, dessen fachgerechte Bearbeitung, die notwendigen Proportionen oder die Beschaffenheit von Mundstück und Resonanzkörper usw.; der nachbildende Künstler ist also in dem Zustand, der in Buch V, 478c als Unkenntnis bezeichnet wird und dem das *mê on* als „Gegenstand" korrespondiert.

Nimmt man diesen Text zur Flötenkunst ernst, so besitzt nach Platon derjenige eidetisches Wissen, der das „Wesen" einer Sache unabhängig von Exemplaren dieser Sache kennt, und d. h. derjenige, der bestimmen kann, wie Beschaffenheit und Funktion einer Sache zusammengehören; er kann die Beschaffenheit sinnlicher Entitäten aus seinem Wissen ableiten. Damit ergibt sich eine Antwort auf die zweite Frage: Obwohl Platon die *epistêmê-doxa*-Unterscheidung im Blick auf eine Zwei-Welten-Lehre konzipiert, kann er dennoch von „Wissen" im Blick auf Erfahrungsgegenstände sprechen, sofern es sich um Ableitungen aus apriorischem Wissen handelt. Platon ist bekanntlich der Auffassung, der Philosophenherrscher könne jedem Individuum seine angemessene Aufgabe im Staat zuordnen, ebenso wie ein Flötenspieler die Tauglichkeit jeder Flöte beurteilen und den Flötenmacher anleiten kann. Mit anderen Worten: der Ideenkenner kann die unvollkommenen Instantiierungen der Idee im Licht der Idee beurteilen.

Ist diese Deutung mit Platons Aussagen in *Menon* 98a und *Theaitetos* 201a–c vereinbar? Im *Menon* bezeichnet Platon die Kenntnis des richtigen Weges nach Larisa als eine *epistêmê* und unterscheidet sie von der bloßen *orthê doxa*; im *Theaitetos* nennt er die Überzeugung des Richters, sofern sie auf korrekten Zeugenaussagen basiert, eine *orthê doxa* und unterscheidet von dieser die *epistêmê*. Beide Stelle stehen zur traditionellen Deutung im Sinn einer Zwei-Welten-Epistemologie in einer gewissen Spannung. Platon scheint hier zu konzedieren, daß nicht nur der Philosoph über Wissen verfügt, sondern auch der Wegkundige oder der Augenzeuge. Die Spannung läßt sich jedoch auflösen, wenn man die Aussagekontexte beachtet. Der Unterschied von Meinen und Wissen wird im *Menon* so bestimmt, daß die *doxa* selbst dann, wenn sie richtig sei, unbeständig („flüchtig"), die *epistêmê* dagegen dauerhaft („festgebunden") sei. Wissen und Meinen bleiben für Platon auch hier prinzipiell verschiedene epistemische Leistungen, auch wenn sie im Resultat identisch sein mögen; dasselbe zeigt der *Theaitetos*, in dem eine Identifizierung von Wissen und richtiger Meinung nachdrücklich abgelehnt wird. An beiden Stellen verwendet Platon die gewöhnliche Unterscheidung von Wissen und Meinen beispielshalber und illustrativ, nämlich um zu zeigen, daß sogar eine richtige Meinung noch keineswegs ein Wissen bedeutet. Wissen ist nur systematisch und umfassend möglich.

Der Philosoph ist für Platon in dem Sinn der einzige Wissende, als sich sein Interesse ausschließlich und systematisch auf eidetisches Wissen, auf Wissen um eidetische Einheiten, richtet.

Sofern er diese erfaßt, ist sein Wissen „unfehlbar" im Gegensatz zur Fehlbarkeit bloßer Meinungen, wie es in Buch V hieß. Im Ausdruck „fehlbar" steckt klarerweise nicht die Behauptung, daß sich die *doxa* immer und grundsätzlich täuscht, sondern nur die Behauptung, die *doxa* sei nicht frei von Täuschung. Dies und ebenso die dreifache Differenzierung von *to on*, *to mê on* und *ta metaxy* belegt, daß Platon die *doxa* nicht – wie Parmenides in seinem Lehrgedicht – als nichtig und unnütz disqualifiziert, sondern ihren relativen Wert gemessen am eidetischen Wissen durchaus respektiert. Dennoch liegt in seiner Dreiteilung nur eine Differenzierung, keine Zurückweisung der Parmenideischen Unterscheidung. Unsere traditionelle Platon-Deutung braucht somit – anders als die anfangs genannte zweite Interpretation – nicht die unplausible These zu vertreten, Platon habe die maßgeblich von Parmenides geprägte Entgegensetzung einer Seins- und einer *doxa*-Welt zwar aufgegriffen, ihr aber einen vollkommen anderen Sinn unterlegt.

Der Hinweis auf den Platonischen Einheitsbegriff erlaubt, wie mir scheint, eine sowohl textnahe als auch sachlich akzeptable Interpretation der Wissens- und der Ideenkonzeption. Diese Deutung legt eine Rückkehr zur klassischen Zwei-Welten-Interpretation nahe und nimmt dem Platonischen Modell zugleich etwas von seiner historischen Befremdlichkeit. Jedoch wirft sie auch einige neue Schwierigkeiten auf. Angenommen, Platons Ideen wären eidetische Einheiten im von mir gemeinten Sinn. Wie kann es dann, wenn Ideen-Einheiten doch „einzig" sein sollen, mehr als nur eine Idee geben? Wie ist es möglich, daß teillose Einheiten, die *ex hypothesi* keine internen Unterschiede aufweisen dürfen, voneinander differieren (z. B. die „Idee des Bettes" von der „Idee des Doppelten")? Wie kommt es, wenn Einheiten relationslos sind, dennoch zu einer Partizipation von Gegenständen an Ideen? Weshalb kommt der infinite Regreß bei dieser Einheit zum Stillstand? Die Reihe solcher Fragen ließe sich erheblich fortsetzen. Trotzdem scheint mir im Einheitsbegriff der Schlüssel zum Verständnis der Ideentheorie zu liegen. Eine Lösung der genannten zusätzlichen Probleme dürfte darin zu suchen sein, daß Platon die Ideen nur für graduell striktere Einheiten als die Sensibilia ansieht, nicht jedoch für absolute Einheiten. Diese Sichtweise des Einheitsbegriffs ergibt sich jedenfalls, wenn man die Ideentheorie in eine sinnvolle

Verbindung mit der Prinzipienkonzeption der *agrapha dogmata* zu bringen versucht. Denn immerhin ist es Aristoteles, der in einem zentralen Testimonium feststellt, daß für Platon „das Eine" als Prinzip für die Ideen dieselbe Funktion besessen habe wie die Ideen für das „Übrige" (Met. I 6, 988a10 f.).

Literatur

Cherniss, H. 1932, ²1977: On Plato's *Republic* X 597 B, in: American Journal of Philosophy 53, 233–242 (wieder abgedruckt in: ders., Selected Papers, ed. L. Tarán, Leiden).

Ebert, Th. 1974: Meinung und Wissen in der Philosophie Platons, Berlin.

Fine, G. 1978: Knowledge and Belief in *Republic* V, in: Archiv für Geschichte der Philosophie 60, 121–139.

– 1993: On Ideas. Aristotle's Criticism of Plato's Theory of Forms, New York.

Gosling, J. C. B. 1960: *Republic* V: *ta polla kala* etc., in: Phronesis 5, 116–128.

– 1977: Reply to White, in: Canadian Journal of Philosophy 7, 307–314.

Graeser, A. 1991: Platons Auffassung von Wissen und Meinung in Politeia V, in: Philosophisches Jahrbuch 98, 365–388.

Horn, Ch. 1995: Der Platonische *Parmenides* und die Möglichkeit seiner prinzipientheoretischen Interpretation, in: Antike und Abendland 41, 95–114.

Lafrance, Y. 1981: La théorie platonicienne de la Doxa, Montréal – Paris.

Patzig, G. 1971: Platons Ideenlehre, kritisch betrachtet, in: Antike und Abendland 16, 113–126.

Parry, R. D. 1985: The Uniqueness Proof of Forms in *Republic* X, in: Journal of the History of Philosophy 23, 133–150.

Stemmer, P. 1985: Das Kinderrätsel vom Eunuchen und der Fledermaus. Platon über Wissen und Meinen in Politeia V, in: Philosophisches Jahrbuch 92, 79–97.

White, F. C. 1977: The "Many" in the *Republic* 475a–480a, in: Canadian Journal of Philosophy 7, 291–306.

– 1978: Gosling on *ta polla kala*, in: Phronesis 23, 127–132.

– 1984: The Scope of Knowledge in *Republic* V, in: Australasian Journal of Philosophy, 339–354.

White, N. P. 1976: Plato on Knowledge and Reality, Indianapolis.

– 1992: Plato's Metaphysical Epistemology, in: R. Kraut (Hg.), The Cambridge Companion to Plato, Cambridge, 277–310.

Stephen Halliwell

The *Republic's* Two Critiques of Poetry

(Book II 376c–III 398b, Book X 595a–608b)

The *Republic* is the only major, let alone canonical, work of political theory in the Western tradition to contain extensive discussion of poetry. Although Plato's precedent was partially followed by Aristotle in the *Politics*, whose account of educational principles incorporates remarks on music and poetry, the history of later political writings is one which has become progressively remote from such interests. Behind this observation lies in part the fact that, since the Renaissance at least, the experience of poetry has come increasingly to be located in the sphere of the personal and the private. That Plato should devote not one but two substantial passages of the *Republic* to the subject tells us, then, something about the much more public place which poetry occupied in classical Greek, especially Athenian, culture, and still more about Plato's own sense of what properly pertains to the polis-model around which much of the dialogue is constructed. But the significance of the *Republic's* two critiques of poetry is complicated by the double function of the polis-model itself, which serves as a basis for enquiry into the relationships between social classes but also as a metaphor for the structure of the soul. Inevitably, therefore, the importance of poetry within the Platonic perspective turns out to be both political and psychological. And to note this is to become aware that the *Republic's* treatment of poetry offers a paradigm of an aesthetics that has no room for aestheticism.

For modern readers of the *Republic*, who belong to a world which has practically ceased to attach serious significance to poetry, the question poses itself: why should a philosophical enquiry into justice concern itself with poetry at all? An economical answer is that Plato regarded poetry as an especially potent type and body of discourse, whose power was institutionalised within Greek culture. Poetry had long been embedded both in education and in various forms of prestigious social activity, including public recitations at panhellenic and other festivals, the practices of the élite symposium, and, above all in Athens, the theatre. In this way poetry could be deemed one of the most influential uses of language in the traditional life of the polis, rivalled only by law (whose authority, however, lacked poetry's psychological intensity) and by public oratory (to which Plato compares poetry at Gorg. 501–502). Poetry's standing as a supposed repository of moral and religious wisdom thus made it an appropriate object of scrutiny in a philosophical work which takes the polis, both literally and symbolically, as the framework of its quest for justice. As we shall see, this scrutiny brings with it a sense that poetry and philosophy are nothing less than rivals and opponents in a domain where what is at stake is the truth about moral values.

Well before we reach the first critique of poetry, Plato deftly works into the *Republic's* dramatic fabric some threads which prefigure themes in the later discussions of the subject. Cephalus, questioned by Socrates about old age, describes how the nearness of death troubles the mind with stories (*mythoi*) about the Underworld which had previously been thought ridiculous (I 330d–e); and he praises Pindar's beautiful evocation of the comforts of hope for the old. Poetic images of Hades will later be ethically condemned in Book III, and the entire work will eventually conclude with its own *mythos* of the destiny of the soul after death. We notice, too, how even Cephalus, a rather mundane "businessman", finds it natural to sift his thoughts and feelings through the medium of poetry. When his son Polemarchus takes over the conversation, he at once offers Socrates a definition of justice from Simonides (331d–e), which he uses to endorse the traditional ethic of helping friends, harming enemies. Polemarchus exemplifies the Greek habit of reading the words of poets as distillations of wisdom. Socrates' response to this is heavily marked by irony, which helps to prepare us for his belittlement, in Book X, of the notion that Homer and other poets might be treated as possessors of vital knowledge.

Poetry's status as a source of ethical ideas is corroborated by Adeimantus's speech in Book II, where he reinforces Glaucon's challenge to Socrates to demonstrate the intrinsic value of justice. According to Adeimantus, both defenders and critics of justice quote the poets for their purposes, the former citing Hesiod, Homer and Mousaeus on the blessings of virtue (363a–c), and the latter seeking from these same authors a sanction for their conviction that the gods allow the good to suffer and the wicked to expiate their offences (364b–e). Adeimantus's characterisation of prevailing attitudes has links with Cephalus's earlier sentiments, as well as with Socrates' discussion of poetry later in Book II (392b1–4 will directly echo 364b). Cephalus is echoed in the view, for which *Iliad* IX is quoted (364c–d, 365e), that the gods can be propitiated, to ensure avoidance of posthumous punishment for injustices committed in life. At the same time, when Adeimantus draws particular attention to the potential influence of conflicting ethical attitudes, and their poetic authorities, on the young (365a ff.), he adumbrates precisely the perspective of the first critique of poetry.

That perspective is specifically educational, though its implications are more far-reaching. It stands as a sketch of principles for the upbringing of the ideal city's Guardians, especially those later to be classed as "auxiliaries" (cf. the reference back to "soldiers" at III 398b). Accepting the conventional division of education into *mousikê* (musico-poetic culture) for the mind, *gymnastikê* for the body, Socrates addresses the former as a matter of *logoi* (376e), a key term whose pertinent senses include "statements", "narratives", and "arguments". *Logoi* are subdivided into "true" and "false"/"fictional" (see below), and the latter category, roughly equatable with "stories", *mythoi* (377a), becomes the immediate topic of scrutiny, since it embraces the tales told to children by parents and others. Yet hardly has Socrates emphasised the importance of regulating such tales when he shifts attention to the "greater" stories which are the staple of Greek poetry from Homer and Hesiod onwards. The discussion thus turns to consideration of the aptness of particular myths and narratives for use in the education of future Guardians.

In deciding what should be eliminated from the poetry which the young are to hear, Socrates and Adeimantus take as guidelines the virtues which potential Guardians need to acquire. The first virtue is piety: hence, in the depiction of the divine there can be no room for anything which ascribes to the gods responsibility for evil (379) or a capacity for change and deception (380d ff.). Guardians must be brave: thus, poetic *mythoi* must not induce fear of death, but encourage quasi-stoic endurance of misfortune; and this requirement applies above all to the portrayal of heroic, as well as divine, behaviour. Next[1] in the list of virtues is the compound discipline of *sôphrosynê*, which implies a prohibition on uncontrolled bodily appetites, insubordination, and material greed. Having completed the desirable poetic treatment of heroes, Socrates concludes this part of his argument, before proceeding to analyse the modes of poetic presentation (III 392c ff., which I shall consider later), by insisting that poetry must avoid any suggestion that justice and happiness do not belong together. In making this point he picks up not only ideas put to him hypothetically by Adeimantus in Book II, but also Thrasymachus's cynical definition of justice as "the good of others, but one's own disadvantage" (392b3–4, echoing I 343c). The critique of poetry has circled back round to a question lying at the heart of the inquiry into justice.

The first critique of poetry makes much of the thought that young minds are crucially susceptible to early psychological influences. This is emphasised at II 377a–b by the image of soft wax receiving an imprint. But the argument explores principles which stretch beyond education as such. Several times Socrates hints at this larger scope. At 378d he expands a statement about stories suitable for early childhood into the observation that "the poets too must be compelled to tell them similar things as they grow older". At 380c he insists that in the well-regulated city no one, *whether young or old*, should either say or hear it said that a god is the cause of evil. And at 387b he applies his proscription of certain Homeric passages to both "children and men". Although,

---

[1] At 388e–389d Socrates mentions addiction to laughter – not the realm of a separate virtue, but a bridge to the treatment of *sôphrosynê*. The subject recurs at X 606c.

then, the primary focus is fixed on the young Guardians-to-be, Socrates' case has ramifications for the entire ethos of the city. This makes sense in both practical and political terms. Socrates is not picturing a culture in which future Guardians are shielded *only* during childhood from stories and images freely available to adults in the city. He is arguing for censorship of a kind which, once embodied in law (*nomos*, 380c, 383c), would impinge on all narrative and story-telling arts, and indeed on the entire realm of public discourse. This consequence matches the guiding polis-*psychê* analogy. The education of the young is emblematic of general processes of psychological and cultural self-formation: what is at issue is the artistic projection of ideas which are capable in principle of shaping the souls of all the city's inhabitants.[2] Virtue, after all, is not the exclusive preserve of the Guardian-class.

To elucidate the argument further calls for close analysis of the basic terms, *mythos* and *logos*. This will allow us to give a concrete answer to the question how Plato supposes poetry's psychological power to function. *Mythos* can, for the moment, be adequately defined as fictive discourse with narrative or narratable content.[3] Let us put momentarily on one side any concern whether it is legitimate to gloss *mythos* as "fictive", given that the words *pseudos* (noun) and *pseudês* (adjective), used to define *mythos* (376e–7a), might be thought to centre semantically on "falsehood" and "lies". In the preliminaries of the argument, at II 376e, Socrates categorises *mythoi* as a subdivision of *logoi*.[4] *Mythoi* are *logoi*, in the first place, simply *qua* sustained forms of language. But throughout the discussion of story-telling, both literary and sub-literary, Socrates' position flows from the understanding that every *mythos* is an implicit *logos*, or rather a composite of *logoi*, in a stronger sense too. This idea emerges not only from later occurrences of *logos* (e. g. 377e, 378a), but also

---

[2] Cf. Ferrari 1989, 113 f. ("Plato believes that some – most – adults remain ... children throughout their lives"), and Halliwell 1989, 329–339.
[3] Issues of narrative *form* arise only later, at III 393c ff. (discussed below).
[4] The point is recalled at VII 522a. Despite Phd. 61b (the true poet should "make poetry from *mythoi*, not *logoi*"), it is a normal Platonic presupposition that *logoi* underlie *mythoi* (see e. g. Gorg. 502c9–10). All *logoi*, including poetry, are subject to the same philosophical scrutiny: Phdr. 258d, 278b–e.

from repeated use of the cognate verb *legein* ("speak", "tell", or "state"). It is not simply that *legein mython* is a normal way of saying "to tell a story/myth" (e. g. 377c–d). Socrates frequently reveals that he takes poets and other story-tellers to be "saying something", i. e. conveying a message, by virtue of their narratives.[5] A striking index of the different weight of these two uses of the verb, and of a movement of thought between them, occurs at 378b, where Socrates, having just said that certain *logoi* "must not be told" (*ou lekteoi*), goes on to assert: "nor should [poets] say in the hearing of a young person that he would be doing nothing remarkable if he committed extreme injustice ..." What stands out here is how Socrates translates a category of myth, such as Cronus's castration of his father Uranus, into a type of proposition (a *logos*) which he assumes that the purveyors of such myths *affirm*. Socrates interprets myths by converting their narrative content into indicative sentences of general extension (e. g. "the gods cause evil", or "unjust behaviour is not really wrong"). He treats the meaning of a *mythos*, in other words, as residing in its implicitly or quasi-propositional status.[6]

We are now better placed to clarify the dichotomy of truth versus falsehood/fiction. A *mythos*, virtually by definition, is "false" in so far as its overt content is fictive or invented, though some elements of truth may occur even at this level (377a). But because every *mythos* can be interpreted as the medium of a *logos*, the question of truth and falsehood arises also at a deeper level of significance. Socrates never spells out this distinction of levels or explains the varying import of the noun *pseudos* and its cognates, but some such distinction is entailed by his case. Thus, when he condemns certain poetic stories in terms of their "defamation" of gods and heroes (the verb *katapseudesthai*, II 381d, III 391d: lit. "make false allegations against"), the force of the word must apply to the underlying significance, the implicit *logos*, of such stories: it must register something more than was already indi-

---

5 Summarising at III 392c, Socrates says the argument so far has been "about *logoi*", or "what things should be said" by poets.
6 This principle is distinct from allegorical interpretation, mentioned at 378d: allegorical readings *decode*, and may undercut, surface significance; Socrates is concerned with propositions or quasi-propositional attitudes which are taken to inhere in the narrative content of stories.

cated by classifying *all* stories within the category of *pseudos* at 376–377a, where the term clearly encompasses the fictional. Plato does not have, and perhaps would not want, separate terms to denote what we may readily label as "fiction" and "falsehood". But the first critique of poetry requires the truth-content of myths and stories to be judged principally in terms of their implicit *logos/logoi*. And that, as we shall see, is a matter of normative not narrative veracity.[7]

The argument so far advanced now needs to be linked with Socrates' premise that (poetic) narratives induce and shape beliefs in their audiences. This premise is signalled at an early stage, when the exposure of the young to unregulated stories is equated with "taking possession in their souls of beliefs largely opposed to the ones we shall think they ought to have when fully adult" (377b). A slightly later passage reaffirms the point: "whatever a person of this age acquires in his beliefs tends to be hard to expunge or dislodge" (378d–e). The emphasis falls here on the malleability of young minds, but the argument allows for extension to the general claim that poetic narratives influence belief, *doxa*, in ways which can be termed "persuasion" (e. g. III 391d–e). The nature of such persuasion is intimated by a passage already quoted, 378b, where Socrates prohibits poets from "telling" a young hearer "he would be doing nothing remarkable if he committed extreme injustice ..." "Telling", as I earlier suggested, refers here not to the literal or so-to-speak historical veracity of such myths as Cronus's castration of his father, but to the religious and ethical ideas which they supposedly embody. Taking such myths "seriously" (cf. 388d) means opening oneself to them as expressions and endorsements of certain values.

It is for this reason that the critique as a whole concentrates on gods and heroes, whose special status gives them a *prima facie* claim to be viewed as paradigms, in the case of heroes,[8] or as symbols of the fundamental nature of things, in the case of gods. Seen in this light, poetry offers value-laden narratives which its audiences ab-

---

[7] See Gill 1993 on the problems of falsehood versus fiction, though his emphasis differs somewhat from mine (cf. Halliwell 1992, 56 f.).

[8] Cf. 387d2, e9, 388e9, 390d2, for the special status of heroes. This factor was important in the ethical slant of poetic education: see Prot. 326a, and e. g. Isocrates 15 136–137.

sorb as structures of ethical belief or judgement. In addition to 378b, this emerges with particular clarity in two later passages: at III 388d Socrates claims that anyone who has heard the laments of gods and heroes "would hardly think it improper for himself, as an ordinary person, to engage in such behaviour"; and at 391e he declares that "everyone who is persuaded that the gods behave in such ways will be tolerant of evil in himself". The beliefs which imprint themselves on the mind of a "persuaded" hearer of poetry, and which can in turn generate equivalent behaviour in the hearer's own life,[9] are therefore the religious and ethical *logoi* implicit in poetic *mythoi*. In terms of the issue of truth versus falsehood/fiction, we can now see more clearly that the kind of truth which counts in this context is not narrative but normative.

In proposing the censorship of poetry, Socrates speaks in accents which anticipate the mechanisms of state control which will be elaborated later in the work, especially in Books IV–V. It is inevitable that liberal readers of the *Republic* should find this aspect of the critique politically disturbing, though one should not discount a deliberately provocative element in Plato's framing of the case. A much less justified if common reaction, however, is the view that this case is also interpretatively naive. Properly understood, it is not; for it rests on a conviction about which we cannot afford to feel complacent, namely that stories are not neutral in their psychological or social effects, especially when communicated through the most highly charged artistic forms available to a culture. Socrates' argument, which we should never forget is itself a kind of *mythos* (see II 376d9; cf. VI 501e), pursues the insight that through and beyond their literal narrative content stories may endorse a point of view, an expressive or affective stance, a way of thinking about the world. Ideas of this kind have now acquired considerable currency in modern cultural criticism, and they play an intermittent part in wider debates about creative freedom, censorship, and the influence of art. But part of our difficulty in coming to terms with the Platonic perspective on these matters is that we approach them from a culture which is itself uneasily divided between traditions of political liberalism and aesthetic detachment, on the one hand,

---

9 Cf. especially 388a2, "to do the same things as these people [i. e. the characters of poetry]", which foreshadows the argument about mimesis at 393c ff.

and urgent anxieties about the power of, say, mass-media entertainment, on the other. If the *Republic's* first critique of poetry strikes us as naive, because of its uncompromising interpretation of the ethical thrust of particular passages, this is partly because its own presuppositions are largely free of internal tension. Plato constructs a thesis which rests on the acknowledged educational status and cultural influence of poetry within his world, and which can therefore move from the perception of poetry as a vehicle of implicit (and, indeed, sometimes explicit) *logoi* to a statement of the need to control poetic content in the interests of ethical ideology and the social order as a whole.

A new dimension of the first critique is added at III 392c ff., where Socrates suggests that the discussion of "*what* things should/may be said [by poets]" now needs to be complemented by consideration of *lexis*, which he glosses as "*how* things should/may be said". Starting from the premise that all poetry is *diêgêsis*, "narrative" (in a logical rather than strictly formal sense), he distinguishes two chief poetic modes or forms (which can of course be combined): "simple/pure narrative" (in third-person form); and "narrative through mimesis" (where mimesis means representation in direct speech). Two questions are then posed in rapid succession: do we want mimetic poets in our city (394d)? and do we want our future Guardians themselves to be "mimetic" (394e)? Socrates' answer to both is a qualified negative. The principle of specialisation, as explained in Book II, is invoked to support the idea that just as the same person cannot *do* more than one thing well, so no one can engage in effective mimesis, or dramatic representation, of "many things" (394e). This is buttressed by the argument that since mimesis involves "self-likening" or psychological assimilation, it follows that the young Guardians should be exposed to the mimetic mode of poetry only when virtuous characters are depicted. There will be no place, in the well-ordered city, for poetry involving constantly changing representation of different sorts of people and behaviour: such poets will be politely but firmly denied admission (398a), since the imaginative variety of their art would imperil the fixity of social roles in the just polis.[10]

---

10 Strictly speaking, the first critique is prolonged by the discussion of music as

Although it matters, as we saw earlier, that parts of the first critique object to passages of poetry involving heroes and gods (especially 388a–d), the argument as a whole does not, before 392c, employ a distinction between authorial statements and the utterances of characters. At 386c–387a, for example, instances of both types are juxtaposed without special comment. But the concept of mimesis as dramatic representation introduces precisely such a distinction. Mimesis is first explained by reference to the poet himself, but then almost abruptly applied to the (young) recipients of poetry: the transition occurs at 394d–e. This transition conveys the idea that the mimetic mode is such as to carry over, with peculiar psychological efficacy, from poetry to its audience. To understand this idea we need to know that Plato takes for granted normal Greek practices of reading aloud and reciting poetry, practices which effectively make the "reader" into a kind of *performer*.[11] These practices, inculcated through education, invite the reciter to step with feeling into the roles of the poetic agents, much more so than with the habits of silent reading. Plato suggests, we might say, that "reading" dramatic poetry is always a kind of acting.

The concept of mimesis used in this section of the work, as defined first for the poet (393c) and later for the recipient/reciter (396a–b, 396d), is one of "self-likening" or assimilation to the figures of poetry. In experiencing poetry in the dramatic mode, the mind adapts itself to the viewpoint of the speaker. This model of close psychological identification allows a deepening of the earlier concern with poetry's effects on the mind. We see this notably at 396d–e, where Socrates suggests that the decent man (396c5: another instance where the critique transcends the strictly educational context) will not be prepared to recite mimetic poetry which depicts immoral behaviour, but will refuse "to mould and fit himself to the forms of rather evil characters". This echoes the original imagery, first at 377b, of the plasticity or malleability of the (young) soul, and of poetic stories as the carriers of *typoi* – "moulds", "stamps", or "images" – which can

---

far as 403c. The comprehensive application of an ethical-cum-psychological "aesthetic" to all arts at 401b–c deserves special note.
11 The term *rhêtôr* at 396e10, which normally means "public speaker", is striking in this respect.

be impressed on the soul.[12] Where poetry uses the dramatic mode, the reciter is drawn intensely into, and thereby takes on, the mental and ethical cast of each speaker.

Also carried over and strengthened from the earlier part of the critique is the notion of a psychological influence which has behavioural consequences for the audience of poetry. The heightened degree of absorption induced by the mimetic mode means a heightened danger: "have you not noticed," asks Socrates, "that acts of mimesis, if sustained from childhood onwards, settle themselves into people's character and nature – whether their body, their speech, or their thinking?" (395d) The question exploits the general semantic association of *mimêsis* with imitative behaviour; Socrates links the mimetic mode of poetry with the notion of character-formation through habituation. Where poetic mimesis encourages close identification with the figures depicted, the experience of poetry acts as a "rehearsal" for life itself. From these premises Socrates can reach only one answer to the question he posed at 394e. The future Guardians of the city should be exposed to mimetic poetry, and to that extent should themselves be "mimetic", only where representation of the virtuous is concerned.[13] But why should *anyone* in a just society be exposed to anything other than this? That the argument makes this a rhetorical question is confirmed by the eventual exclusion from the well-ordered city, and implicitly from the life of the well-ordered soul, of poetry which uses the mimetic mode indiscriminately (398a).

Distinctions between narrative modes and their points of view have now become the common fare of narratological and related kinds of criticism. But Plato's argument is not interested in technicalities: its heart, as we have seen, is a concern over the heightened states of mind – the self-likening, absorption, and identification – which the dramatic mode involves. It is possible to read this aspect of the first critique as a radical attack on the workings of imagination itself, if imagination is understood as a mechanism in the mind's capacity to explore the possibility of

---

12 Gorgias, fr. 11.13, 15 DK (Helen), applies such language to the psychological effects of both persuasion and sense-experience.
13 The virtues at 395c echo the earlier part of the critique: courage (cf. 386a ff.), self-discipline (389d ff.), piety (377e ff.), and "freedom" (387b5, 391c5).

difference in its own life (cf. Halliwell 1992, 66–71, and Halliwell 1995). This suggestion brings out the argument's affinity with some types of Puritanism. One thinks, for example, of the attempts made by the Plymouth Brethren parents of Edmund Gosse, as subsequently related in his *Father and Son* (1907), to expunge any fiction or imaginative story-telling from their child's life. But the aesthetic puritanism implicit in Books II–III of the *Republic* is tellingly different from most later varieties, for at least two reasons: first, because it is presented in a form which is itself imaginative, and self-consciously so; secondly, because it contains overt acknowledgements of the pleasure of poetry (387b, 390a). To pursue this point fully would outrun the scope of my immediate concerns. It is enough to say that Plato's work as a whole justifies us in claiming that his critique of poetry comes from a position not of uncomprehending hostility, but profound appreciation of, as well as indebtedness to, the traditions of poetry themselves.

In view of that last remark, it is significant that the *Republic's* second critique of poetry begins with an explicit, almost confessional signal of the closeness of Plato's relationship to the subject. Socrates admits to an affectionate respect, ingrained from childhood, which inhibits him from speaking adversely about Homer (X 595b). This tone, reinforced at a number of later stages in the book, allows the second critique to be read as a philosophical examination of poetry from a position of intimate knowledge rather than detached severity. The second critique refers back to the first, but it widens the terms of enquiry by seeking a definition of "mimesis as a whole" (595c). Instead of Book III's restriction to the dramatic mode, Book X expands the concept of mimesis to cover *all* representation in both poetry and the visual arts. Three main groups of arguments are advanced in support of the contention that such representation is harmful to the mind. First, mimesis is twice removed from "the truth": just as much as the images in a mirror, it is derivative from the world of sense-experience, which is itself inferior to the "forms" that constitute ultimate categories of reality (596a–597e). Secondly, poets and painters produce mere "semblances" or "simulacra"; for this they require no knowledge of the objects they depict. Anyone who had knowledge would want to disseminate it, not stoop to the production of mimetic images, which entail mere "ignorance", in contrast to the knowledge possessed by those who correctly *use* things and the true belief possessed by those who *make* them (598a–602c). Finally, mimesis appeals only to baser elements in the soul: just as painting bypasses reason to deceive the senses, so poetry arouses and strengthens the emotions at reason's expense (602c–607a).

Many interpreters have been puzzled by the fact that the *Republic* returns again to poetry and mimesis; this is one reason for speculative attempts to date Book X considerably later than the rest of the work.[14] But the design of the *Republic* is not determinable *a priori*, so to speak; it follows an exploratory course, blown by the wind of dialectical argument (394d), and turns back on itself at various points (e. g. the start of V). Book X refers several times to earlier passages of the dialogue. Above all, and unlike Books II–III, it presupposes, though problematically, both the form-centred metaphysics of V–VII and the concept of conflict between soul-parts (IV 439c ff.). Its status is best understood as a coda or appendix to the main structure. If we press further the question why the dialogue should return to poetry rather than any other topic, we should be satisfied with the thought that Plato perceives poetry as a potent cultural rival, an opponent in what Socrates famously calls "an ancient quarrel" (607b).[15] It is in large part to test the established and widely accredited claim that poets are ethical experts that Plato constructs the arguments of 595–608. But the impact of a challenge to poetry's credentials at this juncture is only fully felt when we subsequently find that the entire *Republic* is concluded by an alternative "poetry" – the philosophical myth whose own *logos* (the soul's responsibility for its eternal destiny, 617e) contradicts the tragic pessimism of the poetic myths earlier dissected by Socrates.

The second critique is initiated by a notoriously metaphysical argument, which applies the concept of a "form" (*eidos*, *idea*: 596a–b) to classes of objects such as couches or tables, rather than, as in Books V–VI or the *Phaedo*, to properties such as

---

14 See Halliwell 1987, 94 f. for further references. Even if it were demonstrable, a later dating would not explain Book X's place in the work's structure.
15 For the perspective behind this see Kannicht 1980.

beauty or justice. I do not wish here to address this awkward passage in relation to the so-called "theory of forms" itself.[16] But I stress three general interpretative factors in this connection. First, the exposition of the tripartite schema (forms, particulars, mimesis) is highly rhetorical, even (like later parts of the critique) satirical, in tone and emphasis: this shows itself in the choice of bed/couch as an example, the irony of 596b–e, or the language of 598b–c. It is imprudent to interpret the passage without taking account of Socrates' provocative tone in this regard. Secondly, Socrates' use of the tripartite schema need not depend on any one construal of "forms": provided there is *some* concept of truth or reality to occupy the top tier of the schema, then the schema provides a possible framework in which to pose questions about representational art. Finally, the top tier of the schema in any case ceases to play much part in the argument after 597e: apart from the linking reference at 598a, the metaphysics of forms is never directly mentioned again, despite a final glimpse of the tripartite schema at 599a. The first part of Book X may evoke the spirit of the Divided Line and the Cave, and thereby recall one of the *Republic's* central thoughts, that truth and reality lie beyond the realm of sense-experience. But taken as a whole the second critique of poetry need not depend on an explicit set of metaphysical assumptions.

In the various stages of argument up to 602c everything is designed to prepare for and reinforce the denial of knowledge to poets. We have already seen that Greek culture developed a view of poets as masters of wisdom, not least in matters religious and ethical. But the rejection of this view is partly mediated through an analogy with painting, and this too has been a source of much interpretative difficulty. The analogy acquires some of its pertinence from a strong aspiration to visual realism in fourth-century art. The aspiration allows Socrates to employ the famous mirror motif (596d–e) in a sardonic manner. His aim, both here and in the later references to painting, is not to pretend that painters, any more than poets, simply *do* mirror what they see around them. The kernel of his case, I submit, is that the achievement of a convincing artistic semblance of reality is neither

---

[16] Fine 1993, 110–113, 116–119, gives a close analytical treatment of Book X's metaphysics.

valuable in itself (the images in a mirror are not, for the most part, cognitively useful) nor an indication of knowledge on the part of the artist: a cogent justification of mimesis, in other words, must appeal to something more than realism or verisimilitude as such. When applied to poetry, this leads to the conclusion that the apparently comprehensive knowledge of life in the works of Homer and other poets (598e) is only a mirage: just as a painter's portrayal of a craftsman does not vouch for the artist's own understanding of that craft, so the poet's representations of life do not vouch for a genuine wisdom or grasp of truth.

One implication of this critique is the need to separate the ethical credentials of poetry (or any representational art) from its technical merits as mimesis. On this reading, the analogy from painting, with its recurrent emphasis on mere appearances, is functionally important, and less tendentious than some interpreters have taken it to be. It underlines the principle that verisimilitude should not be confused with veracity, the look of the real with the real itself. Plato's argument suggests that a self-contained defence of artistic truth-to-life, appealing only to technical achievement and the creation of convincing impressions, is a defence not worth having. Ascription of value to artistic realism leaves open the question of what, if any, deeper truth the mimetic artist might know about the world. That is the import of, among much else, the satirical comments on the ability of the "good painter" to deceive "children and fools" at 598b–c. Socrates' ostensible dismissiveness towards mimesis has sometimes been thought to undercut the gravity of the psychological arguments which he later puts forward at 603–606. There is indeed a change of tone between the two halves of the second critique, but no strong conceptual tension. Sections 595–602 add up to a denial of the error of equating representational impressiveness with humanly significant knowledge. But this denial does not remove, and may indeed make all the more urgent, the need to judge poetry by ethical criteria. Socrates can consistently disparage the worth of poets' representational skills while continuing to be anxious about the insidiously expressive powers of what they produce. In the terms of the first critique, realism at the narrative level of a *mythos* is very different from validity at the level of its underlying *logos*.

I have indicated in outline how the attack on realism in painting prepares the ground for the denial of (ethical) knowledge to poets, and I think that the first part of Book X is indeed important for broaching the thesis that technical criteria cannot ground a compelling account of artistic value. But it is nonetheless hard to deny that parts of the rebuttal of poetic wisdom are conceptually problematic, and one reason for this is the rhetorically provocative tone which Plato gives to Socrates. The principle that anyone with knowledge would put it to practical use, rather than lead a life devoted to representational art (599a ff.), is arbitrary: why prefer to be a carpenter rather than a painter of, among other things, furniture? It also begs the question whether mimesis itself could be a medium in which to embody or communicate knowledge. Socrates' position is a precarious balancing act; he draws *ad hominem* attention to Homer's failure to create something equivalent to a philosophical school of followers (600c), while seeking to undermine the admitted prevalence of a belief in Homeric wisdom. His next argument, with its tripartite scheme of users, makers, and mimetic artists, is less tendentious yet reliant on a thinly expounded idea of "use" as the perfect vehicle of knowledge. After all, with the earlier example of a bed or couch we would face the paradox that the mimetic artist can easily be a user himself. Moreover the argument's vagueness seems greatest at the point of applicability which matters most, namely to ethics. Who is the ethically expert "user", as opposed to the "maker"? Perhaps the best to be said for this section is that it schematically reinforces the idea of mimesis as a kind of fabrication, removed by a barrier of pretence from the realities (whether "making" *or* "using") of ethical action. But it hardly rebuts the crucial possibility that representation of life might indeed be a suitable medium in which to convey understanding of life.

At 603 Socrates switches to the psychological angle which he had intimated at the start of the book (595a–b). Sections 603–606 offer both a renewal and an extension of the case made against (much) poetry in Books II–III. Continuity and development are present in the suggestion at 606b that sympathetic contact with the experiences of others must necessarily "infect" a person's own psychological habits.[17] This renews the thrust of the case

---

17 For the translation "infect" see Halliwell 1987, 149; there is a direct echo here of III 395d. There is also a further echo of Gorgias (cf. n. 12), fr. 11.9 DK

made in II–III, where poetic *mythoi* were taken to be the carriers of *logoi* which "persuade" their hearers and shape their beliefs. It also, more specifically, echoes III 395d, quoted earlier, where mimesis was linked with character-formation through habituation. But Book X moves beyond the first critique in two main ways. First, it no longer foregrounds, though it hardly forgets about, the special "assimilation" induced by the dramatic mode, but places an unqualified emphasis on the power of poetry to embody and transmit a structure of religio-ethical values. Secondly, it refers back, at 603d, to Book IV's psychology of the divided mind. It becomes clear that the target of the new argument is nothing less than a world-view, a world-view essentially identifiable as tragic (see Halliwell 1996, 341–347), though in this respect too there is some continuity with Books II–III (cf. the echo of 387–388 at 603e). The divided mind is now seen to contain an element whose attachment to human life (whose belief that life is intrinsically important, and death a supreme evil) makes it acutely prone to grief and pity. It is precisely this psychic element which is fostered by tragedy (including Homeric poetry: 605c, 607a, cf. 595c, 598d). The Homeric-tragic tradition presents salient images of heroes whose sufferings stand in profound contradiction to Socrates' tenet that "nothing in human affairs is worth much seriousness" (604c). When Socrates brings his "greatest charge" against poetry (605c–d) – that even the good find it hard to resist "surrender" to pity – it is Homer and tragedy which he has in view, even though the sequel indicts comedy and other kinds of poetry too for their subversively emotional effects. There is also a prominent political dimension here; hence the references to mass festival and theatrical audiences at 604e–605a (cf. references to "the many" at 599a, 601a, 602b). As I remarked at the outset, part of the potency of poetry is located by Plato in its performance on public occasions where it functions as ideological rhetoric for the polis as a whole.

I have mentioned that both 595a and 603d refer back to the psychology of Book IV. Yet nothing in Book X specifically cites,

---

(Helen). In the other direction, this Platonic principle was taken up by Augustine, *Confessions* III, 2–4, and (paradoxically) by Nietzsche, *Menschliches Allzumenschliches* § 212.

or even requires, a tripartite soul. Instead, 604a ff. employs a bipartite model of reason (*logos*) versus emotion (*pathos*), and this holds good for the remainder of the second critique. The emotions which Socrates is most troubled over are, first, grief and pity, which are treated as expressions of the same instinct (especially 606a–b); secondly, anger or rage (*aganaktein*: 604b, 604e, 605a). Is there a link between these? Although it is never spelt out, we should understand anger here as indignation against the supposed injustices of life and the gods' imagined involvement in them. This tallies with the repudiation in Books II–III of belief in the gods' responsibility for evil (379a–c) and in the disjunction of justice from happiness (392b). Anger of this kind shares with pity and grief (i. e. self-pity) a powerful, underlying conviction that embodied life is valuable and death a great evil. Pity and anger thus fit together within the framework of what I have called a tragic world-view. Plato has constructed his second psychological critique of poetry in order to accentuate a great dichotomy between the values (which are also beliefs) active within reason and emotion. Reason is here not a general calculative faculty but a normative force which admonishes the mind (604a–b), while emotion involves yielding to a very different evaluation of the world, an evaluation highly susceptible to the possibility of tragedy. By bracketing anger and pity together, as vehicles of attachment to the values of life, Socrates collapses the lower parts of the soul into a single opponent of reason. The ultimate root of everything that opposes reason is desire for pleasure and vulnerability to pain.[18] Book IV's discussion of psychic conflict turns out, after all, to be only a broad underpinning for Book X's argument. But we should remember that the tripartite model of the soul was always provisional (435c–d), and that there are other contexts in which Plato is happy to override it for the sake of an essential division between reason and the psychological factors which can oppose it.

There are many details of the *Republic's* two critiques of poetry which I have had to neglect or touch on briefly in this essay. I have tried to offer an account of these sections which draws out

---

18 Cf. 606d, where the terminology blurs Book IV's distinction between *epithumia* and *thumos*.

the pressing issues behind them, even where the arguments are formulated in terms which modern readers may find alien, puzzling, or severe. Within a longer historical perspective, Plato's subjection of poetry to philosophical analysis looks back to Xenophanes' misgivings about the myths of Homer and Hesiod, and Heraclitus's scepticism over the idea of poets as sages.[19] At the same time it foreshadows both the rejection of traditional poetic *paideia* by Epicurus and some of his school, and the moralism which runs through Stoic attitudes to literature. In that sense Plato's *Republic* belongs to a long ancient sequence of attempts by philosophy to subordinate poetry, as a cultural and educational force, to its own standards and purposes. Plato's part in this story stands out for the lasting fertility of the questions it poses, and for the complex tone with which it explores the subject. It is telling that Socrates ends the second critique of poetry by speaking in the language of a lover who looks back on a former passion with a wistful sense of lingering attachment, but a quiet determination to free his soul from its domination.

Bibliography

Ferrari, G. R. F. 1989: Plato and Poetry, in: G. Kennedy (ed.), Cambridge History of Literary Criticism, Cambridge, 92–148.
Fine, Gail 1993: On Ideas, Aristotle's Criticism of Plato's Theory of Forms, Oxford.
Gadamer, H.-G. 1968: Platon und die Dichter, in: Platos dialektische Ethik, Hamburg, 181–204.
Gill, C. 1993: Plato on Falsehood – not Fiction, in: C. Gill/T. P. Wiseman (eds.), Lies and Fiction in the Ancient World, Exeter, 38–87.
Halliwell, S. 1987: Plato Republic X, Warminster.
– 1989: The Importance of Plato and Aristotle for Aesthetics, in: Proceedings of the Boston Area Colloquium in Ancient Philosophy 5, 321–348.
– 1992: Plato and the Psychology of Drama, in: B. Zimmermann (Hg.), Antike Dramentheorien und ihre Rezeption, Stuttgart, 55–73.
– 1995: Plato, Imagination and Romanticism, in: L. Ayres (ed.), The Passionate Intellect, New Brunswick, 23–37.
– 1996: Plato's Repudiation of the Tragic, in: M. S. Silk (ed.), Tragedy and the Tragic, Oxford, 332–349.
Janaway, Ch. 1995: Images of Excellence, Plato's Critique of the Arts, Oxford.

---

19 Xenophanes: fr. 1.21–24, frs. 11–12 DK. Heraclitus: frs. 40, 42, 56–57 DK.

Kannicht, R. 1980: Der alte Streit zwischen Philosophie und Dichtung, in: Der altsprachliche Unterricht 23, 6–36.
Moravcsik, J./Temko, P. (eds.) 1982: Plato on Beauty, Wisdom and the Arts, New Jersey.
Murray, P. 1996: Plato on Poetry, Cambridge.
Rutherford, R. B. 1995: The Art of Plato, London.

16

Otfried Höffe

Vier Kapitel einer Wirkungsgeschichte der *Politeia*

Eine Wirkungsgeschichte der *Politeia* ist noch nicht geschrieben und wegen der Fülle der behandelten Themen und ihrer enormen Nachwirkung auch kaum je zu erwarten. Die Kritik der Sophisten, die Gerechtigkeitskonzeption der Idiopragieformel, die Erziehungslehre und die Dichterkritik, die Forderung nach einer Frauen-, Kinder- und Gütergemeinschaft, die philosophische Theologie und die Lehre vom Jenseits, die Theorie des Wissens und seiner Vollendung in der Dialektik, der Gedanke der Philosophenkönige, die Idee des Guten und die Verfallsreihe der Verfassungen – fast alle diese Elemente entfalten eine gesonderte Wirkung; dabei stehen sie gelegentlich in einer Verbindung, aber selten in ihrem vollen Zusammenhang. Für die *Politeia* als ganzes gibt es kaum eine Nachwirkung, vielmehr stellt sich die nachplatonische Philosophie großenteils als Geschichte, als Fortbildung oder Kritik, von Einzelthemen der *Politeia* dar. Konzentriert auf die Staatsphilosophie, überdies auf einige Aspekte, beginnt die folgende Skizze mit Platons Spätdialogen und mit Aristoteles, um je einen Philosophen der Neuzeit (Kant) und des 20. Jahrhunderts (Popper) anzuschließen.

16.1 Von der Philosophenherrschaft zur Herrschaft der Gesetze? Platons Spätdialoge

Nach verbreiteter Ansicht enthält die *Politeia* eine realitätsfremde Utopie, die Platon im Alter, jetzt nüchterner geworden, durch eine realitätsnähere Staatstheorie ersetze. Insbesondere gebe er den Gedanken der Philosophenkönige auf und verdränge deren personale Herrschaft durch die unpersönliche von Gesetzen. Für diese Revision, die in den Spätdialogen, dem *Politikos* und noch mehr den *Nomoi*, stattfinde, führt man gern den biographischen Grund an, daß Platons „politisches Abenteuer", der Versuch, in Syrakus einen befreundeten Herrscher, Dionysios II., für sein Projekt zu gewinnen, kläglich gescheitert sei. Die nähere Betrachtung verlangt nach Differenzierung.

Auf der einen Seite spielt tatsächlich seit dem *Politikos* (z. B. 300a ff.; 302e) das Gesetz eine beachtliche Rolle. Und in den *Nomoi* lesen wir detaillierte gesetzliche Bestimmungen nicht nur zum Verwaltungsrecht (zu den Pflichten der fein differenzierten Beamtenschaft vgl. Buch V), sondern auch zum Familien-, Straf-, Eigentums-, Handels- und Gewerberecht u. a. (Buch IX–XII). Und weil man damals, bei einer weit geringeren Ausdifferenzierung von Staat und Gesellschaft, staatliche Gesetze noch kaum von nicht-staatlichen Regelungen (Brauch, Sitte, Empfehlungen, Konventionen) trennte, wird sogar über die Kleiderfarbe gesprochen (VII 797a–c).

Auf der anderen Seite bleiben aber die drei von Platon selbst als provozierend bezeichneten Forderungen der *Politeia*, die Gleichberechtigung der Frau, die Frauen-, Kinder- und Gütergemeinschaft und schließlich die Philosophenherrschaft, weiterhin gültig. Sie erscheinen freilich jetzt als ideale Richtziele (z. B. *Nomoi* IV 711e, V 739b–e, IX 875c ff.), die mit Rücksicht auf die menschliche Schwäche, insbesondere die Lust- und Schmerzgefühle, durch realistischere Regeln ersetzt werden (V 732e; 739a ff.; IX 853c f.; 874e f.). In diesem Sinn geben die Spätdialoge der unspezifischen Herrschaft von Gesetzen großes Gewicht, ohne deshalb beispielsweise den Gedanken einer Philosophenherrschaft aufzugeben. Er ist nämlich in der verfassungsrechtlichen Neuerung der *Nomoi*, im Kontrollorgan, der Nächtlichen Versammlung, gegenwärtig. Denn die Ausbildung ihrer Mitglieder umfaßt die Dialektik einschließlich der Ideenlehre und die Kosmologie einschließlich der Theologie (XII 965b–968b). Darüber hinaus bleibt die reine Philosophenherrschaft das politische Ideal (IX 875c f.).

Die Ursprünge dieses Gedankens reichen bis in die Anfänge Platonischen Philosophierens zurück, so daß hier kein Neben-motiv vorliegt, auch nicht ein bloß phasenspezifisches Motiv. Für Platon ist die Philosophenherrschaft ein Grundgedanke seiner Philosophie, soweit es ihr um Recht, Gerechtigkeit und Staat geht, und zugleich die größte Hommage, die er seinem hochverehrten Lehrer Sokrates angedeihen läßt.

Die Frühdialoge *Apologie* und *Kriton* legen für diesen Gedanken und seinen Zusammenhang mit Sokrates die Grundlage. Angesichts der in der Politik vorherrschenden Korruption zeichnet Platon seinen Lehrer als veritables Gegenbild, als eine moralisch und politisch schlechthin integre Person. Im *Kriton* (49e–52d) führt er dabei eine der wichtigsten Argumentationsfiguren der Rechts- und Staatsphilosophie, den Gesellschaftsvertrag, ein, hier in der Form eines stillschweigenden Vertrages. Es ist die Nacht vor Sokrates' Hinrichtung, also eine Situation existentiellen Ernstes. Einer der Freunde, Kriton, will Sokrates zur Flucht bewegen, Sokrates lehnt das Ansinnen mit dem Hinweis ab, er habe mit Athen einen Vertrag, freilich nur einen stillschweigenden, abgeschlossen. In diesem Zusammenhang erscheint Sokrates' Grundgedanke zur Gerechtigkeit: Weil das (moralisch) gute Leben höher als das bloße Leben steht, darf man sich unter keinen Umständen, auch nicht um sein Leben zu retten, ein Unrecht erlauben.

Im *Gorgias* erfährt dieser Grundgedanke die pointierte Formulierung: lieber Unrecht erleiden als Unrecht tun (469c). Gegen einen wortgewaltigen Angriff auf die üblichen Moralvorstellungen, gegen jene sophistische These, die Nietzsche aufgreifen wird, die Moral sei eine Verschwörung der Schwachen, verteidigt Sokrates die These der Harmonie: zwischen der Moral und dem wohlverstanden Selbstinteresse gebe es keinen Konflikt. Platon bestreitet nicht, daß unmoralisches Handeln vorteilhaft sein kann, behauptet aber, die aus moralischem Handeln gewonnenen Vorteile überwögen den aus unmoralischem Handeln gezogenen Gewinn. Die Rechtfertigung für das Lieber-Unrecht-Erleiden erfolgt also nicht – „moralisierend" – unter Berufung auf die unübertreffliche Würde der Moral, sondern wie in der *Politeia* mit Blick auf ein aufgeklärtes Selbstinteresse. Andere Themen des *Gorgias* sind grundlegende Schwächen der Demokratie, die Rolle des moralisch-politischen Fachmannes und die Rechtfertigung von (staatlichen) Strafen. Im mittleren Element (Gorg. 521a ff.) zeichnet sich nun zum ersten Mal der

Gedanke der Philosophenherrschaft ab; zugleich verbindet er sich mit einer historischen Person. Sokrates spricht von einer wahren Staatskunst (*politikê technê*) und meint mit ihr nicht ein politisches Know-how im üblichen Verständnis, sondern ein philosophisches Wissen und behauptet darüber hinaus von sich, unter den zeitgenössischen Athenern sei er einer der ganz wenigen, vielleicht sogar der einzige, der sich der wahren, eben philosophischen Staatskunst befleißige.

Von den drei Dialogen, die Platon zu Beginn des Spätdialogs *Sophistes* (217a) ankündigt, ist der *Politikos* der mittlere, plaziert zwischen dem Dialog über den Sophisten, der für Platon unphilosophischen Person par excellence, und dem nie geschriebenen Dialog über den Philosophen. Der Titelausdruck Politikos ist mißverständlich. Während wir an eine Tätigkeit denken, kommt es Platon auf ein bestimmtes Wissen an, unabhängig davon, ob man ein politisches Amt ausübt oder nicht (259a–b). „Politiker" heißt bei ihm, wer im Unterschied zu den „Sophisten und Gauklern" über die *epistêmê politikê*, also eine politische Wissenschaft, verfügt. Darunter ist freilich keine empirische Politikwissenschaft zu verstehen, auch nicht eine politikbezogene Lebenserfahrung, politische Klugheit oder das Wissen eines Historikers. Gerichtet auf die (normativen) Grundlagen eines Gemeinwesens ist Platons politische Wissenschaft eine normative Staatstheorie, die allerdings den, der sie beherrscht, auch zur konkreten Staatsgestaltung und Staatsführung befähigt.

Mit der *epistêmê politikê* bleibt Platon dem Gedanken der Philosophenherrschaft treu, der Verbindung eines Wissens um das politische Gute mit der Fähigkeit, es zu verwirklichen. Allerdings hat er im Unterschied zur *Politeia* nicht mehr eine gezielt ausgebildete Philosophenklasse im Auge, sondern eine einzelne Person, wahrscheinlich – im Sinne der zitierten *Gorgias*-Stelle – Sokrates. Von der Titelfigur des dritten, bloß angekündigten Dialogs, dem eigentlichen Philosophen, unterscheidet sich Platons Politiker dadurch, daß er sich den von Philosophen ungeliebten Staatsaufgaben aus sich heraus, ohne äußeren Zwang zuwendet. Den naheliegenden Einwand, daß es für die Staatslenkung einer Fülle von Kenntnissen bedarf und dabei die Philosophie im üblichen Sinn nicht ausreicht, erkennt Platon durchaus an. Nach dem Bild der „königlichen Webkunst" stellt sich seine politische Wissenschaft als eine Art Integrationswissen dar, das über die anderen gemeinwohlrelevanten Kenntnisse dergestalt herrscht, daß es sie genau „zusammenzuweben" versteht (Pol. 305e).

Nach dem Gesetzesdenken der griechischen Antike sind Gesetze starr vorgegebene Regeln; Platon kritisiert sie daher als unfähig, das im Einzelfall Beste zu erkennen und sich jeweils den sich verändernden Verhältnissen anzupassen (Pol. 294a–c). Nach Platons innovativer Forderung sollen Gesetze verändert werden, vorausgesetzt, es gibt jemanden, der über die entsprechende Einsicht, die *epistêmê politikê*, verfügt. (Mit der Veränderbarkeit der Gesetze greift er dem neuzeitlichen Gesetzgebungsstaat bzw. Gesetzespositivismus vor und weist ihn – mit der geforderten Einsicht – zugleich in die Schranken.) Der *Politikos* geht insofern über die *Politeia* hinaus, als er einzelne Regeln und Prinzipien aufstellt, jedoch kein Gesetzeswerk, keine staatliche Rechtsordnung. Platon hält Gesetze nicht für uneingeschränkt vorteilhaft. Die Allgemeinheit von Gesetzen bietet zwar eine willkommene Vereinfachung; der Gesetzgeber kann aber nicht ständig neben jedem Bürger stehen und ihm das situativ Angemessene befehlen (294e f.). Außerdem ermöglichen Gesetze eine vorübergehende Abwesenheit des einsichtsgeleiteten Herrschers (295b–e). In ihrer Starrheit und Unveränderlichkeit ermöglichen sie aber keine Einzelfallgerechtigkeit (294a–b). Somit bleibt Platon der *Politeia* treu, da er die Herrschaft von Gesetzen nicht für das beste hält, sondern verlangt, die eigentliche Souveränität dem „königlichen, mit Einsicht begabten Mann" zu übergeben (294a). Ein entsprechend regierter Staat rage „wie ein Gott unter den Menschen" hervor (303b); weil er aber höchst unwahrscheinlich sei, brauche es im Sinne einer Nachahmung und als zweitbeste, gleichwohl gute Option (vgl. *deuteros plous*: 300c) den Gesetzesstaat. Realitätsnäher als die *Politeia* ist der *Politikos* nur dadurch, daß er mit der Gesetzesherrschaft eine zweitbeste Möglichkeit einführt und schließlich durch den Mythos der zwei Weltalter (268d–274e) ein Moment bekräftigt, das mit der *Politeia* gar nicht in Konflikt gerät: Die Philosophenherrschaft ist – wie die mythische Götterherrschaft – ein derart seltener Ausnahmefall, daß man sich über den Normalfall, d. h. die Gesetzesherrschaft, gründliche Gedanken machen muß.

Das letzte und umfangreichste Werk Platons, die *Nomoi*, entspricht schon insofern der *Politeia*, als Platon sein Thema erneut mit so gut wie allen Themen und Motiven seiner Philosophie verknüpft. Dazu kommt, was in der *Politeia* fehlt, eine Fülle von historischem und empirischem Material, etwa zur Anthropologie, dem „Fenster zur Erfahrung", und zu einer jetzt auch empirischen Politikwissenschaft. In den Büchern I–II beispielsweise werden bestehende Verfassungen (Kreta, Sparta) beschrieben und auf ihre „lebensbildende" Funktion hin untersucht. Buch III befaßt sich mit dem Ursprung der griechischen Polis und ihrer Entwicklung bis zur athenischen Demokratie, denkt außerdem über die Praxis der Koloniegründungen nach. Gewidmet allgemeinen Bedingungen des Staates, geht es Buch IV etwa um die geographische Lage und die Herkunft und Art der Siedler.

Auch in den *Nomoi* wird die *Politeia* nicht verworfen, sondern teils bekräftigt, teils um das im *Politikos* zusätzlich eingeführte Motiv, den „zweitbesten, realisierbaren Staat" (Leg. IX 875c–d), ergänzt. Mit dem Entwurf einer Gesetzesherrschaft als dem Zweitbesten (V 739e, auch IX 875d) nimmt Platon vom Thema der *Politeia*, dem schlechthin besten Staat, Abstand, ohne dessen wesentliche Gesichtspunkte zurückzunehmen. Allerdings findet eine gewisse Akzentverschiebung statt. Mit dem neuen Thema geht dessen Höherbewertung einher. Nicht die *Politeia*, sondern erst die *Nomoi* preisen das Gesetz als göttlich oder als einen Gott (IV 715c, VI 762e, X 957c), nennen es einen „Gebieter über die Herrschenden" bzw. einen „Herrn über die Obrigkeiten" (*despotês tôn archontôn*: IV 715d) und erklären es damit zum eigentlichen Souverän. Außerdem billigen sie auch der Gesetzesherrschaft jenes Heil (*sôtêria*: IV 715d) zu, das die *Politeia* (V 473c–e) für die Philosophenherrschaft reserviert.

Andererseits wird auch in den *Nomoi* der Gesetzesstaat einem absoluten Maß unterworfen, einem unbedingten moralischen Zweck, der in den Präambeln der Gesetze festgehalten wird. Während sich aber die *Politeia* hinsichtlich der religiösen Implikationen des Zweckes, der Idee des Guten, zurückhält, erklären die *Nomoi* Gott ausdrücklich zum Maß aller Dinge (IV 716c). Und die Widerlegung der drei Irrtümer über die Götter, eine der Dichterkritik der *Politeia* entsprechende Aufgabe, gehört zu den Hauptgeschäften der Gesetzgebung (Buch X). In einer anderen Hinsicht stimmen die *Nomoi* mit der *Politeia* wieder überein: Ob theologisch oder theologiefrei bestimmt – zur Anerkennung der letzten, moralischen Grundlage des Staates bedarf es einer Umwendung (*periagôgê*) der

Seele (Rep. VII 518d, 521c). Im übrigen erklärt auch die *Politeia* (IV 427b–c) die Regelung des Kultes zur schönsten, freilich dem Delphischen Apoll überlassenen Gesetzgebung; und für den Gerechten versteht sich die Verehrung der Götter von selbst (IV 443a).

Eine weitere Übereinstimmung mit der *Politeia*: In den *Nomoi* gilt das Gesetz als Werk eines mit dem wahren philosophischen Wissen ausgestatteten Gesetzgebers, der nicht anders als die Philosophenkönige der *Politeia* die Seinsordnung zu erkennen vermag und sie jetzt in der Form von Gesetzen zur Grundlage des Gemeinwesens erhebt (Leg. X 966c–968b). Man kann in diesem Gesetzgeber Platon erkennen, der nicht anders als der königliche Mann des *Politikos* für den Fall seiner Abwesenheit Schriften (*syngrammata*) hinterläßt; „so verfaßt Platon die *Nomoi* gleichsam als sein politisches Testament" (Schoepsdau 1994, 131). Immerhin wird die Einsicht in das von einer Gesetzesherrschaft ausgehende Heil als Frucht des Alters dargestellt (Leg. 715d–e). Eine weitere Übereinstimmung mit der *Politeia*: Das wahre Gesetz verkörpert die Vernunft, ist daher, mangels eines Zwangs (I 645a), auf freiwillige Anerkennung angewiesen (III 690c). Nicht zuletzt zielt es auf die Tugend und das Glück sowohl des Individuums als auch des Staates (I 630b, III 702a–b).

Bei den detaillierten gesetzlichen Regelungen bleiben zwei Motive der *Politeia* erhalten. Auch in den *Nomoi* wird der Erziehung ein großes Gewicht beigemessen (Buch VII und XII). Und die Frauen werden insofern den Männern gleichgestellt, als sie dieselbe Erziehung erhalten (VII 804d ff.); allerdings werden sie nur im Bedarfsfall zum Kriegsdienst herangezogen (VI 785b), in der Regel sind sie für das Hauswesen zuständig (VII 806a). Ein weiterer Unterschied zur *Politeia*: der natürliche Familienverband ist wiederhergestellt.

Ziehen wir Bilanz: Weder der *Politikos* noch die *Nomoi* nehmen an der *Politeia* eine so grundlegende Revision vor, wie es die verbreitete Ansicht behauptet. Nachdem schon die *Politeia* den Gesetzen eine gewisse, wenn auch geringe Rolle einräumte (IV 427a–c), gewinnen sie in den Spätdialogen zwar ein weit größeres Gewicht, die Bewertung aber bleibt sich gleich: die Philosophenherrschaft gilt als die beste, die Gesetzesherrschaft als die zweitbeste Staatsform. Allerdings befaßt sich die *Politeia* fast ausschließlich mit der besten, die *Nomoi* mit der zweitbesten Form; der *Politikos* geht dagegen auf beide, die Philosophen- und die Gesetzesherrschaft, näher ein.

16.2 Aristoteles

Die erste große Kritik, die Platons Staatsphilosophie erfährt, wird deren Wirkungsgeschichte nachhaltig beeinflussen. Seit Aristoteles' *Politik* räumt man der *Politeia* ein weit größeres Gewicht als den anderen Dialogen, dem *Kriton* und dem *Gorgias*, dem *Politikos* und den *Nomoi*, ein. Und in der Auseinandersetzung mit der *Politeia* herrscht, ebenfalls seit Aristoteles, der Vorwurf der Wirklichkeitsferne; denn Platons Vorschläge, heißt es in der *Politik* (II 5, 1264a1 ff.), sind weder durch die Erfahrung bestätigt noch durch die Geschichte bewährt.

Aristoteles trägt seine Kritik in zweierlei Form vor. Zum einen widmet er im Rahmen einer Diskussion verschiedener Verfassungen und Verfassungsentwürfe der *Politeia* den weitaus größten Raum (*Politik* II 1–5). Zum anderen findet sich – teils ausdrücklich, teils stillschweigend – an vielen anderen Stellen eine *Politeia*-Kritik. Sie beginnt schon im Einleitungskapitel, hier als Unterscheidung verschiedener Arten sozialer Herrschaft (*Politik* I 1, 1252a7–16). Sie setzt sich in dem Nachdruck fort, mit dem jede nur funktionale Bestimmung der Polis abgelehnt wird.

Während Platon schon im Zusammenleben aus Gründen der Arbeitsteilung und Lebenserleichterung, in der bloß ökonomischen Kooperation der ersten Polis-Stufe, eine Polis gegeben sieht, braucht es nach der *Politik* zusätzlich die Gemeinsamkeit von Gut und Schlecht sowie von Recht und Unrecht (I 2, 1253a15–18). Allerdings – so ließe sich einwenden – kennt Platons „gesunde Polis" diese Gemeinsamkeit durchaus; sie besteht jedoch spontan, ohne jedes menschliche Zutun. Bei bloßer Spontaneität – würde Aristoteles entgegnen – fehlt aber, was für den Menschen charakteristisch ist, das an den Logos gebundene und absichtsvoll („prohairetisch") verfolgte Gute.

Eine platonkritische Spitze, jetzt gegen das Theorem der Philosophenherrschaft, enthält die Forderung, die oberste Staatsgewalt (*to kyrion*) lieber der Volksmenge (*plêthos*) als den wenigen Besten (*aristoi*) zu überantworten, denn es gebe eine Kumulation von Tugend und Einsicht. Noch besser sei die oberste Staatsgewalt aber bei wohlgeordneten Gesetzen aufgehoben (*Politik* I 13), da diese eine gesammelte Erfahrung ausdrückten, überdies affektlos sein. Gegen den Gedanken der Philosophenherrschaft richtet sich auch die Forderung, die Bürger im eigentlichen Sinn sollten sich im Regieren und Regiertwerden abwechseln (I 12, 1259b4–9; II 2, 1261a30–b6; III 4, 1277b7–16; III 7, 1279a8–16).

Politeia-kritisch ist ferner das differenzierte System der Staatsverfassungen. Während es für Platon nur *eine* ideale Polis gibt, aber viele Entartungen, kennt Aristoteles drei gemeinwohlorientierte Verfassungen. Außerdem überlegt er nicht nur, welche unter guten Bedingungen die absolut beste Verfassung, sondern auch, welche unter schlechten und welche unter durchschnittlichen Bedingungen die jeweils relativ beste Verfassung ist (*Politik* III 7). Freilich hat Platon selbst, nämlich im *Politikos*, sieben Qualitätsstufen von Staatsverfassungen unterschieden, wobei die höchste, die göttliche Stufe der Herrschaft eines einsichtsgeleiteten einzelnen reserviert wird; die übrigen Stufen verhalten sich zu diesem Staat wie „Nachahmungen" (*mimêmata*: Pol. 293e, 297c).

Anders als in der *Politeia* bleiben bei Aristoteles die Dichter autonom, weitgehend auch Wissenschaft und Philosophie, ferner die Wirtschaft, ohnehin die Politik, so daß schon Aristoteles vertritt, was die soziologische Systemtheorie erst für weit später, für die Zeit nach Auflösung der sogenannten alteuropäischen Gesellschaft, glaubt feststellen zu können: eine zumindest relative Selbständigkeit verschiedener Gesellschaftsbereiche. Auf der anderen Seite übernimmt Aristoteles nicht Platons emanzipatorisches Element, die Gleichstellung der Frauen.

Über den Unterschieden darf man freilich nicht mancherlei Gemeinsamkeit übersehen. Wie Platon (Rep. IV 420b und 421b f.) so verpflichtet auch Aristoteles den Staat auf das Glück (*Politik* VII 2, 1325a7–10), und nicht anders als die *Politeia* bestimmt er die gute Verfassung vom Gemeinwohl her (III 6, 1279a17–21 u. ö.). Auch er nimmt eine Art subsidiärer Staatslegitimation vor: den Staat braucht es für Dinge, die weder die Individuen noch die Familien für sich erreichen können, die ihnen aber zugute kommen; in der Polis müssen die Menschen glücklich werden können. Nicht anders als Platon legt Aristoteles großen Wert auf die Erziehung (VII 14–VIII 7). Zudem denkt auch er insofern selbstverständlich aristokratisch, als die Bürger im engeren Sinn, jene, die über die Bürgertugend (*politou aretê*) verfügen, von der Arbeit für die Notdurft des Lebens entbunden werden. Außerdem greift er Platons Idiopragieformel auf, wenn er sagt, jeder Bürger müsse die ihm eigene Aufgabe (*ergon*) erfüllen (*Politik* III 4, 1276b39). Nicht zuletzt übernimmt er, jetzt allerdings aus dem *Politikos* (302c–d), das Schema der sieben (bei Aristoteles sechs) Verfassungsformen (*Politik* III 7).

Selbst Aristoteles' ausdrückliche *Politeia*-Kritik in Buch II erfolgt auf der Basis zweier Prämissen, die Platon teilt: daß einerseits eine staatliche Gemeinschaft, in der sich Wünschbarkeit mit Realisierbarkeit verbindet (*Politik* II 1, 1260b27 ff.), daß also eine zwar ideale, aber nicht bloß utopische Polis gesucht ist und daß andererseits die vorliegenden Verfassungen diese Bedingung noch nicht erfüllen (b34 f.). Die danach vorgetragenen Einwände fallen allerdings sowohl umfassend als auch scharf aus: Platons Staat strebe (1) einem falschen Ziel nach, setze (2) für sein Ziel ungeeignete Mittel ein, die obendrein (3) schädliche Folgen haben. Die vielen Einwände werden zwar nicht aus einem gemeinschaftlichen Prinzip entwickelt. Den meisten liegt aber die These zugrunde, das einem wohlgeordneten Staat angemessene Maß an Gemeinsamkeit werde verfehlt.

Die erste Argumentationsreihe beginnt mit den drei denkbaren Optionen: den Bürgern ist entweder nichts oder einiges gemeinsam oder aber möglichst viel. Sie scheidet dann die erste Option mit einem logisch-semantischen Argument aus; zumindest die Gemeinschaft des Ortes ist für den Begriff des Staates unverzichtbar (*Politik* II 1, 1260b40–1261a1). Und gegen die von Platon vertretene dritte Option, eine größtmögliche Einheit des ganzen Staates (II 2, 1261a15 f.), führt Aristoteles schon die politische Wirklichkeit an: die realen Staaten praktizieren die mittlere Option (II 2, 1261a22). Darüber hinaus zieht er – angesichts der Mehrdeutigkeit von „Einheit" (vgl. *Metaphysik* V 6) – den Begriff der Einheit als eines Ganzen vor (*Politik* III 1, 1274b39; vgl. I 1, 1252a18 f.). Und vor allem vertritt er ein alternatives Staatsziel. Weil das Streben nach größter Einheit im Staat diesen in Wahrheit zerstöre, setzt er sich für jene Autarkie ein, die nach der *Nikomachischen Ethik* (I 5, 1097b5–21) zum Wesen des schlechthin höchsten Strebensziels, der Eudaimonie, gehört und die er für die Politik in dieser Funktion bestätigt (*Politik* I 2, 1252b27–1253a1). Weil die im Namen der Autarkie vorgetragene Kritik am staatstheoretischen Prinzip Einheit zwar mit begrifflichen Differenzierungen beginnt (II 2, 1261a15 ff.), sich dann aber weitgehend mit Problemen des Wächterstandes befaßt, könnte man sie für unzutreffend, vielleicht sogar unlauter halten und mit Bornemann (1924, 73) eine „Art Anklage gegen Aristoteles" erheben (vgl. Sandvoss 1971, 347). In der Tat fällt die Kritik nicht ganz so grundsätzlich aus, wie es bei Aristoteles erscheint; gegenstandslos wird sie aber nicht; zumal sie später aufgegriffen wird, etwa von Cicero (*De re publica* IV 5).

Im Rahmen seiner Begriffsdifferenzierung übergeht Aristoteles Platons primäre Bedeutung von Einheit, die der gesamten Einwohnerschaft, und ihr Einheitsprinzip, die Idiopragieformel, derzufolge die verschiedenartigen Menschen nur der eigenen, d. h. der ihrer Begabung entsprechenden Tätigkeit nachgehen sollen. Der Aristotelische Staat besteht nicht anders als der der *Politeia* aus vielen Menschen, die sich der Art nach unterscheiden (*ex eidei diapherontôn*: *Politik* II 2, 1261a22 f.). Hier ist Aristoteles' Kritik allenfalls insofern berechtigt, als die Polis-Genese aus der *Politeia* ein Element überspringt, jenen *oikos*, die Familien- und Hausgemeinschaft, die aus vorpolitischen Gründen entsteht und eigenen Gesetzmäßigkeiten folgt (*Politik* I 3–13). Weil Aristoteles' im engeren Sinn politische Philosophie deren Eigenrecht nirgendwo tangiert, außerdem die Eigenständigkeit der Dichtung sowie die der Wissenschaft und Philosophie unangetastet läßt, wendet sie sich gegen jene uniforme Einheit, die Aristoteles mit einem treffenden Bild veranschaulicht, der Verkürzung einer Symphonie auf eine Homophonie und der eines Rhythmus auf einen einzigen Schlag (*Politik* II 5, 1263b35). Der *Politeia* wird dies aber nur begrenzt gerecht, da ja gerade sie eine Einheit bei funktionaler Differenzierung fordert.

Berechtigter ist die Kritik im Blick auf die zweite, sachlich jedoch nachrangige Bedeutung von Einheit, für die Einheit der Führungselite, der Wächter. Bei ihnen, die Aristoteles' engerem Begriff des Bürgers entsprechen (vgl. III 1, 1275a21–23), findet sich in der Tat ein Übermaß an Einheit – selbst Frauen, Kinder und Besitz sind gemeinsam –, was den Unterschied von Privat und Öffentlich einebnet und dem vorgreift, was später „Kommunismus" heißt. Aristoteles begnügt sich hier nicht mit dem pragmatischen Einwand, der reale Mensch werde überfordert, vielmehr übt er die grundsätzliche Kritik, das Übermaß an Vereinheitlichung zerstöre den Staat in seinem Wesen („Natur"); man mache nämlich aus ihm eine *oikia*, eine – freilich künstlich ins Riesige gesteigerte – Familien- und Hausgemeinschaft, vielleicht sogar einen einzelnen Menschen (II 2, 1261a18–20; vgl. Rep. V 462c).

Nimmt man nur die Bürgerschaft im engeren Sinn in den Blick, so überzeugt die zweite Argumentationsreihe, eine Kritik an den unzulänglichen, dem Ziel der Einheit zuwiderlaufenden Mitteln, die zunächst für die Frauen- und vor allem die Kindergemeinschaft vorgetragen wird (*Politik* II 3). Bei der von Platon angenommenen Zahl von eintausend Waffenträgern (Rep. IV 423a) erscheint die kollektive Gemeinsamkeit als kontraproduktiv. Wo „jeder Bürger tausend Söhne hat ... und jeder beliebige gleichmäßig Sohn von jedem beliebigen ist" (II 3, 1262a38–40), dort wird man nämlich – nach dem Grundsatz „was den meisten gemeinsam ist, erfährt am wenigsten Fürsorge" (II 3, 1261b33 f.) – „alle gleichmäßig vernachlässigen" (b38–40). Darüber hinaus werden, so Aristoteles, die freundschaftlichen Beziehungen verwässert (II 4, 1262b3–2).

Platon versucht mit der Frauen- und Kindergemeinschaft zweierlei in Einklang zu bringen, einerseits den Vorteil einer Familie, die Fürsorge der Eltern für die Kinder und die Achtung der Kinder vor den Eltern zu bewahren (vgl. Rep. V 463c f.), ohne sich andererseits den Nachteil, die Ablenkung der Wächter vom Allgemeinwohl und ihrer Zuwendung zum partikularen Wohl der eigenen Familie, einzuhandeln (464a ff.). Dieser Versuch – das besagt Aristoteles' Kritik – scheitert, da die riesige, künstliche Familie das Wesen einer Familie, enge persönliche Beziehungen, und zugleich deren Vorteile aufhebt. Ohnehin könne man nicht verhindern, daß die bloß kollektive Gemeinsamkeit unterlaufen werde, da wegen entsprechender Ähnlichkeiten einige ihre Brüder, Kinder, Väter und Mütter doch erraten (1262a14–18).

Von Sophokles' *Ödipus* wissen wir, daß die Griechen den Inzest und Delikte wie Mord an Eltern und nahen Verwandten für so verwerflich halten, daß sie einer besonderen religiösen Sühnung bedürfen (vgl. auch Xenophon, *Memorabilia* II 2, 13 f.; IV 4, 19 f.). Obwohl sich Platon in den *Nomoi* (IX 865a–e, 868c–869d, 873a ff., 880c–882a) selbst mit diesem Thema befaßt, läßt er – so Aristoteles' dritte Kritikreihe – zu, daß mangels einer genauen Kenntnis der Verwandtschaft die Chance derartiger Delikte steigt und man überdies die übli-

chen Sühnungen nicht leisten kann (*Politik* II 4, 1262a30–32).
Eine weitere schädliche Folge: Daß immer dieselben regieren,
führt schon bei denen, die keine Selbstachtung besitzen, zu
Aufruhr und noch mehr bei tatkräftigen und kriegerischen
Menschen (II 5, 1264b6–10).

Die zunächst ausgesparte Kritik der Gütergemeinschaft (*Politik* II 5) beginnt wieder mit einer möglichst umfassenden Disjunktion: Entweder wird der Grundbesitz, das Ackerland, getrennt, der Ertrag aber gemeinsam genossen; oder das Land wird gemeinsam bestellt, der Ertrag aber verteilt; oder beide, Bearbeitung und Nutzung, sind gemeinsam. Da Menschen, die viel arbeiten und wenig erhalten, denen, die viel erhalten, aber weniger arbeiten, Vorwürfe machen, da außerdem jeder lieber für das Seine sorgt und sich auf diese Weise Unzufriedenheit vermeiden läßt, da es weiterhin ein unbeschreibliches Vergnügen macht, etwas sein eigen nennen zu können, da es außerdem ein hoher Genuß ist, seinen Freunden oder Gefährten gefällig und hilfreich zu sein, nicht zuletzt weil die Tugend der Freigebigkeit in Übung bleiben soll, also aufgrund zahlreicher Überlegungen, spricht sich Aristoteles für eine Mischform aus. Der Besitz (*ktêsis*) bleibe privat, die Nutzung (*chrêsis*) erfolge gemeinsam, allerdings nicht in der anonymen, überdies zwangsgeleiteten Form eines kollektiven Gebrauchs, sondern in einer ebenso persönlichen wie freiwilligen Form, in der durch Freigebigkeit ausgezeichneten Freundschaft. Nach der *Politeia* soll die Gemeinsamkeit an Gütern die Freundschaft hervorbringen, nach der *Politik* ist die Gemeinsamkeit das Resultat der Freundschaft. Auf diese Weise bleibe der Besitz der privaten Sorge überantwortet, während man seinen Freunden nicht alles, aber doch manches zur Benutzung zur Verfügung stelle und anderes wiederum als ein gemeinsames Gut nutze. (Das pythagoreische Sprichwort, auf das sich Aristoteles hier beruft: „Den Freunden ist alles gemeinsam" [vgl. *Nikomachische Ethik* VIII 11, 1159b31], wird freilich von Platon ebenfalls zitiert: Rep. IV 424a, V 449c; ferner Ly. 207c, Phdr. 279e, Leg. 799c.) Man könnte den überaus knappen Formulierungen entnehmen wollen, Aristoteles räume den Ärmeren einen Anspruch auf Nutzung fremden Besitzes ein. In Wahrheit sieht er im Gütermangel anderer die Gelegenheit zur Freigebigkeit, womit er nicht den Armen ein subjektives Recht zugesteht, sondern die Reichen zur Wohltätigkeit anhält. Im übrigen geht es ihm hier weniger um die einseitige Hilfe an den Ärmeren als um die wechselseitige Hilfe der im Prinzip schon Begüterten.

Durch eine „wunderbare Freundschaft aller mit allen" hofft Platon – so nimmt Aristoteles an –, alle Streitigkeiten, alle Meineide und alle Schmeichelei bei den Reichen aus der Stadt zu verbannen (*Politik* II 5, 1263b16–22). In der Tat sollen der *Politeia* (V 464b–465c) zufolge durch die Frauen-, Kinder- und Gütergemeinschaft alle Rechtsstreitigkeiten und Klagen, alle Gewalttätigkeiten und Beschimpfungen verschwinden und statt dessen eine reine Einigkeit einkehren. Aristoteles teilt diesen Optimismus nicht, weil er die Ursache der genannten Übel anderswo liegen sieht, nicht in fehlender Gemeinschaft, sondern in der Schlechtigkeit der Menschen. Da bei einer Gütergemeinschaft sogar mehr Streit als bei Gütertrennung zu erwarten sei, hält er, so das Fazit, ein entsprechendes Leben für ganz unmöglich (*Politik* II 5, 1263b27–29).

Aristoteles' Liste von Einwänden ist damit noch nicht erschöpft. Er wirft der *Politeia* auch vor, das Mittel, das statt der Gütergemeinschaft für den Zusammenhalt des Staates verantwortlich sei, die Erziehung, nicht allen, namentlich nicht den Bauern, zukommen zu lassen (1264a37 f.). Weiterhin kritisiert er, daß die Bauern gegen Abgabe einer Steuer zu Herren ihres Besitzes gemacht würden (1264a32–34). Ferner bezweifelt er, daß Platon die gesuchte Einheitlichkeit tatsächlich erreiche; denn solange die Wächter von den Bauern und Handwerkern scharf getrennt seien, müßten sie von diesen als „eine Art Besatzung" angesehen werden (II 5, 1264a26; vgl. Rep. III 415d–417b). Bei diesem Argument berücksichtigt er allerdings nicht einen der Platonischen Gründe für die Gütergemeinschaft, wonach der Verzicht „auf eigenes Land und Wohnungen mit Gold", die privilegierte Stellung der Herrscherklasse abmildert, so daß sie nicht „rauhe Gebieter anstatt Bundesgenossen" werden (Rep. III 417a–b). Wenn sie zwar die Herrschaft ausüben, aber nicht zusätzlich über Reichtum verfügen, so erregen sie weniger Neid, und ihre Herrschaft wird stabiler.

Nach Aristoteles' letztem Argument gegen die *Politeia* könne ihr Staat deshalb nicht der beste sein, weil einem wichtigen Teil des Staates, den Wächtern, die Glückseligkeit genommen werde (*Politik* II 5, 1264b15 f.). Wenn Aristoteles damit nur auf den

Anfang des vierten Buches der *Politeia* anspielt (419a–421a), wo das Bedenken aufkommt, die Wächter seien nicht glücklich, weil ihnen nichts im Staat, weder Ländereien noch Häuser noch Edelmetalle, gehörten, so müßte man ihm Platons eigene Korrektur entgegenhalten: nicht nur das kurz vorher genannte Argument, daß die Herrscherklasse zum Zweck einer stabilen Herrschaft nicht überprivilegiert sein darf, sondern auch das Argument aus Buch V (465d ff.), daß die Wächter in Wahrheit in höchstem Maß glücklich sind. Dank der Frauen-, Kinder- und Gütergemeinschaft sei ihnen nämlich die Unannehmlichkeit ausgeräumt, den Reichen schmeicheln zu müssen, außerdem die Mühe und Plage der Kindererziehung und Erwerbstätigkeit; nicht zuletzt lebten sie in voller Eintracht. Aristoteles' Einwand überzeugt daher allenfalls für die kleine Gruppe aus den Wächtern, die Philosophenherrscher, die entgegen ihrem Interesse an der Philosophie gezwungen werden, in die Höhle zurückzusteigen und sich mit den niedrigen menschlichen Angelegenheiten abzugeben (Rep. VI 499b–c, 500d; VII 519b–520e, 521b, 539e–540b). Freilich herrscht hierbei nicht der pure Zwang; es gibt auch das Interesse, lieber selber zu herrschen, als sich schlechten Herrschern zu unterwerfen (vgl. 347c–d).

Eine ausgewogene Darstellung der Aristotelischen *Politeia*-Kritik übersieht nicht, daß es neben den schon genannten Gemeinsamkeiten noch mindestens zwei weitere gibt. Zwei Elemente im Gedanken der Philosophenherrschaft erkennt Aristoteles an, jedoch außerhalb der ausdrücklichen *Politeia*-Kritik: die Überlegenheit eines der Philosophie gewidmeten Lebens über das praktisch-politische Leben (*Nikomachische Ethik* X 6–9; *Politik* VII 3, 1325b14 ff.) und die Möglichkeit, daß es einen derart überlegenen Menschen gibt, daß man ihm freiwillig gehorcht und ihn zum König auf Lebenszeit ernennt (III 13, 1284b25–34; III 17, 1288a15–29; VII 3, 1325b10–14; vgl. VII 14, 1332b16–27; siehe Vander Waerdt 1985). Im Unterschied zu Platon bestimmt Aristoteles die Überlegenheit aber nicht durch genuine Philosophie, durch die Dialektik und die daraus entspringende Einsicht in die Idee des Guten, sondern vom Praktisch-Politischen her. Nach Aristoteles kommt es auf die Tugend und die Fähigkeit, das Beste zu vollbringen, an. Und mit dieser Bestimmung kann er den in der Philosophenherrschaft enthaltenen Interessenkonflikt auflösen: Weil der Herrscher kein Philosoph ist, widerspricht das Herrschen nicht seinem eigentlichen Interesse; und dank seiner überragenden Tugend sorgt er für einen Staat, in dem das beste, nämlich rein theoretische Leben möglich ist, so daß die Philosophen ihren eigentlichen Interessen nachgehen können. Zugleich bietet Aristoteles eine Neufassung der Idiopragieformel: der Philosoph philosophiere, der Politiker widme sich der Politik. In diesem Sinne enthält Aristoteles' Theorie der fünf dianoetischen Tugenden (*Nikomachische Ethik* V) eine klare Trennung von Klugheit (*phronêsis*) und Weisheit (*sophia*). Sie schlägt sich in grundverschiedenen Vorbildern nieder; für die Klugheit wird auf Perikles, für die Weisheit auf Thales verwiesen.

Überblickt man Aristoteles' verschiedene Kritikpunkte, so bestätigt sich die generelle Einleitungsbemerkung von Buch II der *Politik* (II 1, 1260b27–36). Ohne Aristoteles in allen Einwänden rechtzugeben, darf man sagen, daß er Platons Staatstheorie prüft, „damit sich zeige, was an ihr richtig und brauchbar ist"; und daß er nicht über sie hinausgeht „in der Absicht, seinen Scharfsinn unter Beweis zu stellen", sondern weil Platons Staatstheorie gewisse Mängel aufweist. Die Beurteilung müßte freilich für den *Politikos* und vor allem die *Nomoi* anders als für die *Politeia* ausfallen; denn mit diesen Dialogen Platons stimmt Aristoteles vielfach überein.

16.3 Demokratisierung der Philosophenherrschaft: Kant

Aristoteles kommentiert Platons Philosophenkönigsatz auch außerhalb der *Politik*. Nach einem von Themistius (Oratio VIII 107) überlieferten Fragment sagt er in einer Schrift *Peri basileias*: *Über königliche Herrschaft*, für einen König sei das Philosophieren nicht bloß nicht notwendig, sondern sogar ein positives Hindernis; der König solle aber den Rat derer anhören und anerkennen, die wirklich philosophierten (frg. Rose 647: Ross 1955, 62). Damit weicht Aristoteles von einer klaren Arbeitsteilung – hier Philosophie, dort Politik – ab. Da der Text keine Gründe anführt, bleibt offen, ob sein Autor gegen die Philosophenherrschaft nur pragmatische oder aber grundsätzlichere Einwände hegt. Die in der Ethik getroffene Unterscheidung von

Klugheit und Weisheit spricht aber im Gegensatz zu Gerhardts Deutung (1995, 182 f.) für einen mehr als bloß pragmatischen Vorbehalt.

Der entlegene Text dürfte neuzeitlichen Philosophen kaum gegenwärtig gewesen sein; der dort vertretenen Ansicht, die Philosophen seien nur als Ratgeber, nicht als Herrscher einzusetzen, kommen sie jedoch erstaunlich nahe. Einmal mehr erweisen sich die entsprechenden Denker, Hobbes und Kant, in einer nicht unwichtigen Frage als Aristoteliker. Das Hauptwerk der frühneuzeitlichen Staatsphilosophie, der *Leviathan*, spricht an herausgehobener Stelle, am Ende von Kapitel 31, im letzten Absatz des Teils II „Vom Staat", die Hoffnung aus, der Text möge in die Hände eines Souveräns fallen, der sie, ohne „Hilfe eines interessierten oder mißgünstigen Interpreten, selbst überdenken wird ... und durch Ausübung der vollen Souveränität, indem er die öffentliche Verbreitung dieser Lehre schützt, diese spekulative Wahrheit in praktischen Nutzen verwandelt". Hobbes spricht hier seinen staatstheoretischen Einsichten einen praktisch-politischen Wert zu, ohne sich selbst als Herrscher anzubieten oder vom Herrscher ein eigenes, nicht dem *Leviathan* entlehntes Philosophieren zu erwarten. Er begnügt sich also mit der Rolle des Ratgebers. Wo das genaue Defizit bloßer Philosophie und wo der genuin politische Anteil liegt, über den allein der Herrscher verfügt – ist es nur die autorisierte Macht (vgl. *Leviathan*, Kap. 16–17) oder zusätzlich die Fähigkeit zu einer situationsbezogenen Machtausübung? –, auf diese Frage läßt er sich allerdings nicht ein. Hier geht Kant deutlich weiter.

Den Kern seiner Neuinterpretation des Philosophenkönigssatzes bildet eine Unterscheidung. Kant bekräftigt Platons Absicht, der Vernunft zur Wirklichkeit zu verhelfen, und deren Voraussetzung, die Vereinbarkeit von (moralischer) Theorie und (realer) Praxis (vgl. den *Gemeinspruch* und „Anhang I" der Friedensschrift, auch den *Streit der Fakultäten*). Er trennt aber die Bestimmung der Vernunftgrundsätze von ihrer Durchsetzung in der Wirklichkeit und überträgt den Philosophen die erste, aber auch nur die erste Aufgabe. Auf diese Weise nimmt er mehr als bloß jene Arbeitsteilung vor, für die er sich generell einsetzt (vgl. *Idee zu einer allgemeinen Geschichte in weltbürgerlicher Absicht*: Akad.-Ausg. VIII 21 f.; *Grundlegung zur Metaphysik der Sitten*: IV 388 f.). Er spricht sich für eine Gewaltenteilung aus, die im Unterschied zur gewöhnlichen politischen eine philosophisch-politische Gewaltenteilung heißen kann: Die Philosophen sind für die Festlegung und Rechtfertigung der Grundsätze zuständig, die Herrscher, das heißt: die Politiker und ihre Diener, die Juristen, für die Durchsetzung.

Die einschlägige Passage steht in der Abhandlung *Zum ewigen Frieden*, im zweiten Zusatz, einem Geheimen Artikel, den Kant, um die damaligen Friedensverträge zu ironisieren, der zweiten Auflage beigibt. Zu Beginn führt er den Grundsatz an: „Die Maximen der Philosophen über die Bedingungen der Möglichkeit des öffentlichen Friedens sollen von den zum Kriege gerüsteten Staaten zu Rathe gezogen werden." Und im Schlußabschnitt sagt er, jetzt deutlich auf Platon anspielend: „Daß Könige philosophiren, oder Philosophen Könige würden, ist nicht zu erwarten, aber auch nicht zu wünschen: weil der Besitz der Gewalt das freie Urtheil der Vernunft unvermeidlich verdirbt." Im Anschluß daran bekräftig er den einleitend genannten Grundsatz: „Daß aber Könige oder königliche (sich selbst nach Gleichheitsgesetzen beherrschende) Völker die Classe der Philosophen nicht schwinden oder verstummen, sondern öffentlich sprechen lassen, ist Beiden zu Beleuchtung ihres Geschäfts unentbehrlich" (VIII 368 f.).

Der zunächst angeführte Grundsatz spricht von einer Kompetenz, die an Platons Wohlberatenheit (*euboulia*) erinnert; Philosophen haben die Fähigkeit, Rat zu erteilen (vgl. *Streit der Fakultäten*, 1. Abschn., 4: VII 35). Und in der *Politeia* geht es um den Frieden eines Gemeinwesens, von Kant „öffentlicher Friede" genannt. Im Unterschied zu Platon erstreckt sich die philosophische Kompetenz bei Kant aber nicht auf den Gesamtbereich des Regierens, sondern lediglich auf einen kleinen, freilich grundlegenden Teil. Darin deutet sich Kants erstes Argument an: Die philosophische Rechtfertigung ist von der politischen Durchsetzung deshalb zu trennen, weil sich die kognitive Kompetenz von Philosophen gar nicht auf die konkrete Politik erstreckt. In diesem Sinn unterscheidet „Anhang I" (VIII 377 f.) der Friedensschrift zwischen der Staatsweisheit, einer politischen Vernunft, die für die moralischen Grundlagen des Zusammenlebens kompetent ist, und der Staatsklugheit, die sich mit den Bedingungen der Wirklichkeit und der Wirklichkeit selbst befaßt und dabei der Erfahrung und der Urteilskraft, auch eines

Gespürs für Macht bedarf. Ex professione sind Philosophen für die erste, Politiker und Juristen für die zweite Aufgabe zuständig.

Nach Platon schließt die Einsicht in die Idee des Guten ihre Anerkennung ein. Gegen diese Ansicht, gegen eine handlungsleitende Einsicht und einsichtsgeleitete Handlung, gegen die Einheit des principium diiudicationis bonitatis mit dem principium executionis, richtet sich Kants zweites Argument, das der Korrumpierbarkeit. Nach ihm soll man den Philosophen selbst dann, wenn ihre Kompetenz nicht begrenzt wäre, die Herrschaft verweigern, weil andernfalls die genuine philosophische Kompetenz, das freie Urteil der Vernunft, verdorben würde. Platon würde Kants Einwand mit dem Argument zurückweisen, bei dem Philosophen, den er meine, sei die Vernunft, weil sie das in der Seele herrschende Element darstelle, gar nicht korrumpierbar. Platonische Philosophen verfügen über jene Art von Seele, sprich: über jenes praktische Selbstverhältnis, die den Menschen stets auf das Gute und Gerechte ausrichte. Folgerichtig stehen Platons Philosophenkönige weder im Dienst noch unter dem Druck von partikularen Interessen und verachten die Macht (vgl. Rep. I 347d, VI 499b–c, VII 521b, VIII 539e). Kant wiederum würde entgegnen, diese Art einer schlechthin sicheren Vernunftherrschaft, die Eliminierung statt Zähmung der Macht, lasse sich zwar denken, komme bei konkreten Menschen aber nicht vor. Hier erweist er sich als Anhänger Rousseaus, der im *Gesellschaftsvertrag* (Kap. II 7) von einer höheren Vernunft spricht, die alle Leidenschaften des Menschen sieht und selbst keine hat, was nur den Göttern, aber nicht den Menschen zukommt.

Das Kantisch-Rousseausche Gegenargument gegen Platon ist anthropologisch und besagt, daß es im strengen Sinn gute, nämlich nicht-korrumpierbare Herrscher auch dann nicht geben kann, wenn man sie so wichtigen Gefährdungen des Allgemeininteresses entzieht wie dem persönlichen Besitz und der eigenen Familie. Auch im Fall der Frauen-, Kinder- und Besitzgemeinschaft bleibt der Mensch, würde Kant sagen, aus „krummen Holze" geschnitzt (Religionsschrift: VI 100; *Idee*: VIII 23), weshalb er, sobald man ihm Macht gebe, Gefahr laufe, seine geistige Unabhängigkeit zu verlieren. Gewiß, auch die *Politeia* warnt vor der Korrumpierbarkeit durch Macht (VI 491b–e). Die Warnung, weil nicht im Zusammenhang mit der Philosophenkönigsherrschaft angesprochen, schränkt diese aber nicht ein. Erst die *Nomoi* (IX 874e–875d; vgl. III 631c ff., IV 713c–714a) leiten aus der Korrumpierbarkeit aller Menschen die Notwendigkeit einer Gesetzesherrschaft ab.

Den Grund der Kantischen Skepsis gegen die moralische Zuverlässigkeit dürfte das Theorem des radikal Bösen abgeben, das seinerseits voraussetzt, daß die Platonische Erwartung, schon im Diesseits ließen sich Moral und Eigenwohl versöhnen (vgl. Rep. II 357d–358a und IX 576b ff.), unwiederbringlich zerstört ist. Unter der Voraussetzung der verlorenen Einheit sieht Kant beim Menschen einen Hang gegeben, zugunsten des Eigenwohls vom moralisch Gebotenen abzuweichen. Gerät nun ein derartiges Wesen in den Besitz der Gewalt, so muß man mit diesem Hang rechnen, und das freie Vernunfturteil verdirbt.

In einer weiteren Hinsicht setzt sich Kant gegen Platon und hier zugleich gegen Hobbes ab. Nach der *Politeia* sind äußerst wenige zur Philosophie geeignet, bei Kant geht es dagegen um eine „allgemeine ... Menschenvernunft". An die Stelle einer Aristokratie des Geistes – bei Platon der in Mathematik und Dialektik Geschulten, bei Hobbes derjenigen, die sich auf die Wissenschaft von der natürlichen Gerechtigkeit verstehen (*Leviathan*, Kap. 31, letzter Absatz) – tritt jetzt eine Demokratie der Vernunft. Aus dem Umstand, daß auch sie ohne Schulung nicht auskommt, schließt Kant nicht auf eine intellektuelle Aristokratie. Philosophen verfügen über keinerlei Sondereinsichten, sondern allenfalls über ein Training in dem, was der Mensch schon als Mensch kann, im methodischen Denken. Ohne ein Amt oder eine privilegierte Einsicht ist der Philosoph lediglich Anwalt jener „allgemeine(n) Menschenvernunft, worin ein jeder seine Stimme hat" (*Kritik der reinen Vernunft*, Methodenlehre, 1. Hst, 2. Abschn.: B 780). Und damit jeder seine Stimme erheben darf, braucht es – was der zweite Zusatz der Kantischen Friedensschrift verlangt – eine generelle Meinungsfreiheit. Nun kommt es in der Friedenstheorie und generell in der Politischen Philosophie (Rechts- und Staatsphilosophie) nicht so sehr auf eine theoretische als eine praktische Vernunft an, auf die Anerkennung der rechtsmoralischen Grundsätze. Völkern, die diese Anerkennung vollziehen und „sich selbst nach Gleichheitsgesetzen beherrschen", gibt Kant einen Ehrentitel, der die Demokratisierung des

Philosophenkönigssatzes deutlich ausspricht; er nennt sie „königliche Völker" (VIII 369).

In einer entscheidenden Hinsicht folgt Kant jedoch Platon. Die *Politeia* will zwar nicht den professionellen Lehrern der Philosophie zur politischen Macht verhelfen, wohl aber der Idee des Guten, also der Moral, die wiederum nicht aus der Erfahrung, sondern nach der im Höhlengleichnis beschriebenen Abkehr von ihr gewonnen wird. Ebenso setzt sich Kant, wenn er für die allgemeine Menschenvernunft votiert, nicht für eine kognitive Fähigkeit, sondern für die reine praktische, die moralisch-gesetzgebende Vernunft ein. Darin, daß die – als reine Vernunft bestimmte – Moral die öffentlichen Angelegenheiten beherrschen soll, ist sich Kant mit Platon einig. Aus diesem Grund zeichnen sich „königliche Völker" nicht durch ein ungewöhnlich hohes Bildungs- oder Ausbildungsniveau aus, sondern durch die Anerkennung des rechtsmoralischen Grundsatzes, der Selbstbeherrschung nach den Gesetzen der Gleichheit. Aus demselben Grund verwirft der „Anhang" der Friedensschrift den „politischen Moralisten", „der sich eine Moral so schmiedet, wie es der Vorteil des Staatsmanns sich zuträglich findet", und votiert statt dessen für den „moralischen Politiker", „der die Principien der Staatsklugheit so nimmt, daß sie mit der Moral zusammen bestehen können" (VIII 372). Für die eigentliche Herrschaft, die der Moral, ist der Philosoph also nicht wesentlich kompetenter als die gemeine sittliche Vernunft.

Noch in drei weiteren Gedanken stimmt Kant mit Platon überein und erweist sich damit, trotz mancher Kritik im Detail, als ein Platoniker: In der *Kritik der reinen Vernunft*, im ersten Buch der transzendentalen Dialektik (B 369–373), rehabilitiert Kant zunächst Platons Idee – zumindest im Bereich des Moralischen braucht es Begriffe, die die Möglichkeit der Erfahrung übersteigen –, um dann die *Politeia* gegen den schon sprichwörtlichen Vorwurf der Realitätsfremdheit – „ein vermeintlich auffallendes Beispiel von erträumter Vollkommenheit" (b 372) und „ein leeres Hirngespinst" – in Schutz zu nehmen (vgl. *Der Streit der Fakultäten*, 2. Abschn., 8.: VII 90 f.). Der Philosophenkönigssatz erhält dabei aber eine andere Lesart. Aus dem personalen Erfordernis, „niemals würde ein Fürst wohl regieren, wenn er nicht der Ideen teilhaftig wäre", wird ein von personaler Moral entlastetes Kriterium. Eine „Verfassung von der größten menschlichen Freiheit nach Gesetzen, daß jedes Freiheit mit der andern ihrer zusammen bestehen kann", sei eine „notwendige Idee, die man ... bei allen Gesetzen zum Grunde legen muß" (B 373). An die Stelle des gerechten Herrschers tritt die gerechte Verfassung.

Die zweite wesentliche Übereinstimmung: Nach dem Höhlengleichnis gewinnt man handlungsleitende Einsicht in die Idee des Guten erst nach einer Umwendung (*periagôgê*) der Seele. Genau entsprechend setzt Kant, damit die Moral zur Herrschaft gelange, eine „wahre Reform der Denkungsart" (*Was ist Aufklärung?*, VIII 36) oder eine „Revolution in der Gesinnung" (Religionsschrift: VI 47) voraus. Nicht zuletzt erweist sich Kant dort als Platoniker, wo er die Unvereinbarkeit von Theorie und Praxis vehement abstreitet, so in der Abhandlung *Über den Gemeinspruch: was mag in der Theorie richtig sein, taugt aber nicht für die Praxis* und im Anhang I der Friedensschrift.

16.4 Der Zauber Poppers

Obwohl sich Popper nachdrücklich auf Kant beruft (1957, 9 ff.), kann er dessen Wertschätzung der *Politeia* nicht folgen. Im ersten Band seiner Sozialphilosophie, die unter dem Titel *Die offene Gesellschaft und ihre Feinde* (= 1957) erscheint, nennt er Platon zwar den „größte(n) Philosoph(en) aller Zeiten" (1957, 141); gegen dessen Staats- und Gesellschaftstheorie reitet er aber unter dem Titel „Der Zauber Platons" eine scharfe Attacke. Bei Popper erscheint Platon als reaktionärer Aristokrat, der, an den „alten Stammesaristokratien von Kreta und Sparta" orientiert (77), die Ideale einer untergegangenen Adelsordnung zu erneuern versucht und dabei nichts anderes als einen Klassen- und Kastenstaat (78) mit repressivem, sogar totalitärem (126 ff.) Charakter zustande bringt. In diesem herrschen Fremdenfeindlichkeit und Militarismus; „die Herrenklasse" fühlt sich „als eine überlegene Herrenrasse" (84), für die die Menge, die „Arbeiter, Händler usf. ... nur menschliches Herdenvieh" sei, dessen „einzige Funktion" darin besteht, „für die Befriedigung der materiellen Bedürfnisse der herrschenden Klasse zu sorgen" (79). Des näheren erhebt Popper gegen Platon sechs Einwände.

(1) Nicht anders als Hegel und Marx (siehe Band II der *Offenen Gesellschaft*: „Falsche Propheten. Hegel, Marx und die Fol-

gen") vertrete Platon einen Historizismus (31 ff.), also eine sozialwissenschaftliche Theorie, die aufgrund fester historischer Gesetze die Zukunft – bei Platon einen zunehmenden Verfall des Idealstaates – vorauszusagen erlaube.

Des weiteren wirft er Platon vor:

(2) eine gefährliche Utopie, die sich statt einer „Sozialtechnik der Einzelprobleme" (214) der „Technik der Ganzheitsplanung" (213), der „des völligen Neubaus der Gesellschaftsordnung als ganzer" (219 ff.) verschreibe;

(3) eine gegen Veränderungen abgeschottete Gesellschaft, die sich jenen demokratischen und emanzipatorischen Ideen Athens widersetze, wie sie beispielsweise in Thukydides' Grabrede des Perikles zutage träten;

(4) eine antirationale Ideologie, bestehend aus dem Metallmythos, der Dialektik und der Ideenlehre, die den Trägern dieser Ideologie, den Philosophenkönigen, eine uneingeschränkte Macht sichere und die trotzdem Intellektuelle immer noch begeistere, da diese sich gern in den Weisen, die herrschen sollen, wiederfänden;

(5) einen „radikalen Kollektivismus" (151), der das Interesse des Staates über alles stelle, das Individuum also als „ein völlig minderwertiges Ding" ansehe (ebd.) und im Namen des Gemeinwohls sowohl Gewalt als auch Lügen erlaube;

(6) daran anschließend einen Verrat an Sokrates: während dieser, „der größte Apostel einer individualistischen Ethik" (180), für die Gedankenfreiheit gestorben sei, schränke Platon sie ein.

Popper sieht in der *Politeia* einen „Ästhetizismus" am Werk, der „die Vernunft über Bord zu werfen" versucht, überdies einen „Romantizismus", der „sich an Träumen von einer schönen Welt berauscht" und dabei übersieht, daß er „sogar mit der besten Absicht, den Himmel auf Erden einzurichten ..., diese Welt nur in eine Hölle zu verwandeln (vermag) – eine jener Höllen, die Menschen für ihre Mitmenschen bereiten" (227). Schon dieses Zitat zeigt, daß Popper jene rhetorische Wortmacht, die er Platon vorwirft, seinerseits entfaltet. Dabei verbindet er berechtigte Einwände mit einer teils einseitigen, teils verkürzten Interpretationen; und der teils ergänzende, teils korrigierende Blick auf die *Nomoi* fehlt ganz. Greifen wir einige Gesichtspunkte heraus (zur Kritik am Historizismus-Vorwurf siehe Frede in diesem Band, Beitrag 12).

Die Behauptung, Platon idealisiere die Verhältnisse von Kreta und Sparta, übersieht, daß die *Politeia* (VIII 544e und 547a–550b) sie als Timokratien anspricht und damit als Verfallsstaaten kritisiert. Die Kritik an Platons Demokratiekritik wiederum beachtet nicht die Besonderheit Athens, das eine nichtrepräsentative Demokratie darstellte, die sich, so Platons Begriff von Demokratie (vgl. VIII 558a–c), über alle Gesetze hinwegsetzt und dann die von Kant geteilte Einschätzung – „notwendig ein Despotismus" (*Zum ewigen Frieden*, 1. Definitivart.: VIII 352) – verdient. Gegen die These einer Machtgier auf seiten der Philosophen spricht, daß sie die Herrschaft nicht freiwillig übernehmen (I 347b–d; VII 519b–521b; 540a–b). Und der Umstand, daß alle Bürger als Brüder gelten (Rep. III 415a), außerdem die Herrschaft auf Konsens beruht (IV 432a–b), verträgt sich kaum mit Poppers Behauptung, der dritte Stand werde unterdrückt.

Beim Vorwurf der *utopischen Ganzheitsplanung* muß man zunächst Platons Ziel vom Weg unterscheiden und das Ziel dann als problemlos anerkennen. Die Veränderung einer Gesellschaft zum Zweck, daß endlich das Gemeinwohl anstelle des Partikularwohls herrsche, mag nämlich ein naives Ziel sein; wünschenswert ist es gewiß. Und der von Platon vorgeschlagene Weg zu diesem Ziel beinhaltet zwar eine umfassende Veränderung, sie erstreckt sich aber nur auf einen kleinen Teil der Bürgerschaft. Die Menge, die Bauern, Handwerker und Kaufleute, dürfen bei ihrer gewohnten Lebensweise bleiben, müssen nur zwei relativ geringe Einschränkungen auf sich nehmen; sie sollen sich einer gewissen Besonnenheit befleißigen, überdies die Herrschaft der dafür Befähigten frei anerkennen (III 389d–e).

Außerdem bedarf es für das Ziel, das Popper favorisiert, die offene oder liberale Gesellschaft, weit mehr als der von Popper vorgeschlagenen Stückwerktechnologie. Ob der Weg, mit Popper, von der geschlossenen zur offenen oder, mit Platon, von der partikularwohl- zur gemeinwohlbestimmten Gesellschaft führt – um sich von der falschen Gesellschaft auf den Weg zur richtigen Gesellschaftsform aufzumachen, ist eine durchaus radikale und umfassende Veränderung vonnöten, jene Umkehr, die Platon mindestens mit teilweisem Recht auf die Seele, sprich: die Grundeinstellung des Betroffenen, zurückführt. Erst wenn man sich von der falschen Gesellschaft im wesentlichen losgesagt hat, genügt Poppers Politik der kleinen Schritte. Wer erfolgreiche Gesellschaftsplanung westlicher Demokratien untersucht (vgl. Höffe 1975, Kap. 10–11), sieht aber, daß man selbst dann – einerseits wegen mannigfacher Interdependenzen, andererseits zum Zweck, die Kurzsichtigkeit bloßen Krisenmanagements zu vermeiden – sich von konstruktiven Entwürfen leiten lassen muß. Damit erweist sich Poppers Alternative – entweder Technik der Ganzheitsplanung oder bloße Stückwerktechnologie – als zu einfach.

Nicht zuletzt finden wir entscheidende Elemente der offenen Gesellschaft schon bei Platon. Hinsichtlich Religion und Dichtung gibt es zwar enge Grenzen, teilweise sogar Zensur. Schon bei der Wissenschaft sieht es aber anders aus; aus dem Umstand, daß es eine Höchstform, die Dialektik, gibt, leitet Platon für die gewöhnlichen Wissenschaften keine Einschränkungen ab. Außerdem herrschen weder, wie es zu einer geschlossenen Gesellschaft gehört, Sitte und Herkommen vor, noch werden Wirtschaft und Handel reguliert. Weiterhin gibt es insoweit keine geborenen Herrscher, als man zum Herrscher ausgewählt und erzogen wird und sich darüber hinaus in vielen Aufgaben bewährt haben muß. Daß es außerdem entsprechende Begabung braucht, wird man – wenn auch nicht gerade im Sinn von Platons Metallmythos in der klaren Einteilung von goldenen, silbernen und ehernen Menschen (III 414b ff.) – kaum ernsthaft in Frage stellen.

Wer Platon totalitäre Tendenzen anlastet, darf nicht vergessen, daß sie im Verhältnis zu jenen totalitären Regimes des 20. Jahrhunderts, gegen die sich Popper zu Recht wendet, daß sie im Gegensatz zum Nationalsozialismus und zum Stalinismus, höchst schwach ausgebildet sind: Es gibt keine Massenorganisationen, keine Geheimpolizei, keine Folter; in der *Politeia* kommen nicht einmal Gefängnisse vor. Unter einem totalitären Staat ist ein Gemeinwesen zu verstehen, das zwei komplementäre Ziele verfolgt: die Maximierung staatlicher Macht und eine Minimierung persönlicher und gesellschaftlicher Freiheit. Für einen derartigen Staat dürften folgende sechs Bedingungen wesentlich sein: (1) eine Versachlichung der Herrschaft (so sehr die Machthaber ihre Macht als persönlichen Besitz ansehen mögen, sind sie doch auswechselbar); (2) der Aufbau eines höchst wirksamen Machtapparates, der die Beherrschten („Bürger") zur

Machtlosigkeit verurteilt; (3) eine De-Moralisierung der Beherrschten (durch ständige Überwachung, Verlust der Muße ...); (4) eine De-Sozialisierung der Beherrschten (ein fast universales Spitzelsystem sät Mißtrauen; man kann sich auf keinen verlassen ...); (5) eine Ideologisierung der öffentlichen Meinung; schließlich (6) die Identität von Staat und Gesellschaft. Keine dieser Bedingungen wird von der *Politeia* erfüllt:

(1') Weil die Machthaber höchsten intellektuellen und moralischen Anforderungen unterworfen werden, sind sie als Machthaber kaum auszuwechseln; (2') der Macht„apparat" beschränkt sich auf die Einhaltung von Grund- und Rahmenbedingungen und läßt vor allem denen, die in etwa die bürgerliche Gesellschaft ausmachen, den Bauern, Handwerkern und Kaufleuten, weitgehend freien Raum; (3') anstelle einer ständigen Überwachung wird von ihnen Besonnenheit verlangt; (4') von einem Spitzelsystem kann in der *Politeia* schon deshalb keine Rede sein, weil die Elemente von Zensur nur für die Wächter zutreffen; im übrigen soll in dieser Gruppe Freundschaft statt Mißtrauen herrschen; (5') das Verbot einer „falschen Dichtung" läßt sich bestenfalls als eine partielle Ideologisierung ansprechen; (6') schließlich spricht die klare Trennung von Wächterstand und der Menge der Bauern, Handwerker und Kaufleute gegen eine Identität von Staat und Gesellschaft. Kurz: Es gibt zwar gewisse, freilich begrenzte Affinitäten zu einem totalitären Staat; ein Lehrbuch totalitärer Herrschaft hat Platon jedoch nicht geschrieben.

Gegen Emanzipation? Zweifelsohne enthält die *Politeia* eine Reihe von höchst anstößigen Elementen. Sie unterwirft den Wächterstand strengen Fortpflanzungsregeln; sie erlaubt Zensur, sogar eine politische Lüge, d. h. Betrug, sofern er dem Gemeinwohl dient; weiterhin tritt Platon – in der Antike freilich nicht unüblich – für eine rigorose Euthanasie ein; er erlaubt Kindstötung und verweigert ärztliche Hilfe für Menschen, die der Seele nach bösartig und unheilbar sind. Es ist auch richtig, daß sich Platon keineswegs allen emanzipatorischen Ideen seiner Zeit öffnet. Eine politische Philosophie mit normativem Anspruch behält sich aber das Recht vor, emanzipatorische Ideen zu prüfen und nur die gemeinwohlförderlichen zu validieren. Im übrigen zeigt sich Platon in einer Hinsicht als bemerkenswert emanzipatorisch. Im Gegensatz zu der damals herrschenden Ungleichheit von Mann und Frau setzt er sich bei der Wächterschaft mit Nachdruck für ihre Gleichheit ein; die Frauen sollen dieselben Tätigkeiten wie die Männer ausüben, infolgedessen auch dieselbe Erziehung erhalten.

Platon konnte die *Offenheit und Dynamik* moderner Gesellschaften nicht kennen; vielleicht hat er sogar das schon damals realisierte Maß nicht richtig eingeschätzt. Daraus läßt sich aber nur begrenzt auf eine Vorliebe für geschlossene Gesellschaften schließen. Denn einerseits befaßt sich Platon mit einem Element, das auch die Moderne der Offenheit und Dynamik entzieht, mit den Grund- und Rahmenbedingungen des Gemeinwesens; bei Platon ist es die Idiopragieformel, in der Moderne sind es die Demokratie, die Grund- und Menschenrechte sowie die Gewaltenteilung, die als unveränderliche Vorgaben gelten. Auf der anderen Seite erlaubt Platon innerhalb der Idiopragieformel Offenheit und Dynamik, vor allem innerhalb des dritten Standes; außerdem steht Kindern bei entsprechender Begabung der Aufstieg offen (Rep. III 415 b–c).

Vorrang des Staates vor dem Individuum? Poppers Vorwurf des kollektivistischen Utilitarismus – Platon unterwerfe das Individuum dem Kollektivwohl – kann sich auf den Anfang von Buch IV berufen, wonach es nicht darauf ankommt, daß irgendeine Gruppe (*ethnos*: Stamm) besonders glücklich sei, sondern die ganze Polis (419a–420b; vgl. 421b f., VII 519d–520a). Die Platonische Polis opfert aber keineswegs das Wohl von einzelnen oder von Gruppen zugunsten des Allgemeinwohls. Vielmehr wird sie so eingerichtet, daß alle, Gruppen ebenso wie Individuen, glücklich werden können. Die genannte Stelle formuliert in provokativer Überspitzung Platons eigentliche Intention, wonach niemand seine Interessen in einer Ausschließlichkeit verfolgen darf, die den anderen das Recht, ihre Interessen zu verfolgen, raubt. Nach einem naiven Liberalismus ergibt sich das Gemeinwohl als Resultante der durchaus konkurrierenden Privatwohle. Gegen diese Ansicht ist Platon zutiefst skeptisch. Nach seiner Meinung muß man – von der spontanen Gerechtigkeit der unrealistischen ersten Polisstufe abgesehen (siehe Beitrag 4 in diesem Band) – das Gemeinwohl eigens organisieren; und für diese Organisation – ihr wichtigstes Mittel ist die Idiopragieformel – braucht es eine Elite, die Wächterklasse, und innerhalb ihrer die Philosophen.

So vielfach Popper an Platon Kritik übt – in einem Punkt spricht er seine Bewunderung aus; Platon verfüge über soziologischen Scharfsinn und eine genaue Beobachtungsgabe (77, 267 u. ö.). Aber auch dieses Lob weckt Bedenken. Namentlich die breite Darstellung der ungerechten Verfassungen zeugt zwar von der Fähigkeit, eine Reihe von zunehmender Verwerflichkeit zu konstruieren; mit den realen Verhältnissen griechischer Verfassungsentwicklung hat sie aber wenig gemeinsam. Somit drängt sich diese Bilanz auf: *Die offene Gesellschaft und ihre Feinde* ist für die Totalitarismus-Debatte des 20. Jahrhunderts ein wirkungsmächtiges Buch; seine Platon-Darstellung ist aber wenig haltbar.

Literatur

Zu Platons späten politischen Schriften:

Griswold, Ch. L. Jr. 1989: Politikê Epistêmê in Plato's *Statesman*, in: J. P. Anton/ A. Preus (Hgg.), Essays in Ancient Greek Philosophy III, Albany, 141–167.

Herter, H. 1975: Platons Staatsideal in zweierlei Gestalt, in: ders., Kleine Schriften, hg. v. E. Vogt, München, 259–278.

Laks, A. 1990: Legislation and Demiurgy: on the Relationship between Plato's *Republic* and the *Laws*, in: Classical Antiquity 9, 209–229.

Lisi, F. L. 1985: Einheit und Vielheit des platonischen Nomosbegriffs, Königstein/Ts.

Rowe, Ch. J. (Hg.) 1995: Reading the *Statesman*, Proceedings of the III Symposium Platonicum, Sankt Augustin.

Sandvoss, E. 1971: Soteria. Philosophische Grundlagen der platonischen Gesetzgebung, Göttingen.

Saunders, T. J. 1992: Plato's Later Political Thought, in: R. Kraut (Hg.), The Cambridge Companion to Plato, Cambridge, 464–492.

Schoepsdau, K. 1994: Platon, Nomoi (Gesetze), Buch I–III. Übersetzung und Kommentar, Göttingen.

Zu Aristoteles:

Bornemann, E. 1924: Aristoteles' Urteil über Platons politische Theorie, in: Philologus 79, 70–111, 113–158 und 234–257.

Canto-Sperber, M. 1993: L'unité de l'état et les conditions du bonheur public (Platon, *République* V; Aristote, *Politique* II) in: P. Aubenque/A. Todesillas (Hgg.), Aristote politique. Etudes sur la *Politique* d'Aristote, Paris, 49–71.

Nussbaum, M. C. 1980: Shame, Separateness, and Political Unity. Aristotle's Criticism of Plato, in: A. O. Rorty (Hg.), Essays on Aristotle's Ethics, Berkeley – Los Angeles, 395–435.

Saunders, T. J. 1995: Aristotle, Politics, Books I and II, Oxford.

Schütrumpf, E. 1991: Aristoteles, Politik. Buch II und III, Berlin–Darmstadt.
Stalley, R. F. 1991: Aristotle's Criticism of Plato's *Republic*, in: D. Keyt/F. D. Miller (Hgg.), A Companion to Aristotle's *Politics*, Oxford, 182–199.
Vander Waerdt, P. A. 1985: Kingship and Philosophy in Aristotle's Best Regime, in: Phronesis 30, 249–273.

Zu Kant:

Gerhardt, V. 1995: Der Thronverzicht der Philosophie. Über das moderne Verhältnis von Philosophie und Politik bei Kant, in: O. Höffe (Hg.), Immanuel Kant, Zum ewigen Frieden, Berlin, 171–193.
Höffe, O. 1988: Soll der Philosoph König sein?, in: ders., Den Staat braucht selbst ein Volk von Teufeln. Philosophische Versuche zur Rechts- und Staatsethik, Stuttgart, 8–23.
Ross, W. D. (Hg.) 1955: Aristotelis fragmenta selecta, Oxford.
Schneiders, W. 1981: Philosophenkönige und königliche Völker. Modelle philosophischer Politik bei Platon und Kant, in: Filosofia Oggi 2, 165–175.

Zu Popper:

Bambrough, R. (Hg.) 1967: Platon, Popper and Politics. Some Contributions to a Modern Controversy, Cambridge – New York.
Funke, H. (Hg.) 1987: Utopie und Tradition. Platons Lehre vom Staat in der Moderne, Würzburg.
Höffe, O. 1975: Strategien der Humanität. Zur Ethik öffentlicher Entscheidungsprozesse, Freiburg – München (2. Aufl.: Frankfurt/M. 1985).
Levinson, R. B. 1953: In Defense of Plato, Cambridge.
Otto, D. 1994: Das utopische Staatsmodell von Platons Politeia aus der Sicht von Orwells Nineteen Eighty-Four. Ein Beitrag zur Bewertung des Totalitarismusvorwurfs gegenüber Platon, Berlin.
Popper, K. R. 1957, [7]1992: Die offene Gesellschaft und ihre Feinde, Bd. I: Der Zauber Platons, Bern (orig.: The Open Society and its Enemies, Bd. I: The Spell of Plato, London 1948).
Taylor, C. C. W. 1986: Plato's Totalitarianism, in: Polis 5, 4–29.

Auswahlbibliographie zu Platons *Politeia*

1. Texte und Übersetzungen

Platonis Opera, hg. v. J. Burnet, Bd. IV, Oxford 1902 (zahlreiche Nachdrucke).
Adam, J. 1902, ²1963: The *Republic* of Plato, 2 Bde., Cambridge.
Chambry, E. ⁵1965, ⁷1967: La République, in: Platon, Œuvres complètes, Bd. VI und VII, Paris.

deutsche Übersetzungen:
Schleiermacher, F. 1971: Platon, Der Staat, hg. v. G. Eigler, Darmstadt, Bd. 4.
Rufener, R. 1950: Platon, Der Staat. Über das Gerechte, Zürich.
Apelt, O. ¹¹1989: Platon, Der Staat, Hamburg.
Vretska, K. 1958: Platon, Der Staat (Politeia), Stuttgart.

englische Übersetzungen:
Cornford, F. M. 1941: The Republic of Plato, London.
Grube, G. M. A. ²1992: Plato: Republic, revised by C. D. C. Reeve, Indianapolis.
Lee, H. D. P. ²1974: Plato, The Republic, Harmondsworth.
Bloom, A. 1968: The Republic of Plato, New York.
Waterfield, R. 1993: Plato, Republic, Oxford – New York.

2. Sekundärliteratur

2.1 Bibliographien, Forschungsberichte, Hilfsmittel

Eine umfassende kommentierte Platon-Bibliographie seit 1950 bieten:
Cherniss, H. 1959: Plato 1950–1957, in: Lustrum 4, 5–308.
– 1960: Plato 1950–1957, in: Lustrum 5, 323–648.
Brisson, L. 1977: Platon 1958–1975, in: Lustrum 20, 5–304.
Brisson, L./Ioannidi, H. 1983: Platon 1975–1980, in: Lustrum 25, 31–320.
– 1988: Platon 1980–1985. Addenda à Platon 1950–1980, in: Lustrum 30, 11–285 und 286–294.
– 1992: Addenda à Platon 1950–1985, in: Lustrum 34, 330–338.
Nützlich sind zudem:
McKirahan Jr., R. D. 1978: Plato and Socrates. A Comprehensive Bibliography 1958–1973, New York – London.
Totok, W. 1964: Handbuch der Geschichte der Philosophie I, Frankfurt a. M., 146–210.
Die deutschsprachige Rezeption der „Politeia" seit Beginn des 19. Jahrhunderts dokumentiert akribisch:
Zimbrich, U. 1994: Bibliographie zu Platons Staat. Die Rezeption der Politeia im deutschsprachigen Raum von 1800 bis 1970, Frankfurt a. M.

Von den Platon-Lexika sind besonders zu nennen:
Ast, F. 1835–38: Lexicon Platonicum sive vocum Platonicarum index, 3 Bde., Leipzig.
des Places, E. 1964: Lexique de la langue philosophique et réligieuse de Platon, 2 Bde., Paris.
Gigon, O./Zimmermann, L. 1975: Platon. Lexikon der Namen und Begriffe, Bern.
Brandwood, L. 1976: A Word Index to Plato, Leeds.

Zur Chronologie der Platonischen Werke:
v. Arnim, H. 1912: Sprachliche Forschungen zur Chronologie der platonischen Dialoge, in: Sitzungsberichte der Kaiserlichen Akademie der Wissenschaften in Wien 169.1, 1–210.
Brandwood, L. 1990: The Chronology of Plato's Dialogues, Cambridge.

2.2 Allgemeine Platon-Literatur

Allen, R. E. (Hg.) 1965: Studies in Plato's Metaphysics, London.
Anton, J./Preus, A. (Hgg.) 1989: Essays in Ancient Greek Philosophy III: Plato, Albany.
Cornford, F. M. 1935: Plato's Theory of Knowledge, London.
Crombie, I. M. 1962/63: An Examination of Plato's Doctrines, 2 Bde., London.
Findlay, J. N. 1974: Plato: The Written and the Unwritten Doctrines, New York.
Immer noch lesenswert:
Friedländer, P. 1928–30 (^{2}1954–60): Platon, 3 Bde., Berlin.
Gaiser, K. ^{2}1968: Platons ungeschriebene Lehre. Studien zur systematischen und geschichtlichen Begründung der Wissenschaften in der Platonischen Schule, Stuttgart.
Görgemanns, H. 1994: Platon, Heidelberg.
Gosling, J. C. B. 1973: Plato, London.
Graeser, A. 1976, ^{2}1993: Die Philosophie der Antike 2. Sophistik und Sokratik, Plato und Aristoteles, München.
Eine solide und ausführliche Darstellung enthält:
Guthrie, W. K. C. 1975/78: A History of Greek Philosophy, Bd. IV u. V, Cambridge.
Heitsch, E. 1992: Wege zu Platon. Beiträge zum Verständnis seines Argumentierens, Göttingen.
Krämer, H. J. 1959, ^{2}1967: Arete bei Platon und Aristoteles. Zum Wesen und zur Geschichte der platonischen Ontologie, Heidelberg.
– 1990: Plato and the Foundations of Metaphysics, Albany (ital.: 1982).
Als problemorientierte Einführung empfiehlt sich (mit guter Bibliographie):
Kraut, R. (Hg.) 1992: The Cambridge Companion to Plato, Cambridge.
Malcolm, J. 1991: Plato on the Self-Predication of Forms, Oxford.
McCabe, M. M. 1994: Plato's Individuals, Princeton.
Mojsisch, B./Kobusch, Th. (Hgg.) 1996: Platon. Seine Dialoge in der Sicht neuer Forschungen, Darmstadt.
Eine Gesamtinterpretation Platons aus der Sicht der „Tübinger Schule" bietet:
Reale, G. 1993: Zu einer neuen Interpretation Platons, Paderborn u. a. (ital.: 1989).

Ritter, C. 1910/23: Platon. Sein Leben, seine Schriften, seine Lehre, 2 Bde., München.
Ross, W. D. 1951: Plato's Theory of Ideas, London.
Rowe, C. J. 1984: Plato, Brighton.
Rudolph, E. (Hg.) 1996: Polis und Kosmos. Naturphilosophie und politische Philosophie bei Platon, Darmstadt.
Stemmer, P. 1992: Platons Dialektik. Die frühen und die mittleren Dialoge, Berlin.
Stenzel, J. 1924, ²1933: Zahl und Gestalt bei Platon und Aristoteles, Leipzig (ND Darmstadt 1959).
Szlezák, Th. A. 1985: Platon und die Schriftlichkeit der Philosophie, Berlin.
Vlastos, G. (Hg.) 1971: Plato. A Collection of Critical Essays, 2 Bde., Garden City.
– 1973, ²1981: Platonic Studies, Princeton.
Wieland, W. 1982: Platon und die Formen des Wissens, Göttingen.
Von eher forschungsgeschichtlichem Interesse:
Wilamowitz-Moellendorff, U. v. 1919 (²1959)/1920 (²1962): Platon, 2 Bde., Berlin.

2.3 Kommentare und allgemeine Einführungen zur *Politeia*

Immer noch ein Standardkommentar ist:
Adam, J. 1902, ²1963: The *Republic* of Plato, 2 Bde., Cambridge.
Annas, J. 1981: An Introduction to Plato's *Republic*, Oxford.
Cornford, F. M. 1945: The *Republic* of Plato, Oxford.
Für die philosophische Kommentierung unentbehrlich:
Cross, R. C./Woozley, A. D. 1964: Plato's *Republic*. A Philosophical Commentary, London.
Gigon, O. 1976: Gegenwärtigkeit und Utopie. Eine Interpretation von Platons ‚Staat' I, Zürich – München.
Halliwell, S. 1988: Plato, *Republic* X, Warminster.
Howland, J. 1993: The *Republic*, New York.
Pointierte Thesen zum Verhältnis von Sokrates und Platon enthält:
Irwin, T. H. 1977: Plato's Moral Theory, Oxford, bes. Kap. 7.
– 1995: Plato's Ethics, Oxford, Kap. 11–17.
Jowett, B./Campbell, L. 1894: Plato's *Republic*, 3 Bde., Oxford.
Maurer, R. 1970: Platons ‚Staat' und die Demokratie, Berlin.
Murphy, N. R. 1951: The Interpretation of Plato's *Republic*, London.
Reeve, C. D. C. 1988: Philosopher-Kings. The Argument of Plato's *Republic*, Princeton.
Schubert, A. 1995: Platon, ‚Der Staat', Paderborn u. a.
Untersteiner, M. 1966: Platone, Repubblica, libro X, Napoli.
White, N. P. 1979: A Companion to Plato's *Republic*, Oxford.

2.4 Monographien und Abhandlungen zur *Politeia*

Andrew, E. 1989: Equality of Opportunity as the Noble Lie, in: History of Political Thought 10, 477–595.
Annas, J. 1976: Plato's *Republic* and Feminism, in: Philosophy 51, 307–321.
– 1978: Plato and Common Morality, in: Classical Quarterly 28, 437–451.
– 1982: Plato's Myths of Judgement, in: Phronesis 27, 119–143.
Austin, J. L. ³1979: The Line and the Cave in Plato's *Republic*, in: J. O. Urmson/ G. J. Warnock (Hgg.), Philosophical Papers, Oxford, Kap. 13.
Barrow, R. 1975: Plato, Utilitarianism, and Education, London.
Boter, G. J. 1986: Thrasymachus and *Pleonexia*, in: Mnemosyne 39, 261–281.
Brickhouse, T. C. 1981: The Paradox of the Philosophers' Rule, in: Apeiron 15, 152–160.
Broze, M. 1986: Mensonge et justice in Platon, in: Revue internationale de Philosophie 40, 38–48.
Burnyeat, M. 1992: Utopia and Fantasy. The Practicability of Plato's Ideally Just City, in: J. Hopkins/A. Savile (Hgg.), Psychanalysis, Mind, and Art, Cambridge (Mass.) – Oxford, 175–187.
Chanteur, J. 1980: Platon, le désir et la cité, Paris.
Chappell, T. D. J. 1993: The Virtues of Thrasymachus, in: Phronesis 38, 1–17.
Chen, L C. H. 1992: Acquiring Knowledge of the Ideas, Stuttgart.
Cooper, J. 1977: The Psychology of Justice in the *Republic*, in: American Philosophical Quarterly, 14, 151–157.
– 1984: Plato's Theory of Human Motivation, in: History of Philosophy Quarterly 1, 3–21.
Demandt, A. 1993: Der Idealstaat. Die politischen Theorien der Antike, Köln, 71–108.
Demos, R. 1964: A Fallacy in Plato's *Republic*?, in: Philosophical Review 73, 395–398.
Devereux, D. T. 1992: The Unity of the Virtues in Plato's Protagoras and Laches, in: Philosophical Review 101, 765–789.
Erbse, H. 1976: Platons Politeia und die modernen Antiplatoniker, in: Gymnasium 83, 169–191.
Ferber, R. 1981: Notizen zu Platons Höhlengleichnis, in: Freiburger Zeitschrift für Philosophie und Theologie 28, 393–433.
– 1984, ²1987: Platos Idee des Guten, Sankt Augustin.
Fine, G. 1978: Knowledge and Belief in *Republic* V, in: Archiv für Geschichte der Philosophie 60, 121–139.
– 1990: Knowledge and Belief in *Republic* V–VII, in: S. Everson (Hg.), Companions to Ancient Thought: Epistemology, Cambridge, 85–115.
Funke, H. (Hg.) 1987: Utopie und Tradition. Platons Lehre vom Staat in der Moderne, Würzburg.
Gaiser, K. 1974: Die Rede der Musen über den Grund von Ordnung und Unordnung: Platon, Politeia VIII 545D–547A, in: Studia Platonica (FS H. Gundert), Amsterdam, 49–85.
– 1980: Plato's Enigmatic Lecture 'On the Good', in: Phronesis 25, 5–37.
Gallop, D. 1965: Image and Reality in Plato's *Republic*, in: Archiv für Geschichte der Philosophie 47, 113–131.

Gerson, L. P. 1989: Plato on Virtue, Knowledge, and the Unity of Goodness, in: J. Anton/A. Preus (Hgg.), Essays in Ancient Greek Philosophy III: Plato, Albany, 85–100.
Gill, C. J. 1985: Plato and the Education of Character, in: Archiv für Geschichte der Philosophie 67, 1–26.
Gosling, J. C. B. 1960: *Republic* V: ta polla kala, in: Phronesis 5, 116–128.
Hall, R. W. 1967: On the Myth of Metals in the *Republic*, in: Apeiron 1, 28–32.
Hirzel, R. 1874: Über den Unterschied der *dikaiosyne* und der *sophrosyne* in der platonischen Republik, in: Hermes 8, 379–411.
Hitchcock, D. 1985: The Good in Plato's *Republic*, in: Apeiron 19, 65–92.
Höffe, O. 1987: Politische Gerechtigkeit. Grundlegung einer kritischen Philosophie von Recht und Staat, Frankfurt a. M., Kap. 8.
Hösle, V. 1994: I fondamenti dell' aritmetica e della geometria in Platone, Milano.
Janaway, Ch. 1995: Images of Excellence. Plato's Critique of the Arts, Oxford.
Kahn, Ch. 1976: Plato and the Unity of Virtues, in: W. Werkmeister (Hg.), Facets of Plato's Philosophy, Assen.
Karasmanis, V. 1988: Plato's *Republic*: The Line and the Cave, in: Apeiron 21, 147–171.
Kelsen, H. 1985: Die Illusion der Gerechtigkeit. Eine kritische Untersuchung der Sozialphilosophie Platons, Wien.
Kerferd, G. B.1947: The Doctrine of Thrasymachus in Plato's *Republic*, in: Durham University Journal 9, 19–27, Wiederabdruck in: C. J. Classen (Hg.): Sophistik, Wege der Forschung 187, Darmstadt 1976, 545–563.
Klosko, G. 1986: The Development of Plato's Political Theory, London.
Krämer, H. J. 1966: Über den Zusammenhang von Prinzipienlehre und Dialektik bei Platon. Zur Definition des Dialektikers Politeia 534 B–C, Philologus 110. (Erweitert als: Dialettica e definizione del Bene in Platone, Milano 1989, ³1992).
– 1967: Das Problem der Philosophenherrschaft bei Platon, in: Philosophisches Jahrbuch 84, 254–270.
– 1969: EPEKEINA TÊS OUSIAS. Zu Platon, Politeia 509 B, in: Archiv für Geschichte der Philosophie 51, 1–30.
Kraut, R. 1973: Reason and Justice in Plato's *Republic*, in: E. N. Lee/A. P. D. Mourelatos/ R. M. Rorty (Hgg.), Exegesis and Argument, Assen, 207–224.
– 1973a: Egoism, Love, and Political Office in Plato, in: Philosophical Review 82, 330–344.
– 1991: Return to the Cave: *Republic* 519–521, in: J. J. Cleary (Hg.), Proceedings of the Boston Area Colloquium in Ancient Philosophy 7, 43–61.
– 1992: In Defense of Justice in Plato's *Republic*, in: ders. (Hg.), The Cambridge Companion to Plato, Cambridge, 311–337.
Krohn, A. 1876: Der Platonische Staat, Halle.
Lafrance, Y. 1987: Pour interpréter Platon. La ligne en République VI 509–511e, Paris.
Laks, André 1990: Legislation and Demiurgy: On the Relationship between Plato's *Republic* and *Laws*, in: Classical Antiquity 9, 209–229.
Lear, J. 1992: Inside and Outside the *Republic*, in: Phronesis 37, 184–215.

Lee, E. N. 1989: Plato's Theory of Social Justice in *Republic* II–IV, in: J. Anton/
A. Preus (Hgg.), Essays in Ancient Greek Philosophy III: Plato, Albany,
117–140.
Lesses, G. 1987: Weakness, Reason, and the Divided Soul in Plato's *Republic*, in:
History of Philosophy Quarterly 4, 147–162.
– 1987a: The Divided Soul in Plato's *Republic*, in: History of Philosophy
Quarterly 4, 147–161.
Lisi, F. L. 1985: Einheit und Vielheit des platonischen Nomosbegriffs,
Königstein/Ts.
Lizano-Ordovás, M. A. 1995: Eikasia und Pistis in Platons Höhlengleichnis, in:
Zeitschrift für philosophische Forschung 49, 378–397.
Mabbott, J. D. 1937: Is Plato's *Republic* Utilitarian?, in: Mind 46, 468–474.
Maguire, J. P. 1971: Thrasymachus ... or Plato?, in: Phronesis 16, 142–163.
Mahoney, T. A. 1992: Do Plato's Philosopher-Rulers Sacrifice Self-Interest to
Justice?, in: Phronesis 37, 265–282.
Malcolm, J. 1962: The Line and the Cave, in: Phronesis 7, 38–45.
– 1981: The Cave Revisited, in: Classical Quarterly 31, 60–68.
Moors, K. F. 1989: *Muthologia* and the Limits of Opinion, in: Boston Area
Colloquium in Ancient Philosophy IV, 213–247.
Moravcsik, J./Temko, P. (Hgg.) 1982: Plato on Beauty, Wisdom, and the Arts,
Totowa.
Moravcsik, J. 1986: On Correcting the Poets, in: Oxford Studies in Ancient
Philosophy 4, 35–47.
Morrison, J. S. 1977: Two Unresolved Difficulties in the Line and the Cave, in:
Phronesis 22, 212–231.
Mourelatos, A. P. D. 1980: Plato's 'Real Astronomy': *Republic* 527d–531d, in:
J. P. Anton (Hg.), Science and the Sciences in Plato, Delmar N.Y., 33–73.
Müller, G. 1981: Platons Dialog vom Staat. Kunstform und Lehrgehalt,
Wiesbaden.
Neschke-Hentschke, A. 1995: Platonisme politique et théorie du droit naturel,
Bd. 1, Louvain/Paris.
Neu, J. 1971: Plato's Analogy of State and Individual: The *Republic* and the
Organic Theory of the State, in: Philosophy 46, 238–254.
Nicholson, P. P. 1974: Unravelling Thrasymachus' Arguments in the *Republic*,
in: Phronesis 19, 210–232.
Nussbaum, M. 1986: The Fragility of Goodness, Cambridge, Kap. 5.
Parry, R. D. 1985: The Uniqueness Proof of Forms in *Republic* X, in: Journal of
the History of Philosophy 23, 133–150.
Quincey, J. H. 1981: Another Purpose for Plato, *Republic* I, in: Hermes 109,
300–315.
Reeve, C. D. C. 1985: Socrates meets Thrasymachus, in: Archiv für Geschichte
der Philosophie 67, 246–265.
Sachs, D. 1963: A Fallacy in Plato's *Republic*, in: Philosophical Review 72,
141–158.
Santas, G. X. 1980: The Form of the Good in Plato's *Republic*, in: Philosophical
Inquiry 2, 374–403.
– 1985: Two Theories of Good in Plato's *Republic*, in: Archiv für Geschichte
der Philosophie 67, 223–245.
Steiner, P. M. 1991: Psyche bei Platon, Göttingen.

Stemmer, P. 1985: Das Kinderrätsel vom Eunuchen und der Fledermaus. Platon über Wissen und Meinen in Politeia V, in: Philosophisches Jahrbuch 92, 79–97.
Strang, C. 1986: Plato's Analogy of the Cave, in: Oxford Studies in Ancient Philosophy 4, 19–34.
Szlezák, T. A. 1976: Unsterblichkeit und Trichotomie der Seele im zehnten Buch der Politeia, in: Phronesis 21, 31–58.
Thorson, T. L. (Hg.) 1963: Plato: Totalitarian or Democrat?, Englewood Cliffs.
Trampedach, K. 1994: Platon, die Akademie und die zeitgenössische Politik, Stuttgart.
Utermöhlen, D. 1967: Die Bedeutung der Ideenlehre für die platonische Politeia, Heidelberg.
Vlastos, G. 1981: Justice and Happiness in the *Republic*, in: ders., Platonic Studies, Princeton, 111–139.
- 1981a: Does Slavery Exist in Plato's *Republic*?, in: ders., Platonic Studies, Princeton, 140–146.
- 1995: The Theory of Social Justice in the *Polis* in Plato's *Republic*, in: ders., Studies in Greek Philosophy, Bd. II, 69–103.
Waterlow, S. 1972: The Good of Others in Plato's *Republic*, in: Proceedings of the Aristotelian Society 73, 19–36.
White, F. C. 1984: The Scope of Knowledge in *Republic* V, in: Australasian Journal of Philosophy, 339–354.
- 1988: Justice and the Good of Others in Plato's *Republic*, in: History of Philosophy Quarterly 5, 395–410.
White, N. P. 1984: The Classification of Goods in Plato's *Republic*, in: Journal of the History of Philosophy 22, 393–421.
- 1986: The Ruler's Choice, in: Archiv für Geschichte der Philosophie 68, 22–46.
- 1989: Happiness and External Contingencies in Plato's *Republic*, in: W. C. Starr/R. C. Taylor (Hgg.), Moral Philosophy, Milwaukee, 1–21.
Wieland, W. 1976: Platon und der Nutzen der Idee. Zur Funktion der Idee des Guten, in: Allgemeine Zeitschrift für Philosophie 1, 19–33.
Williams, B. 1973: The Analogy of City and Soul in Plato's *Republic*, in: E. N. Lee/ A. P. D. Mourelatos/ R. M. Rorty (Hgg.), Exegesis and Argument, Assen, 196–206.
Wilson, J. R. S. 1976: The Contents of the Cave, in: R. Shiner/ J. King-Farlow (Hgg.), New Essays on Plato and the Presocratics, Canadian Journal of Philosophy, Suppl. 2, 117–127.
- 1976a: The Argument of *Republic* IV, in: Philosophical Quarterly 26, 111–124.
Woods, M. J. 1987: Plato's Division of the Soul, in: Proceedings of the British Academy 73, 23–47.
Young, C. M. 1980: Polemarchus' and Thrasymachus' Definitions of Justice, in: Philosophical Inquiry 2, 404–419.

Personenregister

Adam, J.   37, 211, 214, 256
Adeimantos   17 f., 30, 33, 47 ff., 56, 58, 60, 69, 174 f., 265, 269, 275, 315 f.
Agesilaos   121
Aiakos   121
Aischylos   60, 121
Albert, K.   215 f.
Alexander v. Aphrodisias   190
Alexander d. Gr.   253
Alkibiades   267
Alkidamas   261
Alkinoos   147 f., 151, 156
Alkmene   102
Allen, R. E.   184
Ambrosius   119
Amphiaros   121
Andrew, E.   112
Annas, J.   8, 37, 143, 158, 187, 210, 214, 232, 245, 262, 286, 296 f., 305
Antipater   151
Antiphon   261
Apollon   254, 192
Ariston   13, 154
Aristophanes   55, 261
Aristoteles   1, 7, 21, 31, 37, 40, 74, 76, 120 f., 135 f., 143 f., 146 ff., 151, 157, 159, 170, 183, 189 ff., 193 f., 197, 199 f., 202, 214, 217, 220, 232, 235, 242, 244, 254, 256, 275, 288, 292, 321 f., 333, 340–348
Aristoxenos   189
Asklepios   107
Athene   169
Augustinus   164, 329

Benedikt v. Nursia   170
Benveniste, É.   107
Bleicken, J.   259, 261 f.
Bloom, A.   144
Blundell, M. W.   35
Bormann, K.   215
Bornemann, E.   343
Brisson, L.   95, 109, 111, 115

Bröcker, W.   235, 247
Broze, M.   111
Brunt, P.   155
Bubner, R.   187
Burkert, W.   236
Burkholder, P. M.   108
Burnyeat, M. F.   72
Busolt, G.   258

Caligula   262
Canto-Sperber, M.   95, 114
Charmides   267
Chen, L. C.   213 f., 217, 221, 239
Cherniss, H.   184, 299
Chiron   107
Chrysipp   143
Cicero   152
Cross, R. C.   237, 254, 260

Davila, N. G.   163
Defradas, J.   112
Demokrit   52
Demos, R.   23
Demosthenes   121
Devereux, D. T.   134
Dikaiopolis   261
Dillon, J.   147
Dionysios I. v. Syrakus   262
Dionysios II. v. Syrakus   155, 334
Diotima   183
Dombrowski, D.   111
Dover, K.   121
Dumézil, G.   98, 107, 109 ff.
Dupont-Roc, R.   104

Ebert, Th.   8, 215, 294, 296 f.
Edelstein, L.   156
Empedokles   205, 304
Epikur   331
Eudoxos   235
Euklid   240, 244
Euripides   44

Ferber, R.   19, 187, 219
Ferguson, A. S.   111, 208 ff., 213

Ferrari, G. R. F. 317
Field, G. C. 156
Fine, G. 243, 295 ff., 304, 326
Flashar, H. 193
Frede, D. 157, 355
Fritz, K. v. 187 f., 193, 195, 240

Gadamer, H.-G. 227
Gaiser, K. 19, 206, 232, 256
Gill, C. J. 319
Glaukon 5, 17 f., 30, 47 ff., 56–60, 67, 69, 149, 265, 269, 275 f., 294 f., 305, 315
Goldschmidt, V. 101, 112
Gorgias 62 f.
Gosling, J. C. B. 273, 293, 302 f.
Graeser, A. 294, 305
Grote, G. 154
Guthrie, W. K. C. 45 f., 231, 245
Gyges 12, 32, 45, 48, 50 f., 59 f., 65, 278

Halfwassen, J. 215, 217
Hall, R. W. 112
Halliwell, S. 317, 319, 324 f., 328 f.
Ham, D. E. 112
Hanson, V. D. 96
Harder, R. 180
Hare, R. M. 187, 240
Hartman, M. 112
Hegel, G. W. F. I, 73, 77, 164, 173, 354
Heidegger, M. 252
Heitsch, E. 19
Hellwig, D. 254, 256
Hera 102
Herakles 102
Heraklit 205, 304, 331
Hermann, K. F. 11
Herodikos v. Selymbria 108
Herodot 43
Hesiod 78, 105, 257, 315, 331
Hippias 261
Hobbes, Th. 145, 152, 157, 168, 349, 352
Höffe, O. 77, 356
Hoerber, R. G. 29
Hösle, V. 198

Homer 105, 255, 315 f., 324, 327 f., 331
Horn, Ch. 306
Humboldt, W. v. 230

Irwin, T. H. 120, 121, 124, 127, 136, 148, 271, 273–275

Jackson, H. 209 f., 213
Jamblich 113 f.
Jenkyns, R. 154
Jori, A. 108

Kahn, Ch. 12, 49, 122, 134
Kallikles 5 f., 17, 41, 43, 51, 62–65, 278
Kannicht, R. 325
Kant, I. I, 4, 61, 80, 174, 243, 333, 348–355
Kephalos 5, 10, 15, 17–19, 23, 30, 33–37, 44, 52, 314
Kerferd, G. B. 39, 41, 43, 49
Kirwan, Ch. 48
Kodros 170
Krämer, H. 19, 193, 215, 217, 232
Kraut, R. 187, 275, 284
Kritias 48, 267
Kriton 335
Kronos 318 f.
Kurz, D. 182

Lafrance, Y. 291
Lasserre, F. 193
Lear, J. 78, 80, 87
Lee, E. N. 66
Lenin, W. I. 176
Leontios 131
Lincoln, A. 171
Locke, J. 145, 157
Loraux, N. 112
Lutz, C. 142

Machiavelli, N. 56
Maguire, J. 39
Marković, Ž. 198
Marrou, H.-I. 99
Marx, K. 81, 354
Melesias 55
Menon 126 f.

Personenregister

Mill, J. S.   272 f.
Mittelstraß, J.   232, 234, 237
Moore, G. E.   185
Moors, K. F.   111
Mourelatos, A. P. D.   66
Murdoch, I.   210
Musaios   315

Natorp, P.   191, 219
Nero   262
Neu, J.   12, 70
Nietzsche, F.   56, 187, 329, 335

O'Brian, M. J.   134
Odysseus   102, 131
Oehler, K.   215

Pappas, N.   231
Paris   102
Parmenides   191, 304, 311
Parry, R.   301
Pascal, B.   175
Patzig, G.   8, 292
Peisistratos   253
Perikles   55 f., 64, 348, 354
Phalaris   148
Philipp v. Makedonien   253
Pindar   107, 121, 314
Plotin   215, 217
Polemarchos   10, 17–19, 30, 33, 35 ff., 40, 44, 314
Polos   5, 62 f.
Popper, K.   144, 146, 253 f., 260 f., 333, 354–359
Poseidon   102
Pritchard, P.   187, 213 f.
Proklos (Diadochos)   240, 244
Protagoras   48, 95, 130, 137, 304
Pythagoras   240

Rawls, J.   8
Reale, G.   19
Reeve, C. D. C.   70 f., 76, 273, 280
Richter, W.   49
Riginos, A.   155
Robinson, R.   196, 215, 217, 239
Rorty, R.   66
Ross, W. D.   348
Rousseau, J.-J.   77, 81, 351

Sachs, D.   23, 275
Sandvoss, E.   343
Santas, G.   187
Schmitz, H.   184
Schoepsdau, K.   339
Schofield, M.   143
Schubert, A.   263
Schwartz, E.   49
Segonds, A.   115
Sergent, B.   98, 107
Shorey, P.   134
Simonides   23, 35, 314
Speusipp   154
Stahl, H. P.   242
Stemmer, P.   215, 239, 242, 244, 246, 294, 297 f.
Stopper, M. R.   154
Strauss, L.   144
Stryker, E. de   186
Swoboda, H.   258
Szabó, A.   239
Szlezák, Th. A.   19, 179, 217, 219, 223

Taylor, C. C. W.   273
Thales   240, 348
Themistios   348
Thomas v. Aquin   119
Thrasyllos   10, 155
Thrasymachos   5, 10–12, 15–19, 22, 29–33, 36, 38–49, 52, 57, 59, 61, 165, 171, 265, 274, 289, 316
Thukydides   40 f., 55 f., 354
Turner, F. M.   154

Uranos   318

Vernant, J.-P.   96 f., 112
Vlastos, G.   23, 66, 102, 122, 129, 143, 234 f., 275, 283, 299
Vogel, C. J. de   215 f.
Vretska, K.   31

Waterfield, R.   20, 145 f., 283
Weininger, O.   187
White, F. C.   303
White, N. P.   280, 297
Wieland, W.   8, 185, 187, 208, 215, 217, 240, 247, 297

Williams, B. 59, 86, 90 f.
Woozley, A. D. 237, 254, 260

Xenophanes 101, 331
Xenophon 41 f., 344

Ps.-Xenophon 40, 42

Zenon v. Elea 192
Zenon v. Kition 143, 151
Zeus 102

Sachregister

agathon s. Gut; s. Idee des Guten
aisthêsis s. Wahrnehmung
Akademie (Schule Platons) 155, 180–183, 188, 197 f.
Analogie von Seele und Polis (Vergleich der kleinen und großen Buchstaben) 7, 9, 12 f., 22, 62, 66, 69–93, 119 f., 127, 144 f., 151, 158, 161, 166, 252, 317
anamnêsis (Erinnerung) 233
Anarchie 77, 83, 252, 261, 264
andreia s. Tapferkeit
anhypotheton (voraussetzungsloser Anfang) 194, 196, 239, 242, 246 f.
Anthropologie 73 f., 207, 338
aretê (Vortrefflichkeit) s. Tugend
Aristokratie 38, 43, 64, 167, 169, 252 f., 267 f., 354
Arithmetik 195, 199 f., 229–243
Ästhetik 3, 313, 320
Astronomie 234–236, 243

Bauern 71, 77, 84, 91, 97, 356 f.
Begehrungsvermögen (*epithymêtikon*) 17, 84–92, 164
Begierde (*epithymia*) 34, 268
Besonnenheit, Mäßigkeit (*sôphrosynê*) 6, 82, 88, 91 f., 105, 109, 316
Bürger 96, 111 f., 283

Christliche Ethik 37, 164

Demokratie 38, 42 f., 55, 64, 67, 95 f., 153 f., 157, 167–169, 251–253, 258–261, 263–268
Denken (*logismos*; s. auch *dianoia*, s. *noêsis*) 256
Denkvermögen (*logistikon*) 17, 84–92, 190, 200, 222 ff., 227
deuteros plous (zweit(best)e Fahrt) 169
Dialektik 14, 41, 47, 116, 173, 179, 181–185, 193–202, 211, 217 f., 229–248, 334, 347, 352, 354, 356

dianoia (untergeordnete Denkform; im Ggs. zu *noêsis*) 195, 210, 212, 214, 237 f.
Dichter, Dichtung 100, 103–105, 255 f., 313, 332
Dichterkritik 3, 298, 315–332
diêgêsis (Darstellung; im Ggs. zu *lexis*) 104, 321
dikaiosynê s. Gerechtigkeit
doxa (Meinung) 128 f., 163, 174, 179, 183–185, 195, 214, 237 f., 248, 291–312
dreifache Welle (*trikymia*) 14, 21, 71, 161, 207
Dreiteilung der Idealpolis 95–118, 151
Dreiteilung der Seele s. Seelenteile
Dritter Mensch (Argument vom dritten Menschen) s. Regreßproblem
Drittes Bett (Argument vom dritten Bett) 299–302

eidos s. Idee
eikasia (Vermutung) 195, 209, 212 f., 238
Eines (*hen*), Einheit 143, 182, 189–191, 197–202, 222, 231, 292, 298–312, 342 f.
Eleatismus 192, 201
Elenktik 11, 215, 217, 242, 244
epistêmê (Wissen) 109, 116, 124–129, 132–137, 162, 171–174, 183, 185, 194, 212, 214, 237 f., 246, 248, 291–312
epithymêtikon s. Begehrungsvermögen
Erkenntnis (*gnômê*) 185, 291
Erkenntnistheorie 186 f., 190–192, 206, 242, 244, 247, 291–312
Erziehung (*paideia*) 97, 99, 105, 106, 115, 129, 173, 181, 207, 245, 248, 274, 314, 316, 320 f., 339
Ethik, Moraltheorie 3, 7, 55–67, 102, 146–160, 207, 224 ff., 244, 314, 327 ff., 335, 352 f.

euboulia (Wohlberatenheit) 6, 24, 350
eudaimonia s. Glück

Form (*eidos*) s. Idee
Frau 3, 8, 14, 96–99, 115, 141–143, 261, 339, 358
Frauengemeinschaft 8, 14, 20, 97, 114–116, 143, 151, 158, 172, 334, 344–347
Freundschaft 35 f., 113, 159
Frömmigkeit, Religion 6, 34 f., 101, 105

Gattung (*genos*) 197–199
Geist (*nous*) s. Vernunft
Gemeinwohl – Herrscherwohl 38, 40, 46 f., 171 f., 356–359
Genauigkeit, Exaktheit (*akribeia*) 182, 229
Geometrie 195, 197–200, 232–243
Gerechtigkeit (*dikaiosynê*) 3–6, 10–12, 23, 25, 29–53, 55–67, 161 f., 164–168, 271–289, 314 f.
– Definition der G. 31, 33, 35
– Folgen der G. 31, 44, 51, 271–289, 316
– personale G. (G. in der Seele) 6 f., 21, 52, 56, 69 ff., 144 f., 153, 163 f., 265, 282–284
– politische G. (G. in der Polis) 6 f., 41, 56, 69 ff., 144 f., 153, 163 f., 282, 284
– soziale G. 78, 288
– traditionelle (griechische) Auffassung von G. 30 ff., 45, 48
Geschichtsdeterminismus 251–257
Gesetz (*nomos*) 26, 41, 45, 49, 106, 115, 153, 167–169, 171, 176, 258, 317, 334–340
Gleichheit 168
Glück (*eudaimonia*) 4, 12, 46, 114, 126, 147–151, 154, 158, 174, 275 f., 282 f., 341 f.
Gott, Götter (*theos*) s. Theologie
Gut, Güter (*agathon*; s. auch Idee des Guten) 5, 31, 48, 51 f., 147–150, 172, 184, 274, 278 f., 286 f., 289

Gütergemeinschaft (Verbot von Privateigentum der Wächter) 8, 14, 20, 97, 110, 114, 116, 151, 158, 172, 334, 343–347
Gymnastik 97–99, 105–110, 231, 315

Handwerker 71, 76 f., 84, 91, 97, 356 f.
Harmonielehre 229, 235 ff., 243
Historizismus 253, 270, 354 f.
Hochzeitszahl 26, 256
Höhlengleichnis 9, 20, 179, 193, 195, 205–228, 229, 245–248, 296 f.
hypothesis 193 f., 238 f., 242, 246

Idealstaat (*kallipolis*) 13 f., 123, 144–153, 157–166, 176, 184, 189, 226–228, 251, 316 f., 341
– Beispielscharakter (*paradeigma*) des I. 21, 26, 162, 164
– Realisierbarkeit (oder Utopie) des I. 21, 26, 71 f., 141, 144–146, 161–168, 255, 333 f.
– Verfall des I. 159, 176, 252–257, 264 f.
Idee, Form (*eidos, idea*) 3, 8 f., 41 f., 101, 116, 162 f., 168 f., 184, 187, 193–195, 200, 202, 210–215, 231, 233, 235, 237 f., 241 f., 243 f., 254, 274, 277, 279, 282–287, 291–312, 325 f., 334
Idee des Guten 3 f., 8 f., 14, 19, 24–27, 162, 173 f., 179–202, 206, 211, 215–221, 230, 246–248, 277, 347
Idiopragieformel 23, 74, 76 f., 87, 89, 91, 163, 341–344, 348, 350, 359
Imagination, Vorstellung 323 f.
Immoralismus 45, 55–67
indoeuropäische Tradition 97, 106, 109 f., 115
Institutionen (staatlich) 7, 141–143, 159, 259, 285–287
Ironie 314, 326

Jenseits (s. auch Mythos von
  Er) 10, 23, 34, 51, 101, 103,
  206, 314

kallipolis („schöne Stadt") s. Idealstaat
Kardinaltugenden s. Tugenden
Kindergemeinschaft 8, 14, 20,
  114–116, 143, 158, 334, 344–347
Kindstötung 20, 146, 358
Königtum, Monarchie 166–169,
  263, 276, 348
Kommunismus s. Gütergemeinschaft
Komödie 255 f., 261
Körper (*sôma*) 101, 105–108, 205
Kosmologie 3, 188
Krieg 26, 141 f., 172
Krieger, Soldat 71, 95–99, 110,
  113–116
Kunstfertigkeit s. *technê*

lexis (Redeform; im Ggs. zu
  diêgêsis) 100–104, 321
Liniengleichnis 9, 179–203, 206,
  209, 211–214, 230, 237, 241–247
Logik 242
logistikon s. Denkvermögen, Denken
logos (Rede: in Relation zu *mythos*; s.
  auch Vernunft) 72, 317–320,
  325, 327
Lüge s. politische Lüge
Lust (*hêdonê*) 64 f., 109, 174, 252,
  262, 272–280

Maß (*metron*) 182, 200, 256 f.
Mathematik 159, 162, 173, 193–202,
  213 f., 229–248, 292, 352
Medizin 35, 106–108
megiston mathêma (größtes Lehr-
  stück) 182, 186
Meinung s. *doxa*
Metaphysik 3, 8
mimêsis (Nachahmung) 100,
  103–105, 176, 214, 255, 321–329
Mittelplatonismus 146 f.
Musik (*mousikê*) 3, 8, 18, 97–105,
  129, 231, 235, 315
Mythos 13, 101, 103, 111, 314–327
– M. der Erdgeburt/der Metal-
  le 83, 110–113, 354, 357
– M. vom Ring des Gyges 12, 32,
  45, 48, 50 f., 59 ff., 65, 278
– M. des *Politikos* 112

Naturphilosophie 3
noêsis (höhere Denkform; im Ggs. zu
  dianoia) 183, 195, 211, 232,
  237 f., 248
nomos s. Gesetz

offene Gesellschaft (soziale
  Mobilität) 112, 354–359
Oligarchie 40, 64, 75, 157, 167,
  251–260, 263 f., 268
Ontologie 3, 185–188, 190–192,
  200, 206–209, 244, 291–312
Ordnung (*taxis*, *kosmos*) 65, 130,
  189 f., 200, 284

paradeigma (Beispiel, Vorbild)
  s. Idealstaat
Philosoph(en) 7, 24 f., 97–99,
  109 f., 165–177, 184, 189,
  224–226, 251, 256, 268, 272,
  274–281, 288, 293, 296, 305, 310,
  349 f., 359
Philosophenkönig(tum) 3, 7, 13 f.,
  21, 24, 71, 73, 84–86, 155 f.,
  161–177, 182, 229 f., 251, 277,
  281, 288, 310, 334–340, 347, 349,
  351, 353ff.
Philosophie 224, 245, 281, 292
phylakes s. Wächter
Physis-Nomos-Antithese 43, 49 f.,
  113, 170
pistis (Für-wahr-Halten) 195, 209,
  212 f., 238
pleonexia (Mehr-haben-Wollen) 18,
  32, 50, 78, 80 f., 87 f., 90, 285
polis (Stadt, Staat) 96, 111, 113,
  115, 162
Polis-Entstehung (Platons Theorie
  der) 69–93
politische Lüge 20, 111 f., 355
politische Philosophie 3, 7, 20,
  141–160, 168, 206, 336, 343
Prinzip (*archê*) 183, 191–194, 201,
  242, 246
Psychologie 3, 277

Recht 40, 106
Rechtspositivismus 43
Regreßproblem 191, 299 f.
Ring des Gyges s. Mythos

Schriftkritik (platonische) 179–181
Schriftlichkeit – Mündlichkeit 180–183, 202
Seele (*psychê*) 52, 101, 105–108, 157, 162, 189, 222 f., 272, 275, 277, 279, 285 f.
Seelenteile 17, 70, 84–87, 99, 119–139, 222 ff., 276 f., 329 f.
Sein s. Werden-Sein-Antithese
Sklaverei 141 f., 261 f.
Sonnengleichnis 9, 179–202, 206, 209, 211 f., 214, 216, 230
sophia s. Weisheit
Sophisten 41, 108, 175 f., 261
sôphrosynê s. Besonnenheit
Stereometrie 233
Strebevermögen, Mut (*thymos, thymoeides*) 17, 84–92, 98, 109, 164, 262
synopsis (Zusammenschau) 217

Tapferkeit (*andreia*) 6, 125 f., 136, 163, 263
technê (Kunstfertigkeit, Fachwissen) 11, 36, 38, 47, 75, 85, 95 f., 106, 211
Teilhabe (*methexis*) 162, 168, 190, 200, 295
Theologie 3, 46, 51 f., 100–103, 115, 150, 171–173, 191, 299, 315 f., 319, 330, 334
Theorie (*theôria*) 232 f., 241, 248
thymos, thymoeides s. Strebevermögen
Timokratie 172, 251–269, 355
Totalitarismus 20, 144, 354–359
Tragödie 255 f.
Tugend (*aretê*) 6, 34, 41 f., 53, 65, 82, 105, 119–139, 143, 145, 147–154, 158, 163, 182–184, 222 f., 274, 286, 288, 316 f., 323, 341, 348
Tyrann 7, 10, 15, 23, 38 f., 44–46, 252 f., 269, 276–278, 281
Tyrannis 38, 43 f., 159, 167 f., 251–266

Umwendung der Seele (*periagôgê tês psychês*) 210, 223 f., 229 f., 248, 338, 353
unbegrenzte Zweiheit (*ahoristos dyas*) 192, 198, 201
Unbeherrschtheit, s. Willensschwäche
Ungerechtigkeit (s. auch Gerechtigkeit) 14, 29–53, 251–270, 271–289
ungeschriebene Lehre Platons (indirekte Überlieferung) 19, 181, 189–192, 197–202, 312
Unrechtleiden – Unrechttun 6, 46, 49 f., 163, 335
Urbild-Abbild-Relation 162, 193, 254
Urteilskraft 187
Utilitarismus 272 f., 282, 358
Utopie s. Idealstaat

Verfassung, Staatsform (*politeia*) 43 f., 167, 169, 171, 252–254, 258, 269, 338–341, 359
– Theorie der V.folge 43, 252–254, 263, 269 f., 359
Vernunft (*logos, nous*) 170, 185, 194, 214, 220, 229 f, 232–235, 279, 317, 330
Vertragstheorie (Gesellschaftsvertrag) 49 f., 57, 59, 167, 335

Wächter (*phylakes*) 8, 13, 66, 71, 81, 97–99, 104, 110, 113 f., 141 f., 151, 166, 172, 232, 315–317, 323, 343, 359
– regierende W. s. Philosophen
Wahrheit (*alêtheia*) 186, 190
Wahrnehmung (*aisthêsis*) 185, 231, 256
Weisheit (*sophia*) 6, 147, 168, 263, 314
Welt
– intelligible W. 163, 192, 202, 220 f., 234
– sinnlich wahrnehmbare W. 101, 163, 192, 202, 211, 220 f., 231, 234, 252
Werden-Sein-Antithese 212, 229–234, 241, 248, 277, 304, 311

Wesen (*ti estin*) 6, 48, 184
Willensschwäche 130–132, 136 f.
Wissen s. *epistêmê*
Wissenschaftstheorie 242, 247

Zahl 200, 231–236
Zwei-Welten-Platonismus 8, 234, 248, 292, 295–297, 302, 310

Hinweise zu den Autoren

Julia Annas, has a B.A. with honours in Literae Humaniores from the University of Oxford, and a M.A. and Ph.D. from Harvard University. For fifteen years she was a Fellow and Tutor in Philosophy at St. Hugh's College, Oxford, and she has taught for last ten years in the United States, at Columbia University and the University of Arizona, Tucson, where she is now Regents Professor. She is a Member of the American Academy of Arts and Sciences, Senior Fellow of the Center for Hellenic Studies and has been a Getty Scholar. She has written many *articles* on various aspects of ancient philosophy, particularly ethics, working on Plato, Aristotle and Hellenistic Philosophers. Her major *books* are: Aristotle's Metaphysics M and N (1979); An Introduction to Plato's Republic (1981); Hellenistic Philosophy of Mind (1992) and The Morality of Happiness (1993).

Luc Brisson, Dr. phil., geboren 1946, Studien an der Université de Montréal, an der Université de Paris X und am Balliol College in Oxford. Forscher am Centre National de la Recherche Scientifique (CNRS) seit 1974, derzeit Forschungsleiter. *Buchveröffentlichungen:* Le même et l'autre dans la structure ontologique du *Timée* de Platon. Un commentaire systématique du *Timée* de Platon (1974, ²1995); Le mythe de Tirésias. Essai d'analyse structurale (1976); Platon, le mots et les mythes (1982, ²1994); Platon-Bibliographie 1958–1970 (in: Lustrum 1977, 1983, 1988, 1992) und Platon-Übersetzungen.

Monique Canto-Sperber, Directeur de recherche am Centre National de la Recherche Scientifique (CNRS) in Paris. *Buchveröffentlichungen:* L'Intrigue philosophique (1987); Platon, Ménon (1991); La Philosophie morale britannique (1994). *Herausgeberin:* Les paradoxes de la connaissance (1991), Le Dictionnaire d'éthique et de la philosophie morale (1996); Philosophie grecque (1997). Zahlreiche *Aufsätze* zur antiken Philosophie sowie zur Ethik und zur Staatsphilosophie.

Dorothea Frede, Dr. phil, studierte Philosophie und klassische Philologie in Hamburg und Göttingen, Promotion 1968. Anschließend Stipendium der Deutschen Forschungsgemeinschaft (DFG). Auswanderung nach USA, lehrte an verschiedenen Universitäten und Colleges (u. a. Berkeley, Stanford, Princeton, Rutgers University, Swarthmore College). Seit 1991 Professorin in Hamburg. *Wichtigste Veröffentlichungen:* Aristoteles und die Seeschlacht (1970); Plato Philebus (1992); Platon Philebos (1996); zahlreiche *Aufsätze* zu Platon, Aristoteles und der hellenistischen Philosophie.

Stephen Halliwell, born 1953. Scholar of Worcester College, Oxford 1972–76; Junior Lecturer in Classics, Worcester College 1977–79; College Lecturer, Jesus College, Oxford 1979–80; Lecturer in Classics and Drama, Westfield College, University of London 1980–82; Fellow and Laurence Lecturer in Classics, Corpus Christi College, Cambridge 1982–84; Lecturer, Senior Lecturer, and Reader in Classics, University of Birmingham 1984–94; Visiting Professor of Classics, University of Chicago 1990; Visiting Faculty Fellow, Center for Ideas and Society, University of California at Riverside 1993; Professor of Greek, University of St Andrews since 1995. *Publications:* Aristotle's Poetics (1986); The Poetics of Aristotle: Translation and Commentary (1988); Plato's Republic 5: with Translation and Commentary (1993); Aristotle Poetics (Loeb Library, 1996); Aristophanes: a New Verse Translation, vol. 1 (1997). Joint *Editor* of Tragedy, Comedy, and the Polis (1993). Numerous *articles* on Greek literature, philosophy, and rhetoric.

Otfried Höffe, geboren 1943, studierte Philosophie, Geschichte, Theologie und Soziologie in Münster, Saarbrücken, Tübingen und München. O. Professor für Philosophie an der Universität Tübingen. *Buchveröffentlichungen:* Praktische Philosophie – Das Modell des Aristoteles (^{2}1996); Strategien der Humanität (1975); Ethik und Politik (^{2}1984); Sittlich-politische Diskurse (1981); Immanuel Kant (^{4}1996); Politische Gerechtigkeit (1987); Den Staat braucht selbst ein Volk von Teufeln (1988); Kategorische Rechtsprinzipien (1990); Moral als Preis der Moderne (^{3}1995); Aristoteles (1996); Vernunft und Recht (1996). *Herausgeber:* Lexikon der Ethik (⁵1997); Große Denker (1980 ff.); Klassiker der Philosophie (³1993); Zeitschrift für philosophische Forschung; Klassiker Auslegen (1995 ff.).

Christoph Horn, Dr. phil., geboren 1964, studierte Philosophie, Griechische Philologie und Theologie in Freiburg i. Br., Paris und München. Wissenschaftlicher Mitarbeiter am Philosophischen Seminar der Universität Tübingen. *Buchveröffentlichungen:* Plotin über Sein, Zahl und Einheit (1995); Augustinus (1995). *Herausgeber:* Augustinus, De civitate dei (im Erscheinen). *Aufsätze* zur antiken und zur praktischen Philosophie.

Terence H. Irwin, Professor of Philosophy at Cornell University. *Publications:* Plato's Moral Theory (1977); Plato's Gorgias (1979); Aristotle's Nicomachean Ethics (1985); Aristotle's First Principles (1988); Classical Thought (1988); Plato's Ethics (1995).

Hans Krämer, Dr. phil., studierte Philosophie, Klassische Philologie und Germanistik in Tübingen und München; Professor für Philosophie an der Universität Tübingen. *Buchveröffentlichungen:* Arete bei Platon und Aristoteles. Zum Wesen und zur Geschichte der platonischen Ontologie (1959, ²1967); Der Ursprung der Geistmetaphysik. Untersuchungen zur Geschichte des Platonismus zwischen Platon und Plotin (1964, ²1967); Platonismus und hellenistische Philosophie (1971); Platone e i fondamenti della metafisica (1982, ⁵1993; engl. 1990; span. 1996); Die Ältere Akademie, in: H. Flashar (Hg.), Die Philosophie der Antike, Bd. 3 (1983); Plädoyer für eine Rehabilitierung der Individualethik (1983); La nouva immagine di Platone (1986); Dialettica e definizione de Bene in Platone. Interpretazione e commentario storico-filosofico di „Repubblica" VI 534B3–D2 (1989, ³1992); Il paradigma romantico nell'interpretazione di Platone (1991); Integrative Ethik (1992); Überlegungen zu einer Anthropologie der Kunst (1994). Zahlreiche *Aufsätze* zur antiken und zur praktischen Philosophie, zur Wissenschaftstheorie und Hermeneutik.

Richard Kraut, Ph.D. in Philosophy, Princeton University 1969; Professor of Philosophy at Northwestern University. *Publications:* Socrates and the State (1984); Aristotle on the Human Good (1989). *Editor:* The Cambridge Companion to Plato (1992).

Jürgen Mittelstraß, geboren 1936, studierte Philosophie, Germanistik und evangelische Theologie in Bonn, Erlangen, Hamburg und Oxford; Promotion 1961 in Erlangen; Habilitation 1968. Seit 1970 Ordinarius für Philosophie und Wissenschaftstheorie in Konstanz, seit 1990 zugleich Direktor des Zentrums Philosophie und Wissenschaftstheorie. 1985–90 Mitglied des Wissenschaftsrates; seit 1992 Mitglied des Senats der Deutschen Forschungsgemeinschaft (DFG); seit 1993 (Gründungsmitglied) des Deutsch-Amerikanischen Akademischen Konzils (Bonn/Washington, D.C.); seit 1995 Mitglied des Rates für Forschung, Technologie und Innovation beim Bundeskanzler; Mitglied der Berlin-Brandenburgischen Akademie der Wissenschaften (Berlin) und Vizepräsident der Academia Europaea (London). 1989 Leibniz-Preis der DFG; 1992 Arthur-Burckhardt-*Preis. Veröffentlichte u. a.:* Die Rettung der Phänomene (1962); Neuzeit und Aufklärung (1979); Die Möglichkeit von Wissenschaft (1974); Wissenschaft als Lebensform (1982); Der Flug der Eule (1989); (mit M. Carrier) Geist, Gehirn, Verhalten (1989; engl. 1991); Leonardo-Welt (1992); Die unzeitgemäße Universität (1994). *Herausgeber:* Enzyklopädie Philosophie und Wissenschaftstheorie, I–IV (1980–96).

Eckart Schütrumpf, seit 1987 Professor of Classics in Boulder, Colorado. *Veröffentlichte u. a.:* Die Analyse der polis durch Aristoteles (1980); Xenophon Poroi, Vorschläge zur Beschaffung von Geldmitteln oder Über die Staatseinkünfte (1981); drei Bände: Aristoteles Politik, Bücher 1–6, übersetzt und erläutert, in: Aristoteles Werke in deutscher Übersetzung (Berlin/Darmstadt 1991; Bd. 3: Buch IV–VI gemeinsam mit H.-J. Gehrke, 1996) und mehrere *Aufsätze* zur antiken Philosophie, Rhetorik und Dichtungstheorie.

Robert Spaemann, Dr. phil., Dr. h.c. mult., geboren 1927, ist em. Professor für Philosophie an der Universität München. *Veröffentlichte u. a.:* Der Ursprung der Soziologie aus dem Geist der Restauration. Studien über L. G. A. de Bonald (1959); Reflexion und Spontaneität. Studien über Fénelon (1963); Einsprüche. Christliche Reden (1977); Zur Kritik der politischen Utopie (1977); Rousseau – Bürger ohne Vaterland (1980); (mit R. Löw:) Die Frage Wozu? Geschichte und Wiederentdeckung des teleologischen Denkens (1981); Moralische Grundbegriffe (1982); Philosophische Essays (1983); Das Natürliche und das Vernünftige (1987); Glück und Wohlwollen. Versuch über Ethik (1989); Personen. Versuche über den Unterschied zwischen „etwas" und „jemand" (1996).

Thomas A. Szlezák, Dr. phil., geboren 1940, studierte Klassische Philologie, Philosophie und Geschichte in Erlangen, München und Tübingen. Nach Lehrtätigkeit in Zürich und Würzburg seit 1990 o. Professor für Griechische Philologie an der Universität Tübingen. *Veröffentlichte u. a.:* Pseudo-Archytas über die Kategorien. Texte zur griechischen Aristoteles-Exegese (1972); Platon und Aristoteles in der Nuslehre Plotins (1979); Platon und die Schriftlichkeit der Philosophie (1985); Come leggere Platone (1991; dt.: Platon lesen, 1993); Platone politico (1993).

Bernard Williams, born 1929. *Books:* Morality. An Introduction to Ethics (1972); Problems of the Self (1973); Descartes: The Project of Pure Enquiry (1978); Moral Luck (1981); Ethics and the Limits of Philosophy (1985); Shame and Necessity (1993); Making Sense of Humanity (1995). *Articles* (among many others): A Critique of Utilitarianism, in: J. J. B. Smart/B. Williams (eds.), Utilitarianism. For and Against (1973); The Analogy of City and Soul in Plato's Republic, in: E. N. Lee/A. P. Mourelatos/R. M. Rorty (eds.), Exegesis and Argument (1973).

Band 10
Ludwig Wittgenstein:
Tractatus Logico-Philosophicus
Herausgegeben von WILHELM VOSSENKUHL

1997. ca. 240 Seiten – 145 mm x 215 mm
Pb, DM 29,80 / öS 218,– / sFr 26,50
ISBN 3-05-002694-4

Der 1921 erschienene Tractatus Logico–Philosophicus ist einer der einflußreichsten Texte der modernen Philosophie. Die Beiträge führen in die verschiedenen Aspekte des Tractatus ein: Logik, Ethik, Ästhetik. So entsteht ein Gesamtbild des Systems des Tractatus, das zugleich den neuesten Stand der Wittgensteinforschung zeigt.

Aus dem Inhalt:
Frank Ramsey: Rezension des Tractatus
Brian McGuinnes: Der Grundgedanke des Tractatus
Verena Mayer: Bemerkung zum Numerierungssystem des
    Tractatus; u.: Der Tractatus als System
Wilhelm Vossenkuhl: Sagen und Zeigen
Peter M. Sullivan: Wittgenstein's Context Priniciple;
    u.: A Version of the Picture Theory
Ullrich Metschl: Ein Platz für alles Mögliche
Stephan Sellmaier: Logische Sprachanalyse und die
    Unabhängigkeit der Logik von der Welt
Matthias Varga von Kibed: Variablen im Tractatus
Andrej Ule: Operationen im Tractatus
Michael Felber: Wittgensteins Analyse von „gewissen" Satzformen der Psychologie
David Bell: Solipsismus, Subjektivität und öffentliche Welt
Joachim Schulte: Der Glückliche und seine Welt
Thomas Hölscher: Das Logische, das Ästhetische und das
    Mystische

Akademie Verlag

Band 9
G. W. F. Hegel:
Grundlinien der Philosophie des Rechts
Herausgegeben von LUDWIG SIEP

1997. ca. 300 Seiten – 130 mm x 210 mm
Pb, DM 29,80 / öS 218,– / sFr 26,50
ISBN 3-05-002868-8

Hegels „Grundlinien der Philosophie des Rechts" ist eine der folgenreichsten Schriften der politischen Philosophie. Die Beiträge dieses Bandes verbinden die Auslegung aller wichtigen Textabschnitte mit einer Auswahl unterschiedlicher Deutungsperspektiven der internationalen Hegel-Forschung.

Aus dem Inhalt:
Ludwig Siep: Vernunftrecht und Rechtsgeschichte. Kontext und Konzept der *Grundlinien* im Blick auf die *Vorrede*
Robert B. Pippin: Hegel, Freedom, The Will. *The Philosophy of Right* (§§1–33)
Joachim Ritter: Person und Eigentum. Zu Hegels *Grundlinien der Philosophie des Rechts* (§§ 34–81)
Michael Quante: „Die Persönlichkeit des Willens" als Prinzip des abstrakten Rechts. Eine Analyse der begriffslogischen Struktur der §§ 34–40 von Hegels *Grundlinien der Philosophie des Rechts*
Georg Mohr: Unrecht und Strafe (§§ 82–104)
Francesca Menegoni: Elemente zu einer Handlungstheorie in der „Moralität" (§§ 104–128)
Allen W. Wood: Hegel's Critique of Morality (§§ 129–141)
Adriaan Peperzak: Hegels Pflichten- und Tugendlehre. Eine Analyse und Interpretation der *Grundlinien der Philosophie des Rechts* (§§ 142–157)
Rolf-Peter Horstmann: Hegels Theorie der bürgerlichen Gesellschaft (§§ 158–256)
Bernard Bourgeois: Der Begriff des Staates (§§ 257–271)
Herbert Schnädelbach: Die Verfassung der Freiheit (§§ 272–340)
Henning Ottmann: Die Weltgeschichte (§§ 341–360)

Akademie Verlag

In Vorbereitung befinden sich:

Band 8

David Hume:
Eine Untersuchung über den menschlichen Verstand

Herausgegeben von JENS KULENKAMPFF

1997. ca. 295 Seiten – 130 mm x 210 mm
Pb, DM 29,80 / öS 218,– / sFr 26,50
ISBN 3-05-002866-1

David Humes „Untersuchung über den menschlichen Verstand" gehören zu den grundlegenden Texten der Erkenntniskritik. Der Band führt in die Schwerpunkte des Textes wie zugleich in die internationale Diskussion ein.

Aus dem Inhalt:
Gilbert Ryle: Hume
Heiner F. Klemme: Die praktische Bedeutung metaphysischer Untersuchungen
Heidrun Hesse: Eindrücke und Ideen. Die Funktion der Wahrnehmung
Astrid von der Lühe: Wie ist eine empirische Wissenschaft vom Menschen möglich? Humes skeptische Zweifel und ihre skeptische Lösung.
Michael Hampe: Unser Glaube an die Existenz abwesender Tatsachen
Bernhard Rang: Noch einmal: Kants Antwort auf Hume
Bertram Kienzle: Von der Vorstellung der notwendigen Verknüpfung. Neue Variationen über ein Thema von David Hume
Jens Kulenkampff: Kausalität, Freiheit, Handlung
Hans-Peter Schütt: Der „wunderbare Instinkt" der Vernunft
Jean-Claude Wolf: Humes Wunderkritik
Lothar Kreimendahl: Humes frühe Kritik der Physikotheologie
Richard Popkin: David Hume: Sein Pyrrhonismus und seine Kritik des Pyrrhonismus

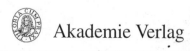

Akademie Verlag